巴黎和会

〔爱尔兰〕埃米尔·约瑟夫·狄龙 著

仇全菊 译

谈判桌上的分赃、战胜国对“一战”后政治格局的安排与瓜分世界狂潮的形成

THE PEACE CONFERENCE

人民东方出版传媒
People's Oriental Publishing & Media
東方出版社
The Oriental Press

图书在版编目（CIP）数据

巴黎和会 / (爱尔兰) 埃米尔·约瑟夫·狄龙 著；
仇全菊 译. —北京：东方出版社, 2021.3
ISBN 978-7-5207-1977-3

Ⅰ.①巴… Ⅱ.①埃… ②仇… Ⅲ.①巴黎和会(1919)—史料 Ⅳ.①D819

中国版本图书馆CIP数据核字（2020）第269920号

巴黎和会
（BALI HEHUI）

作　　者：[爱尔兰] 埃米尔·约瑟夫·狄龙
译　　者：仇全菊
责任编辑：辛春来
出　　版：东方出版社
发　　行：人民东方出版传媒有限公司
地　　址：北京市西城区北三环中路6号
邮　　编：100120
印　　刷：北京兰星球彩色印刷有限公司
版　　次：2021年3月第1版
印　　次：2021年3月第1次印刷
开　　本：710毫米×1000毫米　1/16
印　　张：30.5
字　　数：352千字
书　　号：ISBN 978-7-5207-1977-3
定　　价：118.00元
发行电话：（010）85924663　85924664　85924641

如有印装质量问题，我社负责调换，请拨打电话：（010）85924602　85924603

前言

毋庸赘言，本书并不自称是巴黎和会的一段简史。由于首席代表们不准记录他们的谈话和辩论细节，所以再现巴黎和会这段历史，现在和将来都是不可能的。本书仅仅是一幅素描——一幅关于战后问题或战后紧迫问题的素描——描述了这些问题出现的背景；描述了那些自告奋勇的政客如何用简单的方式看待这些问题；也描述了政客代表们自身的局限性、他们的竞选承诺及私下里受到的影响；除此之外，还描述了人民的需求和期待、巴黎和会采取的非同寻常的程序及巴黎和会的决定对世界产生的重大影响。

描述这些事件时，我力求不偏不倚，尽管这个目标难以企及，但我相信，真挚诚恳和置身事外使我无限接近这一目标。我自身并无偏好的理论，我的主要判断标准取决于“因果定律”和“史学批判原则”。

巴黎和会致命性的战略错误在于，将国际联盟盟约和对同盟国的和约混为一体。因为两者的准则是不可调和的，而企图将两者结合起来，除了产生其他麻烦，势必会造成美国切身利益与协约国其他国家表面利益或短暂利益之间的截然对立。这种牵强联合的结果，将损害巴黎和会的宗旨——维护持久的和平。

然而，真正检测这些立法者胸怀和成就的试金石，是他们在政治上对待俄国的态度以及经济上对待劳工的态度。在这两个问题上，无论采取措施，还是放任自流，他们都未体现该有的风范。或者说，他们只是回避中心问题，将问题交至国际联盟解决，其结果可想而知。

从本质上讲，人类的进步取决于劳动力。自古以来，社会条件以各种形式普遍存在，正是这些条件造就了目前的社会结构。而现在，人们越来越怀疑，在当前的社会条件下，人类社会是否可以长期提供劳动力，延续文明进程。如果不能，那么避免人类“文明灾难”的唯一选择是坦白承认——有些民族注定要以其所能，为人类贡献一生，并适应重新调整的社会制度。

与此同时，由于忽视了劳动力这一首要问题，巴黎和会使欧洲诸国群情激愤、互相敌对，无力应对海外对手的经济竞争。因此，整个欧洲社会处于动荡之中。

埃米尔·约瑟夫·狄龙

目 录

第1章

巴黎和会内幕

巴黎和会的举办城市

具有历史意义的和平会议选在巴黎召开，是最后才决定的。刚开始，盎格鲁-撒克逊政府认为在中立国家选择一个会议召开地最合适。有人提议召开地选在荷兰，但接着被否决。反对的理由很充分，态度也很坚决。于是，又有人提到瑞士，曾一度讨论过一段时间。起先，人们提议的是瑞士的洛桑市——该城市差点被选中。提议洛桑市是因为终止意大利和土耳其战争的《洛桑条约》就是在洛桑郊区乌希起草的。然而，大国代表们也有担忧，担心该市无法接纳并款待这批强大的和平军队，要知道，没有军队的互相合作，是无法阻止这些战争的。接着，他们又选中了瑞士的日内瓦市。当时主要代表们信心满满，坚信协约国会批准他们的选择，以至我准备往日内瓦打电报——在那个风景如画的城市提前租个房子，租期六个月。

然而，这些主要代表当时并未参考法国代表的意见，因为他们认为，在这些事上，法国代表的决定没有多大影响力。于是，法国代表质问，难道德国军国主义不是在凡尔赛宫的镜厅得势的吗？[①]在这万恶的时

① 1870年到1871年，普鲁士和法国之间爆发了对欧洲历史影响深远的普法战争，法国战败。1871年1月18日，普鲁士国王威廉一世在凡尔赛宫镜厅加冕为皇帝，建立了德意志帝国。——译者注

普鲁士国王威廉一世在镜厅宣布德意志帝国成立

代，最需要的是公平。对于在镜厅蛮横霸气的和平破坏者，最理想的惩罚方式难道不是让他们在镜厅毁灭吗？难道这不符合事物永恒的发展规律吗？由于务实的盎格鲁-撒克逊人无法招架这些争论，同时，他们习惯于对这种次要的事情让步，最终，他们同意了。于是，巴黎顺理成章成为此次和平会议的举办城市。

“巴黎将重拾旧日风采啦！”游客们评论。自战争开始，他们就没有去过巴黎。游客的意思是，巴黎往日的富庶和奢侈，将以崭新的方式再现，正像乌云遮住的太阳，终将露出灿烂的光辉。游客的话有一定道理。如今，“光之城”巴黎熙熙攘攘。然而，战争的日子里并非如此。巴黎到处是这些追随“命运之神”的盎格鲁-撒克逊人和各国和平爱好者，显得真正的巴黎人少之又少，难得一见。

巴黎人和部分欧洲游客，曾尝试将巴黎和会与1814年到1815年的维也纳会议做一番比较。即使在盛况和辉煌上，巴黎和会不抵维也纳会议，也要在优雅和品味上一较高低。然而，日益突出的贫富差距问题尽管不占主导性，但使巴黎和会逊色不少。几位贵妇人相互攀比，企图重拾奢华之风，再现昔日优雅，但整体氛围使人木然。贵妇们也三心二意，在青春和美貌下展示出来的微笑，如同冬日冰块反射的光辉——冷冷的。死亡的阴影盘旋在社会体系上空，而残余的各种文明和时代元素正消失在大熔炉里。即使是路上的行人，也能感受到死亡的冰冷。巴黎的生活使人变得焦虑、易变、肤浅、不满意。巴黎强颜欢笑——某种介于战胜破坏者的喜悦和告别过去的悲伤之间的情绪。人们本能地意识到，明天充满了苦涩和惊奇。于是，他们奉行“今朝有酒今朝醉”的信条。几个来自圣日耳曼昂莱郊区的贵族，戴上假发，穿上18世纪独特的服装，好像要与伏尔泰，即弗朗索瓦-马里·阿鲁埃，和夏特莱侯爵夫

伏尔泰

人加布丽埃勒·埃米莉·勒托内利耶·德·布勒特伊共进晚餐。在外貌上，除了这几个贵族，其他人并未显露出昔日的高贵典雅。偶尔，某位女士的发型、打扮、举止、步态或者精致的礼服都显示她出身名门——昔日家族历史是欧洲历史长河的一条支流，但细观之下，特别是通过交谈，人们会发现大自然赐予她更多的是美貌而不是智慧，大自然对世人始终是公平公正的。

欢庆的宴会、罪恶的晚宴、没完没了的午宴，频繁举办，其奢侈程度，有时堪比奥尔良公爵腓力二世摄政期间的宴会。富丽堂皇的饭店、旅馆和私人府邸，无不充斥着肤浅、粗俗和奢侈。而法国统治下的巴

加布丽埃勒·埃米莉·勒托内利耶·德·布勒特伊

奥尔良公爵腓力二世

黎，其精致、优雅，甚至精彩的对话，都被视为一门失传的艺术。但停战后的人们，已身心俱疲、忧虑不安——疲于战争、疲于政治、疲于破旧不堪的现状，又忧于模糊不清、难以名状的未来。他们甚至担忧自己深陷泥潭，无法触底。尽管如此，除了虔诚的天主教徒和一些真诚的宗派主义者，本质上，真正有追求的人寥寥无几。

战争爆发后，巴黎的整体氛围和巴黎人民的生活发生了巨大改变，甚至连许多大道也换了名字。

即将召开“和平会议”的巴黎，已不再是法国首都昔日的模样。巴黎变成一家大型的世界旅馆，夹杂着不同寻常的生机和骚动。来自不同种族、不同部落，操着不同语言的人们，怀揣一颗颗好奇的心，来到巴黎，等候神秘的明天。巴黎的生活太紧张了，简直叫人透不过气来。除了死者带来的悲伤，还有生者的喧嚣纷争——巴黎是代表各主权国、军国主义、种族野心等政客的相约之地。这些政客在巴黎徘徊游荡，直至夜色吞没了他们的身影。高贵的土耳其人激情地为君士坦丁堡[①]辩护，将恳切的眼光投向孤独的亚美尼亚人，而亚美尼亚人曾遭土耳其人屠杀[②]，他们正等待时机，振兴亚美尼亚。波斯代表们像痛苦的游魂，四处游

土耳其人屠杀亚美尼亚人

① 后改名为伊斯坦布尔。——译者注
② 第一次世界大战期间，大约一百五十万亚美尼亚人被“屠杀”。——译者注

荡，等待巴黎和会这一通往天堂的大门开启。富可敌国的克罗伊斯[①]沦为乞丐，与饥肠辘辘的卢修斯·李锡尼·卢库勒斯[②]在街上相遇。曾经位高权重的大臣们，如今衣衫褴褛，在刺骨的寒风中瑟瑟发抖，急匆匆地踏过松软的雪地。这个浪漫优雅同时又多姿多彩的世界中心，见证了大国的兴衰、王权的更替。每个国家都有各自的指控者、特殊的辩护人和法官。然而，对于巴黎和会而言，巴黎也是命运的结算所，整个时代的账目以及人类文明的功与过都将在这里结算。

在巴黎，战争中幸存下来的熟悉而又陌生的人物，随处都会出现，以微笑或叹息相问候。上次见面时，他们还是学校的学生，一起在球场上踢足球或在教室里预习功课；而如今在街上相遇，他们或者在为国家及陷入水深火热的人民而努力，或者正去参加新共和国的成立大典。有一个人，我永远不会忘记。他是白手起家的临时统治者，来自一个微不足道的国家。这个国家影响力日益减小，在20世纪的历史上已无足轻重。在这位临时统治者短暂的辉煌生涯里，我曾与他相识。像风景如画的国土一样，他也拥有风光的时刻——互相竞争的国家轮流向他献媚，提供资助。然而，突然有一天，他像被吸光了汁水的橘子，被扔弃在一边，无人理睬。于是，他陷入悲惨的深渊。他能言善辩、足智多谋、富于想象。他脑子里充满了不可思议的幻想。某一天，他脸色苍白、双眼凹陷，穿着劣质的衣服，跟着一群注定要死的人，沿着巴黎的柏油街道，曳步而行。不久后，我听说他永远消失了，无人为之悲伤。

有的访客来自鞑靼利亚[③]、库尔德斯坦、朝鲜、阿塞拜疆、亚美尼亚、波斯和汉志王国——男人们留着彰显男权的络腮胡、长着鹰钩鼻；

---

① 克罗伊斯，古代吕底亚国王，以富有著称，此处为借代。——译者注

② 卢修斯·李锡尼·卢库勒斯，古罗马将军兼执政官，因巨富和举办盛宴著名，此处为借代。——译者注

③ 鞑靼利亚，是中世纪至20世纪初欧洲人对于中亚里海至东北亚鞑靼海峡一带的称呼，尤指蒙古帝国没落后突厥人和蒙古人等游牧民族散居的区域。——译者注

有的访客来自沙漠中的绿洲撒马尔罕和博卡拉。这些奇怪的访客，给整个巴黎增添了一丝异域风情。头巾和毡帽、类似主教法冠的圆锥形帽子和头饰、在永久和平到来前为新建国家即将诞生的军队改造的旧军装、雪白的连帽斗篷、随风飘动的披风及像罗马宽外袍一样优雅的服饰，这一切都为这个必须面对冷酷现实，解决实际问题的城市，渲染出了如梦似幻般的氛围。

于是，富人、知识分子、工业企业家来了；新道德秩序的传播者来了；美国、英国、意大利、波兰、苏维埃联邦社会主义共和国、印度、日本等各国经济委员会的委员来了；石油行业代表、偏远的煤矿代表、世界各地的朝圣者、狂热分子、江湖骗子、各个宗教的神父或牧师、各个学说的布道者来了，他们掺杂在亲王、陆军元帅、政治家、无政府主义者、建设者、破坏者的队伍里，都来了。所有人都怀揣期盼，希望尽可能靠近这个熔化和重铸世界政治秩序的熔炉。每天外出散步时，在公寓里或者饭店里，我都会遇到各国各民族派来的使者。在西方，我很少听说他们的名字。一次，黑海边缘的希腊人组成的代表团拜访我，向我讲述了希腊古老的城市特拉布宗①、萨姆松②、的黎波里③和凯拉松④，碰巧多年前我在这些城市居住过。他们告诉我，这些城市也想加入独立的希腊共和国，而希腊代表团此次来巴黎，就是为了满足这些城市的要求。阿尔巴尼亚代表是我的两位老朋友，一位是克里姆·图尔汉帕夏，希望得到意大利的保护；另外一位是埃萨德·帕夏·托普塔尼，要求获得彻底独立。中国人、日本人、朝鲜人、印度人、吉尔吉斯人、列兹金人、切尔克斯人、明格尔人、布里亚特人、马来西亚人，以及来自非洲

---

① 原为希腊城市，现为土耳其东北部黑海沿岸的城市，也是特拉布宗省的首府。——译者注
② 现为土耳其北部黑海沿岸的一个城市，面积9平方公里，是萨姆松省首府。——译者注
③ 现为黎巴嫩第二大城市，是黎巴嫩北部的商业、工业和旅游中心。——译者注
④ 土耳其城市名。——译者注

埃萨德·帕夏·托普塔尼

和美洲的原住民，操着不同的语言，也聚集在巴黎，关注世界政治格局的重建，看看他们可以从哪里“加入”。

一天，亚美尼亚代表团拜访我。团长的名片上写着高加索亚美尼亚共和国总统。他们一进入我在旺多姆酒店的房间，我就认出其中的两名代表是我的旧识——1895年亚美尼亚大屠杀期间，我们曾经在埃尔祖鲁姆、基普里基伊等地有过偶尔交往，自那以后我们并未再见面。他们也想起了过去之事，向我讲述了几个共同好友和熟人的经历，并讲述了亚美尼亚的历史事件。他们请求我的合作之后，亚美尼亚共和国总统和代表团告辞了，又一次走出我的人生。

世界舞台上的另外一位演员——我之前遇到过不止一次，是英勇传奇的黑山王国国王尼古拉一世。巴黎和会期间，他与我经常不期而遇，常常使我对人生的跌宕起伏陷入沉思。这位国王的经历为心理学家提供了丰富的研究素材。我常常思索他的人生，得出许多有趣的结论。过去的三十年里，在沙皇亚历山大三世公开宣称黑山国王为俄国唯一的朋友前，我就在许多欧洲国家的首都遇到过他。黑山国王尼古拉一世完美诠释了圣保罗的格言——入乡随俗、八面玲珑。当回首往事时，他定会心满意足。在圣彼得堡，他是位不错的俄国人；在维也纳，他是位爱国的奥地利人；而在罗马，他又是位多愁善感的意大利人。他是战士，是有自己风格的诗人，是敛财者，也是时局的投机者。尽管黑山国王功勋卓越、狡猾老练，但自第一次巴尔干战争后，他的行为常常令人大跌

黑山国王尼古拉一世

沙皇亚历山大三世

眼镜，值得后人仔细研究。后来，奥地利人轻而易举地攻占了黑山境内的洛夫琴山和黑山首都采蒂涅[①]，给熟悉这件事的协约国军队留下了永不磨灭的印象，而尼古拉一世却没有预想到这件事的后果。众所周知，尼古拉一世的儿子米尔科·迪米特里·彼得罗维奇·涅戈什已在维也纳定居。如果德国人打败协约国，在奥地利人的支持下，米尔科·迪米特里·彼得罗维奇·涅戈什将取代他的父亲，成为国王；而如果协约国获胜，尼古拉一世将继续做他的国王。但人算不如天算，这一切如意算盘

① 黑山共和国现首都为波德戈里察。1910年到1918年，黑山王国的首都为采蒂涅。——译者注

米尔科·迪米特里·彼得罗维奇·涅戈什王子

都落空了。1918年3月，米尔科·迪米特里·彼得罗维奇·涅戈什王子去世了，而尼古拉一世被罢黜。曾经有段时间，他住在宾馆里，离我只有几间房之隔。时不时地，我会遇到这位国王，他正去求见此次王权和政体的“主要破坏者”——巴黎和会的巨头们，申诉他被罢黜之事。

似乎，为使巴黎挤满世界各地的人们，全世界倾其所有，将各国领导者、前途无量或时运不济的金融家、激进或保守的冒险家、各类财富寻求者、各色怀揣梦想的男男女女都送到巴黎。于是，各个阶层的人们混杂在一起，或许这意味着史无前例的崭新民主时代即将到来，这是好的预兆。举例而言，在英国首相大卫·劳合·乔治下榻的梅杰斯提科酒店，佩戴单片眼镜的外交官与灵巧的打字员混杂在一起；在晚上跳舞时，聪明的文书助理，甚至和明眸善睐的女服务员混杂在一起[①]，就连英国首相大卫·劳合·乔治偶尔也会饶有兴致地观看这些使人愉悦的场面。白手起家的政治家、政客、衰落王朝的子孙、前首相、大臣，他们曾经左右着世界的命运，拥有至高无上的权力，而现在成为这家酒店毫不起眼的客人。曾经只言片语，人们也会集中精力倾听的大使们，现在花费数天甚至数周，希望见到这些伟大的全权代表，表达自己的诉求，但很多大使都未能如愿以偿。俄国外交官不被允许前往巴黎，因此，不得不遭受更多的不便和延误。不止一次，我与杰出的代表们共进午餐或

大卫·劳合·乔治

① 参阅《每日邮报》（巴黎版）1919年3月12日。——原注

晚餐。其中一位代表，为了使国家摆脱糟糕的统治，曾杀害过一名著名的政治要人；而另外一位代表，曾在土耳其一家秘密法院，判处我的一位朋友死刑——被判之人也是他的朋友。

在巴黎这座临时的世界都会，人们每时每刻都能感受到世界各地发生事件的影响。在巴黎和会召开期间，世界如同一家巨大无比的剧院，住在巴黎，如同占据了一个舒适的包厢，凭借有利位置，人们可以观看扣人心弦的人类历史戏剧——几十年发生的事压缩在几天内上演。葡萄牙革命、亚美尼亚大屠杀、保加利亚暴行、对萨拉托夫和敖德萨当地居民的屠杀、朝鲜的叛乱，这些事件都在巴黎掀起了波澜。因此，关于目标啊，野心啊，宗教啊，利益啊，团结人类或者分裂人类啊，官方的或非官方的说法，无论公开或私下，总是反反复复，层出不穷。

就在我与上面提到的杰出代表共进午餐或晚餐的地方，几英里之内，来自两个国家的几个人，据说其中之一很有名，策划了一场密谋，将葡萄牙第一共和国独裁者——总统西多尼奥·派斯送上末路，使葡萄牙第一共和国陷入混乱局面。当时，一名葡萄牙军事随员发觉了这一计划，警告过总统和国防部长，但总统西多尼奥·派斯愚顽愚勇，拒绝采取预防措施。几周后，刺客毫不费力地瞄准目标，开了三枪，但均未成功。原因很有趣：密谋者决定不留任何机会，便把子弹浸泡在毒液中。不幸的是，毒液损坏了手枪的机械装置，导致子弹发射不出来。于是，这些总统改革运动的反对者，又做了一次努力，策划了另外一场刺杀。不幸的是，没有吸取教训、没有学会谨慎的总统西多尼奥·派斯，此次未能幸免于难，他的事业就这样被这群半布尔什维克主义者[①]终结了。[②]

不到六个月，有传言说，欧洲某小镇特制的炸弹被运送到莫斯科，

① 作者认为刺杀者算不上真正的布尔什维克主义者，但其反对政府的行为又有布尔什维克主义的性质，故称其为半布尔什维克主义者。——译者注

② 刺杀发生在1918年12月14日。——译者注

弗拉基米尔·伊里奇·列宁

以期暗杀弗拉基米尔·伊里奇·列宁。谈起这些类似的事时，人们漫不经心的态度，让人感叹自战争爆发后，一切都发生了翻天覆地的变化。在欧洲，无论是暴力还是和平的死亡，已无法给麻木不仁的读者留下深刻的印象。一切价值都变了，人类生命的价值也降低了。

紧跟这些稍纵即逝的剧情——在幕间休息时，偶尔瞥一眼幕后——观看世界戏剧在眼前慢慢展开，实在充满乐趣，令人激动。记录各种各样的消息来源，记录重组世界秩序的宏伟政策制定的前前后后，记录这一政策的蹒跚而行，将对政治学和心理学产生启示。这使人想起了那

阿克塞尔·奥克森谢尔纳

句名言“用小智慧主宰世界”。这句话曾被误认为出自瑞典首相阿克塞尔·奥克森谢尔纳之口。

幕后操纵者并不总是全权代表。其中也有各种各样的局外人，有些是单纯出于野心，通常不带传统偏见和良知顾虑。由于前往巴黎受到各国政府的严格限制，这些非官方代表与官方代表不同，他们各显神通，来到巴黎，企图来撬动左右世界的“人类杠杆”。我承认，我自己也不止一次被这样的秘密使者欺骗，曾天真地帮助他们接近这些“人类杠杆”。有一次，我不辞劳苦为其中一人获取了关于某主题的秘密数据，然而，这些数据丝毫未引起他的兴趣，他却假装非常感兴趣，仿佛自己奔波几千英里就是为了来这里研究这些数据。据说，一位热心的高级教士，在东方负责基督教堂的某一分支，实际上却在为完全不同的西方利益辩护。有些使者希望能影响巴黎和会的决定，如果他们的观点能引起代表的注意和赞同，他们就自认为成功了。令我惊讶的是，这些不请自来的人中，尽管他们大部分人只会讲自己的母语，但有几位举止泰然，经验丰富，解决问题毫不费力。

巴黎和会召开期间，各群体、各宗教及政治团体，包括布尔什维克主义团体，都派代表前往巴黎。我遇到过一名布尔什维克主义者——一位朝气蓬勃的年轻人，名副其实的信徒。虽然表面上，他担任的职务无足轻重，但有时能掌握一些对公众隐瞒的有用信息，而他乐于与政治朋友交流这些信息。他的语言天赋和非凡智慧或许引起了上级的注意，但上级对他毫不怀疑、毫不掩饰。于是，他掌握大量巴黎和会的动态，偶尔也能看到有用的公文。他是名诚实热情的布尔什维克主义者，热忱于传播自己的信仰。他随时准备对事件发表评论，但在向陌生人敞开心扉，谈论内心深处的话题前，他通常谨慎地试探着，只有当他确信“堡垒”并非坚不可摧时，他才开口。即使在巴黎和会的组织者之间，也很少有人注意到这位年轻的劝导者在巴黎和会某个“堡垒”中发挥的作用。他的工作悄无声息地就完成了。

巴黎和会进一步保障了一些群体的利益，其中包括足智多谋、最有影响力的犹太人群体。有来自巴勒斯坦的犹太人代表团，来自波兰、俄国、乌克兰、罗马尼亚、希腊、英国、荷兰和比利时的犹太人代表团；但人数最多、最有才气的犹太人代表团是美国派来的。他们的主要任务是保障自己种族在东欧享有与其他居民相同的权利①，这是每位公正的人内心都大力支持的。波兰人、罗马尼亚人和俄国人被迫消除所有现存歧视，给予犹太人选举权。但西方的犹太人，比东方的兄弟姐妹们眼光高远，他们继续请求进一步特权——自治。然而，许多犹太人急忙阻止，认为这很危险。罗马尼亚、波兰和俄国政治家以及许多其他犹太政治家认为这种自治相当于在国家内创建一个新的国家。无论这种判断是对是错，犹太人提出的特权请求还是得以通过，但据说，保护少数民族的补充协议实施的可能性很小。人们担心，它有可能在实施国引发过激行为。

午饭前后，每天两次，人们会遇到“独裁者”，大家耳熟能详的世界政客——一群精明的人，如果他们赋予朋友和对手一定政治智慧，“独裁者”会变得比现在还聪明。人们很少看到罗马枢机主教步行，而这些戴着圆顶礼帽的政客也一样，他们坐在豪车里呼啸而过。他们是王位的摧毁者、大洲的雕刻者、帝国的仲裁者、新天地的创造者，还是时局车轮上的苍蝇？对他们而言，世界正变成一个无法解答的谜团？

史无前例的历史状况，促使各类文明和各色人等在巴黎相会。对于有特权近距离与他们相会的观察者来说，这着实有趣，也能学到很多东西。然而，普通的观察者很少有机会能与他们交谈，因为这些来自别的国家的人，没有参加公共聚会的机会，大部分时间都和自己的同胞在一起。只有不同种族的三到四名成员，碰巧说同一种语言时，才有机会一起享受休闲时光。我有一位朋友，是一百五十年前法兰西王国政治家夏尔·莫里斯·德·塔列朗-佩里戈尔的后代，他优雅、尊贵、聪慧且热情

---

① “美国派往巴黎和会的犹太人代表团秘书伯纳德·理查兹，对代表团在巴黎为保护犹太人权利及促进其他少数民族利益所做的一切，表示相当满意。”《纽约先驱报》，1919年7月20日。在巴黎和会上，犹太群体的影响力如何，由以下评论可窥见一斑：“美国犹太人救济委员会主任亨利·罗森费尔特宣布，所有参与犹太人救济工作的纽约机构将联合起来，于1919年12月在纽约募捐七百五十万美元（折合一百五十万英镑），为东欧六百万犹太人提供衣服、食物和药品，并为犹太人的重建提供全面性方案。——美国无线电新闻服务。”参阅《每日邮报》，1919年8月19日。——原注

夏尔·莫里斯·德·塔列朗－佩里戈尔

好客。他每周都邀请世界精英们到他家做客，这在一定程度满足了世界精英们的迫切需求。

对世界各地的游客来讲，“光之城”巴黎无异于一个大型的世界集市，既拥有宏伟的大旅馆、巨大的电话亭、华丽的旋转木马，也有脏乱的小旅馆。每一处娱乐场所都人满为患。无论是刮风下雨，还是下雪，人们的热情都丝毫不减，他们耐心地站在街道上等候。由于接待能力有限，他们宁愿支付高昂的价格，而即使这样，他们的要求也可能得不到满足。这时，他们又心灰意冷。路上游荡的游客——主要是美国人和英国人，手里拉着旅行皮箱，东奔西走，焦急地寻找着住处，而一次又一次的失败使他们疲惫不堪，再加上夜幕的来临，他们几近崩溃。生活费用持续暴涨，困扰着大多数人，并很快成为各级政府棘手的问题，也成为革命分子最强有力的杠杆。协约国各国部队的首领住在装潢奢华、品味非凡的酒店里。白天，到处都是闲聊的嘈杂声、脚步的拖曳声、敲门的“笃笃”声和门铃的“丁零”声；夜晚，房间里灯火通明。一天的工作结束后，宾客们尽情地享受着音乐和舞蹈，消磨着时光。于是，上班时，人们担忧、焦虑、激烈地辩论；下班后，人们喧哗、狂欢、粗俗地吵闹。正所谓“命运是小提琴手，人生是舞曲”[①]。

这些游客中，很少有人看到巴黎真正的样子——金色梦想的摇篮、时光停滞的仓库、浪漫与时尚的发源地、希望与野心的孕育地。

巴黎和会和维也纳会议

协约国军队凯旋前，巴黎没有举办过像1814年到1815年维也纳那样使人为之振奋的盛会以及重大的庆祝活动。

奥地利将好客演绎成浪费，将维也纳会议变成欢乐的天堂。参加维也纳会议的有两位皇帝、两位皇后、四位国王、一位王后、两位王储、两位女大公和三位王子。奥地利皇帝每天的饮食花费五万基尔德[②]，维也纳会议期间，甚至每天要花费五十万基尔德。欧洲这帮显赫的政要，带着他们的部长、秘书、情人和“秘密特工”，拥到奥地利首都——维也纳。这些世界改革者急于放纵享乐，以至奥地利宫廷都没有为女大公玛丽亚·特蕾莎去世的小女儿——那不勒斯王国王后玛丽亚·卡罗琳娜举行哀悼仪式，甚至都没有宣布她的死讯，唯恐破坏这帮和平缔造者欢乐的氛围。

---

① 出自英国诗人威廉·欧内斯特·亨利的诗歌《生与死的双重民谣》。——原注

② 基尔德，荷兰货币单位。——译者注

玛丽亚・特蕾莎

玛丽亚・卡罗琳娜

巴黎和会召开期间，巴黎的奢侈氛围也融入了民主气息。维也纳会议激发了维也纳人的想象力，满足了参会者的感官享受，而巴黎并未做此类尝试。1919年，人们的品味更简单了，或许没那么唯美了。可以肯定的是，时代轻浮的泡沫，已失去光彩，变得混浊不清。在维也纳，舞会、宴会、戏剧演出、阅兵，一个接一个，令人眼花缭乱，这使政客和冒险家们可以神不知鬼不觉地——除了秘密警察——密谋诡计。由于维也纳会议标志着一场血腥战役的结束，同时引发了另外一场战争，因此，把维也纳会议称为两场悲剧的幕间休息，再恰当不过了。这种相似性似乎也适用于巴黎和会。

撇开娱乐活动，在政治议题方面，人们发现这两次缔造和平的大会之间除了有惊人的相似，也有鲜明的不同。显而易见，巴黎和会略胜一筹。维也纳会议上，与会代表貌似团结，实际互相较劲，每个个体或群体向不同方向使劲。列强们被迫团结在一起，反对共同的敌人。“战场上”打败共同敌人后，在会议室坐下来开始分赃时，他们又立即陷入互相争吵中。在这方面，巴黎和会较维也纳会议做得更好。一开始，巴黎和会就向全世界保证过。了解事实的人一再声明，停战期间派往奥赛码头[①]的代表必须一心一意、目标一致、公平公正，正如在整个战争期间他们表现的一样，或许这些代表的确如此。

还有一个有趣的对比点是两次大会的剧中人。出席巴黎和会的欧洲国家，差不多都是曾出席过维也纳会议的国家，但有一个例外。

维也纳会议的领导者

新崛起的强国——俄国——参与了维也纳会议的审议过程。或许，由于俄国“崇高的目的”，给这次“音乐会”增添了不和谐的“音

① 法国外交部的别称。法国外交部位于奥赛堤岸，法国人喜欢用地名称呼政府机构，因此，奥赛码头通常代表着外交部的意思。——译者注

沙皇亚历山大一世

符”。当时，俄国刚加入欧洲理事会——实际上，俄国算不得欧洲国家。沙皇亚历山大一世才华横溢，是一位理想主义者。他希望彻底改革整个世界秩序，而不是与被征服的敌人和平相处。这样，战争将彻底消失，人类幸福将像永动机一样，永恒持续。然而，这并不是由人民或代表完成的，而是由他领导的政府秘密协商而定的。巴黎和会更是如此。

像沙皇亚历山大一世这样既神秘又实际的社会工作者，让维也纳会议代表们感到恐惧。他阻挠每个人的计划，好像维也纳会议他一个人说了算似的，他像圣人一样自鸣得意。卢卢·冯·蒂海姆这样评价沙皇亚历山大一世："他不相信周围的环境，不愿被别人牵着鼻子走，但他心地善良，思想高尚，不仅追求自己国家的幸福，还追求世界的幸福。他的心拥抱着世界的幸福。他自身实现了哲学家爱人类的梦想，但人类幸福的乌托邦是建立在子民和诸侯双方一致互爱基础之上的。可惜的是，可怜的沙皇亚历山大一世只完成了一半，就去世了，成为他崇高幻想的受害者。"①

在会场上，沙皇亚历山大一世抢走了其他政要的风头，特别是克莱门斯·文策尔·冯·梅特涅。因此，那些政要认为沙皇亚历山大一世是捣

克莱门斯·文策尔·冯·梅特涅

① 卢卢·冯·蒂海姆：《我的一生：1788—1852》（德语版），慕尼黑，1913年到1914年再版。——原注

乱者。尽管沙皇亚历山大一世无法融入他们的“游戏”，但他们不敢得罪沙皇亚历山大一世。如果没有沙皇亚历山大一世治下英勇军队的帮助，他们不可能获胜。他们也不知道多久会再需要他——因为沙皇亚历山大一世领导着一个人口众多、实力强大的民族，经济和军事资源使它随时可能成为世界霸主。他们尽管真心不喜欢这个新生强国的首领，甚至害怕他，但只能迁就他。他们都觉得，虽然敌人已经被打败，俯首称臣，但敌人不会永远折断翅翼，或许随时会崛起，像凤凰涅槃般翱翔天空。因此，他们表面上赞美这位了不起的梦想家，将他捧到天上，实际上却视他为怪人。他们始终保持微笑，虔诚地重复着他的话。很少有人不合时宜评价说，这位身为政客的跨世纪哲学家追求人类幸福的体系中也存在缺陷。虽然沙皇亚历山大一世倡导人人平等，却固执地拒绝赋予某个种族平等权利，他甚至不愿赋予这个种族一般意义的公平。这就是波兰人民在维也纳会议上的待遇。由于沙皇亚历山大一世的存在，波兰人民的正当要求被忽视，波兰人民不可剥夺的权利被侵犯，缔造和平的工作就这样被搞砸了。

然而，乐观主义者说，巴黎和会基于完全不同的组织方式。与会代表将自己视为公仆——对家乡的选民心怀敬畏，他们必须完成自己的服务工作。维也纳会议的全权代表并未有这样的感觉。尽管大部分工作秘密进行，并未获得大众的赞赏，但巴黎和会代表所做的一切，是为了大众的利益。

那份意义非凡的文件——永远与美国总统托马斯·伍德罗·威尔逊的名字联系在一起，记载着巴黎和会的中心思想。国际联盟似乎注定要从根本上改变各国人民之间的关系，自《国际联盟盟约》投票、签署、批准后，人们就期待这一变化的开始。然而，除了美国政府，其他各国政府都不喜欢这一变化。为了留出时间让代表们修改《国际联盟盟约》的措辞，不至于让大国们觉得受这可厌原则的束缚，或不至于让选民觉得做不情愿的牺牲，对德和约和战后清算不得不被推迟。这一推迟引起欧洲大陆人民严重不满，同时带来了意想不到的“收获”——使协约国深刻认识到德国民族非凡的复苏能力，也为起草对敌和约留出了时间。同盟国只是精疲力竭，克制了自己的情绪，它们的代表才不得不签署和约。这位《国际联盟盟约》杰出的发起者——美国总统托马斯·伍德罗·威尔逊——打算重建世界秩序的手段很简单，对其他代表的意见也很包容。托马斯·伍德罗·威尔逊肯定了针对国际联盟的不同政见，也包容了阻挠国际联盟快速建立的负面情绪，从而证明了慈善家应避免的致命缺点是包容人类，政客的克星是对抽象概念过度的追求。

巴黎和会完胜维也纳会议之处，其一在于它以惊人的速度当场解决了一些让人绞尽脑汁的难题。巴黎的一家报纸刊登了以下引人注目的评

托马斯·伍德罗·威尔逊

论："国际联盟将成为世界和平的维护者，构建国际联盟花费的实际时间是三十小时。这似乎不可能，但实际确实如此。"①

相比之下，维也纳与会代表无所事事，会议举步缓慢，当时的编年史可以佐证。人们期盼并相信维也纳会议短期内可完成使命，但实际上经过十月怀胎，一朝分娩，维也纳会议最终"诞下一子"——堆积如山的法案。然而，在会议结束后，这些法案即化为灰尘。

国际联盟共有三十二个国家参加，旨在成为比神圣同盟更强大有力的组织，其威尔逊式的盟约，是外交史上最快起草完成的。

然而，这两次国际立法的共同之处给人们留下了深刻的印象。两次国际立法都发生在相似的背景下——战争刚刚结束，双方精疲力竭，人们面临令人困惑的现实问题。一位参加维也纳会议的代表写道：

"一片狼藉，百废待兴。德国、意大利、波兰的命运需要解决，未来基础需要建立，商业体制需要规划。"②巴黎和会与维也纳会议处理着同样的问题。难道这些话对于巴黎和会不适用吗？

或者，"无论优秀的法国人如何凭借智慧，轻松优雅地谈论当今的话题，人们内心里隐隐感觉到，在很多方面，如今的时代已与过去的时代相去甚远"③。曾参战过的利涅亲王查理·约瑟夫·拉莫拉尔对德·拉·加尔德伯爵奥古斯特·路易·查理说："呼唤和平、正义、均衡、赔偿的声音从四面八方传来……在这片混乱中，谁能筑起大坝——建立秩序，挡住呼喊的洪流？"在巴黎和会上，也多次提出同样的呼喊和质疑吧？

维也纳会议首次开始秘密会谈时，哪些国家有权派代表参加会议是

① 《纽约先驱报》（巴黎版），1919年2月23日。——原注

② 马克西米利安·冯·蒙特哲拉伯爵：《巴伐利亚国务部长马克西米利安》。也可参阅卡尔·索尔博士著的《维也纳会议》。——原注

③ 瓦恩哈根·冯·恩泽。——原注

个难题，一百年后的巴黎和会也遇到同样的难题。维也纳会议一开始，奥地利、俄国、英国和普鲁士首席代表秘密商谈，不让战败的法国和其他小国参加。后来，法国代表夏尔·莫里斯·德·塔列朗-佩里戈尔和西班牙代表佩德罗·戈麦斯·拉夫拉多尔强烈反对商谈形式和商谈结果。争执一度达到白热化，夏尔·莫里斯·德·塔列朗-佩里戈尔威胁退出维也纳会议。于是，维也纳会议达成妥协——八个国家有权派代表出席秘密会谈。这样，八国委员会成立了。[①]巴黎和会上的争论异常激烈。和会

佩德罗·戈麦斯·拉夫拉多尔

① 据弗里德里希·冯·根茨所述。——原注

乔治·邦雅曼·克列孟梭

召开后的第一个周六，比利时、希腊、波兰和其他小国代表慷慨激昂，发表了反对五巨头[①]的演讲。乔治·邦雅曼·克列孟梭疲于应付，说出了“英国、法国、美国、日本和意大利凭借派往战场的一千二百万士兵，理所当然享有特权”的话语。不幸的是，本来召集巴黎和会是为了结束武力和特权的统治，而在巴黎和会上，大国凭借着武力，又享有了特权。维也纳会议不这样，但当时的时代也不同。

1815年编年史编纂者的许多条目和评论，读起来好像是1919年前三个月的报纸摘要。“关于波兰，他们争论得最激烈，到目前为止，没有

① 指英国、法国、美国、日本和意大利的首席代表。——译者注

实质性进展，”俄罗斯军事观察家卡尔·冯·诺斯蒂茨伯爵写道，“关于德国及其未来的邦联宪法，目前还没有采取任何行动，绝对一点都没做。”[①]丹麦外交部长克里斯蒂安·贡特儿·冯·伯恩斯托夫的妻子埃莉泽·冯·伯恩斯托夫在一条注释里写道：“最滑稽的是截然不同的人会集在一起，都幻想着自己能在维也纳会议上大展拳脚。以前从来没有参过政的贵族和学者，现在看上去一本正经、威风凛凛；大学教授们坐在会议旁听席上，很快变得暴躁不安，来回踱步，牢骚冲天。”也有这样的评论：“重建波兰符合欧洲各国利益——大家都明白。这件事应是最

埃莉泽·冯·伯恩斯托夫

① 卡尔·索尔博士：《卡尔·冯·诺斯蒂茨伯爵》。——原注

马克西米利安·冯·蒙特哲拉

重要的，最能触动这些大国的政策。”[①]巴伐利亚王国[②]总理马克西米利安·冯·蒙特哲拉如此写道。这些记录正如巴黎和会1919年的新闻报道记录的一样。

刚开始的一小段时间内，巴黎和会新闻机构享有良好声誉，其审查制度以“严格严谨”和“毫不松懈”著称，而维也纳会议的新闻机构常被诟病，被指责不报道真相。例如，巴伐利亚王国首席代表告诉我们，当维也纳人民看清楚备受崇敬的神灵只不过是凡人时，他们很失望。维

① 卡尔·索尔博士:《维也纳会议》。——原注

② 巴伐利亚王国是德国地区曾经存在的一个王国，也曾是莱茵河邦联，德国邦联及德意志帝国的组成国。——译者注

弗里德里希·冯·根茨

也纳会议上头脑比较清醒的代表——弗里德里希·冯·根茨写道，“各国事务非同寻常，难以解决，但这次和以前不同——这次不是我们造成的，而是由所有参会者的平庸和笨拙造成的。”[①]这种状况的后果之一就是随着时间的推移，不断涌现出新的、无法预测的问题，直到不知所措的代表完全崩溃。“许多利益交织在一起，”卡尔·冯·诺斯蒂茨伯爵评论道，“他们希望能在期盼已久的国际会议上讨论，结果陷入一片混乱……无论你在何处，环顾四周，你面对的都是不和谐和混乱……诉求与日俱增，好像巫师忘了控制邪恶的幽灵的咒语，致使他们不断从狱冒出来一样。”[②]这些话说的就是维也纳会议。

① 卡尔·索尔博士:《弗里德里希·冯·根茨》。——原注
② 卡尔·索尔博士:《卡尔·冯·诺斯蒂茨伯爵》,第109页。——原注

在一些微不足道的细节上，这两次重大和平会议也有惊人的相似。例如，卡斯尔雷勋爵罗伯特·斯图尔特代表英国出席维也纳会议，会议期间不得不返回伦敦，处理议会事务，这给庄严的会议带来了不便。正如巴黎和会期间，托马斯·伍德罗·威尔逊和大卫·劳合·乔治被迫离开巴黎，他们的缺席也给会议造成了诸多不便。卡斯尔雷勋爵罗伯特·斯图尔特离开维也纳前，就遭到严厉指责——指责他将国内事务置于国际事务之上。

波兰和德国当时要成立邦联，其命运走向是维也纳会议的首要任务，在巴黎和会上亦是如此。当时和现在的欧洲局势也有显著的相似

卡斯尔雷勋爵罗伯特·斯图尔特

性。1815年，一位细心的观察者写道："整个欧洲局势悬而未决，民众愕然：每个国家都前途未卜……不幸的居民被苛捐杂税压得喘不过气来。人们普遍抱怨当下的和平状态比战争时期更糟糕……曾鄙视拿破仑·波拿巴的人甚至说，当下承受的苦难比拿破仑·波拿巴统治时还要严重……每个国家都大伤元气。自拿破仑·波拿巴倒台后，经济状况非但没有提升，反倒日益恶化。"[①]

拿破仑·波拿巴

① 日内瓦代表让·加布里埃尔·埃纳尔。——原注

威廉·奥彭

1815年和1919年的重大和平会议，还有一个相同之处——“世界调解人”都有自己的宫廷画家。维也纳会议时期，法国肖像画家让-巴蒂斯特·伊萨贝和巴黎和会时期的威廉·奥彭一样受追捧。然而，在某些方面，这两位画家也有不同。利涅亲王查理·约瑟夫·拉莫拉尔说：“让-巴蒂斯特·伊萨贝是维也纳会议造就的画家。他的口才和画笔一样棒。”而威廉·奥彭爵士作画时异常专注，几乎从不说话。与维也纳会议时期的人们相比，巴黎和会时期的人们要幸运得多——他们可以在电影院观看与会代表们卓越的风采。“可以理解，”巴黎的一家报纸写道，“有必要永久保留巴黎和会上与会代表们的神情面貌和议事流程——人们也没有忽略此事。不久，便有人代表英国政府，开机拍摄一系列电影，记录重要代表和各委员会。这样，后人就可以根据这些电影和《凡尔赛和约》，研究当时制定者的各种形态及心理。”[①]的确，人们无论如何都不可能忘掉他们。

巴黎的心脏，比一百年前维也纳的心脏更强大，它跳跃着、搏动着；巴黎的大脑，一刻不停地忙碌着，忙着解决国家问题、地方问题和经济问题。

不绝于耳的叫好声使维也纳会议这些杰出的立法者神采奕奕、情绪高涨。与此同时，物价上涨，生活费用也随之上涨。除了立法者这个特权小圈子，生活费用已高得令百姓望而却步。

“每件物品，”维也纳会议编年史编纂者德·拉·加尔德伯爵奥古斯特·路易·查理写道，“特别是燃料，价格飞涨，涨幅令人难以置信。因此，除了薪金和津贴，奥地利政府不得不给所有官员额外增加补贴。”巴黎的情况更糟糕。贪婪和混乱联手作战，使法国首都变成一台巨大的压榨机。据说，巴黎和会期间及之后很长的一段时间内，外国游客的消费总额超过了外贸收入。巴黎几乎没有煤，甚至木材也时不时短缺，黄油更是无法预知。葡萄酒质量低劣，价格却贵得可怕。公共交通无法满足人们的需求——人们不得不支付双倍、三倍甚至五倍的价格，并付小费。人们的需求很大，有时供给也很充足，但政府将供需分而治之，未将供需联系在一起。

生活费用

1919年，法国生活费用之高，欧洲其他国家无法企及。由于商人的贪婪、交通的混乱、工人的罢工和政府的懒散，不光奢侈品，就连生活必需品也超出了战后回家的士兵的经济能力范围。为保证法国安定，

① 《每日邮报》（巴黎版），1919年3月22日。——原注

法国政府封锁不利信息，传播有利信息，助长了商人们的贪婪之心。此外，战争使全世界丧失了一千二百万劳动力和价值万亿法郎的物品。死去的人可以不用考虑，但那些数年来供给充足、无须为明天担忧的士兵，如今被遣散回家，因胜利而备感兴奋，因战绩而自豪，他们渴望自己的牺牲能换来回报。然而，幻想破灭使他们痛苦不堪。他们本以为国家会像迎接凯旋的战斗英雄一样欢迎自己，但实际上，他们的待遇和战败的敌人待遇差不多。战败的敌人听天由命，不得不接受这种安排，而这些士兵怎么说都是战争的功臣啊！近五年来，在前线，法国士兵吃惯的食物，自休战后，被幕后资本家或暴发户垄断。为拿到糖票，士兵或妻子不得不排数小时的长队，甚至最后依然空手而归，第二天回来继续排队。最终拿到糖票后，又不得不在杂货店门口排队，轮到他们进去时，常被告知物资短缺，一周或更长的时间内无法补给。报纸上说，殖民地的糖供应充足，随时可以装运，但当局政府禁止法国进口殖民地的糖。尽管富人供应充足，但我遇到的许多外省的穷人及巴黎的一些居民，他们已经四年没有吃过一口糖了。很多地方甚至连面包都短缺，而饼干、酥饼和花式蛋糕，价格昂贵，摆放在商店橱窗里。那些拯救了法国，并想让法国人记住的自称谦卑的大人物，脸上每时每刻都显露着恣意奢侈和挥霍无度的神色。豪华的宴会、丰盛的午餐、通宵的舞会和充满异域风情的狂欢，足以表明国家富裕的物质和独特的精神倾向，这深深地触及了法国士兵的痛处。“战死沙场的英雄这么快就被遗忘，”他们说：“活着的人还能指望什么正义啊？”还有一个可怕的细节，就连乔瓦尼·薄伽丘也几乎无法做出公正的评价。“首都巴黎有钱阶级任意挥霍浪费的同时，在通往马吉瓦勒河畔讷维尔的路上及兰斯附近，许多勇士的躯体，仍躺在弹壳遍地的战场上，未曾被掩埋。然而，这片战场却向游客开放，以满足他们对冷酷战争场面的好奇。个人劝告，媒体反抗，全都徒劳。最近，就在1919年5月，我认识的一些人——我的英文秘书就是其中之一——怀着恐惧的心情，瞻仰了这些英勇士兵的躯体。在五月的烈日下，他们躺在当时倒下、痛苦翻腾的地方，正腐烂，化为尘土——从巴黎到这里要开两个小时的汽车……”[①]

士兵们陷入冥思苦想中。自战争开始，他们经历了巨大的精神变化。身处持续发酵、日益激烈的危机最中心，他们忘记了既定秩序和自己所处的阶层。死亡深深触动着他们的内心，体内熊熊烈火燃烧。于是，反抗的情绪取代了逆来顺受，他们一呼百应。遣散回乡的法国士兵仍保留着军队精神。不，他们身上散发的正是挖战壕的战斗精神。他们不再恐惧，不再怀有敬畏之心。他们的世界观完全改变，内在感知颠倒了他们看到的社会秩序，正如同眼睛颠倒了看到的物体一样。在大多数法国士兵看来，对生命的尊重和对死亡的恐惧，超出了对个人和体制的尊重。战争期间，法国士兵也深深认识到自己阶级的重要性——他们的阶级如同阿特拉斯，双肩上托着共和国及其海外帝国。在战争时期，法国士兵拯救了国家。同样，在和平时期，他们仍是国家的中流砥柱。这些无价的服务体现了他们的价值，而那些继续认为自己代表国家的人却低估了他们。就是那些供给丰富、慵懒散漫、追逐私利的敛财者，掠夺了战士们辛苦劳作的“果实”。

人们可以想象——实际上，我曾亲耳听到过——法国士兵这样诉说自己的遭遇：“只要我们能解决致人死命的德国人和享有特权的同胞间的矛盾，他们就让我们吃饱穿暖，并高度评价我们。战争期间，我们被捧为国家的栋梁，祖国的救世主，世界命运的仲裁者。只有面对敌人的枪口时，我们才什么都好。我们有大量的肉、白面包、鸡蛋、葡萄酒和

① 参阅《撒哈拉晨报》，1919年5月31日。同一天，该报纸还报道了当局玩忽职守的另一个值得一提的例子。木制十字架刻着该墓地埋葬“一位不知名的法国士兵”，十字架上挂着圆盘，圆盘上写着他的名字和服役的部队！草丛中随处可见英雄的头骨，而德国士兵的墓地则由德国囚犯虔诚守护。——原注

糖。但现在呢？我们完成了自己的使命，从高高的身份跌落下来，重新成为底层贱民。我们将继续为那群特权者及其所属的阶级工作，直到他们把我们拖入另外一场战争。凭什么呢？我们奋不顾身，得到的回报又是什么？我们期望完成的目标的动机是什么？不像战前，现在我们买不起食物，生活质量也大不如战前。我们甚至买不起生活必需品。难道我们就为此而战吗？当然不是了。如果我们拯救了国家，那么我们也可以拯救自己的阶级。我们有意志力，也有力量，我们为什么不利用呢？”随着这些遣散士兵的集体力量意识日益强烈，他们的阶级目标也越来越明确。偶尔，这股力量也会公开爆发出来。

某个阴沉的夜晚，一家私人宅邸正举办一场精彩的舞会，上流社会的男男女女正纵情享乐。然而，在外面寒冷黑暗的街道上，他们的司机却只能等候——无聊且烦闷。3时到4时，司机们召开露天会议，通过并立即执行了一项决定。他们派代表上楼通知那帮纵情欢乐的客人，在十分钟内，他们必须下楼上车，否则没有车辆送他们回家。这些反抗的司机几乎都是受雇于名流的私人司机，而如今他们向这些名流发出这样粗鲁的最后通牒。多亏舞会的主人急中生智，化险为夷。他立马准备了小型宴会，有鹅肝酱、干香槟和其他美食，以此来安抚那些反抗的司机。总体来讲，无产阶级普遍存在的情绪并未改变。在巴黎，令人不安的反叛事件时有发生，无论真假，这些事件都有助于对当时的局势做出正确的判断。

停战期间，各地都疯狂举办舞会，不仅限于巴黎。在柏林、罗马、伦敦，有些人深信精神生活高于一切，于是，舞会激发了这些人的愤怒。然而，舞会似乎是巨大国难带来的自然反应。在巨大的国难下，集体意识临时让步，心理平衡被打乱。幻灭、泄气和对近来批判之声的蔑视，促使他们转移注意、寻欢作乐，以寻找解脱。其中，舞会似乎是最温和的方式之一了。拿破仑·波拿巴的崛起，结束了法国长期的紧张局势，当时的巴黎就是这样。自此后，无论面临什么困难甚至是国难，舞

维克多·雨果

会都未曾间断过。“奢侈，”维克多·雨果说，“是伟大国度和伟大文明的必需品，但有时一定不能涉及大多数人。”欧洲大陆停战期间，奢侈生活带来的危险，比任何时候更巨大，更迫在眉睫——这段时间正是性病爆发的潜伏期，而性病是传染性最高、最致命的疾病。

巴黎上层社会的欢宴和娱乐，使人想起一百年前具有重要历史意义的维也纳会议：维也纳会议召开时，维也纳充斥着烦躁和狂热。舞会普遍流行，伤风败俗之事时有发生。有些舞会沙龙举办的形式让人生厌。我的一个朋友——X侯爵，受邀参加一位富豪的舞会。他对眼前看到的一切很震惊，心生厌恶，并当即离开。马尚夫人是当时受欢迎的舞蹈艺术指导老师，教授新式舞蹈，每节课的课时费为三百法郎。据说，几周之内，她就净赚十万多法郎。

利涅亲王查理·约瑟夫·拉莫拉尔这样评价维也纳会议："大会不行动，大会在跳舞。"与此相同的是，巴黎和会代表们会聚巴黎，解决国家事务。当他们悠闲地收集信息时，法国新闻界也对巴黎和会发出了类似的批评。下面一段摘自巴黎一家报社，描述了当时典型的场景——此类报道不在少数。

周一晚上，巴黎和会英国代表团下榻的梅杰斯提科酒店举办了一场成功的舞会，英国代表团成员和工作人员参加了舞会。舞会人员混杂：既有全权代表，也有女仆；既有将军，也有勤务兵；既有外交部大使馆专员，也有女服务员。舞会上表演了所有最新的舞蹈形式，包括爵士舞和华尔兹踌躇舞，以专家看来，其舞蹈表演达到了相当高的水平。英国首相大卫·劳合·乔治之子——格威利姆·劳合·乔治少校也在舞者之列。食品总监G.H.罗伯茨向酒店客人做了简短欢快的致辞。①

格威利姆·劳合·乔治少校

① 《每日邮报》(大陆版)，1919年3月12日。——原注

以下摘录也值得一提：

昨晚，新修建的莫加多尔剧院，位于莫加多街，常常观众爆满，座无虚席。幕布升起时，观众高呼“巴黎，你好”，一直到表演结束，观众情绪热情饱满……美国总统托马斯·伍德罗·威尔逊、阿瑟·詹姆斯·鲍尔弗、德比勋爵爱德华·乔治·维利尔斯·斯坦利一直待到0时15分幕布落下……这些尊贵的客人离席时，散场的观众发出热情的欢呼声，市政保安持枪致敬。[①]

阿瑟·詹姆斯·鲍尔弗

① 《每日邮报》（大陆版），1919年4月23日。——原注

德比勋爵爱德华·乔治·维利尔斯·斯坦利

那些为战争做出巨大牺牲的人民群众，正忍受悲伤、不满及身体痛苦，而与此同时，少数富人阶级，招摇炫耀、纵情享乐。这似乎是一种挑衅。那些强压怒火、缺衣少食的人民群众，穿梭于巴黎的街头，奔走相告，传播着命运很快就会惩罚这些少数富人阶级的消息。

在多事之秋的世界大战后，我们从人民群众盯着富人的眼神里看到了许多许多——就如维克多·雨果说的“那些大脑承载的并不是思想，而是事件”。

当劳动阶级目睹了巴黎上演的一轮轮的庆祝活动、剧院表演、各种异域风情的舞会时，他们心生怨恨，难以掩饰。人们常常看到一辆辆汽车开往剧院、豪华的饭店或音乐厅，透过敞开的大门，可瞥见里面璀璨夺目、眼花缭乱，而不远处，营养不良的人们正排着长队，等候进入商店。在这些商店，他们可以买到国家规定的价格相对较低的牛奶、鸡蛋和燃料。劳动阶级的零星谈话，让闻者很不安心。

一天下午，我同时遇到了两件事。一群所谓的世界改革者，面带微笑，心无旁骛地乘坐着汽车，向法国外交部疾驰而去。与此同时，在雪水污泥中，一群人艰难地前往劳工秘密集会地，去为一个崭新而陌生的时代起草法律。我不由自主地将这两件事进行了比较，并问自己，这两类法律，都尚在雏形，而谁的法律会最终被世界接纳呢？从那以后，我慢慢地找到了一些答案。众所周知，随着时间的推移，生活成本变得越来越高，这主要归咎于中间商的贪得无厌和政府的不作为。政府不能有效管理，甚至不愿承担责任，日积月累，国家一定会陷入糟糕境地，除非另外一个阶级接管掌控它。实际上，政府并未采取措施来改善铁路的承载运输能力，并未充分利用水路，并未使用闲置一旁的、数不胜数的卡车和货车，并未购买、运输和分发政府支配的粮食，他们什么都没做。各政府部门就谁掌管肉类和蔬菜，争论不休。他们漫不经心地准备报告、票据和答复，最后等发出报告、签发票据和寄出答复时，几个星期或几个月过去了，食品也变得不能再食用了。仅举一例，1919年5月中旬，马赛码头两千四百零一桶猪油及一千四百一十八箱咸肉腐烂。穆鲁马斯仓库里，六千吨咸肉因无人负责搬运和分发而变质。1919年6月，十八辆载满冷冻肉的冷藏车由勒阿弗尔抵达巴黎。在冷藏站检查时却发现，由于粗心大意，车门居然开着，车内的肉类只好销毁。[①]由于堆积在其中的一个站点时间过长，十万八千公斤自比利时运来的土豆，全部变质，不得不扔掉。这些新闻或类似事件报道后，一直沉默的政府表示歉意，但之后继续不作为。在其他国家，情况即使没这么突出，也相差无几。

① 参阅《纽约先驱报》（巴黎版），1919年6月8日。——原注

不择手段的商人恣意妄为，逍遥法外。他们还有法宝确保获利——中心市场上的食物不能食用时，公共卫生部门会站出来，按当前市场价，全款支付商家。因此，商人常常利用这种“公平”机会，大量囤积人们需求的新鲜蔬菜，等蔬菜烂掉，用车拉走时，从公共卫生部门获得等额赔偿。这样他们既能达到自己的目标——减少库存，又能抬高他们销售商品的价格。[①]结果是巴黎的蔬菜和水果不断陷入短缺状态。根据美国政府发布的统计数据，以下四个国家生活成本涨幅最高：法国，百分之二百三十五；英国，百分之一百三十五；加拿大，百分之一百一十五；美国，百分之一百零七。[②]自该数据发布后，法国物价持续上涨，到1919年7月月初，已达到俄国革命前夕同样的水平。在巴黎、里昂、马赛，各种鱼类、贝类、果酱以及苹果的价格上涨百分之五百，卷心菜价格上涨超过百分之九百，块根芹价格上涨竟高达百分之两千。1914年，无烟煤每吨五十六法郎，而到1919年，低于三百六十法郎竟买不到无烟煤。

酒店和旅馆也加入掠夺大战中来。大部分客人，除了支付与生产成本毫无关系的昂贵的价格，还不得不支付政府征收的百分之十及以上的消费税。一位知名报社记者，宴请七位朋友，到一家普通餐馆吃了一顿简单的晚餐，支付了五百法郎，其中九十法郎是一只鸡的价格，二十八法郎是三杯鸡尾酒的价格。面对记者的抗议，餐馆负责人信誓旦旦地表示，餐馆盈利很少。然而，碰巧的是，这名记者专门调查生活成本问题，各类数据信手拈来。当然了，这名记者也知道应该找谁赔偿。最终，他凭借着丰富的知识，获得了一百五十法郎的折扣，这名记者对这个结果也比较满意。[③]

某报社记者专门针对生活成本的问题做了全面调查，他描述了下

① 参阅《纽约先驱报》，1919年6月2日。——原注

② 参阅《纽约先驱报》（巴黎版），1919年4月20日。——原注

③ 《费加罗报》，1919年6月8日。——原注

面有趣的画面，没有什么比这更能说明问题的了。[1]“几天前，我在布洛涅森林公园附近的一家餐馆吃饭。很多人在门口等候，排起了长队，有六十来人，大部分是女士，一个接一个，挤在一起。不时地有声音喊道：‘空两个位。’接着门打开，两名客人进去，然后门‘砰’地关上，重重地打了一下靠近门的人。最终轮到我了，我进了餐馆。客人们坐得很近，连胳膊肘都动不了，只能动动手和指头。有的女人衣着暴露，男人说话的声音和穿着打扮出卖了他们暴发户的身份。没有一个人对递过来的菜单表示异议。这是什么菜单啊！开胃小菜，二十法郎。鱼类，九十法郎。鸡，一百五十法郎。三支雪茄烟，四十五法郎。每个人吃顿饭最少花两百五十法郎。”另一名记者这样评价此事：“从1918年6月月末开始，巴拉丁多余的蔬菜产量，四十四万五千公担[2]蔬菜，打算以正常价格供给巴黎。由于国内蔬菜价格十分贵，巴黎委员会同意了这笔交易。需要的火车已到位，万事俱备，只欠法国政府批准。法国政府也知悉此事，但迟迟不批复，于是，在仓库里的蔬菜就开始腐烂了。”

法国当局以运力不足为借口，为自己开脱，但媒体报道证实了这一借口苍白无力。提出这种说法的官员只是在推卸责任。报道指出成千上万的货车、卡车和大篷货车在露天闲置，车况变坏。例如，科尼亚克和雅纳克之间的铁路线上，约有一千辆货车的车厢闲置，很快无法使用。[3]这仅仅是许多类似例子中的一个而已。

在特殊时期，尽管不法商人狂妄贪婪、不择手段，却总能逍遥法外。历史上再难找到能与之相提并论的其他时期了。毫无疑问，法国并不是唯一贪婪成性、损失惨重的国家。欧洲大陆的其他地方也怨声载道。人们抱怨奸商牟取暴利、残酷无情。意大利商人吸血鬼式的榨取最

① 《人道报》，1919年7月10日。——原注
② 公制重量单位。1公担等于100千克。——译者注
③ 《新民主》，1919年6月14日。——原注

终导致1919年7月全国爆发革命。[①]英国也未幸免于难。驻扎在法国的协约国部队和官兵待遇优厚，深深刺痛了法国人受伤的心灵。当然了，他国官兵的抱怨也常有耳闻。有些美国部队对法国的印象糟糕透了。常驻法国小镇的美军调遣到德国后，由于德国生活成本低，这些耿直的美国人对法国的憎恶之情油然而生。这着实令人尴尬。为了打消美国人的厌恶之情，法国人告知美国人，是德国人串通一气，故意低价售卖，欺骗美国人，以激起美国人对法国的反感。这是德国的阴谋。

然而，在法国的种种遭遇，有时使英美士兵相信荒谬的传言——就连英美士兵战斗、牺牲的战壕，甚至连埋葬牺牲士兵的坟墓，英美政府都需要支付租金。

我的一位熟人，是美国代表，想在巴黎和会期间找一处住所。有套住所比较合适，公平的租金约为每年一万五千法郎到两万五千法郎。他咨询价格时，房主知道对方是非常富有的美国人，回答道："二十五万法郎。"随后，房主托人问这位尊贵的客人是否承租时，美国人的回答是："不租，我有自尊。"

自1918年12月开始，巴黎旅馆的价格已令普通人望而却步，只有富人才享受得起。而在巴黎和会期间，它们的价格又翻了几倍。1919年7月月初，房价已达到相当高的水平。实际上，和平庆祝活动期间，许多旅馆价格翻了一番，甚至还有些旅馆的价格是以前的五倍。这种情况大概持续了一周。同时，公寓和住宅的租金也相应飙升。

关于租金异常飙升，还有一个解释比较有意思。战争及休战期间，各国政府——不只法国政府——宣布租金暂停偿付，即房客根本不用支付租金。结果，许多房东穷困潦倒，甚至沦为乞丐。因此，为了弥补损失，他们一有机会就从房客——无论是法国房客还是他国房客——身上

① 1919年7月4日，意大利人因粮食及食品的价格暴涨而举行了全国总罢工。——译者注

榨取钱财。关于租金暂停偿付，还发生过一段有趣的插曲。随着一个诉讼案件的审理，这段插曲浮出水面。一位精于计算的房客，贪欲熏心，不付租金也不满足，还将公寓转租给另一人——转租客提前支付一笔可观的租金，但不幸房屋起火，转租客被烧死。之前，转租客为公寓及公寓内设施投过保，于是，这位房客从保险公司索求一大笔赔款，并如愿以偿。接着，他又起诉房主，要求赔偿火灾带来的损失，他胜诉了。倒霉的房主被判付清索赔的金额，并支付诉讼费用。①然而，房主仍不能收取租金。

整个法国，尤其是巴黎，毫无组织，几近混乱。人人都能感受到这种混乱状态，但没有人比战争的功臣们感受得更强烈。遣散工作自停战后就开始了——早期被打断过，工作进展缓慢，如蜗牛爬行。返乡的士兵向报社寄了数以百计的信件，抱怨行程被耽误，抱怨他们疲惫不堪，抱怨他们一无所有。从汉诺威到科隆，他们只花了二十八个小时——在德国境内，相对有组织——而从科隆到马赛，他们却用了不少于十四天。②在德国境内，他们每天两次供给热汤和热咖啡，全身温暖，而在行程下半场，整整十四天，没有任何饮料供给——不管热的还是冷的。“人还不如马的待遇好。”难怪这些法国士兵转而反对政府，反对严重渎职的特权阶级。电报和邮政通信服务也大抵如此。已经付费的信息，无法保证由报务员准时发出。如果遭扣留，也无法保证发送者知晓其信息遭扣留的事实。停战期间仍保留了战备部门，但它们的工作糟糕透了。国民议会成立委员会正式调查电报之事。据调查③，仅仅在巴黎电报局，每天就有四万份电报被扣留——一天四万份，四年就是五千八百四十万份！这仅仅是从首都发出的。大部分电报从未发出，其他电

① 《费加罗报》，1919年3月6日。——原注

② 《人道报》，1919年5月23日。——原注

③ 《高卢人报》（法国一日报），1919年3月23日。《纽约先驱报》（巴黎版），1919年3月22日。《巴黎回声报》，1919年6月12日。——原注

巴黎电报局

报则是延误很久后才发出。扣留的电报，基本上被扔到垃圾桶里，积攒到一定数量后便销毁。电报局的控制部从不过问，也从未通知电报发送者或接收者。[①]即使发给罗马和伦敦那些中立大使的重要信息也遭遇同样的命运。审查员鲁莽大意，甚至连销毁的材料都不看一下，以至曾扣留并销毁过大型军工厂发送过来的订单。其中一家军工厂，因为无法及时获取某些物资，不得不关闭。

法国驻瑞士大使曾报道，由于电报和邮政通信服务几近瘫痪，法国申请瑞士贷款的重要信息，从未送达瑞士，导致贷款——一千万到两千万法郎——无法正常申请。由于工作人员粗心大意，已经发出的信件

① 《纽约先驱报》，1919年3月22日。——原注

和电报，大多延误或半途丢失，以致送达时对收信人毫无意义。举例而言，法国商务部长发给财政部长的公函，竟发到加尔各答，碰巧法国总领事看到了，找人又发回巴黎。《巴黎回声报》记者受报社派遣至瑞士，按法律规定，他不能携带一千法郎以上的现金出境，也不允许报社一次寄超过二百法郎以上的现金。在巴黎，当有人给他发了一封电报，说要给他寄二百法郎时，这封电报也被审查员拦截下来。十一天过去了，没有人通知相关人员。报社主管询问审查长时，他表示自己与此事无关，拒绝承担责任，并声称中央电报控制局是主管单位。然而，中央电报控制局也声称自己无辜，从未听说过此事。又过了一天才知晓战争部的经济科做出的决定——扣留此类电报。于是，《巴黎回声报》主管不屈不挠，向经济科咨询，得到的结果却是“他们也毫不知情，但答应帮忙查查”。很快，战争部经济科告知报社主管，是财政部的交易委员会颁发的命令。而整个期间，该报社记者在苏黎世没钱发报，没钱支付旅馆和饭店的账单。①

在一份报告中，外交部将中央电报控制局总结为“一个混乱的部门——招致无数谩骂，严重损害了政府名誉”②。实际上，中央电报控制局的所作所为，不仅损害了政府的名誉，对整个统治阶级也产生了恶劣的影响。

法国的统治者潜意识似乎仍受阿尔芒·让·迪普莱西·德·黎塞留格言的影响。阿尔芒·让·迪普莱西·德·黎塞留在遗嘱里写道：“如果人民生活得太安逸，就无法使其遵守规则。”智慧和管理之需越迫切，无为和混乱越严重。“战争部门、公共工程部门、供给部门和交通部门既无统一行动，也不互相配合，”一家大众新闻机构写道，“各部门工作互相混杂、重叠、冲突，甚至导致彼此瘫痪，没办法解决。于

① 《巴黎回声报》，1919年6月12日。——原注
② 《纽约先驱报》，1919年3月22日。——原注

是，尽管法国的咖啡可供一年享用，而燃料却维持不了一周。担忧顾虑，束之高阁；惩罚警戒，远不配套；到处是欲壑难填、伸手要钱的投机商、官员、车站站长或军官……目光短浅、混乱骚动、铺张浪费、公款挥霍而渎职无为。这就是平衡……”[①]

可以想象，整个国家陷入这种管理困境不利于坚定人们对统治阶级的信心。各方面的声音都高涨起来，不仅反对内阁——他们认为内阁成员打着爱国主义的旗号，谋求自己的利益，而且反对整个统治阶级。不只在法国，整个欧洲亦是如此。人们认为，再也没有什么比这些领导者带给国家的灾难更糟糕了。由资产阶级到无产阶级掌权，此时再合适不过了。

实际上，资产阶级和返乡的法国士兵一样，对限令和渎职很不满意。停战期间，资产阶级受到一些限令的影响，而这些限令只有在战时才合理。他们几乎丧失了通信联络。大多数时候，使用电报、邮政、海底电缆电报或电话，是愚蠢的选择——往往耗费了大量时间和金钱。

这种状况需要立即大力整顿，如果持续下去，将激怒处于艰难困苦中的那些人——返乡的士兵们。这也是一场不易察觉的革命——类似于其他几个国家正进行的革命，将财富和特权由一个阶级转移到另一个阶级，鼓励一无所有的人通过暴力改变政治秩序。法国政府的权力集中在法国总理乔治·邦雅曼·克列孟梭手里。然而，乔治·邦雅曼·克列孟梭此时的主要任务是重建和平，无暇顾及这些怨言。因此，法国政府并没有完全意识到问题的严重性。可以肯定的是，法国国内一团乱麻，如果政府听之任之，不采取任何措施，那么，即使在巴黎和会上，法国为重建和平取得再大的成就，也毫无意义。停战期间，协约国没有任何国家采取建设性措施，像减少开支这样的口头措辞，都已经是政府最大的努力了。

---

① 《人道报》，1919年5月23日。——原注

为了颠覆乱象丛生的政权，工人阶级组织了多次罢工，最终引起了议会的重视。1919年7月的一天，法国议会提出了以下决议："经查，自停战以来，比利时生活成本已降低了一半，英国降低了四分之一，而法国自停战以来，生活成本持续增长。鉴于此，议会根据实际结果，判断政府的经济政策失误，特提出本决议。"①

不久后，议会又宣布放弃之前的决议，继续支持内阁。在英国，情况也是如此。英国下议院给政府施加压力，政府被迫采取措施。

一方面，政府目光短浅，总体上采取并维系的措施鼓励了铺张浪费；另一方面，政府官员无所作为，任其发展，也造成了无节制的浪费。在法国，租金暂停偿付和免收税款政策引发了一系列的鲁莽行为。那些战前积攒收入的人，如今无须支付租金，无须支付应缴税款。于是，他们毫无顾忌地追求奢侈，然后再罢工要求更高的工资和薪水。

对当前备受诟病的社会现状，议会议员非但未采取任何缓解措施，反倒要求按生活成本上涨幅度增加工资——每年涨600英镑。然而，在那种情形下——人们普遍反对议会政治，政府认为涨工资不明智。

和英国一样，法国答应了工人的大部分要求，但法国政府答应的救济如水中之月、镜中之花。然而，由于物价持续上涨，接受救济的工人境况并未好转。工人的工资有限，物价的涨幅却无限。愤怒的工人认为只有通过工人阶级的武装，才能改变自己的命运。他们相信，彻底解决问题的唯一方案是推翻统治阶级，在全新的基础上彻底重建社会架构。②一些工人领袖甚至坦率宣称，除此之外，他们无法找到其他方法。

---

① 参阅《撒哈拉晨报》《巴黎回声报》《费加罗报》，1919年7月10日。——原注

② 参阅《人道报》（法国工团主义机构），1919年7月11日。——原注

第 2 章

时代特点

社会转型期一般持续数年。处于转型期的社会，将经历前所未有的变化，但这些变化尚未覆盖社会的方方面面，影响强度亦未完全达到最高水平。帝国和王权逐渐解体，对上帝的质疑，精神能量源泉枯竭，持久可怕的战争导致社会和个人精神错乱，这都成为这个时代的显著特征。政治原则、对当局和传统的尊重、对高尚道德价值的尊崇，更不用说利他主义和公德心——要么萎缩成模糊的幻影，要么消失得无影无踪。在当代历史长河中，大河流和交叉河流、涡流和逆流，不计其数，令人眼花缭乱，辨不清主流方向。反社会倾向与集体主义共存，两者既被当作对抗社会的武器，又被视为民主的表现形式。这个世界，总有一些有影响力的群体，奋起反抗各种权威。如今，被压迫的无产阶级充满激情，目标明确，比任何时候都渴望能大展拳脚。

针对这种局势，各国保守政府及后来派往巴黎和会的代表们，提出了美好的设想和有效的措施。有人认为，一个国家或种族，如同个人一样，拥有与生俱来、与众不同、持久不变的某种东西，这种东西或许可称之为灵魂或品质。各国保守政府和巴黎和会的代表们却否认这一观点，并据此做出了决策。然而，他们却忽视了一个事实——并不是所有国家和种族都处于同一发展阶段或都拥有同样的能力。它们有的年轻无助，有的健硕刚强，有的年老体弱，甚至还有些种族，在其发展进步过程中，大自然根本无法为其提供保障。由于忽视了这个事实，他们对所有国家的问题都采取同样的处理方法。我认为这是不合适的。美国总统托马斯·伍德罗·威尔逊，将自己那崇高的民主观念和政治道德规范强加给墨西哥，导致墨西哥陷入无政府状态。这两个盎格鲁-撒克逊政府，将保护少数民族的理论和其他政治观念强制执行于欧洲各国，促使欧洲各国的社会政治结构逐渐瓦解。

正是通过这样或那样的渠道，致命毒药慢慢渗透到社会有机体的骨髓中。语言作为人类交流的纽带，也被扭曲，以满足他们见不得人的野心，以达到他们一己私利的目的，以蒙蔽寻求真正改革和质朴真理者的视线。战争期间，他们从未明确告知军队为何而战。据官方称，军队为正义、权利、民族自决、条约的神圣不可侵犯性及其他抽象名词而战，而英勇的战士从未仔细想过这些名词的含义。大部分平民百姓对这些名词的理解都是错误的。实际上，即使是提出这些口号的政客，对这些口号理解得也很浅。结果，世界上一半的人，正努力建立一个与这些口号截然不同的世界，并以各种各样的托词，谴责另一半人拥护的是不公平、特权和虚假的世界。

盎格鲁-撒克逊人是人类的领先者，它模仿昔日的天主教国家，开始将它的做法和制度及理念强加于其他民族之上，以唤醒这些民族沉睡的力量，以期重建世界社会秩序。在这段时间里，语言无论用于历史、新闻还是外交，都不时地被歪曲，词汇也失去了原义。他们打着真理、权利或平等的名义，严重违背了曾经的承诺。比较有讽刺意味的是，人们撕毁了约定义务的条约，违背了对人类最有约束力的契约，而这竟宣告着公平正义、诚信友爱的新时代的到来。此时，在道德层面和社会层面，正碰巧人们反对战争带来的一切审查和限令；法律意识消失，武力代替权利。这些正是这个时代的特点。总之，在所谓世界改革者的保护下，布尔什维克主义日益发展壮大，传播开来。

如今，在许多国家，正如意大利君主专制时期一样，不管出身如何，有何污点，每个人都有机会得以升迁——攀升至社会上层。贵族血统、服务精神或清白的过去，不再是个人发展必不可少的条件。德国领袖是位诚实的马具商人。奥地利现任政府首脑是刺杀总理的凶手。乌克兰政府首脑曾住过收容所。据说，俄国领袖列夫·达维多维奇·托洛茨基之所以由列夫·达维多维奇·布隆施泰因改为此名，是因为一段不光

列夫·达维多维奇·托洛茨基

彩的秘密。贝拉·库恩，匈牙利闪米特人独裁者，成为匈牙利最高统治者之前曾为窃贼……总之，至少拿破仑·波拿巴的理想达到了——“英雄不问出处”。

时光易逝，本时代值得一提的特征，或许还有事实的难以理解性——这些事实与人们推崇的信念、理想和利益背道而驰。人们无法从质疑的事实中得出他们期望的推理。在巴黎发生了一件有趣的事情。一家工团主义报纸发表了一篇有趣、基本属实的文章。文章描述了俄国普遍存在的混乱、悲惨和不满，以及弗拉基米尔·伊里奇·列宁的独特个性。文章展示了一幅幅凄凉的画面，包括物价持续上涨；交通系统陷入瘫痪；战争带来的可怕死亡率；监狱、剧院、电影院、舞会大厅人满为

贝拉·库恩

患；雇主急于雇用战俘，而成千上万被遣返的士兵正在城市和乡村游荡，徒劳地寻找工作机会；个人自由无从谈起；许多人被逮捕；而独裁者却受人追捧。此种追捧，报社后来解释说，是由于弗拉基米尔·伊里奇·列宁幸免于难，特别是刺杀他的企图失败后，报社断定他是眼下国家不可或缺的人物。

“弗拉基米尔·伊里奇·列宁非常清楚苏维埃成员的真情实感，他不会屈尊去逢迎苏维埃成员……任何时候只要弗拉基米尔·伊里奇·列宁关注，正义很快就能伸张。有些人遭多年监禁后，不经审讯，被直接从监狱释放。向亚历山大·克伦斯基开枪的人，不经审讯，被判无限期

亚历山大·克伦斯基

监禁。而俄国那位获得法国媒体称赞的勇敢爱国者——将左轮手枪瞄准弗拉基米尔·伊里奇·列宁的人，仅仅三周后就被处死。”

这篇文章竟然刊登在《人道报》这样的工团主义报纸上，说明现实情况非常严峻。一些报刊摘录了这篇文章并表示赞同。实际上，直到后来，人们才发现这是对法国现状的讽刺。“本文以事实为基础，有力揭露了俄国现实”和“本文提供了有力的证据”，这是其他报刊对这篇文章的评论。如此看来，这些评论毫无意义。[①]

巴黎和会期间，巴黎上演了两场政治审判，为代表们上了生动而又形象的一课。在司法管理这一根本问题上，代表们发现盎格鲁-撒克逊国家和欧洲大陆其他国家的思想和行为模式差距太大[②]，很难将盎格鲁-撒克逊国家的立法模式推广至其他国家。

因刺杀了法国杰出的政治家让·饶勒斯，拉乌尔·维兰被关押在监狱里近五年，未接受审判。拉乌尔·维兰残忍地刺杀了让·饶勒斯，对此他供认不讳，证据确凿。目击者也对事实细节表示认同。然而，在法庭之上，一长队的政府部长、政客、历史学家和教授诋毁受害者，详细讲述受害者让·饶勒斯的一生、政治主张和奋斗历程。在不熟悉套路的陌生人看来，受害者让·饶勒斯俨然成了真正的罪魁祸首。最后，陪审团宣布拉乌尔·维兰无罪释放。

另外一个被控告的是位轻狂的年轻人——向法国总理开枪，并打伤了总理。然而，他的审判并未等太久。被捕后三周内就被带上法庭，并立即被判死刑。[③]如此看来，刺杀成功者，却被陪审团判为无罪，而刺杀未遂者，却被陪审团判为死刑。“假如这两次审判发生在我的国家，”

---

① 参阅《人道报》，1919年4月10日。——原注

② 法国属于大陆法系，其法律以成文法，即制定法的方式存在；英国属于英美法系，其法官可援引已有判例审判案件。——译者注

③ 后被减刑。——原注

让·饶勒斯

一名来自东欧国家的代表说，“两位被刺杀的人中有一位身份显赫，这会在美国和英国引起多大骚动！然而，由于这事发生在西欧，人们理所当然地接受了。”

瑞士巴塞尔大议事会采纳了社会党韦尔蒂的议案，批准三个月内堕胎合法化，前提条件是夫妻两人都同意堕胎；如未婚，须女性同意且由正规医生做手术。从这一事件可以看出，在理解和处理重大社会问题的方式上，有些欧洲大陆国家与盎格鲁-撒克逊国家相差甚远。[①]

① 《洛桑日报》，1919年5月26日。——原注

历史学家的职责是将批判的光芒照耀到人类文明的黑暗角落里。下面这个令人不快的文件，历史学家既不能忽视，也不便将其译成英语。该文件是占领军256旅总参谋部的重要决定[①]，1919年6月21日颁发。[②]该文件也体现出盎格鲁-撒克逊人和欧洲大陆人观念悬殊。

慕尼黑-格拉德巴赫妓院的经营和管理

（1）格拉德巴赫的妓院里仅有的两名女性，来到代表团，宣称她们无法满足大量客户的需要。成群饥渴的顾客占据了整个妓院，并一直待在那里。

她们声称，除了她们必须服务的比利时和德国预约客户，她们每天只能服务二十个人——每人服务十个人。

一方面，该机构夜间不工作，严格遵守星期日休息的原则。另一方面，该市似乎无法增加工作人员。在这种情况下，为了避免混乱，避免这两名女性超负荷工作，将采取以下措施：

（2）工作日：除了星期日，每周六天

最高可提供服务次数：每名妇女每天接待十名男子，两人总共二十名，每周一百二十名。

营业时间：17时至21时。除了上述时间，不接待任何客户。

收费：停留十五分钟（包括进出妓院）…… 五马克。

消费：房子不卖任何饮料。没有等候室，因此顾客必须成对出现。

（3）接客：每周六天

星期一：接待第一营每连164号至168号的士兵

① 128师。——原注

② 刊登在法国工团主义机构报纸《人道报》上，1919年7月7日。——原注

星期二：接待第一营每连169号至173号的士兵

星期三：接待第二营每连164号至168号的士兵

星期四：接待第二营每连169号至173号的士兵

星期五：接待第三营每连164号至168号的士兵

星期六：接待第三营每连169号至173号的士兵

（4）在规定的日期，每个营的二十张票将交到军士长办公室，每个连五张票。急切想去她们机构的人，可以到军士长办公室领取一张优先入场票。

该文件的意义在于它竟然是以普通条例的形式颁发的，并刊登在首都发行量最大的报纸上，却没有引发后续评论。常常被称颂的人类文明也有最黑暗的角落。该文件的意义还在于它向最黑暗的角落，投射了强烈的光芒。

显而易见，巴黎和会想要开启崭新的道德潮流，多少有点势力薄弱。新的理想模式仍很遥远，美好的未来仍模糊不清。世界上发生的另外一则变化来自亚洲，但在欧洲未引起人们的注意。1919年11月3日，中华民国教育部颁布法令，正式宣布在所有中等学校引入注音方案，取代之前采用的表意文字。日本人已经意识到日语也存在这个问题。注音方案虽然不能满足教育、新闻、管理或电报的需要，但对基础教育和邮政通信意义非凡，其作用也将不断扩大和延伸。它的主要意义在于，这是一次大胆的创新。但在某种程度上，注音方案又削弱了国家团结，助长了地方主义。从这方面来讲，这次改革并非好事。

另外一个值得一提的新时代特点是工人运动广泛开展，战斗力强；战争及其战后影响又赋予工人运动强大的推力。新时代工人运动与以往动乱的区别在于：新时代工人运动有更广泛的群众基础，是“群众暴动”的一部分，而“群众暴动”正迅速突破上层社会的薄薄外壳，露出地表。令人印象最深刻的例子就是工人们要求涨工资。在巴黎，市政街道清洁工的工资已高于大学教授的工资。清洁工每年收入七千六百法郎到八千法郎，而大学教授的年收入比他们还少五百法郎呢。[①]

造成这一动荡的原因有很多，其中包括世界人口过剩、教育普及、机会均等、工业企业毫无特色、科学理论与非科学理论的发展、劳动分工及其不利影响。[②]这些因素促使工人组织诞生，同时，铁路、报纸和电报促其不断完善，发展成无产阶级联盟。现在，一切人类的进步力量正逐步、艰难地发展成庞大的集体，以更公平的方式，追求和享受体面的生活方式。这一发展壮大意味着自然法则的灭亡。政府最明智的做法是通过和平渠道，因势利导，排除它在发展过程中的人为障碍。

人类社会或多或少有意识地针对劳工进行过一些改革。其中，首次改革中废除了拥有财富和影响力的世袭制。过去，劳动分工导致所谓的更高尚的职业与体力劳动分离出来。慢慢地，从事更高尚职业的人逐渐演变成世袭阶级。他们相对来讲无须承受生活的艰难，从而成为统治阶级。而如今，人民群众手握足以推翻统治阶级的杠杆。他们似乎也下定决心，撬动这一杠杆。

人民群众现在推崇的解决方案就是建立近乎公平的秩序，重新分配世界资源——土地、资本、工业、垄断行业、矿山、交通和殖民地。社会主义化——他们最喜欢的方法——是否是实现这一目标最有效方式，尚存疑问，还需彻底地审查和讨论。人类拥有感官、神经、心脏、动脉和其他运用地球资源和财富的必需器官，若一旦实现重新分配世界资源的目标，据预测，整个人类将联合起来，成为巨大的生命体。由于影响因素众多，顺序各异，这一过程非常复杂。也正由于这一原因，很少有政治思想家意识到，社会发展的许多不同阶段实际是同一现象的不同方面。巴黎和会的政治家们和政客们也没有意识到政治问题和经济问题是

① 参阅《晚报》，1919年7月26日。——原注

② 瓦尔特·拉特瑙在近期几本小册子里也在谈这件事。目前，我手头没有这些小册子。——原注

同一个问题的不同方面。他们高度重视政治问题，却忽视了其他问题。由于未受到重视，巴黎和会通过的劳工立法，也就沦落为一纸建议。

显而易见，巴黎和会解决不了这一重要问题。但代表们可以且应该诉之于代表所有相关利益的国际议会。生活必需品和舒适品都是由人类辛苦劳动获得或创造出来的。因此，分配生活必需品和舒适品的最佳方式是我们既不能忽视也不能推脱的问题。只要这个问题不解决，文明世界就会有断断续续的麻烦和混乱。以前，特权阶级凭借头衔称号，理所当然地占有财产；如今，工人阶级也有了称号。除此之外，工人阶级还拥有工人组织、工人兄弟和工人决议赋予他们的权利。同时，立法逐渐削弱了个体企业的大部分激励机制，挫败了企业的创造力。据此指责立法是荒谬的，而指望通过立法解决问题又是不切实际的。与此同时，生产力在下降，而随着人口的增加、文化的丰富，人们对劳动产品的需求与日俱增。

迄今为止，强者制定分配规则，尽管他们是少数人，却剥削着多数人。而如今，他们的相对地位发生了变化——这些多数人逐渐强大起来，已不愿再充当世袭阶级或特权阶级利用的工具。自古以来，人类被分为生产者和使用者，这种社会形式推动人类文明持续前行。然而，随着社会的发展，进步国家正快速远离这种社会形式。无产阶级武装起来，奋起反抗的法律和惯例，只不过是这种社会形式的具体表现形式。

从修建金字塔之日起，一直到挖掘巴拿马运河，两种社会秩序之间的鸿沟就一直存在。奴隶制的废除，实际上并没有带来多大变化——奴隶制的废除，与其说是出于对强烈的宗教或道德情感的尊重，不如说是出于对旧经济体利益的考虑。事实上，传统的社会秩序自我调整，以适应变化的社会条件，继续存在下去。而要填平日益扩大的鸿沟，需要推翻整个社会系统——要么建立全新的社会结构，要么在不同的基础上恢复旧的社会结构。然而，即使有远见卓识的人，也无法分辨其界限。我们现在所能想到的唯一基础就是源于下列假设：有些种族来到这个世界，除了做分配给无产阶级的工作，没有能力为人类的进步做出更有用的贡献。毋庸讳言，世界上的确有这样的种族，不能同化吸收更高级形式的文明，但不妨让他们在底层提供有价值的服务，自身既不遭受不公正，也不会影响其他人。很有可能，将来的某一天，人类会充分调动并有组织地利用这些后备力量。为了人类社会的巨大进步，为了人类的福利，每个有机体都需要尽其所能地发挥作用。

战争结束后，国际主义的呼声越来越高，工人运动也促进了国际主义的发展。国际主义搅乱了人们的思维定势，激发了剥削者和被剥削者的想象力。改革者与和平主义者期盼国际主义，希望国际主义能帮助进步民族和爱好和平民族建立紧密联系，阻止流血战争。一些金融家期盼国际主义，其想法或许类似于古罗马暴君尼禄·克劳迪乌斯·恺撒希望全罗马人只有一个脖子一样——他可以一下绞死全罗马人。如果巴黎和会首脑们真的思考过这个抽象概念，那么他们眼中的国际主义应该是这样的：在盎格鲁-撒克逊和平的伪装下，国际主义的显著特点在于，其他国家被迫放弃的主权权力，将它转移到英美两国手中，而不是转移到代表所有国家的国际组织手中。目前来看，在三股沿国际主义方向流动的潮流中，只有一股——金融流——有可能达到其目的……

第3章

代表们

这些临时成为世界仲裁者的全权代表是真正有代表性的人物。他们展示出来的，与其说是各自民族的灵魂，倒不如说是稍纵即逝的时代特征。他们代表国家荣耀、领土扩张、党派利益，甚至一些抽象观念。他们是处于低谷的旧秩序的代表，绝不是新秩序的先驱。世界混乱如迷宫，全世界人民被告知跟随他们的脚步，而如何迈步他们自己也毫无头绪。立法者只有具备超凡的政治远见、敏锐的判断力、对时局的掌控力；只有具备辨识核心问题的能力，真正关注统治原则；拥有罕见的道德勇气，不以是否受欢迎作为行动的主要动机——只有这样，立法者才能处理好这些亟待解决的复杂而棘手的问题，带来初步变化。然而，主要大国的代表实际上不具备这些品质也无可厚非，这只是一场意外的巧合。但不幸的是，他们深信在不熟悉自己的利益和需要甚至不知道自己方向的情况下，他们就能完成重塑世界秩序的宏伟事业。因此，他们的失败在所难免——巴黎和会注定是个悲剧。因为这不仅涉及他们想作为新时代铸造者而名垂史册的野心，还涉及国家和民族的命运。这些国家和民族指望代表们为他们创造和平、进步的条件——不，是创造正常生存的条件。

巴黎和会期间，大多数欧洲国家普遍质疑与会代表们的动机和资格。现在，政治激情已经有所减弱，氛围变得越来越轻松、明朗。在不引起矛盾的情况下，人们可以歌颂代表们的真诚、崇高目标及对公众责任和道德情操做出的快速反应。他们不仅对各自的国家，而且对整个人类怀揣最良好的意愿。他们个个胸中燃烧着希望——期望尽早结束极具破坏性的战争时代。他们共同的理想是寻求稳定、持续的和平发展，且准备好放弃一切来实现这一理想。譬如，我相信，如果美国总统托马斯·伍德罗·威尔逊坚持国际联盟计划是新世界结构的基石，坚持不偏不倚履行其原则，意大利人无须协商，就会接受国际联盟，其他国家亦会效仿。代表们一定觉得经过战争及其后续影响，支离破碎的旧秩序已不可能继续存在。代表们当然希望能将向新秩序的转变过程控制在掌控范围内。这样，原本通过暴力革命才能完成的事，现在可以使用政策完成。然而，当代表们界定这一政策时，他们出现了分歧，分裂成两大阵营：和平主义者和军国主义者——或粗略地称为民主主义者和帝国主义者。与此同时，每位代表一心一意，以高度的责任感寻求在自己看来最有益于“公共福利”的解决方法。他们针对当时的状况，为自己认为正确的事，争得面红耳赤。代表的意见和情绪与早期的预期相差如此之大，部分原因在于他们对复杂的问题没有充分调查，还有部分原因在于问题的空大以至代表们无法驾驭。

和主张经济和领土保障的代表们一样，一旦国际联盟[①]得以承认，主张裁军、建立和平社会的代表们就会全力以赴地坚持自己的立场。理论的采纳取决于每个人的胸怀、政治高度，而理论的实现取决于各国人民及其邻国人民的态度。当前条件下，任何一种解决办法都一定会遇到强烈反对，只有勇敢的人才敢于直面这些反对。因此，大家很渴望提出一个彼此让步的办法，在纷繁复杂的形势中找到另一条出路。这帮世界改革家聚集在一起，在处理他们也不懂的材料时，也闹出了很多笑话。然而，

① 国际联盟可以为各国提供安全保障，未来将没有战争，各国通过和平方式解决争端，各国之间无须划定战略边界等。——译者注

一些不协调的细节，偶尔也能免于大众嘲笑。例如，原本不该发出的普林基波岛[①]邀请函，不过，这些糊涂的执行者也为自己找到了借口。

是否基于美国总统托马斯·伍德罗·威尔逊建立国际联盟的全新概念，按照平等、严格适用于所有国家的原则实现永久和平，这一点，代表们并未讨论。换句话说，代表们心照不宣，赞成《十四点原则》[②]不应对大国的主要要求构成障碍。只有在涉及小国和民族平等这一主题时，代表们辩论激烈，旷日持久，甚至一度无果。有时候，代表们言辞激烈，火药味十足。数月来，亚得里亚海、奥地利、土耳其和色雷斯问题悬而未决，公众的兴趣日益降低，不满情绪日益高涨。先前人们乐观地认为一切都会很快顺利解决，而如今人们再也不相信了。人们对巴黎和会的信心正日益消失。

巴黎和会最高委员会面临的尴尬及其规劝人们相信其效率的行为，使我想起了以下故事：

一位法国教民不满自身的遭遇，对上帝充满怀疑，备受折磨。于是，教区教士对他进行精神安慰。原来，这位可怜的教民对造物主期待很高，而对自身失望至极。聆听了教民详细诉说后，这位虔诚的老教士说："是的，孩子，正如你所说的，世界很糟糕，你谴责是对的。但难道你不觉得你自己过分夸大上帝的作用了吗？"巴黎和会暗地里将自己赋予了"神"的很多特性，因此加剧了承诺和成就之间的对比。这样一个类比例子评价巴黎和会再合适不过了。这是因为人们对巴黎和会的期望远远超过巴黎和会的实际能力。但正是代表们宣称：在他们的努力下，新世纪即将到来，从而激发了人们的期望。英国首相大卫·劳

① 普林基波岛是旧称，现称比于克岛，是土耳其伊斯坦布尔东南马尔马拉海中的王子群岛9个岛屿中最大的一个岛屿。——译者注

② 《十四点原则》，又译为《十四点和平原则》，是1918年1月8日，美国总统托马斯·伍德罗·威尔逊在国会发表演说时，提出的《建立世界和平的纲领》。——译者注

合·乔治和他的几个同僚公开讲过，1914年到1918年的战争是最后的战争。他的名言“永远不再有战争”，像插上了翅膀，不胫而走。乐观主义者期望在即将代替战场的仲裁宫殿里看到鼓舞人心的铭文：“战争结束，感恩人性。”[①]如此看来，美国总统托马斯·伍德罗·威尔逊的宏伟计划仍颇具吸引力。

众所周知，大卫·劳合·乔治是英国杰出的议员，无须再表。人们永远不会忘记战争期间，他为英国做出的杰出贡献——即使他的缺点有时候也帮了大忙。大卫·劳合·乔治不仅代表了英国人民的目标，而且也代表了英国人民的想法。他似乎从未怀疑过他自己的看法，无论这些看法是什么时候冒出来的，也从不缺少瞬间改变看法的勇气。在英国最黑暗的时刻，他唤醒了英国沉睡的灵魂，凭借着坚强的信念，指引着英国前进。在世界混乱变迁之际，他身居要职，尽心尽力——他是称职的领袖。我感到非常荣幸，我能以自己卑微的方式，成为较早对他如此评价的人之一。但优秀的战时领导者也有可能是糟糕的和平谈判者。实际上，比起重建战后世界秩序来讲，大卫·劳合·乔治有更大的机会谋取更多的国家福利。大卫·劳合·乔治的前辈们都反对他，认为他缺少聪明才智，即使他与生俱来的才能也无法使其胜任。大卫·劳合·乔治的同僚们认为他是言语修剪者，言谈和思想之间没有有机连接；认为他拒绝主动，除非看到身后有足够力量支持自己；认为他缺少可充当降落伞的道德勇气，以缓冲从受欢迎的地位上跌落下来，却富有激流中脱颖而出的勇气。对于贬低大卫·劳合·乔治的这些刻薄的同僚，我们无须太在意。然而，站在历史的角度来看，虽然大卫·劳合·乔治发挥了显著作用，但这些批评也并非空穴来风。

机会主义是治国方略的基本要素，是一门可行的艺术。但有一条

① 参阅《时报》，1919年5月23日。改编自万神庙的碑文，“Aux grands hommes, la Patrie reconnaissante”（伟大的人，伟大的祖国。）——原注

线，一旦越过，机会主义就变成了狡诈。断言大卫·劳合·乔治很小心地站在正确的一面有些草率。据细心的观察者观察，他在巴黎和会上的行为主要受外部因素的影响。然而，由于外部因素多种多样，变化不定，大卫·劳合·乔治动摇不定。例如，有一天，大卫·劳合·乔治会视某个提议为信条，不可修改，但一周未过，他又会提出相反的提议，并一样为之热情拥护，深信不疑。由于没有可靠的知识，缺乏系统的原则，大卫·劳合·乔治像大海上失事船舶的残骸，随波逐流。美国资深记者梅尔维尔·伊利亚·斯通这样向美国人描述对英国首席代表——大卫·劳合·乔治——的印象。“大卫·劳合·乔治，”他说，“幽默风趣，颇有影响力，但对国家大事漠不关心。如果不是无知的话，这有点

梅尔维尔·伊利亚·斯通

让人吃惊。”在一次散步中，大卫·劳合·乔治听说美国宣战的权力在国会时，非常吃惊。“什么！”大卫·劳合·乔治惊呼道，“你是告诉我，美国总统无权宣战？我以前从未听说过。”后来，谈到各个国家的野心时，大卫·劳合·乔治问，“罗马尼亚人迫切想得到的地方是哪里？”他问的是特兰西瓦尼亚。①

大卫·劳合·乔治正忙于分配这些有争议的土地，相关民族的命运掌握在他手里。而他那“值得称赞”的好奇心的故事，如果仅仅代表个人，其目的仅仅是为获取有用信息，一笑了之也罢。然而，作为英国的代表，英国的尊严势必受到影响，而他自身的权威也随之逊色。因为巴黎和会期间，道德权威是代表们的支柱。尽管没有故意为之，大卫·劳合·乔治似乎有种本能，算不上是合理的信念。那就是在一般政策问题上，他最稳妥的策略就是与美国总统托马斯·伍德罗·威尔逊保持一致。大卫·劳合·乔治想当然地认为，美国总统托马斯·伍德罗·威尔逊的观点与美国人的观点一致。大卫·劳合·乔治的一个同僚，竭力想纠正这一错误思想，说：“在巴黎和会上，您将发挥领导作用。您的同僚们，包括托马斯·伍德罗·威尔逊都将跟随您，整个英国都支持您。您尽管说出英国的愿望，这些愿望与世界上讲英语的民族愿望不谋而合。托马斯·伍德罗·威尔逊中期选举陷入不利，他并没有想象中那么厉害，而您已赢得选举，是国际社会的发言人，是崇高事业的拥护者，可以主导巴黎和会，坚持自己的愿望。即使您决定与美国步调一致，这也不意味着英国的利益要让步于美国总统的观点，而且托马斯·伍德罗·威尔逊的观点并不能代表大部分美国人的观点。”大卫·劳合·乔治或许与众不同，但在某些重大问题上，他并未独断专行，依然是托马斯·伍德罗·威尔逊说了算。

---

① 《每日邮报》，1919年4月25日（巴黎版）。——原注

巴黎报纸一直大加赞赏全权代表们意见一致，但事情并非如此。有一天黄昏时分，巴黎秘密会议上进行了一场激烈的辩论。这场辩论主要在托马斯·伍德罗·威尔逊代表的美国和大卫·劳合·乔治代表的英国之间展开。第二天，谈话尚未开始前，大卫·劳合·乔治的同僚恳请他坚定立场，他昨天的辩论很有道理，对英国也有好处。虽然大卫·劳合·乔治听从了同僚们的建议，但还是屈服于托马斯·伍德罗·威尔逊的决定。“试试吧。”同僚催促他。“我不敢，”大卫·劳合·乔治反驳道，“托马斯·伍德罗·威尔逊是不会容忍的。他已经威胁说，如果我们这么做，他就离会回家。”“好吧，让他走。如果他走了，我们也不会因他不在而糟糕到哪里去。不过，放心吧，他不会走的。他已向自己的同胞和全世界信誓旦旦地宣告过，绝不会空手而归。”他的同僚继续劝说着。然而，大卫·劳合·乔治坚持道：“但托马斯·伍德罗·威尔逊也会撤走军队。”“什么！”劝说者惊呼道，“他的军队？好吧，我只是……”在此，就没有必要再继续全文引用那些回答了。

在巴黎和会上，参会者各怀鬼胎，只屈服于较高的道德权威或压倒性的军事力量。如果其中的领导者既过度自信，错估各方势力，又易受外部影响，那将产生不利影响。无可否认，没有人——包括他身边的人，能够预测大卫·劳合·乔治治国方略中的下一步举措。而且有几次，他自己都不知道将怎么做。有时，他甚至今天提出不可或缺的措施，一两周后，又将提出、辩护和执行完全相反的措施。以下是他和同僚之间的对话，可看出他的优柔寡断和飘忽不定。

“请告诉我，”这位同僚问，“为什么最高委员会成员今天匆忙改变了决定。这个决定是你们历经五个月研究做出的，况且你们当时还说这五个月花得值？”

“因为我们收到了最新消息。现在比当时知道得更多，不同信息需要不同对待。”

“是，但自巴黎和会召开以来，情况并未发生变化。因此，1月的情况和6月的情况是一样的。难道不是吗？”

“的确如此，毫无疑问。但6月前我们不确定，所以直到现在，我们才能采取行动。”

主要代表如此飘忽不定，政治棋盘上的棋子下得毫无章法，以至局外人将巴黎和会视为彩票抽奖。不幸的是，巴黎和会真的是抽奖，只不过没有空奖，只有奖品和沉重的惩罚。

总而言之，英国的首席代表，本质上来讲，喜欢权宜之计，动摇不定，无法胜任涉及面较广的政治问题，无法全面调查复杂的情形。他依靠想象力和直觉，而不是精准知识和专业技能。因此，他都不确定自己的决定是否是最终的，无论准备得多充分——因为6月的情况可能使他五个月的调查前功尽弃。不了解问题的方方面面，也加深了他骨子里的优柔寡断，而优柔寡断正是他整个政治生涯的特点，并影响了他的判断。从他在巴黎和会上的表现，可看出他唯一贯彻的原则就是他一直坚持的准则——在一切重大问题上，英国最稳妥的政策就是与托马斯·伍德罗·威尔逊立场一致，因为托马斯·伍德罗·威尔逊即代表美国。同时，在保证英国利益的限度内，大卫·劳合·乔治将法国事业并入人类文明事业，不屈不挠地忠于法国事业。

法国总理乔治·邦雅曼·克列孟梭化身“专业破坏家”。“倒阁”一直是他乐于干的事，正是由于他成功地找到了政敌的缺陷——一切人类工作都有缺陷——在战争后期，法国议会才对他信心满满，将他推到总理这一要职。乔治·邦雅曼·克列孟梭尽管年事已高，但体格健壮，思维敏捷。他行为冲动，有时粗枝大叶，喜欢悖论、警句，以及不合常规的措辞。在审理阿尔弗雷德·德雷富斯[①]的日子里，我经常在编辑部

① 阿尔弗雷德·德雷富斯，法国历史上著名冤案“德雷富斯案件”的受害者。——译者注

审理阿尔弗雷德·德雷富斯

见到他。他会向沃恩、诗人皮埃尔·基亚尔和其他人敞开心扉。后来，我再接触他时，他已成为政府要员，正处理一件涉及国内外政治的微妙事件，并通过官方友好地请求我声援他。我发现他尽管有成熟且清醒的责任感，但和以前一样古怪、冲动、盲目。我再次与他交谈时，他已经是《图圄人》报纸的叛逆编辑了。这份报纸严厉指责当时的政府，令部长们闻风丧胆。审查员们为此头疼不已。上台不久之后，乔治·邦雅曼·克列孟梭压制言论自由，其严重程度，据法国同胞说，已超过法兰西第二帝国的所作所为。他的挚友乔治·曼德尔的秉性则正好与他的弱点相互补充，相辅相成。乔治·曼德尔对细节掌握全面，意志坚定，记

皮埃尔·基亚尔

约瑟夫·雅克·塞泽尔·霞飞

忆超群，判断大胆并深思熟虑。1918年年初，发生了一件引人瞩目的事件，证明了乔治·曼德尔胆识过人。约瑟夫·雅克·塞泽尔·霞飞元帅向华盛顿的美国总统托马斯·伍德罗·威尔逊发了封电报，由于未经战争部发送，纪律严明的乔治·曼德尔提议逮捕他。一些政治人物费了很大的力气才使其得到宽大处理。

“专业破坏家”乔治·邦雅曼·克列孟梭吹嘘自己推翻了十八个内阁。如果把他自己的内阁计算在内，那就是十九个。毫无疑问，他是战时的合适人选，非常出色地完成了任务。乔治·邦雅曼·克列孟梭坚信协约国一定会胜利。他从未怀疑、退缩、被困难吓倒，也从不听信谗言。1919年五六月间，斐迪南·福煦元帅曾表示，在事先没有征求自己意见的情况下，乔治·邦雅曼·克列孟梭就向自己指挥的部队[①]下达军事命令，因此，他感到非常不满。乔治·邦雅曼·克列孟梭听后十分生气，差点撤掉斐迪南·福煦的元帅一职，打算任命亨利·菲利普·贝当将军接替。[②]在世界战争中，有些品质使乔治·邦雅曼·克列孟梭脱颖而出。这些品质是否同样有益于巴黎和会为之奋斗的建设工作，还需进一步思考。但在维护法国利益方面，乔治·邦雅曼·克列孟梭对代表们的

斐迪南·福煦

① 在德国的部队。——原注

② 据说亨利·菲利普·贝当将军拒绝了这一建议。——原注

亨利·菲利普·贝当

影响是决定性的。战前，乔治·邦雅曼·克列孟梭是奥地利记者的亲密朋友；如今，他对奥地利充满了刻骨仇恨。他热爱法国。1899年年底，在慕尼黑，一位有进取心的年轻人创立了《法德评论》，需要乔治·邦雅曼·克列孟梭的精神支持。我还记得乔治·邦雅曼·克列孟梭向这位年轻人说过非常有意义的话。“难道事情已经发展到这种地步了吗？一个国家只有接受失败才算被征服。无论法国何时放弃，它都该蒙受耻辱。”他慷慨激昂地说道。

巴黎和会上，乔治·邦雅曼·克列孟梭竭尽全力采取各种措施，使法国免遭进一步被侵略的危险。他是现实主义者，只相信军事力量。乔治·邦雅曼·克列孟梭对国际联盟一直冷嘲热讽，直到他意识到国际联盟可能会成为法国有效的国防武器。然后，他用权利、正义和民族自决等一系列抽象用语概括了国际联盟，把国际联盟提升到难以企及的高度。在那里，那些理想值得崇拜，但并未具体体现出来。在某种程度上，公众及一些政治朋友从未相信乔治·邦雅曼·克列孟梭相信“威尔逊主义”，除非国际联盟可以为法国服务。如此看来，乔治·邦雅曼·克列孟梭对国际政治的认识，超过了英国首相和其他一些人。在巴黎和会上，乔治·邦雅曼·克列孟梭的目标简单且始终如一。因为不涉及有争议的地理位置和民族因素，法国打算取代德国在世界上的领导地位，并打算通过提供经济资助，在东欧创建势力强大且忠心耿耿的国家，以帮助法国处理与新角色有关的文化问题。乔治·邦雅曼·克列孟梭做了有利于实现目标的一切。在顾问安德烈·塔迪厄认为安全的范围

安德烈·塔迪厄

内，乔治·邦雅曼·克列孟梭反对托马斯·伍德罗·威尔逊。他曾大胆地设想：趁托马斯·伍德罗·威尔逊回美国时，和欧洲同僚独自解决一些问题，等托马斯·伍德罗·威尔逊回来后审批即可。但这个设想过于明目张胆，再加上媒体添油加醋，以至谣言四起。于是，这位美国首席代表——托马斯·伍德罗·威尔逊归程后，否决了他们的决议——其中之一是将《凡尔赛和约》与《国际联盟盟约》分开——迫使他们重新制订。可以说，在莱茵河西岸边界或殖民地问题上，乔治·邦雅曼·克列孟梭并不是毫不妥协，其他地方也略现端倪。“我们不想反对法国议会的议员们。”有一次，乔治·邦雅曼·克列孟梭当着法国外交部部长斯蒂芬·让·玛利·毕盛的面说。[①]法国莱茵河边界被拒后，托马斯·伍德

斯蒂芬·让·玛利·毕盛

① 参阅《人权公报》，第19期，第461页。——原注

罗·威尔逊提供了两种选择：德国的若干桥头堡或盎格鲁-撒克逊人民的军事保护。乔治·邦雅曼·克列孟梭毅然选择了后者。

乔治·邦雅曼·克列孟梭自尊自重、才思敏捷，经常妙语连珠、一针见血，但偶尔也会不讲策略，反驳唐突。这深深地伤害了不止一位小国代表——他们认为这与乔治·邦雅曼·克列孟梭细心慎重的政治才能和法国好客的声誉不符。然而，无论话语多么伤人，他都无法抵制珠玑妙语的诱惑。如果过分重视这些很快就被遗忘的言语，仿佛有点心胸狭窄，小肚鸡肠。有一件事值得一提。这件事既能反映他的性格及他对英国代表和法国同僚的态度，也能平衡小国代表们受伤的心灵。

一天早上①，乔治·邦雅曼·克列孟梭出现在巴黎和会门口，看到阿瑟·詹姆斯·鲍尔弗身后大批不熟悉的面孔，似乎很惊讶。他马上质问阿瑟·詹姆斯·鲍尔弗："你身后的这些人是谁？是英国人吗？""是的，是英国人。""那么，他们在这里干什么呢？""他们和您身后的人有同样的使命。"这位法国总理转过身来，惊奇地发现在外交部长斯蒂芬·让·玛利·毕盛的带领下，一帮法国人向他走来。乔治·邦雅曼·克列孟梭大为不悦，询问这些人为何而来。外交部长斯蒂芬·让·玛利·毕盛告知他："他们都是专家，被邀请来献计献策，讨论匈牙利的粮食补给。""滚出去，你们滚出去，这里不需要你们！"他大声命令道。于是，在外交部长斯蒂芬·让·玛利·毕盛的带领下，这些专家乖乖地离开了。事实证明他们的出现是多余的，因为巴黎和会并未讨论此事。

安德烈·塔迪厄一直兢兢业业。他熟知各种专业、非专业的外交手腕。在旧世界治国才能方面，他是初露锋芒、奋发有为的政治家。他能讲英语，能影响美国人的思想。身为法国《时报》政治编辑数年，他接

① 也许是1919年7月4日星期五，也许是1919年7月5日星期六。——原注

伯恩哈德·冯·比洛

触各国资料，写过关于阿加迪尔事件——又称第二次摩洛哥危机——的一本书，深受好评；还写过关于德国领袖伯恩哈德·冯·比洛的传记；后被提拔为副主编，选入国民议会，再被任命为法美战争事务总专员。起初，由于安德烈·塔迪厄对敌战术的言论难以被人接受，他面临重重困难，升迁缓慢。他被指责赞成在战争中采用一些极端的方法，特别是潜艇战。1912年，他提出潜艇战术主张时，法国政府认为法国拥有最好的潜艇[①]，并打算在战争中投入使用。德国随后也采用了潜艇战术。安德烈·塔迪厄还被质疑否认自己曾在1912年8月写过，“每次战争，教堂和艺术纪念碑必定受破坏”“没有任何军队——无论什么国籍，可以宣

① 一战前，拥有潜艇数量最多的三个国家：法国76艘，英国73艘，德国28艘。——译者注

称与此无关”。他又被指责主张空战及投弹，并发表言论称“在完善武器方面，剥夺已取得巨大进展的国家使用这一武器的权利是荒谬的”。但安德烈·塔迪厄成功地化解了这些指责。从美国回来后，他又被指控——在协助乔治·邦雅曼·克列孟梭，重新组织世界政治力量的同时，成立自己的新闻机构为美国记者提供电报材料。安德烈·塔迪厄是法国商会杰出的一员，不过，在法国商会时，他并没有取得辉煌成就。很少有人是国际事务的先知，他也不例外。巴黎和会后期，他常常与意大利代表团团长托马索·蒂托尼意见相左。他们产生分歧的主题之一是德国、奥地利的命运，以及在奥匈帝国废墟上建立起来的独立国家的政治体制和发展方向。安德烈·塔迪厄赞成将这些人民紧密联系在一起，

托马索·蒂托尼

向其宣传反德国主义。如果德国不分裂为若干个独立国家，削减势力，那么，所有相关的欧洲国家应该团结起来反对德国——至少应阻止与其同流合污。安德烈·塔迪厄认为德国统一严重威胁着各国的安全，因此，应努力创建一个与之抗衡的国家联盟。

然而，他的计划执行起来困难重重。一方面，他说的这些民族，并非明确反对德国——每个民族都有自己的算盘。另一方面，他们彼此并非从属关系，利益也并非总是一致，强迫他们联合起来，可能非但起不到预防作用，反倒容易引起以后的战争。多瑙河联邦——欧洲和平新壁垒设想的具体形式——并未获得意大利人的许可。意大利除了援引“威尔逊主义”，也有自己反对的理由。“如果奥地利真的不想与德国合并，”意大利代表团团长托马索·蒂托尼争辩道，“为什么不能允许奥地利行使民族自决权，像其他民族那样？”然而，禁止德国与奥地利合并的禁令并不能使安德烈·塔迪厄感到满足。1919年8月月底，在与奥地利的条约中，安德烈·塔迪厄提出：“奥地利有义务压制人民的工会主义运动。”该修订受到意大利代表团的猛烈抨击，称每条原则都是世界强国制定，又被世界强国践踏。即使从法国的角度来看，这一方案也很危险，因为谁也无法保证，也不能保证多瑙河联邦不会成为德国的工具。

五巨头有两个特点，给我留下了深刻的印象：第一，他们不愿意与优秀人士合作，他们最喜欢的模式是自己是整数，其他人是小数点后的几个零；第二，他们不考虑时间的流逝，好像有永恒的时间来筹划，但突然又匆匆忙忙临时决定，好像担心赶不上火车或轮船。这些特点可不好。小国主要由优秀人士代表，他们阐述了战后补偿法则。相比之下，大国代表显得平庸无奇。同时，小国代表是最勤奋的。因为他们的任务充满困难，常遇到意想不到的结果，且任务的实现取决于大国的意愿。于是，他们一直小心翼翼地试探前行——预测前方障碍，并设法克服。战争期间，各国非常重视心理战术，正是由于德国忽视了心理战术，协约国才取得了意义重大的胜利。因此，巴黎和会上的小国代表们将心理战术视为个人必备战术，除了绘制省份的大比例尺地图和新建国家的详尽地图、翻查历史、寻找论据和先例，代表们还特意认真查明了世界仲裁者的习性癖好，以选择最保险的方式来感动、劝说或说服仲裁者。在这场新的“游戏”里，人们观看代表们大展身手，可以悟到很多东西。

代表们都认为适度要求比贪婪更能赢得仲裁者的支持，但并不是所有代表都有足够自制力。有的代表任务特别艰巨，他们想得到其他国家垂涎的大省份。因此，在这些区域公布前，这些足智多谋的代表拜访有影响力的仲裁者，提前提出要求，寻求仲裁者的意见。实际上，他们在尽力向这些有影响力的仲裁者，灌输一些基础地理、历史和政治知识。希腊首相埃莱夫塞里奥斯·韦尼泽洛斯，被誉为巴黎和会的尤利西斯[①]，提前去英国伦敦访问。他说：“如果英国外交部支持希腊，那么谁反对希腊又有什么关系呢？”托马斯·伍德罗·威尔逊一到巴黎，埃莱夫塞里奥斯·韦尼泽洛斯就急忙去拜访他。令人惊讶的是，他们两人竟密谈了很长时间。“你们到底谈的什么啊？”这位希腊首相的一位同僚问，“关于你提出的国家请求，你是怎么让托马斯·伍德罗·威尔逊一直感兴趣的呢？你一定——”“不，不，”这位谦虚的政治家打断他的话，“我简单说了我们的请求。大约两分钟——不超过两分钟。托马斯·伍德罗·威尔逊和他的同僚会有足够机会研究这些复杂问题，因此，我没有占用他很多时间，剩下的时间，我让他给我讲讲他熟悉的国际联盟。他很友好，列举了国际联盟建立的原因及其发挥作用的方式。他的话给我留下了很深的印象。”“天哪！”这位同僚惊呼道，“你们在浪费时间讨论一个永远不可能实现的计划！”但埃莱夫塞里奥斯·韦尼泽洛斯知道他的时间并未虚度。一开始，托马斯·伍德罗·威尔逊并不赞成希

① 尤利西斯，即希腊神话中的奥德修斯，以足智多谋、英勇善战著称，曾献木马计攻破特洛伊。——译者注

埃莱夫塞里奥斯·韦尼泽洛斯

腊的请求，认为太不合理，全力支持保加利亚，反对希腊。在梦想实现前，这位克里特岛政治家，一直处于怀疑和担忧中。但他提出了许多关于东欧问题的设想，最终赢得了托马斯·伍德罗·威尔逊的支持。他是现实生活中的心理战术高手。

然而，埃莱夫塞里奥斯·韦尼泽洛斯最初的尝试，并不尽如人意。在巴黎和会主要代表身上，他浪费了大量时间——补充他们的知识，填补他们早前教育的地理、历史、语言、民族学和政治知识空白，而不是引导他们做出具体决定。这些决定总是由专家委员会做出。果实生长时间虽长，但最终还是成熟了——希腊很多要求得到满足。如此看来，重塑世界格局过程中，个人因素发挥了显著作用。可以这么说，埃莱夫塞里奥斯·韦尼泽洛斯是茫茫天际中的一颗恒星。他的光芒透过云层缝隙，熠熠生辉。他平易近人，他的温和让朋友和对手都感到吃惊。每个人都佩服他，都对他赞不绝口。他是一位出色的政治家，能迅速摆好自己和对手的位置，达成公平的协议。他最关键的时刻——持续了数月——是与美国总统托马斯·伍德罗·威尔逊据理力争的时候。当时，美国总统托马斯·伍德罗·威尔逊赞同“拒绝将色雷斯海岸划给希腊，仍留给保加利亚”。我将在别处谈到这一争论。

巴黎和会前五个月期间，意大利的两位全权代表，一位非常灵活，另一位却非常顽固。他们分别是维托里奥·埃曼努尔·奥兰多和西德尼·桑尼诺男爵。如果说意大利呈递到巴黎和会上的请求力度不够，意

维托里奥·埃曼努尔·奥兰多

西德尼·桑尼诺男爵

大利有明显的理由——意大利有可以依靠的正式条约[①]。意大利认为，协约国获胜归功于意大利从战争爆发到结束的态度。意大利希望自己不惜一切代价的付出会得到实际认可。维托里奥·埃曼努尔·奥兰多的温和和灵活与西德尼·桑尼诺男爵毫不妥协的态度互相中和。最后，两位政客聚焦在领土问题和情感愿望上，却忽视了国家最重要的经济利益——换句话说，他们选错角度了。巴黎和会代表中最受欢迎的人物之一是维托里奥·埃曼努尔·奥兰多。他的口才和想象力为他增添了不少魅力，要是会议期间他使用母语的话，更将增色不少。他足智多谋，幽默风趣，有历史感，感染力强。然而，他也遇到了极大的阻碍。有些意大利

① 1915年4月26日，意大利与英国、法国、俄国签订《伦敦条约》。协约国许诺意大利大片领土。——译者注

人宣称西德尼·桑尼诺男爵就是他强劲的对手。巴黎和会期间，关于小人物间的争吵的一条名言，就出自维托里奥·埃曼努尔·奥兰多之口。“他们像被捆住脚的母鸡，被带往市场。”他还说，“尽管面临相同的命运，但在命运来临前，他们也会相互搏斗。”

维托里奥·埃曼努尔·奥兰多内阁垮台后，托马索·蒂托尼任代表团团长前往巴黎。作为欧洲的主要政客，托马索·蒂托尼早已名声在外。他曾在巴黎任大使，待了数年，并在同盟国即将挑起战争之际，和已故的圣朱利亚诺侯爵安东尼诺·帕泰尔诺·卡斯泰洛及乔瓦尼·焦利蒂一起，宣布与同盟国决裂。法国民族主义者怀疑托马索·蒂托尼有亲德倾向。但这种怀疑毫无根据——托马索·蒂托尼根本没有亲德倾向。

乔瓦尼·焦利蒂

相反，众所周知，托马索·蒂托尼竭尽全力，与协约国并肩作战，为国效力。据我所知，有一次，他提出的建议被拒绝了。直到现在，他的意大利同僚、政友和政敌都为此感到惋惜。至于这条建议的本质，大众总有一天会了解……

日本的代表是西园寺公望和牧野伸显。他们胜任与否，从巴黎和会结果可知，无须多说。巴黎和会上，英国首相大卫·劳合·乔治和法国总理乔治·邦雅曼·克列孟梭将日本的诉求交由美国总统托马斯·伍德罗·威尔逊处理。日本代表的表现，充分展示了心理战术在现实政治中的价值，具有启发性。他们很少引起注意，总是保持沉默，暗中观

西园寺公望

察，几乎被媒体忽视，但他们时刻锁定自己的目标。在纷繁复杂的政治事件中，他们的目标很简单，始终与协约国一同前进——除非与他们利益不相符，然后，跟随英国和美国的意见表决。他们偶尔也往前一步，为小国提出由英国制定的措施。他们更愿意当第二提出者，而不是第一提出者。巴黎和会上，日本一直是英国和美国的忠实合作者。当机会到来时，日本倾其所有积蓄之力，凭其坚定意志，打消了托马斯·伍德罗·威尔逊可能提出异议的念头。巴黎和会最惹人注目的插曲——关于日本与中国的秘密条约，日本竟然迅速、默默且成功地获得美国总统托马斯·伍德罗·威尔逊的认可。众所周知，美国总统托马斯·伍德罗·威尔逊一向刻板严谨，拒不承认意大利和罗马尼亚与协约国签订的秘密条约。另外，日本人凭借野心家的狡诈，正确判断俄国局势，并加以利用——第一次是在邀请俄国代表至普林基波岛前不久；第二次是在著名的八个问题提交给亚历山大·瓦西里耶维奇·高尔察克前。有件事给我留下了深刻印象，虽然事小，但反映了他们重视政治心理因素。当时，巴黎人人都在评论，很多人抱怨人与人之间的冷漠、不友好。这其中，俄国人正是无辜受害者。1919年7月14日，法国举行国际性“胜利大阅兵”，各协约国部队浩浩荡荡经过凯旋门。欢迎人群中有罗马尼亚人、希腊人、葡萄牙人和意大利人，唯独没有俄国人。当时，在旗帜的海洋中，一位俄国将军急切寻找自己国家的标志，但寻找了几个小时都未找见。最后，令他高兴的是，经过日本大使馆时，他看到一面巨大的俄国国旗在风中飘扬，旁边还飘着日本国旗。“我流下了喜悦的眼泪，”当天晚上，他对朋友说，“我发誓，我和我的祖国永远不会忘记这份感人的友谊。”

日本舆论严厉批评日本代表未能使种族或国家平等的提议得以通过。日本舆论的严厉批评似乎不公正，因此无论他们做什么或说什么，都不能迫使托马斯·伍德罗·威尔逊和威廉·莫里斯·休斯同意他们的

亚历山大·瓦西里耶维奇·高尔察克

威廉·莫里斯·休斯

提议。即使托马斯·伍德罗·威尔逊和威廉·莫里斯·休斯被说服，承认这一提议，国际联盟也不会真正执行。

总的来讲，在表达政治要求方面，律师最成功，但有一位小国代表，给列强代表留下了深刻印象，却不是来自律师界。他就是波兰代表团团长罗曼·斯坦尼斯瓦夫·德莫夫斯基，一位思路独特、有说服力的演讲家、精准的辩论家、机智的辩护人。罗曼·斯坦尼斯瓦夫·德莫

罗曼·斯坦尼斯瓦夫·德莫夫斯基

夫斯基总能用意象或比喻来巧妙攻击对方，或口吐珠玑赢得仲裁者的支持，尤其是最初倾向于对手的仲裁者。这是值得一提的功绩。这一功绩来之不易，因为在巴黎和会上，有股巨大的力量总在反对觉醒的波兰提出的一些要求。1919年9月，关于东加利西亚未来的演讲，是罗曼·斯坦尼斯瓦夫·德莫夫斯基名副其实的代表作。

不幸的是，罗曼·斯坦尼斯瓦夫·德莫夫斯基视犹太人为敌人，招致了当今最有权势的国际团体——犹太人——的怨恨。因此，他在巴黎和会上处于不利境地。他的波兰朋友对此做如下解释：罗曼·斯坦尼斯瓦夫·德莫夫斯基强烈的民族主义情怀使其反对任何与波兰民族主义发展背道而驰的运动。因为，罗曼·斯坦尼斯瓦夫·德莫夫斯基毕竟是一个波兰人，一位爱国者。而长期以来，波兰的希伯来人——犹太人——不相信波兰的复兴，与那些奴役波兰的国家达成谅解。罗曼·斯坦尼斯瓦夫·德莫夫斯基的著作《民族主义基础》一书非常畅销，已印刷四版，因此，他被波兰犹太人视为不可调和的敌人。事实上，罗曼·斯坦尼斯瓦夫·德莫夫斯基只是历史民族主义运动的领导者。因此，犹太人诅咒罗曼·斯坦尼斯瓦夫·德莫夫斯基，并使罗曼·斯坦尼斯瓦夫·德莫夫斯基陷入被全犹太人谩骂的境地。从那以后就再也没有和解。在美国，犹太社区众多，影响巨大。因此，罗曼·斯坦尼斯瓦夫·德莫夫斯基旅程的每一阶段都受到阻力，步履维艰。在巴黎亦是如此。他不得不面对强大的反对力量，无论是公开的还是私下的。无论公正的人们如何看待这一解释，如何看待他对德国人和犹太人的敌意，罗曼·斯坦尼斯瓦夫·德莫夫斯基都是一位为了国家事业而战的正直忠诚的战士，且配得上此盛名。他蔑视阴险诡计，大声宣布——可能太过于坦白了——他为之奋斗的原则。在选举和其他竞选活动中，其中一些巴黎的波兰犹太人——他的劲敌——也见识到他表现出的骑士风度。只有罗曼·斯坦尼斯瓦夫·德莫夫斯基真正熟悉东欧政体，这使他在代表中脱颖而出，获得了较高地位。他曾游历过欧洲、亚洲和美洲，比任何在世的政客更了解世界。1905年，在远东地区，他承担并成功完成了一项艰巨的任务——为波兰和波兰的文明事业做出了突出贡献。

“罗曼·斯坦尼斯瓦夫·德莫夫斯基的行动，”他的朋友进一步说，“充满激情，大公无私。激励和鼓舞他的雄心壮志并非出于个人考虑。他的爱国主义精神也不是他通向地位和权力的阶梯。波兰的爱国主义与其他欧洲其他民族的爱国主义不同。罗曼·斯坦尼斯瓦夫·德莫夫斯基用自己的忠诚完整展现了波兰的爱国主义。如果‘威尔逊主义’得以实现，波兰的民族主义可能会成为时代错误。如今，民族主义是欧洲政治中的一个重要因素，而西方国家对波兰的民族主义却知之甚少。罗曼·斯坦尼斯瓦夫·德莫夫斯基为波兰而生，为国家利益而战。他可能会同意历史学家保罗·萨尔皮的观点，‘先做威尼斯人，再做基督徒’。世界各地的政治思想和政治情绪的主流正迅速分裂成两股截然不同的潮流。罗曼·斯坦尼斯瓦夫·德莫夫斯基紧跟民族主义思潮，远离托马斯·伍德罗·威尔逊倡导的国际主义潮流。……于是，在波兰，他们巧妙地传播他们的腐蚀性教义。这可能影响到罗曼·斯坦尼斯瓦夫·德莫夫斯基对波兰犹太人的态度。然而，保护少数民族的原则——无论犹太人还是非犹太人——易受攻击。这与种族或宗教无关。”罗曼·斯坦尼斯瓦夫·德莫夫斯基这位波兰政客参与了巴黎和会上一些最有趣和最具特色的事件。在巴黎和会上，波兰获得的一些最稳固和持久的利益应归功于他。

伊格纳齐·扬·帕岱莱夫斯基却脾性不同。在巴黎和会后期，他来到巴黎为波兰辩护。这位杰出的艺术家全身心地投入，与各大全权代表的会晤从未受到“刺耳音符”的干扰。一旦意识到全权代表的决定如同命运的法令一样不可更改时，伊格纳齐·扬·帕岱莱夫斯基就屈服让步，把决策者当作只会发出严厉法令、说一不二的“上帝”。当被要

伊格纳齐·扬·帕岱莱夫斯基

求接受保护宗教和少数民族可憎的条款时，伊格纳齐·扬·帕岱莱夫斯基的同僚曾反抗过，但毫无结果。于是，伊格纳齐·扬·帕岱莱夫斯基理性地放下政治热情，担当起协调员的角色。他认为如果不这样做，情况会更糟。他为波兰必须默许这项法令而感到悲痛。巴黎和会的四巨头——波兰久经考验的朋友，竟通过了这项法令。尽管，伊格纳齐·扬·帕岱莱夫斯基认为这是对波兰最严厉的判决，并对此感到深深的遗憾，但他知难而退，优雅地接受这个事实，感谢命运的刽子手们的个人同情。这种态度引起了大卫·劳合·乔治和托马斯·伍德罗·威尔逊的赞扬和钦佩。秘密会议的氛围似乎能使人在平静中感到满足，从高尚的思想中获得快乐。伊格纳齐·扬·帕岱莱夫斯基给最高委员会留下了深刻而良好的印象。

比利时派最出色的国会议员保罗·路易·阿德里安·亨利·海曼斯作为首席代表出席巴黎和会。他有两名助手，分别是社会党主席埃米尔·范德维尔德和国际法著名权威学者朱尔斯·范登赫费尔。不知为什么，三位代表中，没有一位代表与掌控世界命运的两大巨头合得来。但保罗·路易·阿德里安·亨利·海曼斯的热情、诚意和勇气，打动了小

保罗·路易·阿德里安·亨利·海曼斯

埃米尔·范德维尔德

国的代表，赢得了他们的信任。保罗·路易·阿德里安·亨利·海曼斯自然而然成为小国代表的发言人，代表小国狠狠抨击了大国无视小国存在的企图。这种企图次数众多且是大国故意而为之。正是保罗·路易·阿德里安·亨利·海曼斯直接、有力的抗议，使乔治·邦雅曼·克列孟梭措手不及，并说出这样惊人的话语："能将一千二百万士兵送到战场的国家理所当然是世界的仲裁者。"就这样，这些话语开始流行起来。

在任命全权代表参加巴黎和会方面，国内政治发挥了决定性的作用，这在罗马尼亚的情况中表现得异常明显。由于德国入侵而解散的制宪会议没有举行新的选举，因此，罗马尼亚没有立法机关，决定权掌握在国王手里。于是，国王重新任命扬·约内尔·布勒蒂亚努为首相，而扬·约内尔·布勒蒂亚努自然希望自己的名字与罗马尼亚的强盛联系起来。同时，

塔凯·约内斯库

他还希望能得到政敌塔凯·约内斯库的帮助。众所周知，塔凯·约内斯库是一位有远见卓识的政客，也是一位成功的谈判家。塔凯·约内斯库熟知欧洲各国及其事务，懂得给予和索取，而这正是国际政治的精髓所在。在谈判中，无论前景多么黯淡，塔凯·约内斯库都能获得主动权，提出合理的建议。他表示完全理解和欣赏对手的观点，以此来安抚对手。通过这些方法，尽管那些常常看上去毫无希望的谈判，塔凯·约内斯库也能取得令人满意的结果。乔治·邦雅曼·克列孟梭这样评价他："塔凯·约内斯库是一位伟大的欧洲人。"①

① 《图圄人》，1914年12月4日。——原注

扬·约内尔·布勒蒂亚努为赢得塔凯·约内斯库的支持，向塔凯·约内斯库及其一些支持者提供了内阁中的某些职位。双方的谈判通过电报缓慢推进。此时，塔凯·约内斯库已经在巴黎住下，正构思着他的计划。他首先假设列强将拒绝承认罗马尼亚与法国、英国和俄国签订的秘密条约——该秘密条约承诺将罗马尼亚请求的所有领土分配给罗马尼亚。因此，他提议：先与其他利益相关国家达成妥协，然后将罗马尼亚、南斯拉夫、波兰、捷克斯洛伐克和希腊团结起来，形成一个整体，要求列强同意批准形成新联盟。的确，这是一个目光远大的政客应该具有的切实想法。新联盟的目标是在公平解决各国诉求、人人皆大欢喜的基础上实现持久和平。这也将减轻四大巨头的负担。但每个人都有自己的想法——他们害怕放弃自己都觉得过高的要求。因此，这能否实现，还值得怀疑。

实际上，这一计划从未被实践过。在内阁问题上，由于两位政客未能取得一致意见，塔凯·约内斯库辞去政府职务，由罗马尼亚最伟大的外交家和语言学家尼古拉·米舒担任第二代表。在英国首都担任罗马尼亚公使期间，尼古拉·米舒取得了令人羡慕的成就。从一开始，扬·约内尔·布勒蒂亚努的出发点就不可行，他将罗马尼亚的要求寄希望于秘密条约，而对托马斯·伍德罗·威尔逊来说，能够有效否决的每一项秘密条约都是可恶的。扬·约内尔·布勒蒂亚努和托马斯·伍德罗·威尔逊之间，没有结合的纽带，只有一种相互排斥的力量，将他们永远分离。他们行动不一，语言各异，因此，罗马尼亚的代表像灰姑娘一样，遭继母嫌弃。三巨头背着罗马尼亚代表，密谋罗马尼亚之事，并向罗马尼亚政府发出命令——他们认为只有罗马尼亚政府才有资格接受这些命令——坚持要求罗马尼亚政府接受巴黎和会将来的一切法令，无论其内容如何；坚持要求罗马尼亚政府承认“国际联盟”。他们以保护少数民族的名义，干预罗马尼亚合法政府的权利。在一次犀利的演讲中，扬·约内尔·布勒蒂亚努猛烈抨击了列强代表们，指责他们把欧洲的统治权掌握在自己手中。接着，他退出巴黎和会，向国王递交辞呈。

巴黎和会上，很多代表傲慢无知，反应迟钝。这使捷克斯洛伐克青年特使爱德华·贝奈斯脱颖而出，成为巴黎和会最引人注目的辩手之一。巴黎和会结束前，爱德华·贝奈斯被委以重任，组建新内阁，但他明智地拒绝了。爱德华·贝奈斯对欧洲大陆政治了如指掌，同时他见解独到，认为捷克斯洛伐克的独立统一是实现稳定和平的基本条件。他是位系统的思想者，从一开始就强调要明晰自己的观点。他的论述循序渐进，娓娓道来，抛开一切国家利益，从世界仲裁者公认的一般假设出

爱德华·贝奈斯

发，一步一步、从容不迫地引导听众得出结论，而这结论正是他想让听众自己得出的。尽管其中有两位代表对爱德华·贝奈斯的论点并不赞同，但他们向我透露，他们在爱德华·贝奈斯的论据中根本找不到逻辑错误。适度和真诚是爱德华·贝奈斯最渴望展现的美德。毫无疑问，这也是他能打出的最好王牌。爱德华·贝奈斯不仅牢牢掌握事实和论据，还拥有开阔的心胸，适度慎重，这使他能够把自己的观点灌输给听众。

亚美尼亚代表博戈·努巴尔帕夏是一位有说服力的辩手。即使是为许多人不赞成的论点而辩时，他的辩论方式也令人钦佩。亚美尼亚人要求一大片领土及在黑海和地中海拥有出海口，但遭到反对。理由是，亚

博戈·努巴尔帕夏

美尼亚总人口微不足道，亚美尼亚人只在一个省份占大多数。另外，他们要求拥有奇里乞亚的诉求，与法国的一项保留权利相冲突。因此，形势对亚美尼亚极其不利，但博戈·努巴尔帕夏还是不失优雅地克服了困难。他对亚美尼亚人惨遭大屠杀的描述令人毛骨悚然且发人深省。总之，他的陈述很精彩，受到托马斯·伍德罗·威尔逊和乔治·邦雅曼·克列孟梭的赞赏。

南斯拉夫代表米伦科·拉多马·韦斯尼奇和特朗比奇热爱祖国，他们是不屈不挠、永不妥协精神的最好诠释。巴黎和会伊始，他们就展现这些品质。当他们被告知南斯拉夫国家尚未得到承认，且塞尔维亚王国只有两个席位时，他们对这两项决定提出了愤怒的抗议，并指出除非允许他们有足够数量的代表，否则他们拒绝出席会议。于是，列强做出

米伦科·拉多马·韦斯尼奇

让步，允诺其三个席位，但暗地里，列强仍怒不可遏，拒不承认南斯拉夫。南斯拉夫代表再次杳无音信。直到有一天，南斯拉夫代表提议将他们与意大利关于阜姆和达尔马提亚海岸的争端提交给托马斯·伍德罗·威尔逊进行仲裁。这一权宜之计，设计微妙，独出心裁。众所周知，美国总统托马斯·伍德罗·威尔逊曾和意大利代表团团长维托里奥·埃曼努尔·奥兰多就此进行了畅谈。据说，托马斯·伍德罗·威尔逊坚决反对意大利的要求，反对意大利签订的秘密条约。因此，南斯拉夫代表要求维托里奥·埃曼努尔·奥兰多将此事提交给美国代表仲裁，是比较稳妥的。但从各方面考虑，这样做是否明智，尚有争议。无论如何，意大利代表团拒绝了这项建议，并给出了令人信服的理由。意大利代表团表示：召开巴黎和会的目的，正是为了听取和解决此类争端。巴黎和会并不是由一位代表组成，而是由众多代表组成。集体之力比任何个人之力都能更好地处理这些问题。欧洲人比托马斯·伍德罗·威尔逊更了解这些论据，了解事件的前前后后，而这位美国理想主义者对欧洲事务的判断屡屡犯错，不止一次地被迫修改他的决定。另外，不在国际法庭——巴黎和会——上讨论此事，很可能被认为是对巴黎和会代表的蔑视。为什么他们的判决不如美国总统的判决呢？虽然意大利代表本身就是该法庭的法官，但要审判的问题，不是意大利和南斯拉夫两国之间的问题，而是一个更加重要的问题——尚处于萌芽状态的南斯拉夫拥有什么样的边界最有利于世界和平。意大利人认为，只有巴黎和会才能给出更完整、更可信的答案。因为，他们对问题的所有要素都了如指掌。此外，托马斯·伍德罗·威尔逊不是已经反对意大利了吗？但意大利人没有明确将这个意思表示出来。因此，基于这样那样的理由，意大利决定把这个问题留给巴黎和会处理。这是一个微妙的话题，很少有旁观者愿意敞开心扉谈论它的是非曲直。

我的一位老朋友，德高望重的克里姆·图尔汉帕夏代表阿尔巴尼亚出席巴黎和会。自1878年柏林会议召开以来，克里姆·图尔汉帕夏一直从事外交工作，他看起来像一个现代版的涅斯托耳[①]。多年前，我们就曾相识，他当时是土耳其驻圣彼得堡大使。那时，他是一位尽职尽责的大使、一位有吸引力的健谈者、一位专业的和平缔造者。他希望所有人都好，因此，在俄国首都，他走到哪里都很受欢迎。后来，土耳其少壮派把他从圣彼得堡召回，不久他就成为阿尔巴尼亚国王的大维齐尔[②]。一系列冲突事件使国王被迫退位，克里姆·图尔汉帕夏被免去大维齐尔职位，阿尔巴尼亚不再是独立国家。克里姆·图尔汉帕夏被迫流亡到瑞士，饱受颠簸之苦，由于身体状况极差，只好暂时告别世界政坛等待东山再起。几年之后，协约国出人意料地取得了彻底胜利，克里姆·图尔汉帕夏重回政治舞台。突然间，他以阿尔巴尼亚代表和意大利朋友的身份出现在巴黎和会上。

阿尔巴尼亚另一位代表埃萨德·帕夏·托普塔尼也是我的朋友。他曾在萨洛尼卡州被拘留了很长一段时间。他的国家复兴计划与克里姆·图尔汉帕夏的计划大不相同。经过不断恳求和抗议，埃萨德·帕夏·托普塔尼终于获准到巴黎去。在会上，埃萨德·帕夏·托普塔尼发表了自己的意见，还同托马斯·伍德罗·威尔逊进行了一次神秘的会谈。事情的起因是这样的，托马斯·伍德罗·威尔逊从在美国的阿尔巴尼亚人那里听到过许多关于埃萨德·帕夏·托普塔尼的性格和事迹的叙述，因此对他在阿尔巴尼亚引进和推广民主体制没有什么信心。托马斯·伍德罗·威尔逊将这些疑惑告诉了朋友，不料朋友泄露了这一消息。埃萨德·帕夏·托普塔尼觉得需要解释一下，在他的不断要求和努力下，托马斯·伍德罗·威尔逊答应见他一面。离约定的时间还有五分钟，他就来到托马斯·伍德罗·威尔逊的住所。随行的是他的翻译，

---

① 希腊神话中皮洛斯国王涅琉斯的儿子，现比喻某个行业或领域中阅历丰富、德高望重的长者。——译者注

② 相当于宰相。——译者注

克里雍酒店

一位名叫斯塔夫罗的阿尔巴尼亚青年。除了母语，这位翻译还能自由地用法语、希腊语和土耳其语交谈。但在接待室时，埃萨德·帕夏·托普塔尼突然记起美国总统托马斯·伍德罗·威尔逊只说纯正的英语。于是，他建议斯塔夫罗开车去克里雍酒店找一名英文翻译。但总统的一位秘书拦住了他，说："虽然总统不会说法语，但能听懂，所以不需要另一位翻译。"于是，埃萨德·帕夏·托普塔尼讲阿尔巴尼亚语，斯塔夫罗翻译成法语，托马斯·伍德罗·威尔逊静静地听着。无论如何，房间里的人的印象是，托马斯·伍德罗·威尔逊理解并欣赏埃萨德·帕夏·托普塔尼对意大利行为的尖锐批评。但为了保险起见，托马斯·伍德罗·威尔逊要求埃萨德·帕夏·托普塔尼空闲时把他说的一切都写在纸上寄给他。

托马斯·伍德罗·威尔逊

在担任世界仲裁者这一令人敬畏的角色之前，在欧洲，托马斯·伍德罗·威尔逊只不过是个名字，并不是治国之才的代名词。道义上，他

维多利亚诺·韦尔塔

反对墨西哥维多利亚诺·韦尔塔的统治，试图在墨西哥灌输民主思想，却导致墨西哥陷入无政府状态。这些都是历史问题。美国总统的慷慨和无私，全世界都表示感激，而这份感激之情只能表达，无法偿还。因此，美国总统理应得到他国同僚们至高无上的尊重。国际联盟通过道德纽带将世界各国团结在一起。而作为国际联盟的倡导者，美国总统托马斯·伍德罗·威尔逊自然而然地受到大众的顶礼膜拜。我从未看到过任何一个凡人，受到世界上的苦难百姓如此热情的、自发的欢迎。他不经意的言语被奉为神谕。他思想境界之高，日常生活的变迁和政治的偶然事件似乎都无法触及他。在思想和行动上，人们盛赞他表现出少有的大公无私，盛赞他任何冲突风暴都无法打乱他判断力的天平。种种迹象表明，托马斯·伍德罗·威尔逊正面临前所未有、近在咫尺的机会。

巴黎和会召开后，托马斯·伍德罗·威尔逊模糊的肖像轮廓开始慢慢清晰起来。三个月过去了，公众眼中他的形象日渐丰满、立体。当一位活跃的政客被提拔到显赫的位置，在众人的注视下完成一项艰巨的壮举时，他的品质就会清晰地展现出来。托马斯·伍德罗·威尔逊显然很适合完成他的任务，因为这是他自己特意选择的——包含了人类亟待解决的最艰巨的问题。他着手解决这些问题的方法简单至极，令人吃惊：他打算通过秘密起草权威法令，严格强加于有关民族之上，并成立一个崭新的、并非完全适当的机构，来实现人类的复兴。

在美国，托马斯·伍德罗·威尔逊既有良友，也有死敌。很多人认为他兼具牧师、教师和政客的不同气质——他们指的是他的言辞和行为表现出来的虚情假意、教条口吻和精明老练。美国舆论自由，人民对他的领导资格表示怀疑。美国人认为，作为一名政客，他总是随大流。在重大问题上，他总是跟随公众舆论，而不能很好地引导公众舆论。由于缺乏大胆的首创精神，托马斯·伍德罗·威尔逊只能完成行政职能。托马斯·伍德罗·威尔逊这一名字无法与新思想、新政策联系在一起。他对墨西哥战争的独特态度甚至引来了朋友们的尖锐批评和政敌的谴责。他在世界大战初期说的话，例如，美国人民太骄傲而不屑于参战，也不关心战争的起因和目的[①]，与他后来提出的观点截然相反。人们认为这是迫于政治形势而做出的迅速改变，而不是稳重成熟的表现。他反对通过暴力来解决沟通就可以解决的问题，似乎是一个和平主义者。他主张以国际联盟的形式，创造绝对安全、无须流血的和平保证，同时通过军事协议保卫国际联盟——这或多或少削弱了国际联盟的基础。这么看，他似乎又是半个军事主义者。据称，他认为自己连任的部分原因是，在第一次任期内，尽管美国一些杰出领导人努力使美国参战，但他没有使美

① “我们不关心战争的起因和目的。”1916年5月24日，托马斯·伍德罗·威尔逊在华盛顿召开的“促进和平联盟大会”上的演讲。——原注

国卷入战争。然而，当他牢牢坐稳总统位置后，他又追随那些自己曾经反对的人，迫使美国参战。

美国国内批评家评论道，上帝刚刚把胜利的天平转向协约国，作为美国这个伟大国家的领导人，托马斯·伍德罗·威尔逊就看到了一个实现自己野心的绝佳机会。他第一次下定决心争取世界领导权。此时，他的理想主义发挥得淋漓尽致。尽管共和党忠心耿耿支持他的政策，在竞选时，他却要求美国选民将选票只投给民主党不要投给共和党。为打消选民的顾虑，托马斯·伍德罗·威尔逊宣称，选举共和党参议员等同于在关键时刻拒绝美国总统的领导。这被认为是不可原谅的罪过。然而，选民们还是选举了共和党进入参议院。随后，托马斯·伍德罗·威尔逊前往欧洲，这是美国总统历史性的访问。如果他将自己的权威转变为其慈善计划必需的驱动力，这或许会成为世界历史的一个转折点。但他因为缺乏道德勇气而浪费了这个机会。到目前为止，这是美国人民对他的批评。美国同胞不能理解他的使徒身份，也不太重视他的人道主义努力，这也无可厚非。欧洲各国人民却不同，他们无视美国同胞对托马斯·伍德罗·威尔逊的评价。饱受战争侵扰的人民群众并不在乎他过去的成就或努力，而更在乎他将来打算做什么。按照这个衡量标准，他在人们心目中的形象高大起来了。

托马斯·伍德罗·威尔逊初登欧洲大陆时，欧洲恰似一方陶土，等待迎接富有创造力的陶工。欧洲各国从未像现在这样渴望跟随摩西[①]，跟随他到那应许已久之地——那里没有战争，没有羁绊。在他们看来，托马斯·伍德罗·威尔逊就是摩西。在法国，人们怀着敬畏和爱戴向他鞠躬。巴黎的劳工领袖告诉我，他们在托马斯·伍德罗·威尔逊面前流下了喜悦的泪水。他们将赴汤蹈火，帮助托马斯·伍德罗·威尔逊实现

① 摩西，希伯来先知，公元前13世纪带领受奴役的希伯来人逃离埃及，让他们摆脱了被奴役的悲惨生活。——译者注

他的崇高计划。[①]对意大利的工人阶级来说，他的名字是天国的号角，一听到号角，大地都会焕然一新。德国人把托马斯·伍德罗·威尔逊及其人道主义信条视为他们的安全支柱。无所畏惧的威廉·米尔伦说："在处理德国人问题时，如果托马斯·伍德罗·威尔逊对他们做出严厉的判决，德国人会服从命令，默默接受，并立即开始工作。"在德意志-奥地利共和国，托马斯·伍德罗·威尔逊就是救世主，只要一提到他的名字，就会给受苦的人们带来安慰，使他们不再感到悲伤。奥地利首都维也纳发生了一件这样感人的事——托马斯·伍德罗·威尔逊听说后，感动得流下了眼泪——圣诞节即将来临之际，维也纳的医院里有五六千名奥地利儿童急需药物和其他许多物品。美国红十字会负责人接手此事，并说服在法国的美国人向维也纳运送价值二百万美元的药物。这些药物及时运送，并已到达瑞士首都伯尔尼。这时，法国当局听说此事，认为此事欠妥并抗议对敌方儿童的援助，其他协约国认为这个理由站得住脚，于是，这批药物被迫从伯尔尼运回法国。国际红十字会的费列斯医生义愤填膺，把这件事提交给了瑞士政府。瑞士政府答应给孩子们送去一些药物，而美国人则试图说服法国人至少运送一部分药物。当被告知必须等待时，医院里的孩子们很开心，并充满期待。"不会有事的，"一些孩子喊道，"托马斯·伍德罗·威尔逊马上就来，他会给我们带来一切。"

因此，对于欧洲无产者来说，托马斯·伍德罗·威尔逊已经成为超凡脱俗的英雄。无论是在精神层面还是道德层面，他们都将托马斯·伍

① 法国一家新闻机构的评论值得一提："在我们民主政体中，托马斯·伍德罗·威尔逊的地位至高无上，但极其危险。在当今时代，没有一个人比他拥有更多的权威，民心给予了他神权不能给予世袭君主的东西。同样地，由于民心信任，他的责任比专制君主的责任还大。如果他成功地按照自己的梦想组织了世界，他将取得至高无上的成就。如果他失败，他将使世界陷入混乱，……他对人类的责任远远超出普通人的能力。多么可怕的选择！"参阅《费加罗报》，1919年2月10日。——原注

德罗·威尔逊视为理想中的“弥赛亚”[①]。他的传奇形象，一半是圣人，另一半是革命家，从充满信仰、渴望和无知的透明薄雾中显现。除了记录下来的行为和话语，富有创造力的人们，展开想象的翅膀，创造了一个救世主式的民主党人。他注定要解放下层社会，正如他们所说，使其免受资本主义枷锁、免受奴役、免受苛捐杂税，使每个国家免遭血腥的战争。的确，从古至今，还没有一个人遇到过如此好的机会。托马斯·伍德罗·威尔逊原本可以凭借努力，把世界从深陷的泥潭中举起，并为人类的解放和蜕变扫除世俗的障碍。托马斯·伍德罗·威尔逊如果能抛开政客的谨小慎微，冲破旧秩序的壁垒，并付出全部精力和意志力对抗肮脏的利益和浓厚的偏见，就很容易成为广大群众的心脏、主心骨及高贵思想的化身。但托马斯·伍德罗·威尔逊遇到了困难，他缺少克服困难的意志力。他没有从人类永恒的理想中汲取前进的动力，没有从自己的本性中汲取振奋人心的无畏精神，也没有呼吁人民反抗统治者。他感到事业受限制，不得不与假冒伪善的文士和法利赛人[②]讨价还价。最后，他用政党贫乏的措辞对最重大的问题做出了一个令人遗憾的回答。

托马斯·伍德罗·威尔逊的许多政友曾建议他不要访问欧洲，以免与现实主义者的近距离接触削弱了他在欧洲拥有的巨大威望和影响力。即使战神玛尔斯加入特洛伊战斗行列时，也被一个希腊人打伤，痛苦地尖叫着，灰溜溜地匆匆赶回奥林匹斯山。但托马斯·伍德罗·威尔逊决定亲自指挥实施他的计划，让欧洲受益于他的建议。他向国会解释道，他已经表达了美国士兵为之战斗的理想，并且有关国家的政客们已认同这些理想是“他们思想和目的的根本”。现在，他总结说：“不曲解这些思想，全心全意去实现它们，正如我做的一样，就靠他们这些政客

① 犹太人期望的救世主。——译者注

② 源自《圣经》中所说的“假冒伪善的文士和法利赛人”，耶稣曾告诫门徒，千万不可效法文士和法利赛人。“文士和法利赛人”现在代指空谈家、伪君子、两面派。——译者注

了。现在，我的责任是充分发挥我的作用，使他们献出自己的鲜血和生命获得的一切成为现实。我想不出有什么服务能比这更伟大了。”[①]再没有比这更值得称赞的意图了。

悬挂美国总统旗的“乔治·华盛顿”号轮船驶离海湾。前往欧洲后不久，美国“合众社”收到船上记者——奉命跟随托马斯·伍德罗·威尔逊的记者——的一条报道。这一报道点燃了世界的希望，苦难的人热情地倾诉着对“救世主”的感激之情。报道是这样的：“美国总统驶向欧洲，捍卫美国的理想，并为他的《十四点原则》而战。在和平谈判桌上，美国总统将坚持海洋自由和全面裁军……他认为，海洋应该由全世界共同守护。”

从那时起，全世界都知道和平谈判桌上所谓的文字战斗。实际上，在和平谈判桌上，海洋自由从未提到。据说，由于这一声明，托马斯·伍德罗·威尔逊的英国同僚从伦敦给他发了条无线消息。消息称，如果他希望与英国做生意，那么海洋自由的提议无论如何必须从计划中去掉。托马斯·伍德罗·威尔逊没有争辩，也没有抗议，就将这条提议去掉了。巴黎和会没有讨论最初的《十四点原则》[②]。人们可能会痛惜，但会理解发生的事情。托马斯·伍德罗·威尔逊也有自己的既定目标——把他的名字同宏伟的人道主义联系起来。他下定决心，如果不签署代表新生活的国际联盟盟约的话，绝不回国——他不能空手而归。这是他的弱点，也是失败的根源。因为每当他对列强的态度被理解为“除非你们同意我的盟约，否则你们就不能签署你们的条约”时，列强总是反驳说：“没有我们的条约，就没有盟约。”

---

① 1918年12月2日，托马斯·伍德罗·威尔逊对国会发表的演讲。参阅《泰晤士报》，1918年12月4日。——原注

② 参阅国务卿罗伯特·蓝辛向参议院外交关系委员会提交的报告，《芝加哥论坛报》，1919年8月27日。——原注

米底王国第一任国王迪奥塞斯将宫殿建在埃克巴坦那，七层城墙将国王和他的子民永远隔开。像迪奥塞斯一样，托马斯·伍德罗·威尔逊只接见各国授权的发言人，并不是所有发言人。他拒绝接见有备而来的人，而只接见没有诉求目的的人。在巴黎逗留期间，他曾公开表示，只要俄国内部冲突不解决，就不可能有稳定的和平，因此，他处理了许多重要的俄国事务。由于不熟悉俄国的情况，他自然需要熟悉俄国情况的人的建议和帮助。于是，大批俄国人——他们代表各个政党和四个临时政府[①]，留在巴黎，等待献计献策。但1919年1月到1919年5月，他们中没有一个人有机会提供信息或咨询。更重要的是，这些恭恭敬敬、期待被接见的俄国人，被告知要静候。与此同时，托马斯·伍德罗·威尔逊派了一些不熟悉俄国情况的人去调查局势，试图与布尔什维克政府达成可以接受的条款。

数月来，某一小国的首席代表一直无法见到托马斯·伍德罗·威尔逊，这令小国代表的政敌很高兴。这位小国代表是位著名的外交家，怀揣相当多的国家诉求要求见总统一面，却被一个星期又一个星期地推迟。由于他坚持不懈的努力，总统终于同意接见自己。这位外交官对自己的成功感到高兴。他告诉朋友，下星期三将是值得纪念的一天。“但你不知道吗？”朋友说，“下周三美国总统将在公海上——在回美国的路上呢。”他竟然没有意识到这一点。当他意识到他们故意安排在托马斯·伍德罗·威尔逊离开法国的那一天接见他时，他感到愤愤不平。

托马斯·伍德罗·威尔逊在意大利的进展算得上真正的胜利，甚至连皇帝和国王都没有激起这样的热情。尽管托马斯·伍德罗·威尔逊有着凡人的外表，但意大利人认为，他是一位被意外发现的“神”，现在被狂喜的崇拜者尊为“上帝”。他做的一切都很完美。他说的每句话都

---

① 四个临时政府分别位于鄂木斯克、叶卡捷琳诺达尔、阿尔汉格尔和克里米亚。最后一个政府很快就灭亡了。——译者注

深思熟虑，值得珍视。这样，短短几个月，托马斯·伍德罗·威尔逊就促使意大利发生了巨大的变化。

在这方面，维也纳会议上的沙皇亚历山大一世和巴黎会议上的美国总统托马斯·伍德罗·威尔逊可以做个有趣的对比。这位俄国皇帝带着摩西的光环抵达奥地利首都，集欧洲各族人民的希望于一身。他为人正直，以追求公共精神和崇高理想闻名，这为他赢得欧洲厌战国家的好感和尊重。同时，他是一位神秘主义者，坚信超自然的影响。他甚至接受了一位神秘女士断断续续的指导——她的直觉比专业政客的判断还要准。“神圣同盟”是沙皇亚历山大一世的最高成就，就像“国际联盟”是托马斯·伍德罗·威尔逊最高成就一样。然而，直到1919年9月，世界和平并未实现，整个东欧仍在交战和叛乱中，总体前景令人不安。这位美国政客的承诺和实际取得的成绩反差巨大，令全世界人民沮丧。但托马斯·伍德罗·威尔逊自我安慰说，人们几乎从未实现过自己的目标——尽管他们有时离目标很近。他们要么死在通往目标的路上，要么改变目标或者改变自己。

毋庸置疑，正是崇高理想促使英国首相、法国总理、美国总统以各国代表团团长的身份为巴黎和会服务。职业传统和对细节的混乱认识可能会带来偏见，而他们没有这些偏见。因此，他们自认为是最能胜任这一工作的人。但几乎在每个方面，这种想法都是错误的，甚至还是其他错误的根源。的确，他们每一个人在各自领域都取得了伟大的成就。作为战争领袖，大卫·劳合·乔治很快与马尔伯勒公爵约翰·丘吉尔[①]和查塔姆伯爵威廉·皮特相提并论；乔治·邦雅曼·克列孟梭被比作乔治·雅克·丹东[②]；托马斯·伍德罗·威尔逊则被单独归为一类。我们必须承认，如果不去质疑他们在新闻界的名声，这三位全权代表基本上都

① 英国军事家、政客。——译者注
② 法国大革命领袖。——译者注

是身经百战的政客，善于玩弄权宜之计。然而，他们引以为豪的职业素养正是他们的缺点，使他们无法承担自己的使命。对于着手改革的具体世界，他们只是有模糊的了解。“池塘里的青蛙，”日本谚语说，“对海洋一无所知。”当然，他们不了解这些问题，无可厚非。然而，可怕的是他们对这些问题的后果不屑一顾。如果他们熟悉这些问题或者具有更深刻的洞察力，许多现在他们看来显而易见的事情，就不会让他们感到完全无法理解，其中包括他们担任世界仲裁者之事。

然而，在某种程度上，他们也许可以通过招募更优秀的人作为助手来弥补他们的不足。但他们为了彰显自己的睿智，故意选择平庸之辈。实际上，巴黎和会的全权代表并不完全依靠这些平庸之辈。在幕后，一些代表都有相熟的好友或参谋，代表们习惯于听取他们的建议。然而，在世界舞台的聚光灯下，许多代表不够勇敢，不够坚持。

由于世界仲裁者话里话外声称自己是人类授权的发言人，并被赋予无限的权力，因此，值得一提的是，这一声明受到了新闻界各报纸的大胆质疑。从一开始，几乎所有广为传阅的报纸都反对英国首相、法国总理的专政。然而，没有人觉得美国总统在专政。“政客是现代寄生虫，”一家受人尊敬的民主党报纸①写道，“在所有统治过我们的特权阶级中，他们最坏。然而，这并不奇怪……他们不仅毫无道德，而且毫无能力。然而，正是这些头脑空空的人被委以重任，凭借一知半解，解决他们根本不熟悉的问题。”另一家法国杂志②写道：“事实上，这次会议的领导人都是政府首脑。然而不幸的是，他们每个人都被自己国内政策困扰。此外，巴黎和会就像一出只有男高音的‘抒情戏剧’。即使再动听的旋律，只有男高音的参与，难道不单调乏味吗？”

后来的事实证明，每一位全权代表都认为自己的权力来源于仕途

① 《新民主》，1919年5月27日。——原注

② 《费加罗报》，1919年3月26日。——原注

的成功。因此，他们都忙于自己的政治问题，并为自己的目标而努力。尽管他们的目标彼此不相容，全权代表却认为这些目标倾向共同的目标，因此为实现各自目标，他们孜孜不倦地努力着。这么一来，后果糟糕透了。乔治·邦雅曼·克列孟梭打算使法国成为世界枢纽；大卫·劳合·乔治怀揣各种计划——这些计划把人类的福祉等同于英国的霸权；维托里奥·埃曼努尔·奥兰多的灵感来自“神圣的自我主义”——这种自我主义自意大利参战以来一直激励着意大利所有内阁成员；托马斯·伍德罗·威尔逊迫切想把美国和他的名字与载入史册的最伟大、最高尚的事业联系起来。每个人都沿着自己的路线，朝着自己期盼的目标前进。这恰如其分地展示了俄国的一则寓言：天鹅、螃蟹和梭子鱼被套在一起拉货，天鹅向上飞去，螃蟹向后爬去，梭子鱼急急忙忙地游向水中，货却原地不动。

政府首脑代表团还有一个很严重的缺点——当主要代表出于外交策略缺席巴黎和会或迫于国内政治压力不得不返回各自国家的首都时，巴黎和会不得不尴尬地延期，而其他同僚则因他们的缺席而受益。就像我们看到的，巴黎的情况表明当时欧洲代表对“威尔逊主义”信心不足，准备趁托马斯·伍德罗·威尔逊在华盛顿逗留时，加快处理事务，等他返回后，问题都得以解决。但托马斯·伍德罗·威尔逊回来后，否定了他们的成果。随之而来的是大量的时间损失。从那以后，世界不得不为此付出沉重的代价①。

同样，趁维托里奥·埃曼努尔·奥兰多在罗马时，托马斯·伍德罗·威尔逊向意大利人民发出呼吁后，巴黎的代表们通过了一系列关于意大利的决定，削弱了意大利在会议上的重要性，并修改了之前对《伦敦条约》的解释。

① 巴黎和会浪费了大量时间而解决不了问题。对敌和约不得不推迟，有关国家因领土等问题继续处于交战状态等。——译者注

意大利总理维托里奥·埃曼努尔·奥兰多回来后，其中一些决定不得不取消。这些计谋给意大利人留下了非常糟糕的印象。

全权代表们的无能，不仅仅在于他们是处理国际事务最幼稚的新手，还在于他们对地理、民族志、心理学和政治史一无所知。鲁汶大学的校长曾告诉奥利弗·哥尔德斯密斯，他不懂希腊语，却成为大学校长。他不明白为什么要教希腊语。正如这位大学校长一样，各国首脑不谙国际事务，却已在各自国家取得相当高地位。他们无法认识到掌握国际事务的重要性，也无法在前行的过程中弥补自己的不足。

很多人认为，全权代表们不仅蔑视专业外交，还蔑视某些外交原则。实际上，这些外交原则无论如何也不能忽视，因为它们隐含了所有职业的共同特点。其中的一个原则是，了解待解决的问题。根据这一原则来看，巴黎和会全权代表们处于劣势。整体局势要求代表们具备专业知识和经验，然而，英国首相、法国总理、美国总统尽管什么都不精通，却不得不表现得样样精通。在一定程度上，传统外交尊重因果定律。各国向巴黎和会派出的外交官，应或多或少了解将要讨论的问题，了解其他谈判者的心态。各国应委派给代表们一些专家作为顾问。代表们应提出具体计划，类似于法国代表提出但遭到盎格鲁-撒克逊人拒绝的计划。这样一来，至少可以正确处理这项任务的核心部分——清算战争，交战国之间迅速恢复正常关系。有人可能反对说，这对新的政治、社会结构的贡献微不足道。虽然贡献微不足道，但无论多么微不足道，也是积极的收获。一旦旧世界的废墟被清理干净，新世界的第一块石头可能就已经埋好了。然而，即使是这种微不足道的成就，出席巴黎和会的代表们也无法完成。一方面，其工作方式散漫；另一方面，受到国内政党的阻碍。由于精力分散、意见不一，他们表面上的合作实际上在做减法运算。

无论人们是根据大国代表的公开行为，还是通过流言蜚语的棱镜来看待他们，大国代表刻画的形象都是可悲的。国内政治的巨人，在处理国际政治时，退化为侏儒。在地理、民族志、历史和国际政治等问题上，他们处于无助的茫然之中。如果不是涉及事关重大的问题，这些讲述他们在保持尊严的同时，努力避免陷入困境的故事将会很有趣。据可靠报道，波兰代表团提出要求，并为之辩护几个月后，英国首相大卫·劳合·乔治曾问："这些贪婪的波兰人是在追求上西里西亚还是下西里西亚？"当然了，他有足够时间熟悉这些要求。"请在地图上给我指出达尔马提亚，"这是另一个典型的请求，"告诉我它和阜姆之间有什么联系。"某位全权代表和我朋友的谈话大致如下："我不了解小国的发言人。在我看来，他们简直是疯了。他们划出一块地界，无缘无故地围上去，好像食肉鸟围着战场上的一具尸体。以西里西亚为例，波兰人吵着要它，好像波兰的存在取决于波兰对西里西亚的吞并。德国人对此更加疯狂。我想他们这么热切，一定是有原因的。但看在上帝的分上，亚美尼亚人怎么会宣称拥有西里西亚呢？想想看，亚美尼亚人！世界已经疯了。难怪法国坚决反对，并警告他们离开西里西亚。但是法国自己要它干什么呢？这个背后的故事是什么？"我的朋友，回答时尽可能体谅地指出，波兰人和德国人抢夺的是西里西亚省，亚美尼亚人则要求的是更东边的奇里乞亚，而法国人不赞成，法国人认为他们有在奇里乞亚传播文明的使命，法国人足以能完成此使命。

不仅是巴黎和会的代表，甚至连盎格鲁-撒克逊国家的主要政客，对各民族、各国家也知之甚少。这就是这个时代的特点，因此，值得历史学家注意。关于巴黎和会参会代表们的这一特点，有两个例子①可以更好地帮助读者了解这一现象。一位英国政客与意大利政府打交道，四处寻找帮助意大利人民摆脱经济困境的有效方法。后来，他自认为找到了一

① 两件事都发生在停战前，即战争期间。——原注

条权宜之计。“我冒昧地向你们保证，”他说，“如果你们大量种植香蕉，我国人民将全部购买。不管数量有多大，我们的市场都能消化，这肯定会大大增加你们的收入。”起初意大利人认为他是在开玩笑。但后来发现他一本正经，于是，一篇题为《意大利香蕉》的报道，毫不留情地向意大利公布了这位英国政客的想法。

还有一例：战争期间，波兰人民经历了前所未有的苦难。许多穷困人口挣扎在饿死的边缘。波兰政府派代表团前往美国，以引起美国政府及人民对波兰人民现状的同情，并获得救济。该代表团特使同国务卿罗伯特·蓝辛进行了会谈。罗伯特·蓝辛询问他们打算把粮食运到什么

罗伯特·蓝辛

港口，以便在波兰境内分发。他们回答说：“运到但泽[①]，没有其他合适的地方了。”罗伯特·蓝辛想了想说：“你们可能会遇到困难。如果运到但泽，你们必须首先征得意大利的同意，明白了吗？”“不明白。我们没有想到这一点。事实上，我们不明白为什么需要意大利的同意。”“因为地中海是由意大利控制的，如果要把船开到但泽，必须询问意大利政府！”[②]

代表们收集了各种各样的各国资料，值得赞扬的是，他们向提供资料的人提出问题时没有丝毫虚假的傲慢。波兰有些地区，大部分是德国人，但按照法律属于波兰。某次会议上，朱尔斯·马丁·康邦讲了很多

朱尔斯·马丁·康邦

① 但泽位于波罗的海。——译者注

② 我绝对保证这两件事真实准确。我有人名、地名和当事者的名字，但在这里写出来多余。——原注

关于波兰地区的事。在回家的路上，一位主要代表不解地问法国代表，为什么他多次提到腓特烈大帝。“腓特烈大帝和波兰有什么关系？”法国代表回答道：“从腓特烈大帝时期和波兰分裂时期，殖民者就开始移民到这个地区，现在的大部分德国居民是当时殖民者的后裔。”

“哦，明白了，”这位政客喊道，“但腓特烈大帝和波兰的分裂有什么关系呢？”……在民族志领域也有许多陷阱和意外。最高委员会在了解东欧局势过程中，四巨头之一正倾听一位代表对土耳其人恶行的控诉。当他听到库尔德人折磨和杀害了一些手无寸铁的妇女、儿童和老人时，他立刻打断了发言者，问道：“你现在叫他们库尔德人。几分钟前你说他们是土耳其人。库尔德人和土耳其人是同一民族？”这位代表不

腓特烈大帝

愿让世界仲裁者难堪，恭敬地回答说："是的，先生，他们差不多，但两种人中最坏的是库尔德人。"①

英国首相大卫·劳合·乔治态度坦诚，试图以此化解他人的批评。1919年4月16日，他在英国下议院坦言，他从未听说过泰申这个地方——这引起了不小的骚动。"多少议员听说过呢？然而，"他意味深长地补充道，"泰申差点在两个盟国之间制造了一场激烈的冲突。"

作为著名的议员，大卫·劳合·乔治从未听说过这些困扰欧洲大陆人民的话题，这种情况也可以解释得通。由于没有这些知识，同时他意识到各族人民的命运取决于他的成功，因此，他单枪匹马解决这些问题的决心，并不那么坚定。可能有人说，他可以求助特别委员会——巴黎和会上并不缺少这种特别委员会，但这种说法也不完全成立。除非他有可靠标准来评估委员会结论的价值，否则他必须依靠自己解决问题。由于代表们没有这样的标准，他们对重大问题的判断就比较草率。例如，波兰索要被德国吞并的某些领土的主张，被提交给特别委员会，由朱尔斯·马丁·康邦主管。各委员被派往波兰实地研究这一问题。在那里，他们得到了一切便利，以便了解这一问题。几周后，委员会一致同意波兰的主张。但大卫·劳合·乔治否定了他们的结论，驳回报告，让他们重新考虑。于是，委员们又一次重访故地，再次坚持他们的裁决。然而，大卫·劳合·乔治还是反对。在他的坚持下，巴黎和会不顾托马斯·伍德罗·威尔逊总统的反对，推翻了委员会的最终决定，不支持波兰。人们自然会问，大卫·劳合·乔治是怎么得出这个结论的呢？人们很难相信，在此事件上，他比特别委员会知道的还多。也没有人认为，在这方面，他的了解比对泰申了解的更多。对此感兴趣的人流传的解释

① 库尔德人属于印欧语系。希腊人、意大利人、凯尔特人、条顿人、斯拉夫人、印度人、波斯人和阿富汗人都属于印欧语系。土耳其人属于乌拉尔-阿尔泰语系，蒙古人、鞑靼人、芬兰人和马扎尔人都属于乌拉尔-阿尔泰语系。——原注

是，他像苏格拉底一样，有自己熟悉的魔鬼来激励他，而这魔鬼，像所有精灵一样，喜欢在阴暗中茁壮成长——如紫罗兰。大卫·劳合·乔治的辩护者认为，首相总有一天能接触到光源。对那些命运深藏在黑暗中、看似不经意、任人摆布的人们来说，这是一件好事。可能吧。但与此同时，这被认为是对代表们智力的侮辱，是对他们“公开缔结公开合约”承诺的违背。新闻媒体质问，既然没有人赞同这些半神秘资料的获取方法，为什么不提前收集所需的资料呢？然而，这些准备迎接新时代到来的人，采用的正是这些神秘的方法。和维也纳会议一样，巴黎和会上也呈现出各种各样的迷信。这个时代的特点是，人们郑重其事，奇思妙想，寻找世界和平与某些神秘数字之间的关系。“有几件与巴黎和会有关的事，都故意选在某个月的13日。”有些神秘学家解释道。人们还注意到，代表们一致努力，打算将协约国对德国反击性提议的答复定在“命运之日”——1919年6月13日星期五。计划失败后，人们爆发一阵骚动。这次失败被认为是不祥的预兆，许多人萎靡不振。巴黎的“千里眼”N夫人，自诩是“命运之神”和“人间执行官”之间的中间人。有人曾向她请教过这个问题，谁也不知道结果如何。[①]然而，正如当时流行的圣谕庄严宣告的那样，托马斯·伍德罗·威尔逊的事业充满了“原罪”。在到达欧洲之前，他走错了一步，这使一切都乱了套。他颁布了《十四点原则》，恰巧与神秘数字13的魔力相对抗。据说，在这十四点原则中，必须去掉一个——公开缔结公开合约，或海洋自由。总之，去掉任意一个，以便保留神秘数字13。如果这样的话，《十四点原则》已经家喻户晓，那么总统有必要把第十四点标为13a。[②]

① N夫人给我的一位朋友看了一封亲笔签名信。她说，这封信是自己的一位客户——“一位世界名人”寄来的。N夫人数次邀请我到她家里去查看这封信。如果我愿意，她也可以拿到我家。——原注

② 法国报纸上刊登过关于这一主题的文章。据我所知，《晚报》上就有一篇。——原注

这种现实与虚幻的奇怪结合——倡导者认为是精神升华的表现，在那些为生活所困、日益挣扎、焦虑不安的人民群众中，几乎没有得到认同。商业停滞，物价高得令人望而却步，部分原因是巨头间秘密会议的拖拖拉拉。饥饿在法国北部被摧毁的村庄中蔓延，毁灭性的战争在东欧不断挑起，比萨拉比亚数以千计的基督徒死于饥饿。[①]警句式的指责和讽刺式的言辞表达了许多人的感受。在维也纳会议上，支持亚历山大一世的神秘主义，以及在海牙第一届世界议会期间，刺激尼古拉二世的神

尼古拉二世

① 1919年8月，美国红十字会就埋葬了一千六百名基督徒。《芝加哥论坛报》（巴黎版），1919年8月30日。——原注

秘主义，在巴黎会议召开期间，也时不时地引起人们的注意。揭露这些信因素显然是有害的，可能很容易受到保密制度和审查制度的阻碍。然而，这种制度有效地掩盖了一些上不了台面的事情。

全权代表的地位，不足为羡。他们的无能，亦情有可原。即使是天才，也不能有效解决他不熟悉的问题，并且他们要处理的问题堆积如山，完全无从下手。在这多事的几个月里，他们没有阿里亚德妮[1]的指引，在充满障碍的迷宫中摸索、挣扎。他们的任务比想象中复杂得多，真叫人痛心。比较讽刺的是，与困难作斗争时，代表们也不断受到性情和环境的影响。这种影响导致了许多不协调的地方。如果继续纠缠于这些不协调的地方，就会显得没有风度。然而，其中有一个例子，描述了当时的情形，几乎令人难以置信。据说那件事发生在1919年1月。根据当前的叙述来看，托马斯·伍德罗·威尔逊到达巴黎后不久，收到了一位名叫M.B.的法国公关人员的备忘录。该备忘录详细地讲述了科西嘉岛的历史、人们的需求和愿望以及他们为恢复独立做的各种尝试，并请求托马斯·伍德罗·威尔逊利用自己在巴黎和会的影响力，帮他们获得完整的自主权。据说M.B.收到回复[2]，托马斯·伍德罗·威尔逊表示："巴黎和会职能机构将专门彻查此事。"科西嘉岛是拿破仑·波拿巴的出生地。正如马恩岛是英国不可分割的领土一样，科西嘉岛也是法国不可分割的领土。科西嘉岛试图切断与法国的关系，并收到承诺——代表们将认真考虑这一请求。这事听起来更像骗人的把戏，而不是清醒的事实陈述。报纸想刊登此事，但严谨的审查员把它过滤掉了。

这些事件和其他类似事件使人们能更好地理解代表们的动机。这些动机促使代表们以得体的秘密面纱掩盖他们的谈话和初步决定。

---

① 古希腊神话人物，为克里特国王弥诺斯与帕西淮之女。她曾用一个线团，搭救了在迷宫陷入困境的英雄忒修斯。——译者注

② 回信的日期是1919年1月9日。在巴黎，我手头上有用法语写的副本。——原注

公平地说，代表们从事的事业，是自巴别塔的建造者努力把天堂带到咫尺之内以来，最宏大、最能激发远大抱负的事业，超出了当代世界最伟大人物的能力范围。例如，想象一下这位美国政客第二天的精神状态，一定是政治忧虑所致。

以下摘录来自1919年4月18日的《每日邮报》（巴黎版）。

> 托马斯·伍德罗·威尔逊昨天很忙，日程安排如下：
>
> 11时——会见顾维钧，向巴黎和会介绍中国代表团。

顾维钧

11时10分——会见法国代表团。德·沃居埃侯爵是团长，有七名成员，他们代表法国国会，阐述了他们对莱茵河西岸处理方式的各种看法。

11时30分——会见亚述和迦勒底代表团，获悉亚述–迦勒底人带来的消息。

11时45分——会见达尔马提亚代表团，他们向总统提交了意大利人占领的达尔马提亚地区的公民投票结果。

12时00分——会见圣马力诺临时代办比凯。比凯转达圣马力诺大议会授予总统圣马力诺共和国荣誉公民的称号。

12时10分——会见瑞士外交部长科隆德。

12时20分——会见美国全国妇女工会联盟代表罗斯·施奈德曼及玛丽·安德森。

12时30分——会见君士坦丁堡的主教，东正教的首领。

12时45分——会见阿尔巴尼亚代表埃萨德·帕夏·托普塔尼，他提交了阿尔巴尼亚的主张要求。

13时00分——会见希腊驻罗马大臣兰布罗斯·科罗米勒斯，问候致意。

午宴——会见战争部长牛顿·迪尔·贝克。

16时00分——会见赫伯特·克拉克·胡佛。

16时15分——会见扬·约内尔·布勒蒂亚努，来自罗马尼亚的代表团。

16时30分——会见阿丰索·奥古斯托·达科斯塔，葡萄牙前部长，葡萄牙派往巴黎和会的代表。

16时45分——会见博戈·努巴尔帕夏，亚美尼亚代表团团长，由A. 阿哈罗曼和罗伯特学院教授A.德·哈戈皮安陪同。

17时15分——会见塞尔维亚代表团尼古拉·帕尼奇。

17时30分——会见弗兰克·沃尔什，来自爱尔兰裔美国代表。

在英雄辈出的年代，对创造奇迹的人来说，这仍是一项艰巨的任务。尽管彻底解决主要问题超出了当时最温和的代表的能力范围，但彻底解决问题的条件很简单，只需要概念清晰、目标坚定，从正确轨道着手、灵活运用、适当加力，就能促其按时完成。

但这些杰出的议会议员并未想过这些条件，他们并未上升到治国之道的高度。他们表面上是新晋的、威严的世界改革家，但内心仍深深植根于赖以生存的选举土壤里。他们的言辞带有理想主义的味道，常常无端妥协或犯幼稚的错误，如他们说着建设性的措辞，做着破坏性的事情。他们不仅没有固定的工作方法，甚至没有共同或者相近的目标。在描述国家为之战斗、自己——表面上——为之奋斗的目标时，尽管他们都使用同样的措辞，但没有两位代表的所指是一样的。然而，他们并没有坦率地承认这一根本缺陷并加以纠正，而是满足于把委婉措辞扩大外延，直到这些措辞涵盖了相互矛盾的概念，并使每一位听众都满意为止。因此，“公开缔结公开合约”演变成由秘密会议发布武断的裁决，而“民族自决”意味着对独裁命令的隐性服从。这样一来，取得的新结果仍令人困惑。

然而，表面上来看，为了消除这些误解，托马斯·伍德罗·威尔逊才跨越大西洋参加巴黎和会。托马斯·伍德罗·威尔逊用通俗易懂的语言表达了美国士兵为之奋斗的理想——这些理想影响了相关政客们的想法和目标。托马斯·伍德罗·威尔逊说：“确保不误解这些理想，并不遗余力实现这些理想，现在靠我，以后就靠这些政客了。”这就是取得的结果。

自中世纪的诡辩时代以来，还没有人见过像在巴黎和会上那样玩弄文字的。旧词中注入了新的意义，“注释”起了不可或缺的作用。像“领土平衡”和“战略边界”这样的字眼被严格禁用。可以肯定的是，托马斯·伍德罗·威尔逊一听到这些令人讨厌的、象征着衰败秩序的字眼就会神色大变，但又不得不跟它们做斗争，因为这是他使命的一部分——永远废除这种旧秩序。然而，斗争的结果不过是新瓶装旧酒——一些尖锐的字眼被一些“优雅词汇”替代。不过，这完全可以理解，他们如今已是穷途末路，不这样又能怎样呢？在新的体制下，人们很难设想欧洲会有一种持久的国家制度。这种制度中没有某种与均衡相对应的东西。如果建筑师自吹自擂，抛弃万有引力定律，转而支持另一种不同的理论，那么他就不太可能被委以重任，建造“和平之宫”。同样地，在战争尚未结束时，如果政客剥夺欧洲那些最容易受到突然袭击的国家的战略疆域，那么没几个人会追随这样的政客，也没有几个国家会信任这样的政客。然而，这正是托马斯·伍德罗·威尔逊的目标——他的一些朋友已承认他实现了这一目标。他的外国同僚在弱化信条之后，又重新附和了这些信条。当轮到处理自己国家问题时，每一位代表坚守底线、调整战术、偷换概念换取利益，依靠时代赋予的权利表达经济需求，并呼吁人们尊重事实，阴奉阳违地放弃“领土均衡”和“战略保证”。看到这一幕幕，既发人深思，又令人厌恶。因此，为获得全部或部分他们认为对于自己国家安全和幸福不可或缺的领土，维托里奥·埃曼努尔·奥兰多、罗曼·斯坦尼斯瓦夫·德莫夫斯基、扬·约内尔·布勒蒂亚努、埃莱夫塞里奥斯·韦尼泽洛斯和牧野伸显不得不与美国总统周旋，尽管美国对欧洲事务和亚洲事务并不感兴趣。

起初，托马斯·伍德罗·威尔逊想象的是全新的、未成型的理想式欧洲——不再需要战略边界。它的轮廓比较模糊，因为在托马斯·伍德罗·威尔逊的脑海里，还没有具体的、清晰的欧洲画面。事实上，他谈论起欧洲的口气，仿佛这片古老的大陆就像五十年前北美洲一块人烟稀少的领土，没有尴尬的过去的羁绊，随时接受新的历史。他似乎没有考虑欧洲的历史、民族，或他们各自的利益和奋斗历程。历史重演了高尔察克政府和乌克兰的命运，只是代表们没有意识到，托马斯·伍德罗·威尔逊从美国带给欧洲的是一个抽象的概念，古老而又有欧洲风格——一开始他的欧洲同僚也这么认为过。后来，有些代表开始嘲笑这一概念，有些代表则用模糊的语言来谴责它。而现在，他们都竭尽全力挽救自己国家的切身利益，使自己国家免受影响，同时将“威尔逊主义”应用于邻国。因此，当时没有领土要求的英国，坚持自己的海洋原则，而且意志坚决。托马斯·伍德罗·威尔逊到达欧洲之前，曾有人直截了当地通知他，他的海洋自由理论既不受欢迎，也不予讨论。于是，托马斯·伍德罗·威尔逊心甘情愿地放弃了——他们后来解释说是报道失实。这是这位美国改革家在欧洲付出的第一个代价，也意味着他整个计划的失败。因为，整个计划是一个整体，不可分割。我的责任是记录付出的代价和《十四点原则》中第一个遭到放弃的原则。神秘的“十三点原则”仍然存在。但不久之后，又删了一点。然后是“十二点原则”，总之，原则越来越少。

在看清严酷现实后，世界上所有致力于思想和社会革新的朋友们，不免感到痛苦和失望。对愤世嫉俗者来说，尤为如此。世界将不可避免地回归古老体系，接受均衡的磨盘的研磨。然而，这一结论却遭到了质疑。即使是严峻的现实，如果正视，也可能创造和平；如果不能立即实现新的构想，那么在能够打下更广泛的基础之前，旧的构想应该暂时重新受到欢迎。两者必须选其一。从欧洲代表们坚持的政治视角来看，旧世界处理各种问题的方式是可以接受的。他们的程序条理清楚，推理严密。旧世界处理问题的方式包括“战略边界”和“领土均衡”。当然了，这种视角是狭隘的，如果调查不足，最终取得的结果有可能被愤怒的人民推到一边。这是因为世界问题并不完全是政治问题。尽管如此，这种旧世界处理问题的方式还是可以理解的。旧世界的人们认为，只要满足他们的愿望，20世纪的第二个十年和第一个十年没有本质的区别。

所以，当今的世界问题可以通过重新分配领土明智地解决。但即使是“重新分配领土”这个概念，也未始终如一贯彻地实施。这里允许有偏差，那里又坚持有偏差，甚至有人轻浮地说：“这些偏差是小国为《十四点原则》必须做出的牺牲。”因为在逻辑和一致性方面，代表们非常重视他们的声誉，无论对巴黎和会的指控是什么，代表们都能忍，但指控代表们前后不一，实在令代表们深恶痛绝，特别是托马斯·伍德罗·威尔逊。在很长一段时间里，他都坚持认为自己忠实于《十四点原则》，正如磁针忠实于磁极一样。直到夏天返回华盛顿后，他才承认磁场受到了干扰——受到对法国同情的影响。

为了在最高委员会偶尔公开的决定中找出一致性，人们需要插上想象的翅膀，这远远超出了一般人的能力，因此，“使世界成为虚伪的安全之地”被创造出来、表达出来、传播开来……

第4章

审查和保密

欧洲的政治诚实度从未像巴黎和会期间这么低过。令人眼花缭乱的谎言巧妙地与真相混在一起四处传播，蒙蔽了人们的视线。他们希望人们会接受或默认统治者对出现的各种问题的判断。四年半来，为了胜利而编就的谎言连续不断，已使整个政治世界失去了诚信。事实被当作可塑的，可以根据说话者或写作者的目的，以这种或那种方式塑造。做出承诺，并不是因为所承诺的事情是必要或可取，而仅仅是为了使公众倾向于一项政策或权宜之计，或者与敌人或盟友建立并保持某种关系。政治选举和议会发言中做出的一些承诺，有些根本无法实现。在这种氛围下，协约国的一些财政部长信誓旦旦，企图迫使德国人不仅要为肆意造成的破坏支付全部赔偿，还要为战争支付全部费用。

认为敌人会因此补偿一切损失的想法显然荒谬可笑。即使德国人孜孜不倦、忘我地工作，他们的债务一个世纪也不可能还清。如果战胜国不愿意让德国产品进入他们的市场，那么德国的生产力将毫无用处。事实上，不仅战胜国政府不愿意让德国产品进入他们的市场，一些民众也自觉抵制德国商品。尽管如此，几个月来，这些国家仍抱有幻想，认为所有的战争开支都将由敌人支付。[①]

① 法国财政部长将此作为其政策的基石，并宣布战败的德国人支付的赔偿，将使法国财政建立在永久健全的基础上。鉴于此，不再征收新税。——译者注

然而，渲染和歪曲真相四年多后，继续歪曲和捏造“事实”的不仅是政府，报纸也起了推波助澜的作用——除了一些受尊敬的报纸。因此，似是而非的谎言成为爱国主义的成就和公认的政治因素，国家和政党谎话连篇，谎言披上了真理的外衣，幻想与事实混为一谈。公众人物一本正经地发表声明后，发现与事件不符，就干脆否认曾说过这些话。“人非圣贤，孰能无过？”——这一说法用来描述战争和停战期间的状况，再合适不过了。如果把流传的谎言和被压制的真相收集起来出版成册，人们就会意识到智力和道德的标准被降低到何种程度。①

巴黎会议期间，各大国保留了审查制度，并以其做软垫，让那些“命运掌控者”舒舒服服地安睡在上面。巴黎的审查制度尤其严格，不可理喻。因此，不仅巨头秘密会议上的不和谐因素，甚至连当代历史的许多警告都严格保密——不让公众知道，以免引起公众的强烈批评。在公正的法国人看来，自法兰西第二帝国以来，对新闻自由还没有如此严格、系统地镇压。然而，这种镇压竟是在伟大的、受人爱戴的乔治·邦雅曼·克列孟梭的任期内——他的职业生涯一直与各种形式的镇压做坚持不懈的斗争。这真的具有讽刺意味！尽管这样的双重政策——代表保密、当局审查——不仅危险，而且与这些政客曾制定的新原则——公开缔结公开合约——不一致，但政客们支持这样的双重政策。双重政策为世界提供了解释当代改革者措辞的“标准”。只有使用该“标准”，才能衡量政客口中的事实和承诺。然而，事实证明，他们大多数关于“公开缔结公开合约”的言论都是自相矛盾的。

雇用两名美国人阅读从美国寄给法国报社的电报，是这一审查制度的特点。其目的是抑制不利消息的传播。这些不利总体的消息可能使人

① 巴黎报纸《晚报》转载了战争期间发表在法国媒体上的一些谎言，为愤世嫉俗者提供了丰富的精神食粮，为心理学家提供了有价值的数据。英国可能会效仿这种做法。标题是《谎言选集》，自1919年7月开始刊登。——原注

民质疑——伟大的美国人民是否永远支持美国总统？是否随时准备批准他的决策和行动？他珍爱的《国际联盟盟约》是否会获得批准？奉行这些原则的国家，可能处于战略暴露地位，国际联盟是否能为之提供安全保证？因此，美国许多有趣的报道没有出现在报纸上，几乎所有的信息都被推迟，有些甚至被销毁。抗议是徒劳的。直到几个月过去了，法国公众才意识到，美国舆论中大部分人对托马斯·伍德罗·威尔逊的政策持批评态度，并对他最终决定持怀疑态度。这是托马斯·伍德罗·威尔逊的权宜之计，但并不成功。

有一次，托马斯·伍德罗·威尔逊的审查员千辛万苦地阻挠美国报纸刊登一份电报内容，然而意外的是，英国首相却在下议院发表了相关讲话。消息最终还是发布了。这场意外使审查员的努力功亏一篑。

在一些讲话和文章中，全权代表仍然大力提倡公开宣传。按这些“路标”指向，他们自己都无路可走。按全权代表的说法，他们是保密和审查制度的宿敌。美国总统曾公开表示：“建立一套审查制度的危害是无可比拟的。这套制度将剥夺像我们这样自由国度的人民批评政府官员的权利。”乔治·邦雅曼·克列孟梭早期比大多数政客遭遇更多的镇压，不得不将他创办的报纸名字由《自由人》改为《囹圄人》，并对“自由的朋友”——政府——提出严厉批评，批评政府打着防患于未然的旗号，任意践踏自由。[①]然而，他一上台就改变了策略，将自己创办的报纸名字又改回《自由人》。在会议厅，他宣布“欢迎宣传报道巴黎和会上的‘辩论’”，然而实际上，他压制媒体。这成为欧洲的笑柄。他自己划分了可报道和不准报道的界限，并告诉议会，“当巴黎和会上议事举步维艰时，不准报道某政府首脑提出的提议，遭到另一位政府首脑的反对”[②]。好像政府首脑间的分歧、争吵，可以长期对他们代表的人民保密似的！

① 参阅《纽约先驱报》(巴黎版)，1919年6月2日。——原注
② 参阅《每日邮报》(巴黎版)，1919年1月17日。——原注

巴黎和会上的讨价还价一直在进行，这是公正的局外人从代表们为掩盖这些讨价还价而采取的权宜之计中得出的结论。人们认为代表们应光明磊落地告知全世界。在美国参议院外交关系委员会面前，美国国务卿罗伯特·蓝辛承认，条约签署后，当法国参议院要求国际联盟委员会提供会议记录时，托马斯·伍德罗·威尔逊总统从华盛顿发电报给国际联盟委员会，要求该委员会不提供这些记录。罗伯特·蓝辛还承认，目前现存的唯一会议记录留在巴黎，不在美国参议院的管辖范围之内。鉴于这种隐瞒制度，当被质疑托马斯·伍德罗·威尔逊总统所承诺的“公开缔结公开合约”是否能如实兑现时，罗伯特·蓝辛回答说：“我认为这已经实现了。”①很可能，《凡尔赛和约》和《国际联盟盟约》只有意义相同时，才能在精神和形式上得以执行。

巴黎和会召开的关键日子里，预防性审查的严格程度竟达到不可理喻的境地。直到1919年6月，报纸的专栏常常开天窗——留下大片空白。“目前，巴黎几乎没有一家报纸不受审查，”一家新闻机构写道，“有些报纸抗议，但抗议徒劳无功。”②

甚至连德国人都知道颁布了什么条款时，而法国人却一无所知。当时，法国一家报纸抱怨：“尽管法国认为《凡尔赛和约》条款的内容对它的生存至关重要，但今天上午，法国报纸只字未提《凡尔赛和约》。”有一次，《晚报》因为发表《凡尔赛和约》体现了盎格鲁-撒克逊式和平的观点而被查封；③还有一次，《晚报》因为报道了对斐迪南·福煦元帅的采访而被查封。实际上，巴黎各报纸早已广泛报道过此事。④为给自己开脱，法国审查员声称，他们认为报纸上的一篇文章是在诋毁大卫·劳

① 参阅《芝加哥论坛报》，1919年8月27日。——原注
② 参阅《纽约先驱报》（巴黎版），1919年6月10日。——原注
③ 参阅《晚报》，1919年6月20日——原注
④ 1919年4月27日。——原注

签订《凡尔赛和约》

合·乔治。在给英国首相大卫·劳合·乔治的信中，该报编辑答复说，文章谈论的只是大卫·劳合·乔治引以为豪的事情。事实上，文章称赞大卫·劳合·乔治“为国家利益鞠躬尽瘁，并将国家利益置于其他利益之上”。报社编辑在信的结尾写道：“我们认为，在整个事件中，只有一件事真正令人不快，那就是法国的审查制度，为了扼杀法国的新闻自由，竟然利用了您的名字。在数周前，您都已经废除审查制度了。”①

甚至英国记者在报道一些不太可能引起麻烦的事情时，比如描述德国人在凡尔赛宫接受《凡尔赛和约》的历史性事件，审查员也把他们的信息从17时扣留到第二天3时。②尽管这听起来很奇怪，但巴黎和会一开始就决定，不允许任何报界人士目睹向敌方代表正式递交《凡尔赛和约》！因为他们认为，为了全世界的利益，即使是仪式也应该保密。③一幅卡通漫画将这些奇异的制度表现得淋漓尽致，该漫画将托马斯·伍德罗·威尔逊描述为“新任摔跤冠军”，把他的对手——身着报纸的“新闻媒体”——摔倒在地，报纸碎片散落一地。漫画下配文：“禁止刊登斐迪南·福煦元帅的言论。禁止刊登大卫·劳合·乔治的想法。禁止刊登与德国签订的《凡尔赛和约》。禁止刊登发生之事。”为确保其他内容不会公布，审查员有条不紊地推迟了每一份电报的发送。④

在会议厅，媒体要求政府在德国人签署条约后立即废除审查制度。媒体代表们也提醒部长们，他们踌躇满志、奋力前进时，也曾谴责过审查制度。尽管媒体代表们描述和谴责了行业之风日益堕落，并指出政府的所作所为起了推波助澜的作用，但一切都无济于事。“在巴黎及其他各省，令人不快的报纸都被查封，电话对话被窃听者窃听，私人书信也

① 《晚报》，1919年6月21日。——原注
② 《纽约先驱报》，1919年5月15日。——原注
③ 《纽约先驱报》（巴黎版），1919年5月3日。——原注
④ 《纽约先驱报》，1919年6月6日。——原注

被侵犯，一些电报被安排延期收到。间谍被委派参加秘密会议；在一次全国媒体成员的聚会上，无意中发现了两名间谍；瓦兹激进委员会联合会上，又发现了另外一名间谍。”[①]《凡尔赛和约》签署并获得德国批准后，政府依然丝毫没有修改保密制度。巴黎继续处于封闭状态，审查员是法国首都最繁忙的官员。

法国政府将公众蒙在鼓里，向他们灌输狭隘的甚至有害的观点，希望公众能接受这些观点。这种现象的不良影响就是，审查制度导致的荒谬常被认为是政府导致的。熟悉《新约》的英国人和美国人，当被告知审查员允许法国前总理保罗·潘勒韦演讲中出现下列句子时——“正如

保罗·潘勒韦

① 参阅《撒哈拉晨报》，1919年7月9日。提到的主要发言人为皮埃尔·勒诺代尔、德赛、路易-埃内斯托·拉丰、保罗·默尼耶和旺达姆。——原注

伟大的美国诗人霍尔·凯恩[①]所言，‘死亡啊，你的毒刺在哪里？坟墓啊，你的胜利在哪里？’”他们感到既震惊又可笑。[②]

巴黎和会已经采取了一切可能的预防措施，防止泄露有关“十人会议”[③]情况的信息。尽管如此，巴黎和会召开的前几个月，法国报纸

霍尔·凯恩

① 霍尔·凯恩是英国作家，非美国作家，并且该句出自《新约》，非霍尔·凯恩所言。——译者注

② 《纽约先驱报》，1919年4月29日。——原注

③ 一开始，谈判由英法美意日五国政府首脑和外交部长组成的“十人会议”主导，该机构矛盾重重，难以做出有效决定。后来，日本、意大利和各国外交部长先后退出，最后只剩三巨头。——译者注

仍千方百计、时不时地向公众报道零零星星的消息。公众对会议议程有了模糊的概念。直到有一天，一家民族主义报纸大胆宣布，在但泽问题上，英国首相大卫·劳合·乔治不同意专家委员会和同僚的看法，并拒绝让步。这段话激怒了英国首相大卫·劳合·乔治。接下来的委员会会议上，他大吵大闹。据报道，他大声说："我们中有一个人，他漫不经心，忘掉了自己的义务。"他一边说着这些严厉的话，一边狠狠地瞪着一个人。据说整个过程中，这个人一直浑身发抖。大卫·劳合·乔治还猛烈抨击了法国各大报纸，因为这些报纸批评他对波兰的看法，批评他在委员会发表的观点。他甚至威胁要把和会转到中立国家去召开。最后，他要求对泄露信息的根源进行调查，并对公布这些信息的记者采取严厉的惩戒措施。①从那以后，"十人会议"暂停，取而代之的是规模更小、更秘密的五人、四人或三人秘密会议，具体视情况而定，因为全权代表的身体状况、本国政治的要求，或者他们自己之间的关系，导致一个或两个代表暂时离开巴黎。

保密措施确保了相对机密性，助长了谣言和闲言碎语，使无论是有益的还是吹毛求疵的批评无从下手。保密措施也将那些利益被认为无关紧要的小国蒙在鼓里，尽管意大利名义上是享有特权的五巨头之一，但意大利的利益并没有受到特殊对待。但如一些法国和意大利观察家所称，如果这些"一千二百万名士兵"的代表，其真实目的是按盎格鲁-撒克逊人的意愿和利益实现世界和平，重组世界秩序，那么，针对"意大利的利益并未受到特殊对待"的批评会站不住脚。但这种假设毫无根据，因为盎格鲁-撒克逊人没有这样深思熟虑的计划。"五巨头会议"成立后，大卫·劳合·乔治和托马斯·伍德罗·威尔逊果断处理了各专家委员会提出的与他们意见不同的报告。总而言之，他们成为世界上至高

① 引自巴黎《时报》，1919年3月28日。——原注

无上的命运仲裁者，同时不忘充当小国争取自由的官方支持者和“公开缔结公开合约”的拥护者。可以说，他们构成了活生生的矛盾综合体。

当时，“五巨头会议”极其秘密，甚至不允许秘书参加，没有议程的正式记录，也从未向新闻界发布过信息。“五巨头会议”就像一场阴谋家聚会，黑暗和神秘吞没了他们的争论和决定。即使规模不大的会议，如省级纳税人协会会议，也会记录讨论内容，然而，世界议会却什么记录都没有。五巨头、四巨头或三巨头[①]像天真的新世界塑造者，把自己关在房间里，避开传统习俗，无视历史，他们没有共同的原则、步骤或方法，随意地交谈，一旦得不出结论就散会。据说，一人提出想法后，另一人会评论，第三人可能提出异议，有时会参考地理、历史或民族志，但由于无法立即获得数据，他们派人寻找能胜任的专家，或者转向另一话题。他们当然拒绝把这些杂乱无章的议程记录下来。为了满足后代的好奇心，他们所作的唯一让步就是通过摄影和绘画，留下了自己的外貌特征。因此，会议结束时，没有人因所说的话而被揪住不放；没有文件可以把代表及其表达的观点捆绑在一起；也没有文件可以表明这次会议取得的进展。每位代表都可以自由地向秘书口授他对会议的回忆，但由于这些回忆都是凭记忆描述的，所以在许多重要的问题上，它们必然有所不同。第二天上午，或几天后，这几位巨头将再次相聚，要么从头开始谈论熟悉的领域，要么开辟新的话题。就这样，据说他们一天之内就涉及了斯匹茨卑尔根岛、摩洛哥、但泽的问题，以及敌国人民的食物问题，但每个问题都毫无进展。当对有争议问题的争论接近高潮时，因害怕产生分歧，他们不再寻根究底，而是迅速转向另一问题。这样，几个月过去了，他们没有取得任何进展，而这时又必须做出明确决

① 巴黎和会一开始由英法美意日五国政府首脑和外长组成“十人会议”主导，后来变成五国首脑的“五巨头会议”，再到日本退出后成“四巨头会议”，最后到意大利退出后成为“三巨头会议”。——译者注

定给不耐烦的人民一个交代，以免他们起来反抗，夺取事情的决定权。于是，代表们将他们无法解决的各种问题推给国际联盟，寄托于国际联盟的智慧和机智。

当人们对说过的话或做过的事产生误解时，保罗·芒图常常给予解释。他是巴黎和会的官方翻译，最杰出的犹太人之一，以记忆力超群著称。正因如此，他获得了“活着的唱片”的美称。朋友们为之自豪。的确，他是唯一的记录——记录了这次有重要历史意义的会议的进程。

保罗·芒图

他是所有信息的接受者，是储藏所有秘密的唯一“宝库”。全权代表对他既嫉妒又担心，担心有一天，他这座知识“宝库”会被用于某种可疑的目的。但保罗·芒图尊重并信任托马斯·伍德罗·威尔逊和大卫·劳合·乔治。据说，大卫·劳合·乔治从保罗·芒图有趣的叙述和敏锐的鉴赏力中，获悉了不少法国政治和政客的信息。目前可以肯定的是，保罗·芒图是一位讲究方法、有远见卓识的人，并一心一意，把一切精力都投入写作中。然而，对于涉及世界命运如此重大的事件，是否应该以这种秘密和非正式的方式处理，人们表示怀疑，并公开表达这一怀疑。但也有人认为，英美两国全权代表采取的政策，即使没有达到预想的目标，其最后的结果若是把世界主导权授予其人民，那么采取的方式就不会有什么不妥。只要团结起来，这些国家就无所畏惧。

虽然保罗·芒图翻译得迅速、优美、明确，但也有人指责说，由于过分压缩和删减，译文多少有些失当。但值得赞扬的是，删减的目的是为了避免读者过于敏感。巴黎和会对少数微妙的敏感问题给予了周到的处理。这种“有瑕疵”的翻译也曾给听众留下了奇怪的印象。有一次，一位代表说：“不幸的是，我们的邻国根本不是爱好和平的国家，事实上，欧洲和平的主要威胁就来自这样的国家。”保罗·芒图的翻译是：“X先生代表国家，讲述了欧洲和平的最大威胁。”

有几次，全权代表的发言，在译成另一种语言前，在保罗·芒图见多识广的脑子里发生了一些变化。可以说，出现在大庭广众之前，代表的发言就已经投入历史的洪流之中了。在地理和历史问题上，英美两国代表们的发言尤其如此，他们中有些人习惯于旁征博引。例如，其中一位代表在提到奥匈帝国前皇帝弗朗茨·约瑟夫一世及其继任者查理一世时，说：“将父亲的罪恶加在无辜儿子的头上是不公平的。查理一世不应该为弗朗茨·约瑟夫一世而受苦。”保罗·芒图翻译为：“把叔父的罪过加在无

弗朗茨·约瑟夫一世

查理一世

辜的侄子身上是不公平的。”[①]乔治·邦雅曼·克列孟梭被逗乐了，对这位反应迅速的翻译说：“如果你再翻译错误，你就会丢掉工作。”

如果只是为勉强拼凑出一幅草图，一幅永远不可能完整还原历史真相的草图，那么，这些细节显得非常有趣。历史上记载的那些进步的改革，其源头应该被隐藏起来，就像上帝赐给人类的智慧显现不出来一样。然而，这正是那些杰出立法者的愿望。他们的理由似乎已经足够充分。

代表们一直渴望人民对他们盲目信任，因此，他们不辞劳苦，在自己和人民之间制造一种模糊的氛围，这构成了巴黎和会最引人注目的道德心理现象之一。他们既要求人民盲目服从，又要求人民盲目信任。他们希望任何声明，无论多么令人吃惊，一旦由官方发出，人民就得信服。以四巨头发出的关于贝拉·库恩停止对斯洛伐克人的攻击的命令为例。贝拉·库恩是布尔什维克主义者，竟然被邀请派代表参加巴黎和会，而俄国建设性的领导人却被排除在巴黎和会之外，对此新闻界表示惊讶和失望。于是，秘密采取这一决定的四巨头断然否认发出过这样的邀请。新闻界被迫声明，最高委员会非但没有做出这种有失尊严的一步，反倒维护了它的权威，并要求贝拉·库恩立即从捷克斯洛伐克撤军，否则要面临沉重的代价和惩罚。

然而，根据后来公布的官方信函可以看出，实际上，巴黎和会发出了含蓄的邀请，四巨头的否认与事实背道而驰。对于仍然希望获得人民完全信任的四巨头来说，这次曝光多少有些尴尬。后来有团体对此做出自认为比较合理的解释，并私下传播，但这些尴尬并没有减轻。该解释如下：“带领匈牙利走向毁灭的希伯来人贝拉·库恩，被最高委员会的宽宏大量冲昏了头脑。……在罗马尼亚军队接近布达佩斯企图推翻匈牙利政府的时候，巴黎和会为什么命令罗马尼亚军队先停下来，然后撤退

① 查理一世是弗朗茨·约瑟夫一世之弟卡尔·路德维希大公之孙、奥托·弗朗茨大公之子。弗朗茨·约瑟夫一世和查理一世之间是叔祖和侄孙的关系。——译者注

20 世纪初的布达佩斯

呢？[1]在贝拉·库恩和某金融集团之间关于巴纳特的一项秘密安排中，终于找到了解开这一谜题的线索。”关于这一点，我后面还将进一步讨论。我在发往美国的电报中写道：“人们到处都在窃窃私语，平静的表面下暗流涌动，对秘密委员会的政策产生潜移默化的影响。公众认为这就是巴黎和会优柔寡断和延迟耽搁的原因。”[2]

没有人相信政府及其新闻机构的只言片语。他们的证词早就遭到彻底怀疑。下面这个例子既有趣又有启发性。法国议会预算委员会曾要求法国政府提供《凡尔赛和约》中有关财政的信息，但被告知不能满足他们的要求，因为《凡尔赛和约》的每一条都是国家机密。美国外交事

① 该解释只指罗马尼亚军队第一次进入匈牙利。——原注
② 发往费城的《公众记录报》，1919年4月20日。——原注

务委员会也提出了类似的要求，结果也一样。接着，议会提出了同样的要求，也都遭到了坚决拒绝。应该补充的是，这位法国总理声称的理由似是而非。他说："我很愿意把你们想要的文件交给你们，但在法国总统雷蒙·普恩加莱签署前，我不能这样做，因为《宪法》第八条规定如此。"当然了，没有人相信这是他拒绝的真正理由。尽管人们认为他的解释是礼节性解释，却只能接受。一旦做出这种解释，解释者无论如何都应该尊重它，而事情并非如此。几周后，尽管此时《凡尔赛和约》还未由法国总统雷蒙·普恩加莱签署，法国总理却下令出版条约文本。

雷蒙·普恩加莱

“因此，建立在《宪法》第八条之上的借口仅仅是一个谎言。”一家颇具影响力的报纸如此写道。[①]

不久以后，发生了一件惹人发笑的事情，把整个巴黎都逗乐了。《晚报》编辑从瑞士得到六百份被禁的《凡尔赛和约》副本，并将它们作为礼物送给议会议员。因此，议会贴出通知，告知所有想要副本的议员，可去财务办公室，免费获得《晚报》赠送的礼物。因此，议员们，包括议长保罗·欧仁·路易·德沙内尔在内，都拥向财务办公室。甚至

保罗·欧仁·路易·德沙内尔

① 《晚报》，1919年6月21日。——原注

连一本正经的部长们也收到了厚厚的副本。而从发行那天起，我就已经拿到了那本厚厚的《凡尔赛和约》副本。

威廉·克里斯蒂安·蒲立德访问俄国一行，也证明了巴黎和会对公众缺少坦诚，损害了巴黎和会与公众的关系。托马斯·伍德罗·威尔逊内心深处似乎对布尔什维克主义者有股模糊的好感，这在他的言语中时不时展现出来，让听到这些言语的人深感惊讶。托马斯·伍德罗·威尔逊让爱德华·曼德尔·豪斯派遣几名美国人到莫斯科寻求对和平提议的建议。据莫斯科政府所述，和平提议由托马斯·伍德罗·威尔逊、爱德华·曼德尔·豪斯和罗伯特·蓝辛起草。威廉·克里斯蒂安·蒲立德

爱德华·曼德尔·豪斯

尽管心里清楚，但还是肯定地说，草案是由大卫·劳合·乔治的秘书菲利普·亨利·克尔和自己共同起草。威廉·克里斯蒂安·蒲立德、林肯·斯蒂芬斯和约翰·弗兰克·佩蒂特把草案呈递给弗拉基米尔·伊里奇·列宁。美国特使承诺，如果这份文件的条款列宁政府可以接受，那么，1919年4月15日前，他们不仅向列宁政府的敌人发出邀请，也将向列宁政府发出一份新的和平会议的正式邀请。这些条款——共十一条——得到美国人的默许。弗拉基米尔·伊里奇·列宁对这些条款稍作修改后接受了，但他不允许公布这些条款。公众一直被这些事情蒙在鼓里。后来因威廉·克里斯蒂安·蒲立德不敢实行最后决定性的一步，被托马斯·伍德罗·威尔逊抛弃。直到威廉·克里斯蒂安·蒲立德辞职后，在被新闻界转载的一封信中，威廉·克里斯蒂安·蒲立德才阐述了他做出这一决定的原因。①

较早的时候，巴黎报纸上就刊登过有这样一个特派团的模糊报道。权威人士立即发表声明，予以否认。然而，公众并不相信这一声明。他们相信自己的判断，因为这在英国已经得到权威证实。塞缪尔·约翰·格尼·霍尔在下议院曾询问关于一篇报道"两个美国人最近从俄国回来，带来了弗拉基米尔·伊里奇·列宁的和平提议"的情况，安德鲁·博纳·劳的回答值得一提："我已经说过，这件事纯属子虚乌有，不然我早就知道这件事了。此外，我已与巴黎的大卫·劳合·乔治联系过。他也声称对此事一无所知。"②大卫·劳合·乔治对托马斯·伍德罗·威尔逊将《国际联盟盟约》列入《凡尔赛和约》的决心一无所知，甚至在哈瓦斯集团③向全世界宣布托马斯·伍德罗·威尔逊的决定，以及罗伯特·塞西尔勋爵向新闻记者做出确认后，大卫·劳合·乔治仍一无

① 参阅《每日新闻》，1919年7月5日。《人道报》，1919年7月8日。——原注

② 参阅《纽约先驱报》（巴黎版），1919年4月4日。——原注

③ 法国传媒集团。——译者注

菲利普·亨利·克尔

林肯·斯蒂芬斯

塞缪尔·约翰·格尼·霍尔

安德鲁·博纳·劳

所知。沉默和隐瞒的政策加上代表团碰巧对不特别感兴趣的问题漠不关心的态度，造就了这种不合时宜的密闭环境。

于是，这片神秘、压抑和虚伪的土壤上长出了“毒草”。失实的报道和虚假的影射被发布、传播和赞扬，损害了巴黎和会应该享有的声誉，而代表们出于自卫，偶尔冒险发表的零星声明，则被迅速地斥为对公众的“骗局”。

曾有一段时间，代表们言行不一，并未引起广大群众的注意，因为他们只知其一不知其二。但随着时间的推移，人们逐渐意识到，代表们的政策缺乏一致性，缺乏坦率和道德完整性。这种缺乏产生了不利的

罗伯特·塞西尔勋爵

后果。原先备受推崇的托马斯·伍德罗·威尔逊，其权威和影响力被认为是至高无上的，他受到了最多的批评，除了在波兰政策上。波兰政策主要归咎于大卫·劳合·乔治和他的非官方工作人员。在巴黎出现的一份美国报纸上，吹毛求疵的美国媒体这样评价美国总统托马斯·伍德罗·威尔逊的作用：①

“托马斯·伍德罗·威尔逊意识到他强大的说服力。这种本领使他说一套做一套，并称自己言行一致。尽管言行完全矛盾，托马斯·伍德罗·威尔逊也能说服别人，让别人相信他不仅始终贯彻如一，而且他的行为对美国、对世界毫无危险，他的行为坚定不移，不可更改。”

“我们不知道应该追随哪一位托马斯·伍德罗·威尔逊——是说不会做某件事的托马斯·伍德罗·威尔逊，还是做了那件事的托马斯·伍德罗·威尔逊。”

很多美国人有一个固定的观念：托马斯·伍德罗·威尔逊是美国乃至整个世界上唯一一位宽宏大量、目光清晰、心胸开阔的“政治家”。

他运用自己的说服力时，美国人就变成了哈梅林小镇②上的孩子。言语中的托马斯·伍德罗·威尔逊和行动中的托马斯·伍德罗·威尔逊有时似乎截然不同。一些国际联盟的热心支持者，不幸具有超强的记忆力和洞察力，发现真相后，也沮丧得手足无措。

然而，列强们无可救药地痴迷于沉默和隐瞒政策，托马斯·伍德罗·威尔逊也成了这一政策的受害者。欧洲列强千方百计劝说托马斯·伍德罗·威尔逊与德国决裂并参战时，他们隐瞒了列强之间的秘密条约。欧洲列强不愿疏远美国，或许用挑剔的道德标准来审视列强把美国拉到自己一边的方法，可能并不公平，但这个秘密似乎一直保守到战争结束。直到托马斯·伍德罗·威尔逊为了执行他的计划而到达欧洲大

① 《芝加哥论坛报》(巴黎版)，1919年7月31日。——原注

② 哈梅林小镇是《花衣魔笛手》这一故事的发生地。——译者注

陆时，他才意识到，要实现意义深远的承诺需要克服巨大的障碍。随着这一令人沮丧的发现和英国坚定拒绝海洋自由的要求，托马斯·伍德罗·威尔逊面临的困难接踵而来。也许就是在那时，托马斯·伍德罗·威尔逊明白自己无法得到想要的一切。世界不是由不同国家组成的社会，而是近似于由英美两国控制的霸权社会。

第5章

目的和方法

盎格鲁-撒克逊全权代表的政策从未落实到文字上。因此，后人只能通过他们的行为来判断他们的政策。行为是由动机决定的，而在不同的时期，动机有很大的差异。据推测，尽管这些行为往往不是他们初心的实际结果，但我们可以从这些行动中得出一些结论，重现他们过去的政策。一种说法是，国际联盟成员被迫做出牺牲，而盎格鲁-撒克逊人民无须做出牺牲。所有可能与盎格鲁-撒克逊利益产生冲突或与其愿望背道而驰的新准则，都不适用于盎格鲁-撒克逊国家。他们是新世界的法律制定者和管理者，而不是遵守者。因此，他们可以自由地拥有一切，无论是否合理。不仅如此，根据他们制定的强制制度，他们还享有特权。他们理所当然地认为，“建筑师”除了贡献想法，无须再做其他贡献，无须放弃任何财产——不管这些财产的来源有多可疑，不管人民对他们的财产有多怨恨。正是考虑到这原则，在没有提出抗议也没有经过讨论的情况下，托马斯·伍德罗·威尔逊就撤回了他对海洋自由的要求，而之前他总是乐于强调这一点。

另一种说法是这样的。巴黎和会的主要目的是创造有利条件，推动文明沿着新路线前进。盎格鲁-撒克逊人的文明和文化，有别于其他文明和文化。为了实现盎格鲁-撒克逊人的远大理想，推动他们为之奋斗的事业——实现巴黎和会的主要目标，盎格鲁-撒克逊人成为真正的“种子传播者”。因此，从最广泛的意义上讲，盎格鲁-撒克逊民族为了自身发展，不惜利用其他民族，包括意大利和俄国。毫无疑问，盎格鲁-撒克逊人倾向于把人类的责任以及权利和尊严带到光天化日之下。因此，盎格鲁-撒克逊影响延伸得越远，对人类就越有利。例如，盎格鲁-撒克逊人管理殖民地的模式可称为典范，值得巴黎和会借鉴，可为未来国际联盟提供参考。然而，即使是好处，如果用武力强加，也可能变成罪恶。

简而言之，凭着这一线索，大家可窥见巴黎和会毫无准备的即兴发挥和毫无预兆的决定，很难称得上有什么系统概念。

人们可能并未意识到，盎格鲁-撒克逊人主导世界和平这一准则，虽未明确表达出来，但根深蒂固。我现在关心的不是这一准则是否可以视为政治道德进步的工具，或者是否意味着托马斯·伍德罗·威尔逊最初提出的目标具有局限性。大卫·劳合·乔治和托马斯·伍德罗·威尔逊不假思索地选择这些准则，理由也很充分。这个问题本来可以提到更高的层次，但代表们并未做好准备。目前，我们只需要记住最高委员会的方向，它赋予了看似不同的行为所谓的相对统一。因此，尽管在许多方面，《凡尔赛和约》的条款与《国际联盟盟约》的条款背道而驰，但两者最终在远处某点相汇。仔细加以辨别后发现，这实际上是盎格鲁-撒克逊人对世界的道德统治，正如这两份文件在早期展现的那样。因此，巴黎和会成员间的讨论并不仅仅是抽象概念的争论。在代表们提出但没有实现的原则，以及引起深远共鸣的改革背后，隐藏着具体的民族斗争，而爱国情怀和坚定信仰很容易把这些斗争同人类的最高利益联系起来。

将来，历史学家可能认为，巴黎和会主要体现了盎格鲁-撒克逊民族逐渐掌控世界政治发展方向的趋势。如果要正确看待这件事，历史学家不应该将这一趋势看作深思熟虑、共同努力的结果。因为它根本不是这样。巴黎和会之前及会议期间，尽管同政客们交谈过，但没有人能察觉到任何迹象。实际上，也没有人彻底了解那些有待解决的问题。时势所迫，政客只能紧随其后。历史学家可能称巴黎和会过程飘忽不定。人道主义者可能深表遗憾：如此重大的问题竟然被提交给一群无知的政客——他们与利益密切相关的人民毫无联系。清算战争应该是第一要务，也是最紧迫的任务，但清算战争十分复杂，因此，被推迟了。最后，由于与一个残缺不全的计划交织在一起而变得一团糟。该计划欲彻底调整世界上的政治和社会力量。这样，最终的结果是一系列错综复杂的问题交织在一起，其中大多数仍未得到解决，而有些问题仅靠政府无法解决。在力量冲突的混乱局面中，高高在上的是两个主导大国，他们控制世界的经济资源。与其他国家相比，他们的民主制度和内部秩序，无疑更有利于实现宏伟的人道主义。于是，他们主宰世界的地位得以巩固，但这并不是刻意为之的结果。这些大国的每一个代表首先关心自己国家的未来，然后才关心人类的复兴。还要补充一点，所有这些都完全不可能被政党利益和个人野心所左右。

毫无计划自然是盎格鲁-撒克逊代表们从头到尾展现的特点，这是他们的民族特征。巴黎和会的东道主是外交专家，因此，在巴黎和会开幕前，就为自己的利益拟订了计划。退一步来看，这意味着他们对自己散漫的行动方式进行了巨大的改进。法国代表提议将所有准备工作分配给十八个委员会，让首席代表有充足时间来安排筹备工作和了解问题的本质。但据说托马斯·伍德罗·威尔逊和大卫·劳合·乔治更愿意进行非正式的对话。在三个半月的时间里，他们在巴黎没有取得任何成果，而饥饿、动荡和流血事件则助长了世界各地的不满情绪。

英国首相大卫·劳合·乔治和法国同僚乔治·邦雅曼·克列孟梭一样，主要关心的是与敌人和平相处，并尽可能兑现自己在选举中向选民做出的承诺。为了达到这个目的，其他一切似乎都居于次要地位。虽然名义上，大卫·劳合·乔治和乔治·邦雅曼·克列孟梭同意了那项雄心勃勃的世界改革计划，但在很长一段时间里，他们丝毫没有察觉托马斯·伍德罗·威尔逊打算把和平条款与《国际联盟盟约》交织在一起的企图。事实上，如果当时英国首相和法国总理两人都意识到，并明确拒绝的话——允许媒体宣传他们的拒绝，那么，它们或许可以成为相互依赖的文件。斯蒂芬·让·玛利·毕盛向一群记者保证，托马斯·伍德罗·威尔逊没有这种意图。[①]据悉，英国首相大卫·劳合·乔治更离谱，他说既然国际联盟禁止德国加入，《国际联盟盟约》与《凡尔赛和约》又有多大相关性呢？正如我们所看到的，英国首相大卫·劳合·乔治对美国同僚托马斯·伍德罗·威尔逊所做的事情没有足够的好奇心，甚至在哈瓦斯集团公布之后，他也没有读过这些报道。

对美国总统托马斯·伍德罗·威尔逊来说，国际联盟是他一生的宏篇著作，是他政治生涯的顶峰，标志着人类目标的实现。然而，这一目标，人类有意识或无意识地为之奋斗了几百年，却未能实现。托马斯·伍德罗·威尔逊察觉到，同僚们给予的冷淡支持不会助自己走得更远，一旦巴黎和会结束，无论达没达到他们的特殊目标，他们的热情都将会迅速消失。作为一名经验丰富、睿智精明的政客，托马斯·伍德罗·威尔逊领悟到：如果自己借助大国的权威，向世界提出自己的《国际联盟盟约》，那么，现在正是千载难逢的机会——巴黎和会结束后就太晚了。他唯一能成功的办法就是把《国际联盟盟约》列入《凡尔赛和约》，并促使同僚们不得不同时拟订这两项条约。

托马斯·伍德罗·威尔逊采取这些策略，还有另外目的——回应一部分美国同胞的态度。正如我们所看到的那样，托马斯·伍德罗·威尔逊动身来巴黎之前，曾向选民发出呼吁——呼吁选入立法机构的只能是民主党候选人，而不是共和党候选人，但结果与他的期望相反。于是，

---

① 1919年3月。——原注

反对他的人越来越多，表现也越来越激烈。甚至连温和的共和党人也抱怨托马斯·伍德罗·威尔逊——“在解决极其重要的战后问题上，竟然把共和党人排除在外。托马斯·伍德罗·威尔逊成立的委员会，竟然没有共和党人，也没有真正有经验和领导公众舆论的杰出美国人。”[①]他们的抱怨与前总统威廉·霍华德·塔夫脱的抱怨类似。

威廉·霍华德·塔夫脱

① 《芝加哥论坛报》（巴黎版）援引，1919年8月10日。——原注

反对党的领袖们密切关注着巴黎和会上托马斯·伍德罗·威尔逊的政策，决定利用他的严重失误作为修正或否决他工作成果的把柄。反对党丝毫不掩饰他们的决心。托马斯·伍德罗·威尔逊看到他珍视的事业在风中飘摇，就想到了一个权宜之计——把《国际联盟盟约》与《凡尔赛和约》合二为一。在一次面对美国同胞的重要演讲中，他宣布了这一决定[①]，他说："《凡尔赛和约》签订后，大洋彼岸的你们不仅会发现《国际联盟盟约》的影子，而且《凡尔赛和约》的丝丝缕缕与《国际联盟盟约》紧密相连，不可分割，除非破坏整份文件。"托马斯·伍德罗·威尔逊的反对者谴责这一计划是诡计，但历史学家知道，这只是权宜之计。无论其动机如何无可指责甚至值得称赞，但对托马斯·伍德罗·威尔逊真正关心的人民来说，这一权宜之计给他们带来了可悲的后果。举例而言，对《国际联盟盟约》产生的疑虑使美国参议院迟迟未批准《凡尔赛和约》。于是，土耳其问题不得不被推迟，除非参议院批准美国政府对萨尔坦领土的委任统治问题。与此同时，土耳其人又重新酝酿对希腊人和亚美尼亚人大规模的屠杀行动。

大部分媒体和大多数代表强烈谴责《国际联盟盟约》列入《凡尔赛和约》。他们要求首先缔结稳固的和平，然后再建立适当的国际保障。为了得到保障，和平必须首先存在。"一套没有武士的盔甲只是一件无用的装饰品。"一家美国报纸写道。[②]

另外，托马斯·伍德罗·威尔逊倡导的这条道路也遇到另一种直接而有力的反对。一方面，在当时情况下，交战对手之间的和平只能在旧的战略边界线上或军事保障线上实现。当时，奥地利人抗议强加给他们的条件。在对奥地利的正式答复中，最高委员会也暗示了这一点，承认意大利新的北部边界是由战略考虑决定的。另一方面，由热爱和平的人民组成联

---

① 1919年3月4日，在纽约大都会歌剧院的演讲。——原注

② 《纽约先驱报》（巴黎版），1919年3月19日。——原注

盟，管理世界，这一计划就意味着取消战争准备，包括战略边界。因此，《凡尔赛和约》越令人满意，国际大家庭道德重建的前景就越不利；同样地，《凡尔赛和约》越令人不满，国际大家庭道德重建的前景就越有利。把这两者交织在一起就必然需要妥协，而这种妥协必然会损害其一。

实际上，代表们的目标和利益之间的分歧，导致了领导者之间心照不宣的默契互让。乔治·邦雅曼·克列孟梭和大卫·劳合·乔治默许托马斯·伍德罗·威尔逊为实现《国际联盟盟约》而采取的措施——英国人①参与了《国际联盟盟约》的起草。据说，在事关国家切身利益的问题上，托马斯·伍德罗·威尔逊也会采取让步措施。在不涉及重大问题时，这种方法进展尤其顺利，可以从德意志皇帝威廉二世在伦敦审判

威廉二世

① 英国外交大臣爱德华·格雷被公认为是最先提出建立国际联盟的人。巴黎和会召开后，在英法两国的操纵下，设立了起草委员会，由托马斯·伍德罗·威尔逊担任主席，负责起草《国际联盟盟约》。——译者注

这一草率的决定中，窥见一斑。《凡尔赛和约》签署前几天，因为秘书寻不到一份丢失的文件，最高委员会的会议中断了一会儿。英国首相大卫·劳合·乔治漫不经心地抬起头来——没有特别针对任何人，说道："我想，你们没有人反对德意志皇帝威廉二世在伦敦受审吧？"法国总理乔治·邦雅曼·克列孟梭耸了耸肩，美国总统托马斯·伍德罗·威尔逊摊了摊手，大家都认为事情解决了。关于这个问题，再也没有说什么，也没有写什么。但托马斯·伍德罗·威尔逊离开法国后，这一消息被宣布时，其他美国代表都感到意外，他们否认对此决定知情。然而，经过调查，他们了解到选择伦敦这一审判地确实是用这种随意的方式确定的。[①]

最初，托马斯·伍德罗·威尔逊发现，要让法国接受模糊的信条是一项艰巨的任务，因为法国拒绝接受国际联盟的保护，而选择依靠战略边界和军事保障。不可逾越的障碍阻挡了托马斯·伍德罗·威尔逊的步伐。虽然法国政府和人民出于对美国恩人的尊重同意建立国际联盟，却断然拒绝相信国际联盟能够保护法国免受德国的侵略。如果法国首先得到传统方式的保卫，那么法国将随时支持托马斯·伍德罗·威尔逊，从而使其他国家相信国际联盟提供的保证。领土均衡和军事保障是法国坚持要求的必要条件。托马斯·伍德罗·威尔逊特别喜欢法国，这种情感胜过对自己信条的喜爱，而且他也认为，在欧洲大陆上，法国是盎格鲁-撒克逊人不可或缺的管理者，所以法国得到了支持。在这一点上，托马斯·伍德罗·威尔逊发现自己不得不让步。他放弃了自己的人道主义意图，将自己最强有力的论据置之不理。实际上，托马斯·伍德罗·威尔逊退缩了，退缩到对手的阵营，他甚至批准了《凡尔赛和约》中一条站不住脚的条款——该条款将德国萨尔州人口折合一定的黄金移交给法国。不久之前，这位世界改革家还发表演讲，猛烈抨击"以人作物"。

---

① 参阅《纽约先驱报》，1919年7月8日。——原注

这次让人大跌眼镜的妥协，表明了托马斯·伍德罗·威尔逊惊人的退让。顺便说一句，这次退让破坏了他所有的信仰，而正是这种信仰激励着他为崇高目标而战。这也足以让公正的观察家相信，托马斯·伍德罗·威尔逊考虑每一个问题，提出每一个反对，所依赖的唯一决定性的参考框架，仍围绕他的目标而进行——建立国际联盟。即使不是兄弟情义和伙伴关系浇筑起来的国际联盟，至少也是他能找到的最接近目标的方式，哪怕与原始设计相去甚远。这些就是《国际联盟盟约》与《凡尔赛和约》交织在一起的最初成果。

鉴于托马斯·伍德罗·威尔逊随时会折中让步，牺牲原则换来权宜之计，即使旧世界最不善观察的追随者，也不再相信他的宏伟政策灵感来源于对崇高思想的坚定执着，也不再相信他是这些思想有力的倡导者、永不妥协的拥护者。每次向列强让步时，每次对小国严格执行原则时，这位职业政客的那种务实精神一览无余。人们很难原谅他，因为他缺乏道德勇气，所以，不敢正视相关政客和政府的否决，不敢直接呼吁人民。这种态度迫使《国际联盟盟约》做出临时改动，而他仅仅满足于这些临时改动，而不是帮助各国完全恢复其权利和尊严。

总的来说，巴黎和会的工作主要由两股力量左右，一股是英国首相大卫·劳合·乔治及其法国盟友乔治·邦雅曼·克列孟梭，他们要求豁免新社会政治秩序强加给他们的限制，因为这些限制与他们的国家利益背道而驰；另外一股则是美国总统托马斯·伍德罗·威尔逊，在当时极端不利条件下，他坚信建立国际联盟是可行的，并乐此不疲。

除此之外，还有一股力量，虽然这股力量不够明显，却是善意的努力，确实为解决战后的迫切问题提出了公平的解决方案，但它未能考虑遇到的障碍。实际上，同样的努力也曾不止一次地出自统治者之手。人们认为，这些统治者拥有必要的权力、足够的意志实现他们的目标，但最终这些努力毫无结果。两位沙皇——维也纳会议上的亚历山大一世和第一次海牙和平会议上的尼古拉二世，就是很好的例子。人们认为，如果口头上的规劝和辩论能够实现目标，那么，这两位沙皇也会像托马斯·伍德罗·威尔逊一样，乐于开创一个国际权利和道德友谊的黄金时代。与这两次失败的尝试相比，唯一能获得大众支持的尝试是不再空谈社会重组，不再纠结概念表达，取而代之的是全面系统的改革。改革应涵盖国际交往的方方面面，涵盖世界上所有的国家，协调这些国家的重大利益，并建立适当的机制，以满足这一庞大统一的机构的需要。然而，托马斯·伍德罗·威尔逊并未如此尝试。可以毫不夸张地说，经验主义和机会主义是他在巴黎政策的主要特点之一，因此，其建立国际联盟的努力也必然走向失败。

由于争端和拖延不可避免，巴黎和会前期，代表们悠闲从容地开展工作，但后期又不得不匆忙结束。几个月来，代表们从讨价还价到妥协让步再到讨价还价，而世界人民却一无所知，一直处于痛苦等待中。所有代表谴责巴黎和会支出巨大。一些代表谴责战争血腥，谴责工商业活动也被迫暂停。同时，由于疫情爆发、士兵起义和暴乱，浪费了数月时间后，与会代表们又开始加快脚步，处理他们没有足够时间考虑的工作。他们以为可以用即兴发挥来弥补犹豫不决和愚昧无知带来的错误。然而，即兴发挥和任意决策正是他们一直以来的缺点之一。巴黎和会初期，有些决定早就公布了，但他们遗忘了，局势需要时，他们又取消了这些决定。然而，有时错误是无法弥补的，奥地利的命运就是一个很好的例子。巴黎和会决定禁止德意志-奥地利与德国合并。这一禁令符合法国的利益，因为法国无法容忍一个强大、统一的德国。然而，人们通过一些奇怪的推理后，发现这一禁令与“威尔逊主义”并不矛盾。因此，奥地利的德意志人的愿望和民族自决原则都没有实现。与此同时，意大利提出的民族自决要求也同样被置之不理。

代表们似乎忽视了他们已经处于战略考虑，将布伦纳山脉以及密集居住在那儿的二十二万南蒂罗尔州居民分配给意大利——尽管处理波兰问题时，一个小小的异域因素都被认为是否定波兰兼并的理由。更重要的是，这一分配剥夺了蒂罗尔州独立的经济存在，切断了它与南部山谷的联系，使它成为巴伐利亚的附属地。公众得到可信的消息，说托马斯·伍德罗·威尔逊“在没有深入调查这件事的情况下，做出了这个严肃的决定，他痛悔不已。然而，木已成舟，他再也不能悔改了”[①]。

正如蒂罗尔州失去了博岑和梅拉诺，依赖于巴伐利亚一样，维也纳与南摩拉维亚州[②]的割裂，使奥地利首都变成了没有“躯体”的“头颅”。然而，对于那些将要在其他国家进行各种前所未有的“手术”的杰出“解剖学家”来说，这一结果并没有起到任何威慑作用。

每当讨论的话题不能即时解决时，巴黎和会便将其交给专门委员会处理。通常情况下，委员会派人到有关国家调研。几周内，调研人员携数据返回。尽管委员会大部分成员不熟悉他们调研地人们的语言，但依

20世纪初的梅拉诺

① 《日内瓦日报》，1919年5月18日。——原注

② 南摩拉维亚州是维也纳的谷物供应地，相距仅三十六英里。——原注

然凭这些数据做出决定。从詹姆斯·格思里·哈博德将军带领的美国使团所承担的任务，以及完成任务需要的时间，可以推断出这些特使的办事能力有多强。1919年8月下旬，特派团的成员从布列斯特出发前往高加索，途中在君士坦丁堡停留，预定于1919年10月月初返回巴黎。在调研的几个星期里，詹姆斯·格思里·哈博德将军说："特派团将调查方方面面，包括政治、种族、经济、金融和商业。我还将调查公路、港口、

詹姆斯·格思里·哈博德

农业和采矿条件，组建亚美尼亚军队的问题、治安问题以及亚美尼亚的原料供应问题。”[①]只有对高加索的地理条件、民族、语言和存在的问题有一定实际了解的专家，才会理解要明智地处理众多问题中的任何一项，都需要做出巨大努力，而这一切都将由一名军事将领领导的临时委员会在四周内完成。从来没有一个混乱的世界以如此令人惊讶的速度恢复秩序，采取改革措施。

由于各委员会的职位分配不均，矛盾时有发生。小国代表认为自己受到了不公正的待遇，进行了激烈的抗议，一度情绪高涨。最高委员会内部的激烈讨论加剧了小国的争吵。这一消息传到了外部公众的耳中，使那些期盼在支离破碎的世界上迅速恢复正常秩序的人感到沮丧。不过，三位主要全权代表的乐观情绪丝毫不受这些沮丧情绪的影响。从媒体刊登的英国外交大臣阿瑟·詹姆斯·鲍尔弗的话中——“确实还有很多事情正在讨论，但我们对事实的认识没有真正的分歧。在主要问题上，我们已取得了一致意见，现在只需要找到体现一致意见的措辞”[②]，可以看出他们的乐观情绪。这种对未来乐观的展望，让我想起了，在第一次梵蒂冈大公会议上，教皇庇护九世在激烈辩论中表现出的坚定沉着。在一位普通人对教士们不守规矩的行为表示不安后，教皇回答说：“在教会会议上，以前也曾有过这种情况。一开始，他们表现得像普通人一样，吵来吵去，他们说的或做的都没有多大价值——这是第一幕。第二幕有魔鬼加入。魔鬼加剧了混乱，把事情搞得一团糟。但令人高兴的是，总有第三幕，圣灵降临，把一切都安排得很好。”

巴黎和会进程的前两个阶段与教皇描述的前两幕极其相似，但与教会会议不同的是，巴黎和会并非绝对正确的化身，因此没有第三幕。这样，巴黎和会对世界造成的后果非常糟糕，理应被谴责。尽管最高委

① 《纽约先驱报》（巴黎版），1919年8月14日。——原注

② 参阅1919年2月2日巴黎各家报纸，及《公众记录报》（费城）1919年2月4日。——原注

员会并不知道如何处理紧急情况，但每周外界发生的意外事件都需要迅速采取行动。在短短几天内，最高委员会经常做出自相矛盾的事情。有时在同一时间内，主要代表们发现彼此之间完全对立。例如，1919年4月，有人问法国总理乔治·邦雅曼·克列孟梭是否批准了俄国饥荒救济项目，他的回答是肯定的——他已在授权文件上签了字。他的同僚托马斯·伍德罗·威尔逊、大卫·劳合·乔治和维托里奥·埃曼努尔·奥兰多也都给出肯定回答，这件事似乎已明确解决。但与此同时，该计划的热心倡导者赫伯特·克拉克·胡佛却收到了法国外交部长寄来的正式信

赫伯特·克拉克·胡佛

函，表明法国政府拒绝该计划。[1]还有一次，最高委员会认为应该向小亚细亚派遣特派团，以查明叙利亚和美索不达米亚人民对最适合他们的政权的看法。在叙利亚，法国一直设有教育机构，这令人钦佩。据说法国深受叙利亚人民的喜爱。因此，法国反对这一决定，认为这个决定既多余又有害。最高委员会似乎听从了这些考虑，放弃了这一计划，于是特派团成员制订了其他计划。[2]然而，经过几周的进一步思考，还是按原计划执行，特派团访问了小亚细亚。

巴黎和会变成五巨头、四巨头或三巨头秘密会议之前，有些代表有幸出席过会议。从他们提供的资料中，读者可有幸一瞥会议的片段。代表们坐在议事厅内，向世界签发命运攸关的法令。代表们大都按照自己的母语就坐，坐在能听见特别申辩者的地方。法国总理乔治·邦雅曼·克列孟梭坐在桌子的上首，对面是负责处理如希腊、波兰、塞尔维亚或捷克斯洛伐克等国事务的代表。这位代表站在严肃、不易捉摸的法国总理面前，周围是其他或多或少专注倾听的全权代表。这位代表看上去就像紧张的小学生，站在严厉的考官面前，绞尽脑汁地解答难题，急于做出满意的回答。假如说的第一种语言是法语，在对方演讲时，由于许多全权代表听不懂法语，所以就放松了注意力，用地道的英语断断续续地交谈。这就构成了演讲者声音的连续低音“伴奏”，不过，通常协调得很好。由于这种尴尬的语言困难，当代表停下来喘口气时，保罗·芒图把代表的观点和诉求译成英文；接着，轮到法国全权代表沉浸在低声的聊天中，直到用英语提出的问题被翻译成法语；然后，又是法语回答被翻译成英语——如此循环，无穷无尽。于是，每组轮流恢复其被打断的谈话。

一位代表经历了几个小时的折磨后说：“我完全不理解会议厅的氛围，和这些仲裁者辩论或提出诉求时，我觉得自己只是在向少数杰

① 参阅《巴黎回声报》，1919年4月19日。——原注
② 大约1919年4月10日。——原注

出的法官演讲，而其他人的想法游离在会议厅之外。当口译员快速、机械、概括地解释我的想法时，我完全没有发自内心的激情，我感到灰心丧气。但我突然醒悟过来，我说过或没说过的任何话，都不能作为评判的依据。我记得每件事都先提交给专门委员会处理，接着被交给分委员会，最后再分给杰出的全权代表们。”

另一位代表说：“我上次考试已经过去许多年了，但当我走到乔治·邦雅曼·克列孟梭总理面前，看到他那焦躁不安、闪闪发光的眼睛时，我的脑海中立马浮现出考试的场景。我自言自语道，上次考试时，我意识到，教授们对这门科目的了解比我多得多，这让我很痛苦；但现在我意识到，代表们几乎什么都不懂，这让我更痛苦。我热切地渴望请教代表们，但这项任务十分艰巨。实际上，如果代表们能接受我们的文件，在各自的酒店里安静地阅读，并努力根据提供的数据做出判断，可能会节省一些时间和劳力。如果他们做不到这一点，我想给他们提供一个判断真理的标准，因为在我之后，将会出现与我针锋相对的对手。而在缺少标准的时候，代表们又怎能从错误中筛选出真理呢？这很难让你觉得自己是站在掌握命运的仲裁者面前。但我相信，那些普通面孔后面隐藏着巨大潜能——有股魔力正召唤各阶级和民族间形成崭新的和平友谊。这就是信仰。”

如果最高委员会成员不能对战败的同僚一视同仁，不能友善处理空气中弥漫的、或多或少有革命意味的思想，那么，他们也完全无力执行在东欧的命令。因为，在东欧，这些命令遭到激烈反对。尽管在德国，他们保留了相当多的协约国部队，而且德国处于混乱状态——德国内部的争斗分散着德国的注意力，几乎被解除武装，但他们仍无法强制执行法令。尽管最高委员会已经宣布“坚持让波兰军队在但泽登陆”，但当德国拒绝让波兰军队在但泽登陆时，最高委员会最后还是让步了，允许波兰军队从敖德萨疏散，无视敖德萨居民被屠杀。最高委员会命令乌克兰人和波兰人停止敌对行动[①]，但敌对行动还是持续了数月。一位美国将军被派往交战国去结束战争，但他沮丧而归——无功而返。另一位将军扬·克里斯蒂安·史末资被派往布达佩斯与贝拉·库恩和匈牙利布尔什维克党达成协议，也空手而归。在这些地方，最高委员会的命令不起任何作用。

扬·克里斯蒂安·史末资

① 1919年3月19日。——原注

大约在1919年3月19日，协约国委员会给马蒂亚斯·埃茨贝格尔二十四小时的时间来批准德国和波兰之间的公约，并执行停战协定的条件。但马蒂亚斯·埃茨贝格尔拒绝批准该公约，协约国也无法将自己的意志强加于他。罗马尼亚代表从这件事受到启发，对自己受到的待遇感到愤怒，便离开了巴黎和会。他们继续奉行自己的政策，占领布达佩斯，向匈牙利提出自己的和平条件；并以彬彬有礼的措辞和毕恭毕敬的姿态，把为他们精心制定的方案置之不理。

这样的话，精心设计、大肆宣传的用国家间的道德关系来代替“势力均衡”的努力，就付诸东流了。一方面，旧世界外交不辞劳苦，凭借

马蒂亚斯·埃茨贝格尔

微妙的技巧，打着似是而非的名义，成功地唤醒了已然失败的事业；另一方面，新世界政策天真幼稚，忽视了历史力量和世俗偏见，并不考虑具体情况，鲁莽地伸出双手，简单粗暴地处理事务。于是，在巴黎和会会议厅外，慷慨的理想主义者与老练的政客们展开了较量，双方都努力与反对者仓促达成秘密交易。早在1919年1月月初，我就参加了一些非正式会议，讨论这类交易。会议结束后，我的印象是“如果事情像今天这样发展下去，结果将远远低于合理的预期。大西洋彼岸的理想主义者和旧世界的政客们之间显著的不同之处在于：一是对迅速敏捷理解不同，二是对欧洲国家体系的基础理解不同。政客们在处理紧急情况，特别是有变革性的紧急情况时，会争分夺秒，绝不能把目光从时钟上移开。而巴黎的政客们几乎从不考虑时间和机会。美国的理想主义改革者认为，领土和政治力量的平衡已经完全打破，必须坚决清除，以支持成立国际联盟。而欧洲外交官们则认为，均衡的原则并未消失殆尽，仍是维护国际稳定的唯一基础，需要进一步加强”[①]。

在这片繁忙的世界中心，世界仲裁者——全权代表们——正慷慨地投入时间和精力，使用稀缺、并不完全合适的材料，制造管理整个人类的机器，然而，结果不尽如人意。面对多方面相互冲突的力量，历史学家将会发现自己很难理顺它们，很难以正确的视角看待这些日常事件和特定问题。全权代表的真诚和善意值得高度赞扬。正如我们所见，他们自己充满了希望。几乎所有的代表都具有妥协的精神。在庸俗政治中，这种精神很可贵。然而，一旦涉及理想方面，这种精神就很危险。即使在缺乏一致意见的情况下，主要全权代表也大胆地求助于巧妙的方案和临时协议，急于达成一致的决定。每一方都可以用自己的方式解释这些方案和临时协议，很少关注外界发生的事情。我当时写道：[②]

---

① 参阅我刊登在1919年1月12日《公共记录报》（费城）上的电报。——原注

② 参阅《公共记录报》（费城），1919年2月5日。——原注

“除了巴黎和会会议和每天关于地理、民族志和历史的讲座，还有其他群体在工作，有些是公开的，有些是私下的，他们代表着广大群众，他们比世界政坛更急于满足自己迫切的需求。他们是数以百万计的欧洲居民。他们很少关心战略边界，而更多地关心越来越难以获得的生活必需品。这些现象人们每天都能看到，已经不足为奇，只有来自遥远国度的游客，置身事外，才能看清这些令人困惑的现象，充分认识到它们的重要性。在描述巴黎和会为实现目标所作的努力时，构成政治社会世界‘外壳’的聪明人，习惯使用带有讽刺意味的言辞和诙谐的警句。他们把代表们的崇高意图同当前世界的严峻现实作了对比，发现现实似乎在嘲笑他们‘值得赞扬’的努力。他们说，在这些著名的和平人士商议讨论期间，历史上从来没有发生过这么多的战争。西伯利亚正在进行艰苦的战斗；高加索刚刚报道了战争的胜利或者失败；在爱沙尼亚，内战如火如荼；乌克兰血流成河；直到现在，波兰人和捷克人才签署了停战协议，等待巴黎和会宣布其裁决；在曾经是俄罗斯、德国或奥地利的领土上，波兰人和德国人，波兰人和乌克兰人……仍然在互相残杀。”

险恶的谣言时不时在巴黎、伦敦和其他地方流传。这些谣言往往不仅动摇了公众对最高委员会处理小国事务的信心，而且动摇了公众对神秘力量的信念。有时候，人们会认为是神秘力量导致最高委员会的决定背离正统的方向。很多人，甚至巴黎和会圈子里的人，也相信这些报道。不时地，有代表拜访我，他们抱怨说，这项或那项决定不是为了回应那些攫取土地的政府，而是基于富有的资本家或野心勃勃的工业巨头的提议而做出的。

“你觉得他们为什么这么关注一个以克拉根福为中心的独立小国？”其中一位代表问我。“我告诉你吧，为了一些资本家的贪婪。目前，他们正在筹建一家银行，大部分股份属于X。”另一位继续说：“但泽有政治和商业价值，因此不会合并到波兰。[1]他们已经开始商谈，打算把码头的所有权和各种有利可图的特许权交给英美的工业先驱。如果这座城市是波兰的，那他们就不可能拥有这样的留置权，因为波兰会提供一切所需，并开发其资源。”巴纳特共和国的成立就以赚钱为目的，我在后面将会提及。

托马斯·伍德罗·威尔逊的一位朋友兼顾问公开说过，阜姆问题有两次几乎要解决，各方都很满意。然而这时，在巴黎和会上，商业利益集团的代表巧妙地施加影响，阻止了该计划的通过。我遇到过一些人，他们有秘密任务在身——游说最高委员会处理问题时考虑某些情况。其中有一个人，他的目的是通过巴黎和会，修改关于南美洲某共和国清偿债务的金融立法。然而，这位乐观主义者空手而归，因为他自己都没计划好。在巴黎发行的一家美国报纸上[2]，刊登了一篇关于普林基波计划及其延期执行的重要文章。以下为文章中重要的一段：“我们从其他渠道了解到，普林基波计划遭受怀疑并延期处理，不是由于邀请了几个俄国政治团体和布尔什维克主义者参加巴黎和会，而是由于协约国内部几大利益集团互相较劲儿。美国人中间有一个非常有影响力的集团，有强大的金融利益集团作后盾；在旧政权下，该集团拥有开采极其丰富的石油、采矿、铁路和木材特许权……考虑到弗拉基米尔·伊里奇·列宁和列夫·达维多维奇·托洛茨基签发了旧的特许权，以及他们希望获得丰富矿藏新的开发权，他们愿意资助布尔什维克主义者四千万到五千万美元。……据说，托马斯·伍德罗·威尔逊及其支持者坚决反对这个计划。”

① 邦克博士，但泽法院的顾问，在《但泽最新消息报》中称，但泽问题的解决完全是为了美国和英国这些海军强国的利益，它们需要但泽作为它们与波兰、俄国和德国贸易的基础。参阅《时报》，1919年8月23日。——原注

② 《纽约先驱报》（巴黎版），1919年3月1日。——原注

无须多说，托马斯·伍德罗·威尔逊自然会反对在金钱和崇高理想之间做出这种妥协。他主张进行一场大规模、有益的改革，并敦促世界通过制度改革唤醒一些人——唤醒人民群众可能长期处于休眠状态的思想和情感。但除此之外，他没有再前进一步。可以说，他的想法，或者说是相当模糊的想法——因为事实证明这种想法并不多——是优秀的，但他没有设计出把这些想法转变成制度的方案。所以，当反对者施压时，他就放弃了这些想法。

法国一位杰出的经济学家——其民主原则广为人知[①]，与法国公众分享了他持有的一些文件。这些文件揭露了一些以牺牲为代价的暴利行为，令人不愉快。这些暴利谋取者聚集在巴黎那些伟大的大陆塑造者和立法者的住所周围。他文章的引言令人深思：“在战争期间，英美金融家进行谈判，以确保其从布尔什维克拿到特许权，这是真的吗？这些特许权在1919年2月4日给予他们，这是真的吗？协约国政府也助其一臂之力，这是真的吗？”[②]

其证据事实简要如下：1919年2月4日，莫斯科苏维埃人民委员会投票通过一项决议，授予连接鄂毕—科特拉斯—萨罗卡和科特拉斯—斯万卡的铁路特许权，决议说：“（1）该项目是可行的；（2）如扩大生产，可以将特许权转让给外国资本代表；（3）该方案的实施必不可少；（4）为加快解决问题，希望获得特许权的个人，有义务提供其与协约国和中立企业的接洽证明，并提供融资能力证明，提供修建上述线路所需材料的能力的证明。”1918年6月26日的一份官方文件显示，有两人申请获得这条路线的特许权，一位是画家亚历山大·阿列克谢耶夫维奇·鲍里索夫，另一位是赫尔·爱德华·阿内维格。为查明这两位申请者是否

① 利西斯，《明天》的作者，对许多经济问题颇有研究，《新民主》报的编辑，1919年5月30日。——原注

② 与贝拉·库恩类似的讨价还价，请参见关于罗马尼亚的章节。——原注

具备所要求的资格，布尔什维克当局进行了调查，并从挪威驻莫斯科皇家领事馆收到一份证明[①]——证明显示“俄罗斯公民赫尔·爱德华·阿内维格是英国和美国一些大银行的合伙人”。因此，商谈可能会继续进行。该文件补充道：“1918年10月，亚历山大·阿列克谢耶夫维奇·鲍里索夫和赫尔·爱德华·阿内维格重新提出了他们的要求——《真理报》等俄国报纸曾热烈地讨论过这个问题。在1918年10月12日举行的一次会议上，该项目获得批准，但做了一些修改。1919年2月1日，国民经济最高苏维埃再次批准了该项目。”

这一特许权的规模可以从以下情况推断出来，其中一项条款特许“开发800万公顷森林土地”，即使在今天，除了现有条件，每年仍可带来3亿卢布的收入。

假设这些官方文件说的是事实，我们可以得出，从1918年6月26日开始，也就是说在战争期间，俄国公民赫尔·爱德华·阿内维格请求布尔什维克政府批准其获得一条重要铁路的特许权及开发森林的特许权，该森林每年可获利3亿卢布。

赫尔·爱德华·阿内维格宣称他代表英国和美国资本家，在证明他确实是这些大金融家的受托者后，这一特许权先后连续获得两个委员会批准[②]，最后又得到了苏联人民委员会的明确批准[③]。

“这篇文章的作者很出名，”他接着问道，“这是否是真的；英国和美国的资本家是否在战争期间向布尔什维克政府申请重大特许权；他们是否在巴黎和会仍在进行，各国战士在俄国浴血奋战、反抗授予特许权的布尔什维克时，获得了特许权。”“这是真的吗？”他进一步大胆地问，“这是协约国政府向布尔什维克主义者展示友好的解释吗？……

① 证明号为3882。——原注
② 1918年10月12日及1919年2月1日。——原注
③ 1919年2月4日。——原注

他们愿意与布尔什维克达成妥协，他们在王子群岛[1]上召开会议，打算承认布尔什维克政府吗？……”[2]

这些严肃的暗讽，连同乔治·戴维斯·赫伦的文章[3]、巴纳特共和国事件和提交给罗马尼亚人的关于油田的非正式最后通牒，是否足以构成初步证据，可以完全留给公众来判断。有良知的、不偏不倚的历史学家，无论多么相信代表们正直无私，都不能对这些事不闻不问。

巴黎有位精明的代表，赞成古老的民族主义精神，但也能欣赏别人身上激昂的利他主义精神。一天晚上，他对我说：“你怎么看待这些事？秘密委员会是两人会议？《国际联盟盟约》是为助其统治世界，赋予英美人民的契约？这个设计——如果算是设计的话——可能是优秀的，但它不会为其他民族所欣赏。虽然，它不是德国帝国主义那样的霸权，但同样令人憎恶。当然，在以最有效的手段克服当前困难和消除国际交往的风险之后，在选择政治制度或寻求某种解决方法时，民族自决原则应该得到自由发挥。这难道不是最好的胜利果实之一吗？不，不是；霸权就在那里，表面上是为了所有人民的利益，但只有当人民的利益被‘全能的两巨头’认可的时候，人民利益才得以满足。然而，对其他人来说，它还是一种霸权，仅此而已。现在有这么多不满的人——他们中的一些人已经在寻找替代盎格鲁-撒克逊人这种称为‘国际联盟’的霸权的方法，这难道奇怪吗？”

① 指普林基波邀请。——原注

② 《新民主》，1919年5月30日。——原注

③ 1919年5月21日，乔治·戴维斯·赫伦在《纽约先驱报》（巴黎版）上发表了一篇令人钦佩的文章，以下摘录值得一提：“我曾说过，某些强大的力量一直在神秘地操纵着德国的和平。我的意思是，事实上，有一股力量——一股国际金融力量，所有其他敌视国家自由和个人灵魂自由的力量都参与到了这股国际金融力量。这股金融力量的影响已经渗透到巴黎和会之中，尽可能拖延做出决定，增加人民与人民之间、阶级与阶级之间、缔造和平者之间的分歧，以便实现两个明确的目标，这两个目标实际是同一个目标。

“第一个目标是操纵和平缔造者及其大批随从和‘专家’的思想，以便在可能的情况下实现一种和平，不会破坏工业化的德国。第二个目标是拖延俄国的问题，使每一个提议的解决办法复杂化和遭到阻挠。因此，最后，无论是在和会期间还是之后，承认布尔什维克政权为俄国事实上的政府将是唯一可能的解决办法。”——原注

不可否认，这两位占支配地位的伙伴——大卫·劳合·乔治和托马斯·伍德罗·威尔逊，自始至终都表现得像“仁慈的暴君”。也许，对他们来说，专制比仁慈更容易一些。正如我们所看到的，他们把小国的同僚和普通民众蒙在鼓里，并要求绝对服从所有的命令。他们肆无忌惮，毫无理由地默许未来的决定，并承诺立即接受他们的禁令——这是除天主教会之外，没人提出过的要求，而天主教会至少声称自己是绝对正确的。当被问及为什么不给东欧某个国家争取更好的利益时，一位说话尖酸的代表不敬地回答：“我已经遭到一位自认为是‘拿破仑·波拿巴’的同僚和另一位自认为是‘弥赛亚’的同僚的反对了。你还想让我怎么做？”

目前，在巴黎流传的关于巴黎和会的许多流行语中，最具创造性的句子来自汉志国王之子埃米尔·费萨尔。当被问及对巴黎和会最高委员会有何看法时，据说他的回答是：“它多少让我想起了自己国家的一个景观。你知道汉志全是沙漠。参加会议的代表和专家们，就像经过沙漠的商队——这些商队由一匹接一匹的骆驼组成，艰难地跋涉着，每匹骆驼都驮着自己的担子。不是他们想到哪里去，而是他们会被带到哪里去——他们别无选择。但商队和巴黎和会有所不同：沙漠里的商队只有一个领队，一头驴子，而巴黎和会由两位代表领导，并且他们都是地球上最伟大的代表。”确实，领导者是两个人，谁也说不准谁占了上风。有时似乎是英国首相，有时似乎是美国总统。巴黎和会召开前，在海洋自由问题上，英国首相大卫·劳合·乔治取得了第一场胜利。之后，美国总统托马斯·伍德罗·威尔逊获得胜利。他坚决坚持把《国际联盟盟约》列入《凡尔赛和约》。英国首相大卫·劳合·乔治和法国总理乔治·邦雅曼·克列孟梭思索了很长时间，思索合在一起对两份文件的损害，并反对两者合二为一，但最终美国总统托马斯·伍德罗·威尔逊胜出。还有一段时间，据报道，两人发生了严重分歧，大卫·劳合·乔治突然离开巴黎，隐居在乡间，就像阿喀琉斯在帐篷里生闷气一样。但这两个人总有一个在最后一刻让步，就像当初两人向乔治·邦雅曼·克列孟梭让步那样。例如，日本和中国之间出现分歧时，其他代表让托马斯·伍德罗·威尔逊担任他们的发言人。尽管乔治·邦雅曼·克列孟梭曾提出“不应该告知公众，一个国家的政府首脑曾提出提议，但遭到另一个国家政府首脑的反对”，但公众都知道，他们之间不断出现分歧，不止一次濒临决裂，充其量他们只是口头一致，骨子里观点并不同。有些政客致力于将人类进步建立在新的道德基础之上。对于愿意谈论这些政客的政治手腕或风度的人来说，这些争吵、仓促的即兴决定和出人意料的妥协令人苦恼，由此产生的不确定性和悬念令人不安。没有人知道将发生什么，尽管特别委员会对提交的问题做出了合理的判断，得到了委员会的一致通过，但四巨头、三巨头、两巨头甚至一巨头不仅可以撤销该报告，还可以扭转其后的实际后果。这种事一而再再而三地发生过。

还有其他更令人惊讶的事情。例如，波兰问题变得非常紧迫，不宜再推迟时，首席代表们束手无策。由于无法就提出的任何解决办法达成协议，他们决定设立一个特别委员会，获取进一步的数据和线索。委员会成员包括英国政客埃斯米·霍华德[1]、美国将军弗朗西斯·约瑟夫·克南和法国政客约瑟夫·努朗斯[2]。这些特使和同僚前往波兰实地调研。他们竭尽全力收集资料，以便做出认真的判断。逗留了大约两个月后，他们返回巴黎，对自己仔细筛选的结果由衷地感到自豪。然后，他们等待召唤，几天过去了，几个星期过去了，没有人对特使们有丝毫的兴趣。他们被忽略了。最后，委员会主席约瑟夫·努朗斯主动出击，直接写信给法国总理乔治·邦雅曼·克列孟梭，告诉乔治·邦雅曼·克列孟梭委托给自己和同僚们的任务已经完成，并请求向巴黎和会做出汇报。然而，乔治·邦雅曼·克列孟梭的答复是解散该委员会，因为他从未听说过这一委员会。

① 后来任英国驻罗马大使。——译者注
② 法国驻彼得格勒前大使。彼得格勒，今称圣彼得堡。——译者注

埃斯米·霍华德

约瑟夫·努朗斯

有一次，因目标对立、方法不相容，美国总统托马斯·伍德罗·威尔逊和英国首相大卫·劳合·乔治之间的关系有些紧张。大卫·劳合·乔治的一位政治朋友劝他坚定立场，但这位英国首相或许感到这其中有太多未知因素，或许将美国总统与美国等同起来，于是退缩了。不止一次，当某个代表立场坚定，慷慨陈述时，聚精会神、静悄悄地听着的托马斯·伍德罗·威尔逊会突然问道："这是最后通牒吗？"在道义上，托马斯·伍德罗·威尔逊确信自己的立场并确信肯定会取得胜利时，从未害怕过发出最后通牒。有一次，有人提出了一项建议，得到英国首相大卫·劳合·乔治的完全同意，却未得到美国总统托马斯·伍德罗·威尔逊的认可。因此，代表们强烈要求英国首相大卫·劳合·乔治坚定立场。但他退缩了，理由是，他收到了这位美国同僚的最后通牒，说如果不承认这一点，他将离开法国并撤走美国军队。最终托马斯·伍德罗·威尔逊如愿以偿。有人认为这次成功将激励托马斯·伍德罗·威尔逊取得其他更大的成就。这位为时代最高理想而奋斗的领袖，似乎注定要在重生的世界里获得主教般的统治地位，但在重大时刻——崇高原则处于紧要关头时，缺乏坚持自己立场的意志力。

这些发生在奥赛码头大楼内的斗争，被大楼外感兴趣的、警觉的民众热议着。他们说托马斯·伍德罗·威尔逊已公开地开始运作耕耘，并承诺进行影响深远的改革，并承诺大丰收；无论土地多么贫瘠，收成多么微薄，托马斯·伍德罗·威尔逊都不会回头。这一信念影响深远，传播甚广。但面对严重的障碍时，托马斯·伍德罗·威尔逊退缩了，逃避了他的任务。在我看来，这正是他的弱点所在。如果他明确自己的责任，做好准备，展开他的计划，充分、公开地讨论这一计划，拒绝懦弱的妥协，并呼吁世界人民帮他执行，最终，他的政策也将完美如初。或许他的思想会宣告胜利。但懒惰和缺乏信仰的人认为这些思想是无法实现的。这项事业宏伟艰巨，需要获得全世界的认可。要实现这项艰巨的事业，托马斯·伍德罗·威尔逊还有另一个选择：他可以承认他判断错了，人类不是不适合实行新的原则，目前，首要任务也是最紧迫的任务是早日与敌人达成和平，而世界议会应该以后召开，以方便世界人民适应新秩序。但托马斯·伍德罗·威尔逊两种选择都没有选。起初人们理所当然地认为，在巴黎和会议会大厅，他会为自己提出的、奠定新政治社会基础的原则而勇敢奋战。然而，当他发现自己面临着不可逾越的、来自法国和英国同僚的对抗时，他才很不情愿地从自己的立场退缩下来，继续向小国的特使展示自己的不屈不挠。但这一假设遭到了美国国务卿罗伯特·蓝辛的否认。他向美国参议院外交关系委员会承认，托马斯·伍德罗·威尔逊曾发誓要执行的《十四点原则》，甚至没有在巴黎和会上讨论。这种态度的结果——我们不能称之为政策——就是逐渐消融了他最好的理念，使除英法之外的所有盟国都备受折磨——相当于在全世界安放了定时炸弹。

对世界政策的这种狭隘看法，也让英国首相大卫·劳合·乔治成了牺牲品，但他的过错并没有那么明显。公平地说，我们应该记住，并不是他首先鼓吹黄金时代的来临。他只是慢吞吞地冷冷地表示同意，偶尔还打趣地说了几句。正如我们所看到的，直到最后一刻，他不仅不知道《国际联盟盟约》将被列入《凡尔赛和约》，而且和斯蒂芬·让·玛利·毕盛及其他人一样，他坚持认为这两份文件是不相容的。显然，他也相信，精神和道德的机构，将来可能会改变政治社会，但在很长一段时间内，不会发生这种根本转变。当前，政府理应依靠旧体制，即所谓的平衡。德国崩溃后，所谓的平衡是指一种非正式的盎格鲁-撒克逊式霸权统治世界，一种英国强权下的欧洲和平。到目前为止，在巴黎和会上，托马斯·伍德罗·威尔逊采取的行动，并没有直接影响到大卫·劳合·乔治主要关心的问题——英国的福祉。可以说，大卫·劳合·乔治的行动和托马斯·伍德罗·威尔逊基本一致。实际上，当他说只要英国的利益允许，自己愿意与美国站在同一战线时，他就把这当成公式了。就是在那时，那位力劝大卫·劳合·乔治坚持自己主张，主导巴黎和会的英国同僚警告他，不要把美国总统和美国人民等同起来。

事实上，要追随这位杰出的美国理想主义者是很困难的，因为很少有人知道他将会走向何方，甚至连托马斯·伍德罗·威尔逊自己也不知道。他在巴黎的一些同胞认为，他一向习惯于跟随，从来不去引导。当然在巴黎和会上，他的做法遇到强劲反对。于是，为了实现至少部分目标，他妥协了，即使最终结果并非如愿，他也作为最终解决方案接受了。然而，从他的公开行为和美国国务卿罗伯特·蓝辛的发言可以判断，他并未认真谋划，并未把他的使命的成功押在实现他的《十四点原则》上。他处理《国际联盟盟约》的方式，处理法国对具体军事保证要求的方式，以及处理秘密条约的方式，都清楚地表明了他很随和。离开巴黎前往华盛顿之前，他坚持认为起草的《国际联盟盟约》是令人满意的。不仅如此，他还争辩说“甚至连《国际联盟盟约》的一个标点符号都不能改变”。托马斯·伍德罗·威尔逊认为“门罗主义”不需要特殊规定。当参议员亨利·卡伯特·洛奇和其他人只要就这个问题同他发生争执时，他就立即转变立场，回避问题，把整个美洲排除在国际联盟范围以外。如果国际联盟不能涵盖全世界的话，将一无是处。[①]另一个问题，不结盟的问题。法国总理预言美国会与英国和法国结盟。当时，在英国的一次演讲中，托马斯·伍德罗·威尔逊说，美国不会缔结任何联盟，当然不包括全世界范围内的联盟，“除了全世界联盟，美国不参加其他联盟”。但事实是，美国后来确实加入了三方联盟——英法美。在许多观察家看来，这是巴黎和会的主要成果。用一家美国新闻机构的话

① 一个星期前还声称“人类智慧的最高境界”已在一份文件中得到体现，而下个星期就承认这份文件不可靠，对这样的人还能有什么信任呢？我们什么时候才能相信他们的言语是最终的呢？《芝加哥论坛报》（巴黎版），1919年8月23日。——原注

亨利·卡伯特·洛奇

说："乔治·邦曼·克列孟梭几乎得到了他想要的一切。实际上，托马斯·伍德罗·威尔逊放弃了自己的计划，采用了法国和英国的帝国主义计划。"[①]

还有一件事，专家委员会就波兰边境汇报时，英国首相大卫·劳合·乔治对其中一节《波兰走廊》，提出了反对，理由是，某些地区大

① 《芝加哥论坛报》(巴黎版)，1919年7月31日。——原注

多数是德国人，他们的合并将会危及未来和平及波兰本身，同时，这也违背托马斯·伍德罗·威尔逊《十四点原则》中的一点。当时，托马斯·伍德罗·威尔逊与大卫·劳合·乔治首相持不同意见，托马斯·伍德罗·威尔逊站起身来说，他的原则不能过于字面地解释。“我说必须重建波兰时，我的意思是必须给予重建波兰不可缺少的一切。因此，如果包括把一些德国人纳入波兰领土，我们也没有办法，因为这是重建的一部分。波兰必须能通过最短的路线到达大海，波兰必须拥有应该拥有的一切。”然而，英国首相大卫·劳合·乔治对波兰的请求，态度很明确，很坚决。对于一个在1919年前从未听说过泰申的人来说，这种态度很难想象，但英国首相大卫·劳合·乔治反复强调并坚持其反对意见。最终，美国总统托马斯·伍德罗·威尔逊和法国总理乔治·邦雅曼·克列孟梭不得不让步。

换个角度，以托马斯·伍德罗·威尔逊处理非交战国家的方式为例。在离开巴黎前往华盛顿之前，在一次正式会议上，一位同僚问托马斯·伍德罗·威尔逊：“中立国是否也会签署《国际联盟盟约》？”托马斯·伍德罗·威尔逊回答说：“只有协约国成员才可签署。”“难道您不认为，中立国加入国际联盟，会对国际联盟的稳固更有利吗？”这位全权代表继续追问道。“不，我不这样认为。”托马斯·伍德罗·威尔逊回答道，“我认为这会给他们带来太多的荣誉，他们不配。”这个答复似乎缺乏远见卓识，给代表留下了不好的印象。尽管如此，在某些狭隘的、官方的立场上，这个理由仍然站得住脚。但让这位代表无法理解的是，托马斯·伍德罗·威尔逊从华盛顿回来后，急切地放弃了自己的思维方式，转而采取了相反的观点。1919年4月月底，代表们和全世界都惊讶地发现，西班牙不仅被接纳为正统派，而且将在巴黎和会拥有发言权，并在最高委员会拥有一个席位。葡萄牙代表团团长阿丰索·奥古斯托·达科斯塔[1]是名法学家，立即对这一突然背离原则的做法提出了尖锐的抗议，并将西班牙在委员会中获得发言权这一事实指责为一种不正当行为，然后愤然离席。

为此，托马斯·伍德罗·威尔逊受到了严重的指责，说他软弱、含糊其词、自相矛盾。正如他以前干涉墨西哥内政一样，这次他自封为最高仲裁者，来处理影响欧洲大陆和平和安宁的一系列复杂问题，其结果可想而知。美国拥有丰富的金融和经济资源，不会面临欧洲国家时不时面临的危机，并且不受其在国际政策中可能犯下的错误的直接影响。同时，由于托马斯·伍德罗·威尔逊在美国的崇高地位，世界才授予他这一权力——当然也有一定保留。在某种程度上，欧洲大陆上的每一个人都依赖于美国的支持，因此，都渴望与美国总统托马斯·伍德罗·威尔逊建立友好关系，从而获得美国支持。欧洲大陆人的这种倾向是一种可以加以充分利用的资本。这是成功的保证，足以满足巨大的野心；这将使他能够用明智的政策来达到暴力革命所要达到的目的，并使他能引导无产阶级群众的新生力量，使之通向肥沃的土地。

强迫自己与他人合作往往是一种有益的纠正。它有助于让人们认识到“根据人民的需要调整措施的必要性”。但托马斯·伍德罗·威尔逊故意把自己与那些他为之奋斗的国家和它们的一些授权代表隔离开来。然而，广大人民群众的愿望和观念，与和他密切合作的两位政治家的愿望和观念却大不相同。托马斯·伍德罗·威尔逊公开宣称的目标与他的同僚的目标完全相反。要调和国际主义和民族主义是完全不可能的。因此，他没有坚持自己的目标，没有取得人民的信任，没有播撒良种——时机成熟时，这些良种一定会生根发芽的；相反地，他和同僚们一起，将矛盾对立焊接在一起，促使一个复合体产生。该复合体包含空洞的理

① 阿丰索·奥古斯托·达科斯塔曾数次出任葡萄牙总理，不久前刚刚接替安东尼奥·埃加斯·莫纳斯任葡萄牙外交部长。——原注

念、破碎的组织、怨恨的国家、冲突的状态、疯狂的阶级和不满情绪高涨的大众。

托马斯·伍德罗·威尔逊与他的批评者们相处得很不好。批评者们试图分析他变化多端的路线时，就像普通政客的习惯一样，从人性中最不高尚的部分去寻求答案。就托马斯·伍德罗·威尔逊而言，批判者特别反感他至高无上的超然态度、审议过程的神秘莫测，以及他判决时的威严口气——即使这些特点互相矛盾。固执也是人们对他的性格评价。事实上，他善于倾听，提问恰到好处，只要他觉得能对结果带来实际影响，他就愿意进行辩论。当情况并非如此，争论没有效果时，他放弃了自己的原则，转而采用权宜之计。但和他那些杰出的同僚一样，他也不得不依靠外部的建议。托马斯·伍德罗·威尔逊和他们一样，并不总接纳官方顾问的意见。正如我们所看到的，当委员会的调查结果与他的不一致时，他也把它们搁置一边。总之，托马斯·伍德罗·威尔逊的致命失误是为了在次要问题上取胜而牺牲了主要要素。因为，尽管他成功地从巴黎与会代表那里获得了书面的《国际联盟盟约》，并为华盛顿带回实实在在的成果，他却失去了世界领导人的地位。这种令人遗憾的弱点给人类造成的代价，只有在其最坏的影响加起来并加以评估后才能估算出来。

在小国命运的问题上，托马斯·伍德罗·威尔逊的立场坚如磐石。一旦决定，岿然不动。这些小国对美国的经济依赖使他们的争辩毫无意义，也使总统的指令具有不可抗拒的力量。希腊与保加利亚的争端就是典型的例子。保加利亚人与其说是作为被征服的敌人被召唤去巴黎，以了解他们所背叛和攻击的国家强加给他们的条件，不如说是作为索赔人，行使不可剥夺的国家权利。若是战胜国，他们的领土要求可以理解；而作为战败国，他们的要求显得荒唐可笑。然而，托马斯·伍德罗·威尔逊突然成了保加利亚的调解人，并赞成它提出的某些过分的要求。这在国外引起了轩然大波。保加利亚的请求，其中之一就是占有西色雷斯海岸的一部分，并牺牲希腊人的利益，建立一个海港。保加利亚和希腊之间关于海岸的纠纷，已持续两千五百年左右。埃莱夫塞里奥斯·韦尼泽洛斯给保加利亚提供了另一个商业出海口[①]，并在其他方面给予特权，而英国、法国和日本的全权代表都认可这个提议。

但托马斯·伍德罗·威尔逊不同意。他说，位于外国领土的商业出海口在和平时期与自己领土上的直接出海口没有什么差别，在战争时期就完全不同——人们必须优先考虑到国家的需要。此话从世界和平捍卫者的口中说出，出乎人们的意料。于是，意大利用这一观点来支持它对阜姆的主张。随后，为解决阜姆问题，托马斯·伍德罗·威尔逊以南斯拉夫的经济要求为由，宣称该条约为和平而非战争而设计，宣称国际联盟会为那些出于人道主义目的而牺牲了战略位置的国家阻挡战争，或至少为它们提供补给。但在保加利亚的问题上，托马斯·伍德罗·威尔逊似乎采取了相反的立场。为了维持这一立场，他违反了自己的国际原则。

托马斯·伍德罗·威尔逊按照自己的思路，进一步指出，最高委员会认为波兰没有充分理由在德国领土寻找出海口，于是建立了但泽市，以保证波兰共和国更大程度的安全。对此，埃莱夫塞里奥斯·韦尼泽洛斯回答说，这两种情况之间不存在对等关系。波兰没有出海口，除非通过但泽市。波兰不允许唯一的出海口留在一个不友好的国家手中。由于海峡的国际化，黑海已成为公海，而保加利亚已经在黑海拥有两个较大的港口——瓦尔纳和布尔加斯。因此，想在爱琴海上拥有第三个出海口，不是保加利亚至关重要的问题。因此，无法与波兰相提并论。

“波兰比保加利亚国土大很多，如果波兰仅凭一个且还不是自己的出海口，生存下来并繁荣昌盛；罗马尼亚也比保加利亚人口多，实力

① 亚历山德鲁波利。——原注

强，如果罗马尼亚也仅凭一个出海口繁荣发展，那么，按照什么思维方式，”埃莱夫塞里奥斯·韦尼泽洛斯问，“可以证明一个小小的保加利亚需要三个或四个出海口？可以证明为了满足它的需要，我们要抛弃75万希腊人的利益，要违反新道德秩序的基本原则之一？”

如满足保加利亚的要求，在色雷斯，经历了无数巨大灾难、居住了二十五个世纪的七十五万希腊人将无法纳入希腊国籍。此外，希腊首相从托马斯·伍德罗·威尔逊的话中汲取了经验，转向了战时可能出现的情况这一问题。他认为，保加利亚本质上是大陆国家，其国防不依赖于海军力量，而希腊拥有近一百五十万的岛屿人口，主要依靠海军保卫国土，抵御侵略。如保加利亚要求在爱琴海上拥有出海口的请求得到满足，战争爆发时，在马其顿与群岛间，保加利亚可能配合潜艇，拖延或阻碍希腊军队的交通和汇集，从而使希腊处于危险的劣势中。

最后，如果希腊对色雷斯的主权要求被拒绝，在希腊的国家边界之外，将有一百七十九万人口——超过希腊境内人口的三分之一。这样公平吗？在色雷斯的总人口中，土耳其人和希腊人加在一起占百分之八十五，保加利亚人只占百分之六，而保加利亚人根本没有人口密集区。更重要的是，1919年，希腊人口不仅占相对多数，而且是绝对多数。这一点应成为决定性因素。

由于保加利亚人野心勃勃、残酷无情[1]、信念反复，出于这些论据和其他种种考虑，英国、法国和日本的代表认为希腊的请求合理，他们支持埃莱夫塞里奥斯·韦尼泽洛斯，但托马斯·伍德罗·威尔逊固执己见。这种固执无法用论据证明，而且他的动机也与此事无关。是否像人们认为的那样，托马斯·伍德罗·威尔逊受到在保加利亚的美国传教士的影响。强烈的宗教倾向是他坚持己见的根源，或者是否有其他因素影响着他，这

① 参阅《联合委员会关于保加利亚军队在马其顿东部犯下的违反国际法行为的报告和调查》。这份报告的结论，是公正的调查人员几乎针对全人类提出的最可怕的指控之一。——原注

些都无关紧要。值得一提的是，一家保加利亚报纸[①]——已获政府的审查许可——宣布，在色雷斯问题及保加利亚问题上，保加利亚的美国传教士和君士坦丁堡的罗伯特学院的教授，已事先向巴黎和会的美国代表通过气。埃莱夫塞里奥斯·韦尼泽洛斯苦口婆心的说服，将徒劳无益。[②]

无论如何，托马斯·伍德罗·威尔逊的态度遭到整个欧洲的反对。他含蓄地宣称要为世界立法，接管世界的道德领导权。这件事为他获得了“独裁者”的绰号，并在美国同胞和法国人中间引发了这样的讽刺评论：“路易十四说道：‘我代表国家！’而托马斯·伍德罗·威尔逊比他还厉害，喊道：‘我代表所有国家！’”

托马斯·伍德罗·威尔逊为说服持不同意见的同僚支持自己的世界改革计划，必须满足同僚们的要求。然而实际上，同僚们的要求使他的计划“流产”——是削弱他的精力和打乱他的计划最主要的催化剂。这句话假定了一个不幸的事实，即托马斯·伍德罗·威尔逊的计划大部分是机械生硬的。但可以肯定的是，托马斯·伍德罗·威尔逊没有制定与人民群众息息相关的条款，也没有制定同情和指导人民群众的条款，从而无法肯定人民群众对物质需求的愿望和奋斗目标，无法实现对社会基础的精神改造。的确，虽然我们没有证据表明，但任何着手进行立法工作的人，都能领会到这种必要性——对仍然根植于旧秩序的政治思想基础进行改造。

这些不良印象普遍存在，巴黎和会随后采取的每一步决策，几乎都印证了这句话。早在《凡尔赛和约》呈递给德国人之前，公众就早已对最高委员会丧失了信心，不再相信巴黎和会领导者的承诺——打败军国主义、种族仇恨和秘密阴谋，取得道德胜利。

---

① 参阅《时报》，1919年8月28日。——原注

② 查尔斯·豪斯在萨洛尼卡州的报纸上发表了一份声明，大意是说，外国传教事务专员委员会禁止传教士积极参与政治。他补充说，如果传教士违反这一禁令——目前，巴黎普遍认为传教士已经违反这一禁令——传教事务专员委员会将不姑息，美国政府也不允许。——原注

“巴黎和会的领导人，”一家有影响力的新闻机构写道[①]，“正备受质疑。他们可能没意识到，但这是真的。这种怀疑无疑是不公正的，但它确实存在。存在即是事实，忽视事实的人不是政客。解决这一问题的唯一方法是面对事实。事实越不愉快，就越需要面对。

“在不同时候、不同情况下，人们怀疑有些领导人更多地考虑到他们自己的个人立场和政治野心，而不是迅速、有效地缔造和平。总而言之，人们怀疑他们有忽视政策的倾向。

“在一些重要问题上，人们怀疑他们没有政策，怀疑他们不愿意听取称职顾问的意见——这些顾问其实是可以为他们制定健全的政策的。人们甚至怀疑一些代表受到某种麻木力量的诅咒，在需要坚定决心和清晰愿景时，这种力量会麻痹他们的意志，迷惑他们的头脑。”

另一项指责是这样的：“在不同程度上，所有协约国和有关领导人都不诚实[②]，负有不同性质的罪责。一方面，他们声称谋求人类的福祉；另一方面，他们又怀有利己主义的想法。其结果是，他们各自的人民，以及协约国、有关国家和中立国的人民，先后丧失了对他们的信任。公众对他们的信任已经达到了最低点。”

正如我们所见，巴黎和会上，在对英法两国重要利益不构成损害的所有问题上，美国总统几乎都拥有实际否决权。他经常这样做。因此，关于色雷斯人解决办法的争端，不是在保加利亚和希腊之间，也不是在希腊和最高委员会之间，而是在希腊和托马斯·伍德罗·威尔逊之间。在关于阜姆和达尔马提亚海岸的争吵中，情况也是一样。当山东问题需要解决时，只有托马斯·伍德罗·威尔逊一个人在处理这个问题。他的同僚们尽管承诺支持日本，但还是让托马斯·伍德罗·威尔逊做他们的代言人。托马斯·伍德罗·威尔逊在与一些小国打交道时表现出的严厉态度与他

① 《每日邮报》(巴黎版)，1919年3月31日。——原注

② 《每日邮报》(巴黎版)，1919年4月6日。——原注

对大国列强的纵容形成鲜明对比。就如我们看到的，这些小国不得不被迫无条件地服从命令，而且还必须承诺未来必须执行最高委员会关于某些问题的其他命令，尽管这些命令的细节，当时也还没有确定。

为了压制小国政府的抵抗，小国政府被告知，他们迫切需要的来自美国的经济援助，将取决于他们是否顺从。正是迫于这样的要挟，他们不得不正式同意他们反对的政策——记住这一点很重要。一位俄国政客将其概括为："正如俄国谚语所言：'吃谁的面包，唱谁的歌。'"据报道，美国摩根财团和意大利辛迪加达成协议，每年向意大利预付一大笔款项，意大利只能用此款项，从美国购买食品和原材料。但1919年7月，该协议被迫暂搁，直到意大利代表团接受托马斯·伍德罗·威尔逊支持的亚得里亚海问题的解决方案。俄国人和反布尔什维克主义者也同样被迫同意某些教条和做法。然而，我们还是要记住，无论人们如何看待总统奉行的政策，政策的动机无疑是令人钦佩的，政策的最终目标是实现美国人民的福祉，托马斯·伍德罗·威尔逊也这么理解。令人遗憾的是，这些专制代表的论据和事实，丝毫没有考虑这些不情愿的被监护者的思想或行动，所作的安排完全是强制的。

英国、法国和日本的重大利益问题处理完后的一段时间里，只剩下那些"小国"——更广泛意义上的小国——的利益问题时，托马斯·伍德罗·威尔逊立场坚定，雷厉风行，没有遇到任何反对者。因此，意大利和奥地利之间的和平问题被推迟了一个月又一个月，因为最高委员会中，托马斯·伍德罗·威尔逊——而且只有托马斯·伍德罗·威尔逊——拒绝了各种各样的提议。讨论这些争论的是非曲直徒劳无益。无论从国际联盟的角度，还是从南斯拉夫联邦共和国的角度，托马斯·伍德罗·威尔逊总有许多话要说，这一点不容否认。意大利的观点是，托马斯·伍德罗·威尔逊的一些主要论点，与他对其他国家的让步自相矛盾。意大利的观点并非站不住脚。

托马斯·伍德罗·威尔逊终于大胆地迈出了一步，这引起了朋友们的注意，也引起了他们的不安。他给土耳其发了一份照会[①]，警告土耳其，如果不停止屠杀亚美尼亚人，他将撤回《十四点原则》中的第十二点，该条规定承认土耳其在公认的土耳其领土拥有主权。托马斯·伍德罗·威尔逊的意图很好，他的行动产生的实际效果却与目标背道而驰。他没有就他即将做出的重要决定征求巴黎和会的意见，而这一问题本来应该是新秩序基础的一部分。从巴黎和会角度来看，这是一项重大决定，只有征得最高委员会同意才能做出。即使仅仅作为威胁，如果它不能代表最高委员会的意志，那么它也毫无价值，但总统认为没有必要与最高委员会磋商。碰巧，当时英国当局正组织宪兵团体来管理有关的土耳其领土，而且最高委员会已了解并批准了他们的行动。因此，托马斯·伍德罗·威尔逊的声明只能被解释为——当时也被解释为——一种凌驾于最高委员会之上的权威行为。[②]土耳其人是精明的观察家，他们一定从这些不同的措施中悟出了协约国之间的和谐程度。

乔治·邦雅曼·克列孟梭就这个问题同弗兰克·波尔克进行了会谈。弗兰克·波尔克解释说，该照会是非正式的，是口头提出的，只传达了美国关于亚美尼亚局势的想法。虽然法国政府接受了这种解释，但无论在法国还是在其他地方，这种解释都没有得到公众舆论的支持。法国人对这种专断行使最高权力的行为感到震惊。法国一位著名的公关人员写道："就在参议院反对委任统治欧洲或亚洲领土，并且罗伯特·蓝辛向国会宣布，美国政府也不想委任统治时，托马斯·伍德罗·威尔逊将自己变成一个可以左右土耳其命运的人。如果托马斯·伍德罗·威尔

① 1919年8月17日到20日。由阿瑟·勒罗伊·布里斯托尔海军上将发送。 阿瑟·勒罗伊·布里斯托尔海军上将是士麦那联合调查团美国成员。士麦那，今称"伊兹密尔"，土耳其第三大城市，位于土耳其西部。——原注

② 参阅《巴黎回声报》，1919年8月28日。佩蒂纳克斯的文章。——原注

逊高高在上，决定了土耳其的命运，那么，他可能因履行某些职责而被指控。这不是很明显吗？我们常常谴责协约国缺乏共同的政策。但单独来看，每一项政策，不都是个人自己制定的政策吗？除了偶然行动，它采取的行动不都是基于某位将军、某领事或传教士的一时冲动吗？”[①]

很快，即使是最迟钝的人也明白了，最高委员会若遵循其领导人的指示，按这些原则办事的话，一旦终止其工作，欧洲政治共同体之间的关系就会脆弱无比，像那段秘密外交、秘密联盟和秘密阴谋盛行的不见天日的日子里一样脆弱，除非人民自己干预，壮大和巩固自己的力量。然而，巴黎和会开头轰轰烈烈，结局却不甚愉快。如果让托马斯·伍德罗·威尔逊一个人负责，那就太不公平了。大多数国家的媒体都指责他将个人抱负包裹在无私、利他主义的诱人外衣之下——就像指责他的许多外国同僚害怕“失去权力”一样。但这种性质的指责算不得合理，因为动机看不见，摸不着，也不能常从深思熟虑的行为中推断出来。例如，如果有人根据巴黎和会上大规模的疆域调整和各交战国过分的要求，来推断交战国参战动机——除了美国人民，他们的公正无私无可挑剔——结论很让人伤心。美国总统向所有国家提出了一种有待实现的理想，这是值得称赞的。美国总统仅仅宣布自己决心为实现理想而努力，就是对善意的人的激励。即使这种激励不够充分，也值得赞赏。然而，这项任务异常艰巨。在向全世界证明他会完成这项任务前，他不能评估出它宏大的规模，不能辨别实现方式的缺陷，也不能准确估计出面临的阻力。即使热心的同僚真诚合作，即使采用了合理的方法，他也只能清理清理地面。这也许只是奠定他梦想世界的基石。但由于从一开始就有这帮世界环境赋予的伙伴和被激怒的美国反对者，托马斯·伍德罗·威尔逊注定要失败。大多数欧洲政府为之奋斗的目标与他的目标完全不相

① 《巴黎回声报》，1919年8月28日。佩蒂纳克斯的文章。——原注

容。毫无疑问，他们都关爱大众利益，但只是泛泛之爱。相比于其他人的利益，几乎微不足道。然而，人们也不能不指责托马斯·伍德罗·威尔逊优柔寡断。如果他坚持自己制定的原则，信念坚决如他雄辩的言辞所表示的那样强烈，那么，他就会拒绝用一系列冠冕堂皇的措辞来描绘重新安置的世界。人民也很可能听到他的呼吁。巴黎的灯塔一旦点燃，世界上几乎所有的首都都会响应。他除了虔诚地信守着一个承诺——没有白纸黑字的契约，他不会回到华盛顿——还有别的吗？如果发动战争是为了阻止战争，那么缔造和平就是为了阻止和平吗？这仅仅是一种自相矛盾的说法吗？

第6章

小　国

盎格鲁-撒克逊政客着手重新安排构成1919年政治社会的利益、实力、政策、民族、权力和主张的复杂关系之前，人们期望他们能像对待家庭成员一样，不偏不倚，公平对待所有协约国。然而，这一期望没有实现，大国也没有做出保证。从他们了解的各种讨论和决定中，巴黎和会一些代表得出结论：很显然，在盎格鲁-撒克逊人的保护下，法国注定要在欧洲大陆占据主导地位；东欧和巴勒斯坦的犹太人将被赋予特权地位；其他国家将服从四巨头的领导。事实证明，这一结论并非空穴来风，尽管理由并不充分。据说，关于是否有必要建立这种粗暴的国家等级制度，主要全权代表们动机各不相同，但意见一致。不过，有一个来自法国的不和谐声音，它反对限制波兰扩张，反对保护犹太人的国际联盟条款，反对赋予犹太人其他种族无权享有的特权。保加利亚地位独特，它比大多数其他国家更幸运，因为美国代表团站在它这一边。托马斯·伍德罗·威尔逊是其主要顾问和特殊辩护人，支持保加利亚在爱琴海拥有出海口的主张。

巴黎和会按等级对待每个国家。正如我们所见，新法律的创造者盎格鲁-撒克逊人完全凌驾于新法律之上。对包括法国在内的所有其他国家来说，“威尔逊主义”得到充分发挥。这也符合托马斯·伍德罗·威尔逊的主要目标——拟订一项他可以带回美国，解决世界重大问题的文书。显然，在条件允许的范围之内，托马斯·伍德罗·威尔逊最急于应用自己的《十四点原则》。因此，如果有些革新与他的特殊目标相兼容，他也许已经准备好坚决要求英国放弃其在海洋上的霸权，坚决要求埃及和爱尔兰的国际地位发生根本变化，以及其他许多事项。但事实并非如此，它们并不兼容。他宣布讨论海洋自由的问题，显然是在故意试探。英国政府警告他，并表示甚至不容忍提到这个问题时，他立刻放弃了。托马斯·伍德罗·威尔逊大概是从这种彻底的拒绝中明白，爱尔兰、埃及和其他一些问题不属于公开或国际性的问题。然而，1919年2月，法国坚持要求莱茵河边境时，这一主张竟遭到托马斯·伍德罗·威尔逊断然拒绝。

实际上，那些宣称具有普遍适用性的原则，仅适用于第二等级的国家。这种片面和无情的解决方式，使社会改革家感到沮丧。

俄国的例子充分说明了这种武断、不公正和不明智的区别对待。俄国人曾经是我们的盟友。按照美国总统的说法：美国人民“太骄傲而不屑战斗”时，俄国人进行了英勇的战斗。他们是协约国胜利的重要因素，因而应享有西方列强所享有的优势和豁免权。任何情况下，俄国都不应该被置于战败国的地位，不应该被处罚。然而，处罚俄国的想法由来已久。早在俄国退出战争后不久，协约国就陷入了绝望的深渊。协约国人民群众中流传着一种说法：协约国倾向于割让俄国领土，迫使德国赔偿，结束战争。这种权宜之计得到了不止一位政客的支持，而且正取得进展时，出现了一些新的因素，使该计划没有必要继续执行下去。

巴黎和会上，处罚俄国的倾向仍然存在。代表们为此做了许多工作，也计划了许多未作尝试的工作。俄国笼罩在一片阴云之下。即使俄国没有被划为敌人，也没有权利像协约国和中立国一样考虑自己的利益。俄国领土完整与否，它以前的朋友才不关心呢。几乎所有俄国境内要求独立的民族，都随时准备在最高委员会提起诉讼。有些民族甚至还没有提出独立要求，就被鼓励抓紧时间准备脱离。西方列强失去了东方的俄国盟友，迫不及待地寻找国家代替。西方列强投入“创建独立的乌克兰”的大笔金钱和精力，史无前例，然而，令他们震惊的是乌克兰竟滥用资金并与德国达成共同事业。

在某种程度上，混乱的俄国对巴黎的世界管理者来说是天赐良机。联盟、领土平衡和旧秩序的倡导者以正义的名义，去解放东方各族人民，并从中获得新帮手。混乱的俄国向那些痛惜自己损失了数百万美元的资本家提供了获利的机会，以弥补他们的部分损失。[①]对于国际联盟的狂热支持者来说，混乱的俄国是一个没有反抗能力的“躯体”。在这个“躯体”上，他们可以为所欲为——做“截肢”“打孔”等手术，甚至不需要使用麻醉药。

因此，在没有事先通知、没有征得同意、没有公民投票、没有任何理由的情况下，俄国管辖范围内的领土被悄悄割掉了。芬兰、爱沙尼亚、拉脱维亚、格鲁吉亚立即脱离了这个混乱的斯拉夫国家[②]。其理由正是托马斯·伍德罗·威尔逊提出的信条：每个民族都应自由选择自己的生活和工作方式。“每个民族？当然不会。”公正的旁观者说道。仅举四个例子——埃及、爱尔兰、奥地利和波斯，它们都没有资格行使这些不可剥夺的权利。也许代表们有充分的理由？那去修改一下这个信条吧。为什么区别对待？他们质疑。难道不是因为美国总统十分清楚，英国不会容忍讨论埃及或爱尔兰问题吗？难道不是因为法国为了自己的绝对安全感，必须阻止奥地利的德国人与他们的德国兄弟结盟吗？但如果英国和法国有权否决每一项带有破坏意味，或做出自我牺牲的不利措

---

① 法国外交部长斯蒂芬·让·玛利·毕盛承诺原则上承认爱沙尼亚独立，条件是爱沙尼亚将承担俄国相应的部分债务。——原注

② 斯拉夫人是现今欧洲人的代表民族之一。分为东斯拉夫人、南斯拉夫人、西斯拉夫人。俄国的斯拉夫人属于东斯拉夫人。——原注

施，为什么俄国会丧失这种权利呢？如果想遵循的原则有价值，那它必须具有普遍适用性。唯一能避免大国作出牺牲的方法，就是赋予最高委员会至高无上的权力，实行专制统治。因此，最高委员会行使了这一至高无上的权力。只有当某国统治阶级或政权无力抵抗时，最高委员才会认真维护受压迫的民族，帮助他们反抗统治阶级或政权。无论何时，只要英国或法国的利益被认为因实施《十四点原则》中的任何一条而受到威胁，托马斯·伍德罗·威尔逊就停止实施这条原则。因此，俄国和德国被置于同一等级，受到同样的对待，甚至在某些方面更苛刻。德国人至少有权对强加的条件提出异议，有时，他们的意见也会被采纳。然而，俄国人却没有这样的待遇，最高委员会从未征求过俄国人的意见。在巴黎，俄国的代表恭敬地建议：在混乱期间，列强对俄国做出的所有改变，都应被视为暂时的，将来应提交至制宪会议决定。然而，当最后解决时，他们的建议还是被忽略了。

对于自己准备解放的这些民族是否已发展到可以自治的地步，托马斯·伍德罗·威尔逊总统也很犹豫。他的犹豫，是出于心理考虑，而不是出于政治兴趣。如其他地方所述，对于从俄国分离出去的领土，他的第一反应似乎是任命一些国家委任统治。在无所不能的国际联盟体系下，委任统治的安排据说是他来负责。据推测，他后来明白，没有委任统治俄国的这些边境国家，或许是明智的。因为不久之后，这些国家将收到可以独立的承诺，也将得到暗中承诺——保护其未来不受俄国复苏后的入侵。

详细制定委任统治制度之前，谈判桌上发生了一幕，值得一提。据了解，在其中一次会议上，代表们将决定哪些国家应受委任统治。①委任统治制度应针对德国殖民地和土耳其的某些省份，但在谈话过程中，

① 《国际联盟盟约》初稿中，第19条涉及此问题。修改后是第21条。——原注

托马斯·伍德罗·威尔逊漫不经心地使用了这句话："德国殖民地、土耳其的领土和其他领土。"其中一位代表立即追问："其他哪些领土？"托马斯·伍德罗·威尔逊毫不犹豫地回答道："已灭亡的俄国的领土。"他继续解释道，"我们不断收到居住在俄国的民族的请愿书，有的来自高加索民族，有的来自中亚细亚各民族和其他民族，他们拒绝被俄国人统治，但自己又无力成立独立的国家。我们要考虑这些国家的愿望。"捷克斯洛伐克代表卡尔·克拉马克兹博士听了，勃然大怒，喊

卡尔·克拉马克兹

道："俄国？瓜分俄国？它的领土完整呢？难道要牺牲它的领土完整吗？"然而，他的话没有引起任何回响，就湮灭了。一位俄国人后来问道："难道没有人提醒那些列强的代表，《布列斯特-立陶夫斯克条约》颁布时，列强代表们对德国同样也怀有义愤吗？"

与俄国不同，意大利并没有被视为敌人，而是被归入小国之列。托马斯·伍德罗·威尔逊对意大利的态度异常坚定、毫不妥协。在阜姆和达尔马提亚问题上，他寸步不让。无论意大利代表团如何争辩、上诉和降低要求，都无济于事。托马斯·伍德罗·威尔逊依然态度坚决。坦率地说，托马斯·伍德罗·威尔逊没有别的办法实现国际联盟，除非弱国被吓倒，被迫为他制定的伟大目标做出牺牲，否则他一定一败涂地——两手空空回到华盛顿。然而，不可否认的是，他的论点并不缺乏论据支

签订《布列斯特－立陶夫斯克条约》

持。因此，意大利和巴黎和会之间的僵局持续了几个月，直到意大利内阁倒台，人们厌倦了亚得里亚海问题。

波兰是另一个不得不屈服于盎格鲁-撒克逊意志的国家，但它主要屈服于大卫·劳合·乔治而不是托马斯·伍德罗·威尔逊。对于历史学家和学者来说，需要特别注意的是英国首相大卫·劳合·乔治对东欧领土的切割或合并，并没有深刻或新颖的想法。但他强烈反对将但泽划归波兰，并获得成功。这件事的始作俑者并非大卫·劳合·乔治，而是潜伏在背后被委婉地称为“国际金融”的集团。无论这么理解正确与否，该集团都对波兰有着浓厚的兴趣。虽然该集团对最高委员会的影响不那么明显，却很深远。在上西里西亚问题上，大卫·劳合·乔治也是出于同样的原因，坚决反对公民投票，拒绝将上西里西亚分配给波兰。他自己对这件事的解释是，尽管上西里西亚居民中波兰人与德国人的比例是二比一，但他们倾向于德国人，更希望与德国人共命运。此时，大卫·劳合·乔治如此坚决尊重当地居民的好恶。而最初，他断然拒绝倾听奥地利人与德国人统一的强烈愿望，断然拒绝阜姆和泰申的公民投票。如果这几件事比较起来，人们一定会感到困惑。英国首相大卫·劳合·乔治的这一想法遭到了负责报告此事的专家委员会的反对。专家委员会成员认为该问题没有任何疑虑。他们说：“该领土属于波兰，其绝大多数人口无疑是波兰人，现实的解决方法是，应尽快将其移交给波兰政府。”于是，专家委员会的工作人员换了，新成员代替了老成员。[①]然而，事情并未到此为止。在外国同僚中，英国首相大卫·劳合·乔治仍遭到强烈的反对，但最终他凭借唇枪舌战和固执己见获胜。

这位英国首相不辞劳苦、努力奋斗的目标是：在《凡尔赛和约》批准后的两个星期内，德国和波兰部队应该撤离举行公民投票的地区，

① 参阅《巴黎回声报》，1919年8月19日。——原注

解散工人议会。国际联盟应该接管该地区，以便人民充分表达自己的意愿。但由于国际联盟并不存在，而且在相当长的一段时间内也无法成立，因此，最高委员会最后决定立即成立临时组织代替国际联盟，并决定由协约国联合部队占领这些地区。[①]这是为英国首相大卫·劳合·乔治主张公民投票付出的第一笔代价。专家委员会认为投票没有必要。正如事实证明的那样，投票是有害的。

与此同时，上西里西亚人民情绪开始发酵并最终爆发。成千上万的工人响应这一号召，“放下”工具，停止工作。自1918年11月以来，上西里西亚的煤田产量已经下降了百分之五十，而现在已停止生产。最高委员会对此感到悲痛，转而向协约国联合部队求助。西里西亚的煤田产量约占德国总产量的三分之一，对此，法国和意大利垂涎不已，指望德国供应部分煤炭。法国媒体一针见血地问道：“如果从一开始就放弃公民投票，依赖波兰军队，是否会更便宜、更安全、更有效？”[②]无论大卫·劳合·乔治的意图多么理想，但他坚持公民投票的最终结果并不太理想。一名阻止上西里西亚脱离德国，名叫霍尔辛的报纸小贩，把局势搅得一片混乱，导致西里西亚和多姆布罗瓦煤矿区动荡不安。这些煤矿工人都是清一色的波兰人。罢工爆发后，他们拒绝将他们的不满提交仲裁法庭，因为这些法庭是由德国人主持的。大卫·劳合·乔治插手干预的结果，用一位公正的观察者的话说：“在随后的寒冬里，为东欧带来了饥饿、寒冷……”基本原则的精神消失殆尽，却迂腐地坚持不相关的信条，必定要付出沉重代价。

罗马尼亚更是受到严厉、残酷的对待。罗马尼亚代表不得不退出会议，无视列强的存在，并制定了自己的政策。于是，在罗马尼亚与匈牙利停战问题上，最高委员会暂时改变了主意，放弃了坚持的立场——不

① 1919年7月。——原注
② 《巴黎回声报》，1919年8月19日。——原注

过，不久之后又恢复了它的立场。[①]所有小国都为这次反抗欢呼雀跃，因为它们对最高委员会的反感日益强烈，深入骨髓。似乎任何一根棍子都足以打断这些自封为“统治者”的权杖。然而，对统治者来讲，这也是一个不祥的预兆。

如果建造建筑时，不参考相关规范，完全依靠后期的修修补补，那么，建造出来的建筑必然摇摇欲坠。然而，这一摇摇欲坠的“政治建筑”既不是基于《十四点原则》，也不是基于权力与领土平衡的准则，仅仅是试图把两者结合起来的一次不成功的尝试。它是由武力创造的，只有武力才能使它永存，如果条件允许的话，更有可能被武力驱散。正如美国一家新闻机构所言：“五人委员会抱怨没有国家愿意承认国际联盟。即使是小国也在购买战争物资，它们完全忘记了这样一个事实：既然国际联盟在那里阻止战争，就不会再有战争了。瑞典正从德国购买大量物资，而西班牙正派遣委员会前往巴黎，就法国的一些战备进行谈判。”[②]

比利时也很少受到考虑。显然，他们认为对比利时人民在战争期间勇敢表现的赞扬已足够补偿比利时做出的牺牲和蒙受的损失。修订1839年的条约，对比利时的经济发展非常重要，而直到1919年5月，最高委员会也没有与比利时进行任何外交沟通。当时起草的《凡尔赛和约》条款对比利时不公平，以至公正的媒体发表严厉批评，指责最高委员会健忘、自私。一份杂志写道：“有关比利时的决定泄露出一点信息。这点信息不仅让比利时人痛苦、失望，而且引起了世界各地的愤怒……协约国选择日内瓦作为国际联盟总部。它们已不再满足比利时道义上的需求，也许可以预料，它们也将不会满足比利时物质上的需求。现实果然

① 匈牙利人严重违反了缔结的停战协定，停战协议失去意义。罗马尼亚人占领匈牙利时，要求重新缔结停战协议，并负责起草。最高委员会起初反对，后来不再干预。但后来它的态度发生了进一步的变化。——原注

② 《纽约先驱报》（巴黎版），1919年8月20日。——原注

如此。1839年并入荷兰的林堡省，尽管在1918年给予撤退的德国兵非法避难所，违反了荷兰的中立立场，也不会回归比利时。甚至对比利时的安全和福祉至关重要的权利，即在安特卫普和北海之间，畅通无阻地航行于斯凯尔特河上的权利，也尚未得到承认。振兴比利时工业必不可少的原材料被扣留，以便协约国向比利时大量供应制成品。”[①]

然而，比利时的要求极其温和，适度合理。[②]比利时不是因战时英勇保卫文明而要求奖赏。比利时的要求直接来源于巴黎和会首脑们正式承认的每一项原则——权利、民族、合法保障和经济要求。经过这些试金石的检验，比利时的每条要求本身既合理又公平，而且对政客们力图在旧世界的废墟上建立新世界结构的持久性而言，似乎是不可缺少的。比利时孤立无援的政治和领土困境，体现了托马斯·伍德罗·威尔逊指责的旧的权力平衡体系下所有的罪恶：国家被肢解，人民被迫分离，分离的民族处于他国的统治下，水路控制权掌握在商业对手手中。各大中心城市及地区死气沉沉，使比利时陷入瘫痪，阻碍了比利时的发展。总而言之，比利时没有自己的政治地位。它不是各国联盟中的一个有机单位，而只是欧洲均衡机制中的一个齿轮。

比利时不仅遭受了战争的摧毁，而且还遭受了最高委员会的严厉审判。比利时抱怨，这两处伤口——东部林堡省的巨大缺口和西部的斯凯尔特河的封锁，威胁着它的存在，阻碍了它的经济增长，并使它无法自卫。一方面，主要城市安特卫普一旦与大海隔绝，发生战争就无法得到支援；另一方面，林堡省向德国军队开放了穿过比利时中部的道路，比利时希望能够消除这两种长期存在的危险。历史事件证明了比利时曾面临多么危险的境地。1914年10月，因为荷兰封锁了斯凯尔特河，禁止军舰和运输船进

① 《纽约先驱报》(巴黎版)，1919年5月4日。——原注

② 1919年1月到1919年3月，我在伦敦《每日电讯报》和费城《公众记录报》上发表了一系列专题文章，讨论比利时的要求。——原注

入，安特卫普沦陷。1918年11月，一支七万多人的德国军队，携带大量战争物资和战利品，穿过荷兰林堡省，躲过了协约国军队的追击。只要这种荒谬的领土划分继续有效，在军事上，比利时就会面临致命的危险。

在经济上，比利时也面临巨大威胁。无可否认，其后果危害性很大，尤其值得一提的是斯凯尔特河带来的后果。事实上，对荷兰来说，这条河实际上是无用的。它所能带来的唯一好处，就是能够阻碍安特卫普的发展和繁荣，使之有利于竞争对手鹿特丹的发展。比利时人希望的只是完全控制比利时的河流，并有权进行必要的工程施工，以保持其通航。针对特尔纽曾运河，比利时也提出了类似的要求。该运河连接根特市和斯凯尔特河，影响到比利时与其腹地的自由交流和往来，即与默兹河和莱茵河流域的交流往来。无论从哪个角度，包括国际法的角度，比利时的主张既适度又有据。但最高委员会没有时间专门讨论这些次要问题，因此，像其他重要问题一样，这些问题也被暂时搁置。

比利时代表团没有要求削减荷兰的领土。相反，他们支持在德国统治下，居住着荷兰自己民族的领土归属荷兰。①但荷兰人反对，就像在石勒苏益格问题上，丹麦所做的那样。他们害怕得罪德国。最高委员会默许了这一拒绝。同样，在讨论涉及莱茵河国家和比利时利益的问题时，最高委员会从来没有征求过比利时代表的意见。巴黎和会上，比利时代表基本被忽视了。在选择国际联盟总部时，比利时代表希望布鲁塞尔有幸入选，但遭到托马斯·伍德罗·威尔逊的否决。一位美国代表告诉一位外国同僚："国际联盟的总部必须位于静谧平和、人口稳定、气候宜人的国家。"一位欧洲大陆的政客问道："气候宜人？那为什么不选择摩洛哥首都——蒙特卡洛呢？"

日内瓦的参选理由是由瑞士信使寄到托马斯·伍德罗·威尔逊那里

① 弗里西亚和海尔德兰。——原注

的。主要理由如下——这也佐证了宗教偏见在巴黎和会决定中的作用比想象中的大：起源于日内瓦的宗教和政治自由的精神，在世界各国蓬勃发展。苏格兰神圣盟约派和英国清教主义的诞生，与其说是马丁·路德的功劳，不如说是约翰·加尔文的功劳。因此，日内瓦是新英格兰的发源地。同样，让-雅克·卢梭是约翰·加尔文真正的弟子，也是美国《独立宣言》的思想奠基者。最早的和平主义者和国际仲裁的倡导者之一约翰·诺克斯诞生在日内瓦。约翰·诺克斯曾追随约翰·加尔文两年。因此，清教徒革命、法国革命和美国革命都起源于日内瓦。

约翰·加尔文

让－雅克·卢梭

这些理由对托马斯·伍德罗·威尔逊产生了重大影响，因此，他拒绝考虑布鲁塞尔。比利时人争辩并恳求说："如果会议投票给伦敦、华盛顿或巴黎，我们将默默友好地接受。但如果总部定在一个小国家里，我们认为布鲁塞尔最合适。"然而，这一切徒劳无益。美国人反对说："瑞士的高山和湖泊，丝毫不会带来可恶的战争记忆，且环境优雅，比布鲁塞尔更合适作为国际联盟的总部。因为布鲁塞尔可憎的战争影响将长期存在。"对此，比利时人回答道："我们非常遗憾，比利时对非法入侵者的抵抗，竟成为它无法获此殊荣的借口。"

有个问题有必要进一步谈论一下。不久之后，位于伯尔尼的联邦委员会[①]正式提议[②]瑞士加入国际联盟[③]，随后展开了一场富有启发性的讨论。由于所有成员国有义务执行国际联盟遏制反叛国家的法令，在这种情况下，瑞士也将不得不积极参与国际联盟与反叛国家的斗争。由于瑞士不能采取军事行动，只好采取经济制裁措施。这样在一定程度上，瑞士就放弃了中立。这种态度不仅将被反叛国家视为不友好，而且将给自己国家带来其他后果。由于瑞士无法提供军事合作，国际联盟不能将军事行动指挥总部设在日内瓦。这样会违反瑞士的中立。如果真的选了日内瓦，瑞士必然会反对这一决定！

比利时代表对最高委员会傲慢轻蔑的行为和不情不愿的态度感到沮丧，对其法令的任意专横感到愤慨，对其专横地运用神圣的原则感到盛怒。例如，在将奥伊彭和马尔梅迪这两个小州归还比利时之前，托马斯·伍德罗·威尔逊坚持要通过公民投票来确定人民的意愿。这一措施本身是合理的，但这些小地区的位置基本上与阿尔萨斯-洛林地区相当，阿尔萨斯-洛林归还法国并未通过公民投票。而在阜姆问题上，居民们的意愿也是徒劳的，托马斯·伍德罗·威尔逊拒绝和比利时代表商量。此外，与德国结盟而闻名的奥地利人，完全被推入毁灭性的孤立状态。“现在，既然这些决定相互矛盾，”比利时代表问道，“自决原则的真正意义是什么？”他们得到的唯一答复是，自决原则的真正意义将由托马斯·伍德罗·威尔逊总统说了算。当初托马斯·伍德罗·威尔逊总统对美国同胞说，他的原则需要解释，因为他是唯一获权解释的人，所以他必须到欧洲去。这么看来，托马斯·伍德罗·威尔逊是正确的。

在金钱问题上，全权代表对这个把他们从灾难中拯救出来的国家也

① 联邦委员会是瑞士的最高政府机构，由七名联邦委员组成，这七名委员各自掌管一个联邦政府部门，轮流担任瑞士联邦主席。——原注

② 1919年8月。——原注

③ 《国际联盟盟约》第二十一条，《凡尔赛和约》第四百三十五条。——原注

很吝啬。到1921年5月为止，最高委员会拨给比利时的最高款项是25亿法郎。当初各列强自发承诺，要帮助这个遭到破坏的国家完成重建工作，而这点钱，专家们认为完全不够。与此同时，比利时其他经济上的不满也一度被忽视。此外，他们决定把德国在非洲的殖民地移交给列强。然而，在德国征服殖民地时做出重大贡献的比利时，却无法分得德国的殖民地。

比利时代表团对最高委员会的吝啬小气感到愤怒，在咨询朱尔斯·劳伦特·让·路易·伦金后，比利时代表团决定坚定立场，拒绝签署《凡尔赛和约》，除非最高委员会同意比利时某些不过分的金融、经济和殖民主张——这些主张本应该被立即解决的。最高委员会并没有因为对比利时的吝啬行为和不公正行为而受到全世界的谴责，但最高委员会最终让步了，然而，留下的印象似乎是深刻的、难以磨灭的……

大国并未意识到它们凌驾于其他国家之上带来的后果不可预测。比利时正面临一个虽然不重要但很现实的问题。在比利时这个英雄式的国家里，有一个语言问题——是内部争论，完全可以由瓦隆人和佛兰芒人内部解决。但如果大国干预，则可能引发不可预测的后果。由于可能达成军事或经济性质的协议，人们热切希望这一争端能避免转变为国际问题。这个问题太过微妙，比利时之外的人无法处理。比利时人民既务实又守法，他们小心翼翼，尽量避免把语言问题变成民族问题。

不久，最高委员会就被视为未来国际联盟的原型。从这个意义上讲，它的行动受到了所有国际联盟相关人士的严厉审查。其中最主要的是小国代表，或者被称为“个别利益”的国家代表。这群爱国志士怀揣着国家希望朝圣般地来到巴黎，幻想着能贪婪地享受着慷慨的赞扬和许诺。这是他们在战争期间支持协约国事业而得到的精神慰藉。但他们的幻想很快就破灭了。在他们与列强代表的首次会议上，一场暴风雨爆发冲走了他们的期望。雨过天晴后，人们发现他们已从不可或缺的同僚变成了矮小的门徒，变成了奉命行事的下等阶层，如果稍有怨言，将面临更多限制。

在1919年1月26日召开的具有历史意义的会议上，小国代表们强烈反对巴黎和会分配给他们的装饰性角色——在事关他们民族利益的决定中，他们不能起实质作用。加拿大代表谈及各大国的“提案”时，立即被乔治·邦雅曼·克列孟梭纠正过来。他粗鲁地说：“这不是提案，是决议，是最终的，不可更改的。”随即，比利时代表保罗·路易·阿德里安·亨利·海曼斯发表了精彩的演讲，请求最高委员会开诚布公，讨论与他们所有人都密切相关的问题，并要求会议允许交战小国有两名以上的代表。法国总理直截了当地拒绝了他们的要求，并告诉参会者，巴黎和会是大国创造的，他们打算把会议的工作方向掌握在自己手中。他还特别指出，如果不用讨论国际联盟这一特殊问题，小国代表根本不会受到邀请。他补充说，不要忘了，这五个大国代表了不少于一千二百万名战士……最后，他告诉小国代表们，他们最好继续他们的工作，而不是浪费宝贵的时间去演讲。这些话产生了深刻而持久的影响。然而，这种影响却并不是这位法国政客想要的那样。

“会议霸权主义”是一位被激怒的代表对这种专横方式的概括。第二天，这位代表对我说：“我当时已经准备好反驳乔治·邦雅曼·克列孟梭，但是我怕损害大会的威信，所以最终没有说出来。我本打算强调，在警惕的敌人面前，我们需要全体一致，随时准备在我们正在建造的大厦的每一个裂缝中插入一道楔子。我本打算指出，这是联合作战的国家召开的大会，没有任何理由让从未参战的国家出席会议。我可能会问，战争尚未获胜时所宣扬的信条——国际联盟必须建立在所有主权国家自由同意的基础上——现在变成了什么样子。我本打算质问，这些热爱和平的民族为人类事业甘愿做出巨大牺牲，现在仅仅要求出席会议，而大国代表竟以军队数量、军事实力为由拒绝了他们的要求，我们怎么指望他们成立国际联盟，带给人类稳定和平呢？一千二百万名士兵是用来对付敌人的，而不是用来对付爱好和平、遵纪守法的欧洲人民的。乔治·邦雅曼·克列孟梭总理似乎把浪费时间的责任推给我们，但事实是，我们直到昨天才获准参加审议。自停战协定缔结以来，已经过了两个半月，这些主要政客取得的进展明显有限，但连我们倾诉意见和愿望的四十五分钟，乔治·邦雅曼·克列孟梭总理都不愿分给我们。”

法国总理乔治·邦雅曼·克列孟梭用一千二百万名士兵碾压人类文明的敌人，令人钦佩；但用对付战场的态度和行动，来协调各国人民的利益时，它们就会成为冲突和不和谐的根源。

这些高压手段造成了很大的怨恨。为了安抚被冒犯的代表，他们也做出了些许让步。但由于方式不真诚，这些让步没有达到预期的效果。比利时获得三个席位，而不是两个，南斯拉夫获得三个席位，但人口估计有一千四百万的罗马尼亚只有两个席位。这一无法解释的决定造成了新的伤口，摩擦使伤口不断地恶化——尽管摩擦完全可以避免。匈牙利库恩政权的垮台，直接影响了罗马尼亚与最高委员会之间的特殊关系。

如果执行的政策真的有利于被强加于其上的国家的福祉，即使是这些激进的方法，也可能获得认同。但这些政策由一两个人仓促制订。他们不仅对涉及的问题不甚了解，甚至知之甚少，而且不断犯下令人震惊、代价高昂的错误。他们的干预不可避免地遭到相关国家领导的憎恨——称他们的干预任性武断，害人不浅。因为这些领导人更熟悉、更准确了解这些问题和相互依存的事件。如果大卫·劳合·乔治和托马斯·伍德罗·威尔逊做事没有傲慢的习气和神情，稍微谦逊一下，那么，这种怨恨即使无法消除也可有所缓和。即使决策者拥有绝对正确的判断能力，做决定时的专横措辞、通知时的唐突以及伴随这些决定而来的威胁，也会令人反感。

德国签署条约后不久，一位代表就此事向我吐露了自己的想法：“三巨头对大多数来自交战小国的特使极其冷漠。事实上，这是彻头彻尾的蔑视。如果不这样，那就奇怪了。他们毫不掩饰对我们的蔑视。我们接近他们时，他们把我们当作纠缠不休的入侵者推到一边。他们做出的决定我们一无所知。他们从不和我们商量，并且背着我们，秘密执行，就像我们是敌人或间谍一样。如果我们反对或抗议，我们就是‘帝国主义者’，是忘恩负义的人。我们常常只能从报纸上了解到最高委员会强加给我们的条件或限制。”

几天前，在对罗马尼亚代表团提出问题的非正式答复中，乔治·邦雅曼·克列孟梭指示他们同奥地利协商《凡尔赛和约》的财政条款，却忘记了罗马尼亚代表作为小国代表，无权收到或阅读这些条款。虽然最高委员会与奥地利人沟通过，但最高委员会小心翼翼地避开了同样与此事有关的罗马尼亚人。与此同时，最高委员会要求罗马尼亚政府做出并宣布一项决定。但罗马尼亚政府根本不了解这些条款，于是罗马尼亚政府发电报给在巴黎的罗马尼亚代表，要求他们告知这些条款。然而，罗马尼亚代表并没有条款副本，况且，按当时的情形来看，他们也无权拥有。[①]诸如此类的矛盾之事，时有发生。

巴黎有一位享有世界声誉的政客。他反对那些站在小国一边的观点。尽管这位政客可能极力反对，但他看待小国的抗议和策略的角度，任何一位公正的历史学家都无法忽视。他说：“所有小国都贪得无厌、永不满足。如果1914年世界大国的首脑们就了解他们的脾气，确定他们的抱负的话，从那时起已成为历史的许多事情将永远不可能发生。战争期间，这些小国被追捧，被奉承，被承诺一切——太阳、月亮、天空、大地，以及所有的荣耀。现在这些承诺不能兑现，他们就怒气冲冲，用悖逆、反叛和暴躁威胁那些大国。当然啦，如果大国没有暴露他们内部的分歧、犹豫、矛盾和悔悟，没有丧失权威和威望，小国是不会这么做的。今天，大家都知道，大国可以接受非常原始的激励和威慑。他们若从一开始就联合起来，对小国弟兄们说：‘这是你们的边界。这些都是你们的义务。’那些

① 我当时有份完整的副本。——原注

小国弟兄们会鞠躬表示感谢。这样，边界问题就可以解决，皆大欢喜。因为每一个新建或领土扩大的国家都将认为接受了世界大国的免费礼物。全权代表们却用一种不同的、不切实际的方式完成他们的任务。他们首先承认这些新的国家，然后允许他们派代表出席巴黎和会。他们这样做的理由是，必须首先建立国际联盟，所有表现良好的协约国参战方，都有权就此发表意见。然而最后，他们没有按计划办事，没有清算战争，而是把和平问题同国际联盟的条款混为一谈，同时进行辩论。辩论中，他们暴露了内在的差异，犹豫不决和意志软弱。于是小国利用了这一点。最终结果便是和平推迟、列强体力消耗……”

必须指出，人们反对新旧秩序下一般问题和特殊问题交织在一起，也有其他理由。例如，意大利人认为，这将许多敌人转变为享有高度特权的盟友。战争期间，他们是敌人；和平讨论开始前，他们得到了宽恕；然而，最后，他们却作为珍贵的朋友参加了巴黎和会。奥地利给意大利造成了巨大的损失，因此，意大利人英勇地向它发动了战争。这些奥地利人是谁？他们由各个民族——特别是斯拉夫民族——组成，组建了哈布斯堡王朝。这些士兵都认真履行了对奥地利皇帝和国家的职责，履行了他们的誓言。当然也有明显的例外。他们对意大利人的敌意丝毫不亚于普通德国人对法国人和英国人的敌意。那么，意大利人争论道：“为什么要给他们特权？而这些特权，有的协约国盟友都没有呢？为什么要把奥地利当盟友平等对待？”得到的答复或许是：“大多数士兵漠不关心，只是执行命令”。“那么，普通德国人不也是如此吗？但他们并没有得到战胜列强的宠爱啊？”克罗地亚人和其他民族突然变成巴黎和会宠爱的孩子，而德国人和德意志—奥地利人，尽管接受并履行托马斯•伍德罗•威尔逊列出的加入国际联盟的条款，但不仅受到沉重的惩罚——当然，这完全公正——而且被取消加入国际联盟的资格。这前后不一致。

人们抱怨政策不一致，其根源在于世界仲裁者们没有计划，也没有方法。一方面，托马斯·伍德罗·威尔逊原计划按照自己的意愿，对待英勇的塞尔维亚人和他们的克罗地亚兄弟。但遭到反对后，他没能坚持下去。另一方面，传统的势力均衡的方法本可以满足意大利一切合理的要求，但在一定程度上，托马斯·伍德罗·威尔逊摧毁了这一方法。此后没有别的办法，只有求助于第三者，但第三者使双方极其不满，并在今后的日子里危及世界和平。即使是这样的权宜之计，这些杰出的全权代表也无法独立谋划。他们做事的方法是把工作转交给特派团、委员会和小组委员会，然后采取行动，而这些行动往往与这些选定的代理人的建议背道而驰。另外，奇怪的是，这些委员会都没有得到明确的指示。举个具体的例子：最高委员会任命一个中央委员会来处理波兰边界问题，朱尔斯·马丁·康邦领导下的另外一个委员会研究关于波兰划界问题的报告，尽管最高委员会经常咨询这些委员会，但很少听取他们的意见。然后还有其他委员会，也做了出色的工作，但收效甚微。现在可以从各个方面来探讨他们调查对象的所有问题。有历史边界，人种学边界，政治、战略和语言边界，不胜枚举。因此，在所有这些问题中，委员会委员们必须根据形势，选择他们的调查领域，但最高委员会并没有给出任何指示——恐怕最高委员会也不知道它需要什么。

最高委员会办事程序毫无条理，处理重要工作草率。下面的讨论就是很好的证明，值得一提。这次讨论本来是最终的，具有决定性意义，结果却只是浪费时间。此次讨论的主题是裁军。英美两国代表认为，他们有责任减轻战败国的军事负担，减少暴力行为的诱因。因此，他们赞成立即削减军备。意大利代表认为，如果禁止奥地利武装超过一定数量的军队，那么，这一禁令应该扩展到包括奥地利在内的所有国家。同时，人口和军队之间的比例应该是相同的。这一观点最终被接受。于是，最高委员会召集各国代表，公布了这项决定，并要求各国代表遵守这项决定。

波兰总理伊格纳齐·扬·帕岱莱夫斯基恭敬地听着，然后说：“根据法国军事当局的描述，德国仍有三十五万名士兵在西里西亚。”“不，”乔治·邦雅曼·克列孟梭纠正道，“只有三十万。”“我接受更正，”波兰总理答道，“这一差别对我的观点并无影响。我的观点是，根据报告的情况，为了解决冲突，我们波兰人可能不得不与德国人作战。如你们所知，我们手头还有其他军事工作，比如，与布尔什维克的冲突。如果一方面我们被剥夺了有效的自卫手段，另一方面告诉我们不要指望协约国的帮助，每位明智的观察者都能预见后果。现在，三十万名德国兵是不小的数目。如果我们兵力不足被打败了会怎么样呢？”“毫无疑问，”乔治·邦雅曼·克列孟梭喊道，“如果德国人在东欧获胜，协约国就会输掉这场战争。这个角度我们还没有考虑。”

“我们也不得不在不止一条战线上与布尔什维克作战，”扬·约内尔·布勒蒂亚努接着说，“对我们来说，这场斗争生死攸关。即使只是在较小的程度上，它也关系到整个欧洲，而且我们做出这样的牺牲也是在为各列强大国服务。限制我们的部队而不顾我们面临的艰巨任务，这样做可取吗？明智吗？让这些国家的军队发展到履行其职能所需要的规模，难道不是大国义不容辞的责任吗？”“就目前而言，你说的都是事实，”乔治·邦雅曼·克列孟梭反对说，“但你忘记了军备限制不是立马生效。我们规定了期限，期限过后，军队的兵力将会减少。我们已经把所有的情况都考虑进去了。”罗马尼亚首相扬·约内尔·布勒蒂亚努质疑：“你们确定能准确地估计时间？毕竟我们国家的存亡都悬在你的预测上。”“到1921年1月，危险将完全消失。”乔治·邦雅曼·克列孟梭坚持道。“我真的很高兴有这样的保证，”扬·约内尔·布勒蒂亚努回答说，“我不怀疑你们的预测。你们不会把罗马尼亚的命运置之不理，但你们没有告知我们这么预测的理由，却要求我们承担最沉重的风险，以证明我们的信心。如果你们预测错误，意外事件发生，罗马尼亚将受到攻击，列强大国应该保证会立刻给我们足够的军事援助。难道不应以此表明对自己预测的信心吗？”这一质疑没有得到肯定答复。于是，扬·约内尔·布勒蒂亚努总结说：“限制军备非常可取。没有人比我们更渴望如此。但我冒昧地认为，有一个前提条件必须重视。如果你有一个不安分或靠不住的邻国，他的军队既不受限制也不受控制，那么你就不能放弃自卫的手段。这就是我们对这件事的看法。”

几个月后，同样的问题再次出现，这次以具体的形式，并由最高委员会以其特有的方式加以处理。1919年8月月底，罗马尼亚在匈牙利的所作所为及对巴纳特的计划使代表们感到震惊和愤怒。代表们的权威受到挑战。乔治·邦雅曼·克列孟梭建议停止往罗马尼亚运送武器，以便迅速结束失控的态势，防止发生令人不快的意外事件。意大利首席代表托马索·蒂托尼提出了一项修正案。他说，他不赞成任何专门针对罗马尼亚的措施，因为已经有一项由四人委员会通过的限制所有小国军备的法令。凡尔赛军事委员会负责研究这个问题，最后得出的结论是，大国不应该向任何政府提供战争物资。因此，托马索·蒂托尼赞同应该立即执行这些决定。

于是，最高委员会同意了意大利代表的意见，通过了一项决议，不向任何小国提供战争物资。几分钟后，又通过了另一项决议，授权德国将部分军火和战争物资转给捷克斯洛伐克，并将更多的物资转让给尼古拉·尼古拉耶维奇·尤登尼奇将军！①

1919年2月，处理复杂问题的各个委员会刚成立时，只允许小国有五名代表参加金融和经济委员会，并要求他们推选。小国的十九名代表抗议说，这种安排使他们在讨论其利益的委员会中没有足够的分量。这些不满由巴西总统埃皮塔西奥·佩索阿牵头表达。波兰代表罗曼·斯坦尼斯瓦夫·德莫夫斯基在会上发言并表示，他们不应该推选，推选的代表

① 参阅《意大利晚邮报》，1919年8月24日。——原注

尼古拉·尼古拉耶维奇·尤登尼奇

埃皮塔西奥·佩索阿

可能与欧洲金融利益毫无关系，而应该让大国任命代表。对此，巴西总统表示反对，他认为小国让大国提名其发言人有失尊严。于是，他们选举了五名代表——全部来自南美洲国家，来处理欧洲金融问题。另外，欧洲国家的代表再选出五名代表。这样，这些被认为“个别利益”的小国将获得十个席位，但这一行为被认为是对大国的冒犯。

这场闹剧受到巴黎和会领导人的严厉批评，其倡议者也受到了谴责。巴黎和会领导人取消选举结果的同时，也做出了让步，承诺以后会为小国任命更多的代表。事实上，委员会成员的数量并无实际影响。在所有重大问题上，除非委员会的调查结果与首席全权代表的决定一致，否则委员会的调查结果一样会被忽视。

人们可以从不同的角度来审视最高委员会对罗马尼亚的有趣态度，而最客观的角度是从事实出发。

罗马尼亚有很多不满，这些不满始于会议伊始。当时巴黎和会拒绝了罗马尼亚派两名以上代表的请求。与之形成鲜明对比的是，五个大国各有五名代表，塞尔维亚和比利时各有三名代表，而塞尔维亚和比利时的人口在数量上都不及罗马尼亚。当初罗马尼亚与英国、法国和俄国签订了条约，并以此为基础加入了战争。而现在，当边界问题在巴黎和会上讨论时，曾经的签署国却推翻了条约。此外，最高委员会基本上忽视了罗马尼亚代表团的存在。对德和约提交给乌尔里希·冯·布罗克多夫-兰曹伯爵时，连出席会议的小小的记者①都有一份完整的副本，而以扬·约内尔·布勒蒂亚努总理为首的罗马尼亚代表团却只有一份不完整的摘要。起草对奥地利条约时，罗马尼亚代表团在提交前一晚才看到这些支离破碎的条约，并对一些不能接受的条款提出了保留意见。这些保留意见貌似得到最高委员会成员的默认。但第二天，他们瞥了一眼草

① 参阅《审查和保密》一章。此处记者即指本书作者。——原注

乌尔里希·冯·布罗克多夫－兰曹伯爵

案，发现那些令人讨厌的条款仍然丝毫未改。然后他们以书面形式提交了保留意见，但没有任何结果。无论如何，这就是留给扬·约内尔·布勒蒂亚努和尼古拉·米舒的印象。列强大国强加给罗马尼亚的一项义务是，最高委员会为保护罗马尼亚少数民族，在协约国货物运输问题上，为进一步限制罗马尼亚国家主权而拟定的任何措施，罗马尼亚须承诺提前接受。罗马尼亚代表抱怨说，在多布罗加和特兰西瓦尼亚，最高委员会的行动带来了危险的动乱。在这些地区，原本愿意接受罗马尼亚统治的撒克逊少数民族开始骚动起来，反对罗马尼亚统治。在比萨拉比亚，居民中的非罗马尼亚人强烈反对罗马尼亚人，并呼吁巴黎和会支持。在罗马尼亚人看来，导致这一局势的是，1919年春，最高委员会向他们下达的准最后通牒。当时，最高委员会私下非正式召见罗马尼亚代表，要求他们将工业特许权授予野心勃勃的某金融集团，否则后果自负——后果之一便是失去美国的积极协助。他们本打算将此事提交给托马斯·伍德罗·威尔逊本人，并正式询问这一行动是否与总统的东欧政策相矛盾——他们确信这肯定矛盾，但权衡利弊后，他们决定接受这一威胁性的惩罚。或许丰富的石油会冲走罗马尼亚人将来的许多磨难，苛刻条件下的贷款，将软化罗马尼亚命运掌权人的心。[①]一想到这些，罗马尼亚人就很悲伤。“等着，”一位罗马尼亚人对我说，“你会看到，会议结束前，我们将被当作冷漠的人而遭到唾弃，甚至更糟。”罗马尼亚的外部形势甚至比国内困境更危险。罗马尼亚位于俄国和匈牙利之间，越来越像铁锤和铁砧之间的铁。这两个无政府主义国家联合行动，就可能使罗马尼亚灭亡。巴黎的罗马尼亚代表意识到危险，急于寻找防范措施，但目前唯一的希望寄托在大国身上。大国的代表们正在履行维护世界和平的职责，而且过去大国的所作所为并未影响罗马尼亚对他们的信心。1916年8月月底，大国为了自己的利益，丝毫没有考虑罗马尼亚的利益，要求罗马尼亚对同盟国宣战，并承诺俄国军队会增援，承诺提供各类战争物资、指挥官和重型火炮等。然而，协约国既没有兑现援助罗马尼亚的承诺，也没有阻止德国军队入侵罗马尼亚。就我们现在所能判断的而言，协约国就不应该做出这些承诺。因为在奥古斯特·冯·马肯森领导下的一流的德国军队很快入侵罗马尼亚。这很容易就能预见到。[②]整个罗马尼亚被洗劫一空，所有可以搬走的有价值的东西都被运往匈牙利、

① 《时报》，1919年7月8日。——原注

② 我是当时坚持认为即使为了协约国的利益，罗马尼亚也不应该在那时参战。预测到侵略是我提到的原因之一。——原注

奥古斯特·冯·马肯森

德国或奥地利。协约国口头上对罗马尼亚表示了极大的同情，但除此之外，他们几乎没有提供任何帮助。贫困、苦难和疾病使罗马尼亚人陷入深深的苦难中。

停战之后，情况非但没有好转，反倒变得更糟了。匈牙利违反规定，军队人数与匈牙利注定要保留的国土面积比例完全不相称。由于协约国在东欧没有部署任何反击力量，匈牙利政府对这一规定嗤之以鼻。1919年春，匈牙利人活跃起来。罗马尼亚政客们毕恭毕敬地提出请求——允许他们指挥军队，保护国土免受威胁，但被大卫·劳合·乔治和托马斯·伍德罗·威尔逊否决了。他们自以为比当事人更了解情况。于是，随时准备抓住机会的匈牙利人抓住最高委员会给他们创造的机会，进入罗马尼亚领土，攻击了罗马尼亚人。这两位盎格鲁-撒克逊政客并没有感到羞愧，而是安慰扬·约内尔·布勒蒂亚努及其同僚们说，他们感到遗憾。最高委员会将负责处理此事，并保证罗马尼亚国家安宁再也不会被扰乱。但这一承诺就像之前的承诺一样，并未兑现。

罗马尼亚人甚至认为，最高委员会要么有绥靖主义倾向，要么在不知不觉中受到神秘力量的影响，但这种神秘力量的性质不容易确定。为了支持这些观点，他们说，在罗马尼亚人即将消灭贝拉·库恩的军队时，最高委员会出面干预，拯救了贝拉·库恩的军队。众所周知，贝拉·库恩正处于濒临崩溃的边缘。他的一名副官从布达佩斯发来一份电报。电报中有这样一段重要的声明："贝拉·库恩承认匈牙利军队正在逃亡。在戈米桥头堡占据有利位置的部队已经放弃了桥头堡，执勤的士兵也已撤走。贝拉·库恩正着手在布达佩斯布置十五个工兵营，以安置撤退的士兵。"换句话说，贝拉·库恩的垮台已经开始了。罗马尼亚人即将实现这一目标。驻扎在蒂萨河岸边的罗马尼亚军队准备向布达佩斯进军。正是在这个关键时刻，巴黎和会上的世界仲裁者们插手进来，要求罗马尼亚停止行动。他们并未公开宣布是否有充足的理由进行干预。乔治·邦雅曼·克列孟梭派人把扬·约内尔·布勒蒂亚努召来，断然阻止罗马尼亚继续进军。罗马尼亚曾在战时做出了巨大贡献和牺牲，乔治·邦雅曼·克列孟梭先生的命令，对罗马尼亚显然不公平。据说，当权者和贝拉·库恩之间已达成秘密协议。当时，没有人完全了解为什么协约国突然改变对匈牙利人的态度。……一种解释是，协约国反对罗马尼亚军队单独占领匈牙利首都。但这无法解释他们为什么没有派遣一支多国部队去恢复布达佩斯和匈牙利的秩序。当贝拉·库恩的支持者重整支离破碎、士气低落的军队时，最高委员会非但完全没有采取任何行动，反倒反对罗马尼亚乘胜追击匈牙利人的计划。正如一位法国批评家所言[①]，协约国只是消极处理。其中一些政策已经够有害的了，罗马尼亚迫切需要积极的政策。要重建一个国家，一系列相互矛盾的否决是远远不够的，更不用说重建一个被摧毁的国家。关于协约国对罗马尼亚的态度，还有另一种解释，得到广泛认可。以下就是这种解释。

分散的匈牙利军队得到这样的保护，很快就恢复了勇气。协约国阻止了罗马尼亚军队继续入侵，边境安全后，匈牙利军队重拾信心，进攻并占领了捷克斯洛伐克。布拉格内阁对此感到恐慌。一场灾难似乎随时都可能发生，新生的捷克斯洛伐克摇摇欲坠。罗马尼亚军队一直在等待指示继续前进，但指示并未传来。捷克斯洛伐克人虔诚地祈祷着。然而，巴黎软弱无力的全权代表们却打算不走寻常路。他们没有命令罗马尼亚军队向布达佩斯进军，而是向贝拉·库恩喊话，要求他撤离捷克斯洛伐克，并主动承诺将迫使罗马尼亚人撤离。这一系列惊人的行动是由三巨头组成的秘密委员会决定的，与罗马尼亚利益背道而驰；没有得到罗马尼亚及其政府首脑的同意，也没有事先让他们知晓。尽管罗马尼亚代表每天与全权代表并肩作战，但扬·约内尔·布勒蒂亚努及其同僚们基本被忽略了。罗马尼亚为了自己的国家利益，也为了协约国的利益，牺牲了自己的子民。他们很难理解大国是出于什么动机，如此傲慢地对待罗马尼亚代表。出于个人的反感？无论这个理由听起来多么真实，如果没有令人信服的理由，就不能算作主要动机。

罗马尼亚作为协约国的友好国家，其政府首脑却受到怠慢，还有比这更糟糕的吗？如果给罗马尼亚政府发出命令，命令其从占领的前线撤回部队，基本的礼貌、政治策略以及简单的常识都表明，他们应该先要与罗马尼亚政府首脑——当时在巴黎，担任巴黎和会罗马尼亚代表团团长——沟通。但事实并非如此。秘密委员会的政客们用无线电，未经罗

① 参阅《时报》，1919年7月28日。——原注

马尼亚首相扬·约内尔·布勒蒂亚努同意，向“罗马尼亚政府”发送了一封电报，命令罗马尼亚撤军。因为巴黎和会谨慎地履行着对布尔什维克主义者的诺言。即使不是外交官也能体会到“罗马尼亚政府”在接到这一突然命令时的惊讶。罗马尼亚首相扬·约内尔·布勒蒂亚努得知这些卑鄙行径时，他的心情可想而知。众所周知，这一系列奇怪的事情左右了大部分罗马尼亚人的情绪，而这种情绪对协约国正在进行的事业没有任何好处。1919年9月，有报道称，罗马尼亚首相扬·约内尔·布勒蒂亚努指责最高委员会对罗马尼亚采取的政策是“恶意和危险的”。[①]

正如我们所了解的，1919年6月13日，从前线撤军的命令，没有经过罗马尼亚政府的同意，却强加给罗马尼亚，并且具有一定程度的秘密性和专断性。这不仅深深伤害了罗马尼亚官方代表，也深深伤害了那些为了和平，真诚愿意与协约国携手作战的罗马尼亚国会议员和政客。一位罗马尼亚政客激动地跟我说：“‘三巨头’……正在破坏对权威、传统、朴素、坦率做事的尊重。他们的主要目的似乎是把罗马尼亚从法国和协约国中分离出来。这一目标并非遥不可及。虽然罗马尼亚人民同法国人心连心，但在一部分有影响力的人们看来，不久以前还很牢固的关系正在被削弱。这使所有罗马尼亚爱国者感到遗憾。”

罗马尼亚政府拒绝遵守秘密委员会的专横命令，理由充足。罗马尼亚从可怕的经历中吸取了教训，拒绝再一次违背自己的判断，从而避免被带进致命的危险中。罗马尼亚的政客们比大卫·劳合·乔治、托马斯·伍德罗·威尔逊和乔治·邦雅曼·克列孟梭更熟悉匈牙利人。罗马尼亚只需要保障，武装部队的保障——由罗马尼亚或协约国的武装部队提供。直到匈牙利人接受由人民自由意志选出的政府，并且能够保证良好行为，否则武装部队必须留在匈牙利。罗马尼亚目前占领的区域需要

① 参阅《每日邮报》(巴黎版)，1919年9月5日。——原注

四个师来保卫，而新的战线的防守至少需要七八个师，因此，罗马尼亚不能撤军。如果最高委员会裁军，那将是另一个致命的错误，其后果必将转嫁到顺从的人民身上。就在此时，罗马尼亚开始反击。

我们再回到布加勒斯特和巴黎之间的争端上来：如果最高委员会能够有效保证罗马尼亚今后不受匈牙利人的攻击，罗马尼亚政府将愿意遵守最高委员会的愿望，撤出部队。罗马尼亚要求的是一支联军特遣队，该附带条件合情合理，作为自卫措施必不可少，但大卫·劳合·乔治和托马斯·伍德罗·威尔逊只是一味拒绝。他们能给罗马尼亚首相扬·约内尔·布勒蒂亚努的，只有临战前的口头规劝和战败后的口头同情。罗马尼亚首相扬·约内尔·布勒蒂亚努拒绝了这一切。但就像波兰的情况一样，协约国代表们坚持己见。他们满口许诺、规劝和恳求，然后又威胁，但丝毫不提保证罗马尼亚不受匈牙利攻击之事。罗马尼亚首相扬·约内尔·布勒蒂亚努对这些花言巧语、威逼利诱充耳不闻，不屈不挠。因为他深信，他们的建议，非但不总是公平公正，反倒常常由于不了解事情而变得毫无价值；他们的命令，只不过是黑暗中无法执行命令的探索者的甜言蜜语。

这几位高高在上的全权代表，就这样被罗马尼亚这个不起眼的国家公然漠视，他们尴尬极了。事实证明，如果全权代表的决定无法控制局势，那么最稳妥的做法就是适应局势。因此，当英国政客拒绝甚至不让提及海洋自由的话题，乔治·邦雅曼·克列孟梭拒绝接受没有萨尔河谷和向法国军事援助的承诺的和平，日本非法地坚持要求在山东的所谓“权益”时，托马斯·伍德罗·威尔逊就是这么做的。而对意大利，托马斯·伍德罗·威尔逊则采取了坚定的态度。因为在经济上，意大利依赖英国和美国，所以，它不能任性固执。因此，全权代表们，特别是托马斯·伍德罗·威尔逊肆无忌惮，坚持他们的意志。然而，小国中竟有国家敢违抗他们的意志，全权代表们感到既惊讶又痛苦。

在战胜意大利之后，世界仲裁者就这样被东欧的一个小国公然蔑视。这种情况对他们来说是痛苦的，也是对他们所认同的事业的一种打击。尽管如此，他们还是暂时接受了不可更改的事实，并决定支持罗马尼亚的论点——不再支持，而是间接镇压匈牙利人①。他们因此邀请了罗马尼亚、捷克斯洛伐克、南斯拉夫，将“在无政府主义状态的东欧，发动人道主义战争”的荣誉授予这三个国家。他们劝说三国代表派兵上前线，并协商派遣的军队数量。罗马尼亚首相扬·约内尔·布勒蒂亚努提供了八个师。捷克斯洛伐克代表并不喜欢这个计划，但经过一段时间的拖延和回避之后，他们同意提供一支特遣队。而南斯拉夫代表则明确否决了他们的要求。后来，最高委员会承诺阻止意大利人攻击南斯拉夫时，南斯拉夫代表才默许。事实证明，除了罗马尼亚人，实际上没有人与匈牙利军队作战。与此同时，美国、英国和意大利驻匈牙利使团的成员，努力与布达佩斯的犯罪团伙达成友好协议。

这场作战计划由斐迪南·福煦元帅拟定，因此，这事看起来像模像样。斐迪南·福煦元帅计划调用二十五万名士兵②，罗马尼亚提供十二万名，南斯拉夫提供五万名，捷克斯洛伐克尽其所能提供。但就在准备工作开始的前一天③，贝拉·库恩率领部队④向罗马尼亚军队发起进攻，将罗马尼亚军队赶过蒂萨河，占据了指挥位置，取得了初步的胜利。罗马尼亚军队损失惨重。最高委员会成员感到沮丧。贝拉·库恩这位闪米特独裁者带着冷酷的幽默，向再次犯错的灰心丧气的立法者们解释说，对和平的肆意破坏与他的思想格格不入；相反，他的行动动机——迫使反叛的罗马尼亚人服从巴黎和会的命令，撤退到他们的边境去——值得高度赞扬。全权代表们优雅地接受了这一嘲笑，决定再一次发一封劝诫性

① 1919年7月11日，也就是几天后，由于塔斯克·霍华德·布利斯将军不同意斐迪南·福煦元帅的意见，这项决定被暂停。——原注

② 1919年7月17日。——原注

③ 1919年7月20日。——原注

④ 据估计，约八万五千人。——原注

的电报。然而，对于他们来说，没有其他有效的方法了，这是唯一的方法。这一次的报文没有明确的地址，可能想发给匈牙利人民，间接敦促他们推翻库恩政权，接受承诺的奖赏——享有与协约国建立正式关系的特权。单凭这一解决办法，很难看出最高委员会有能力在欧洲这片土地上恢复社会秩序和安宁生活。大卫·劳合·乔治和托马斯·伍德罗·威尔逊似乎完全无力制定连贯的中欧或东欧政策。即使匈牙利政府与协约国建立友好关系，匈牙利也不会从中获得任何好处。协约国的奖赏对匈牙利领导者米哈伊·卡罗伊毫无用处。他们听任事态的发展。他们的脾性、知识和经历使他们无法抓住机会，按压手里的杠杆。

米哈伊·卡罗伊

面对困难时，大卫·劳合·乔治和托马斯·伍德罗·威尔逊很少坚定立场。这种犹豫不决的态度，导致这群掠夺成性的团伙继续上演令人啼笑皆非的闹剧。匈牙利国籍掩盖了他们异族的本质，政治面具掩盖了他们的罪恶，这引起了人民的厌恶，损害了欧洲新建国家和领土扩张国家的利益。最高委员会软弱的代价必须用鲜血和物质来偿还，但两位代表似乎没有意识到这一点。如果不是历史和文件记载这些事实，这一毁灭性进程的影响令人难以置信。

列强在匈牙利的常驻代表[①]不愿使用武力，希望达成和解。现在，他们劝导匈牙利人摆脱贝拉·库恩，而作为回报，他们承诺将罗马尼亚人再次驱逐出匈牙利领土，并封锁边界。1919年7月月底，在某边境站[②]，一些来自奥地利的匈牙利人会晤贝拉·库恩，极力劝说贝拉·库恩悄悄隐退。但贝拉·库恩相信协约国的政策和他的部队，并未将这个建议放在心上。正是在这个关头，罗马尼亚人向布达佩斯挺进。罗马尼亚人下定决心，不管发生什么事都要处理好这个问题，结束这一无法忍受的局势，一劳永逸。最终，他们成功了。

1919年7月20日，罗马尼亚约八万名士兵突然袭击匈牙利军队，并大获全胜，两国战况出现逆转。罗马尼亚军队很快恢复了战争精神，重新渡过蒂萨河，粉碎了库恩政权，到达布达佩斯附近。

1919年8月1日，毁灭匈牙利的库恩政权灭亡了，政府由一名社会党接管。一家有影响力的法国新闻机构写道：“我们无从知晓人民委员会新成员，因为他们不为人知，但他们名字的结尾告诉我们，他们中的大多数人就像前政府的那些人一样都是犹太人。自共产主义正式出现以

① 意大利的代表是吉多·罗马内利中校驻布达佩斯；英国的代表是托马斯·坎宁安上校和意大利代表利维奥·博尔盖塞驻维也纳。后来，大国指派这几位将军组成军事委员会，前往匈牙利首都。——原注

② 在布鲁克。——原注

卡尔·卢埃格尔

来，布达佩斯从来没有像现在这样配得上‘尤达佩斯’这个称号。这个称号由已故的维也纳基督教社会党领袖卡尔·卢埃格尔命名的。这是与俄国苏维埃社会主义政权共同的另一个特征。”[①]

罗马尼亚军队向匈牙利新政权发出了最后通牒。他们决心保卫自己的国家及其邻国，不让它们再次面临危险，以免造成牺牲。换句话说，罗马尼

① 《辩论报》，1919年8月4日。——原注

亚要求签订新的停战条约。列强们提出异议，并命令他们继续遵守1918年11月塞尔维亚沃耶沃德·米西奇将军和保罗·普罗斯珀·昂里将军缔结的，后来被匈牙利人违反的旧条约。但很多人提出了反对意见，而且有理有据。事实上，在很大程度上，这些反对意见与最高委员会对波兰-乌克兰停战协议提出的反对意见是一致的。除此之外，还有其他原因。例如，首先，罗马尼亚人没有参与起草旧的停战协定；其次，该协议已起草九个月，显然

保罗·普罗斯珀·昂里

不适用于现在发起并结束的战争。经验表明，仅仅签订停战协议，保证公共安宁是不够的。因为它并没有阻止匈牙利人攻击罗马尼亚人和捷克斯洛伐克人。因此，罗马尼亚决定，既然打败了敌人，就解除他们的武装，争取真正的和平。他们决定留下一万五千人的部队维持匈牙利国内秩序。[①]有人认为，罗马尼亚坚持要求牲畜、玉米、农业机械和铁路车辆，是出于自身需要，也是出于公平。因为这只不过是当初匈牙利人及其同盟者肆意给罗马尼亚造成的巨大损失的部分赔偿。在此之前，罗马尼亚没有提出任何其他补偿措施。在占领罗马尼亚的两年里，奥地利人、匈牙利人和德国人，从罗马尼亚掠夺并带走了二百五十万吨小麦和成千上万头牛，以及大量的布料、羊毛、兽皮和原材料；罗马尼亚数千家的房屋被洗劫一空，工厂的机器、火车的发动机和货车车厢被拆，东西被带往同盟国售卖。奥古斯特·冯·马肯森离开时，罗马尼亚战前拥有的一千二百辆机车只剩下五十辆。因此，在占领匈牙利的头几个星期里，罗马尼亚从匈牙利拿走的物资，只占战时被掠夺物资的一小部分。

据说，刚开始时，罗马尼亚代表要求匈牙利赔偿他们肆意破坏造成的损失，并归还他们非法掠夺的财产——法国就是按照这一思路获得赔偿的。罗马尼亚要求这样做时，却被告知他们的要求无法得到满足。巴黎和会甚至不准罗马尼亚派代表到德国去，向协约国委员会指认被抢劫的物品，仿佛这些掠夺者会自愿放弃他们的不义之财！出于这些考虑，罗马尼亚政府意志坚定，坚决要求拿回属于自己的东西。他们认为，他们不能再等下去了，因为他们预料到俄国会发动进攻。他们应该先摆平一个敌人，然后再对付另一个敌人。这些解释非但没有使最高委员会平静下来，反倒激怒了他们。

消息灵通的《时报》写道：“如果罗马尼亚能够接受某些条件苛刻

① 这比《凡尔赛和约》留在德国的人数还要多。——原注

的贷款提议，或者满足某些石油特许权的要求，那么它本可以得到更好的待遇。”[1]或许吧！但毫无疑问，无论是得到仲裁者的纵容还是粗心大意，正义、公平和权利的问题都不应与商业和工业利益相混淆。这种性质的交易，无论已完成还是刚开始，对最高委员会暗中克服困难，极力创建的国际联盟造成的损害，都很难计算也不好计算。那些吃尽最高委员会苦头的国家，怨恨他们的误导，并尽力自谋出路。这难道奇怪吗？可能有人会谴责，说这违反社会潮流。但这令人不快的自然现象，几乎是不可避免的。鼓励各国——代表们对此热切期待——热情地准备接受最高委员会是“世界道德指引者”的方式，竟如此拙劣，我们真的感到很遗憾。

最高委员会当时认为必须惩罚罗马尼亚这个小国的任性，维护其尊严，于是，决定将罗马尼亚晾在一边，置之不理。四名将军尽管并不了解实际情况，但接到命令——着手处理匈牙利事务。[2]他们下令解除匈牙利武装，将匈牙利战争物资交付协约国军队。自从1918年缔结停战协议以来，只有罗马尼亚和捷克斯洛伐克与匈牙利交战。最高委员会也打算管束占领匈牙利领土的罗马尼亚军队和塞尔维亚军队。《时报》意味深长地指出，最高委员会希望与一个有资格代表匈牙利政府打交道，“最高委员会似乎特别渴望外国商品重新进入匈牙利。有些人似乎担心，如果罗马尼亚军队从匈牙利人手中夺回货车和发动机，可能会阻碍匈牙利交通的恢复”。[3]

事实是，在罗马尼亚遭到匈牙利人攻击时，大国列强们袖手旁观；然而，在罗马尼亚依靠自己战胜敌人时，大国列强们却出手干预，坚决阻止罗马尼亚夺取胜利果实、创造未来保障。再次相信最高委员会，无

① 《时报》，1919年7月8日。——原注

② 巴黎和会期间，各国的惯常做法是把驻外任务委托给将军们，而将军们对派往的国家一无所知。——原注

③ 《时报》，1919年8月8日。——原注

异于把折断的芦苇当作坚实的手杖。不可否认，各大国干预罗马尼亚有一定原因。他们指出，罗马尼亚不是匈牙利唯一的债权国——确实如此。匈牙利的邻国也提出了要求，在可行范围内，最高委员会必须满足这些要求，为公平起见，匈牙利所有可用资产要集中起来。这一辩护无法反驳。但在罗马尼亚人的眼里，最高委员会本应享有的信誉被他们之前的所作所为消耗完了。罗马尼亚无须理会他们的推理、劝说和许诺。

一方面，罗马尼亚征用匈牙利财产，只是在形式上犯了错误。另一方面，我们要清楚，同其他国家一样，罗马尼亚对大国的专横行为感到愤怒。这些大国我行我素，好像罗马尼亚的善意和忠诚对东欧的和平没有任何影响。

经审议，最高委员会同意发出和解电文，并将它送交给陆军中校吉多·罗马内利。不过，和解电文并没有发给罗马尼亚人，而是发给了匈牙利人。它的主旨还是老调重弹："执行停战协定条款[①]，尊重最高委员会划定的边界[②]。我们将保护你们免受罗马尼亚人的侵犯。罗马尼亚未经授权，我们将立即派遣一个多国军事委员会[③]，监督他们解除武装，并确认他们撤出。"

不可否认，罗马尼亚面临严峻考验。但我们应该清楚，罗马尼亚的反抗也是正当的。罗马尼亚"不服从"的罪名，很大一部分责任在于巴黎和会的立法者。他们高高在上，并未考虑罗马尼亚的具体情况，给不幸的罗马尼亚人民造成了重大损失。更糟的是，在巴黎和会上，罗马尼亚的官方代表不仅被忽视，而且像顽皮的学童一样，被严厉的教师训斥，偶尔还遭到别人羞辱。这些人羞辱罗马尼亚官方代表唯一的借口是过度劳累，以及极度不耐烦，导致他们神经紧张。其他国家也曾考虑

① 1918年11月13日的停战协议，已失效。——原注

② 1919年6月13日。——原注

③ 四人组成，分别来自英国、美国、法国和意大利。——原注

过，并且不止一次地公开反抗“老板们”的大包大揽。他们坚决反抗，直到“老板们”给予某些让步。只有罗马尼亚人下定决心，反抗到底。

当然了，巴黎这些各族人民和各国命运的“编织者”，对这一前景也感到沮丧，担心罗马尼亚人会以他们自己的方式结束战争。他们迅速、连续地向罗马尼亚政府发出了三份照会，其中一份照会读起来像是愤怒的起诉书——似乎是在未筛选证据甚至未仔细阅读证据之前，匆忙起草的。该照会搜集了许多针对罗马尼亚的旧指控，将其定为不服从之罪，并且还没等罗马尼亚答复——巴黎和会认为不可能收到满意的答复——就命令他们用公开的行为，证明他们愿意接受并准备执行巴黎和会的政策。[①]

那份照会似乎有点冒犯，除了让最高委员会主要成员受到大家严厉批评，还激起了罗马尼亚代表强烈的反感[②]。罗马尼亚代表私下里请教协约国的朋友，他们被指控违反的是哪项政策。对方回答说，即使是最具独创性、吹毛求疵的诡辩家也无法定义或描述。法国一家坚决支持协约国的新闻机构写道：“我们尽管认真关注过四人、五人、十人委员会、最高委员会、高级委员会工作和话语，但无论是书面还是口头的，都尚未成功地发现‘巴黎和会制定的政策’是什么。我们确实听过或读过领导者无数的演讲。演讲中充满了高尚的思想、雄辩的论述，充满了抗议和承诺，但我们没有发现任何可以称之为‘政策’的东西。”[③]这一证词得到了历史学家的认可。

罗马尼亚政府似乎并不急于答复最高委员会的三份照会。据说他们正忙于向匈牙利宣扬他们认为的正义，并且对最高委员会的干涉很不耐烦。他们没收了匈牙利从罗马尼亚人民那里抢来的车辆、牛群、农具和

① 7月20日。——原注

② 巴黎的杂志认为出自阿瑟·詹姆斯·鲍尔弗之手，尽管它未载外交官之名。——原注

③ 《辩论报》，1919年8月13日。——原注

其他财产，毫不费力地把战利品送回家。这其中肯定会有过分的行为，因此，巴黎和会收到许多愤愤不平居民的种种抗议。但总体来讲，在占领的头几个星期里，罗马尼亚至少博得了世界上大多数最有影响力的报纸的大量同情。人们说，他们很高兴终于看到自以为是、假仁假义的阴霾，被一股有益身心的利己主义驱散。法国和英国发行量最大的报纸，直言不讳地评论道："巴黎的独裁者非常愤怒，作为世界各国冲突的仲裁者，在东欧，他们竟然如此微不足道；他们的世界立法在睿智的人类中产生的影响竟然如此之小。他们也将慢慢习惯这一现状。"

几乎每一种语言中，人们都能读到鼓励顽强的罗马尼亚人的话语——赞扬他们勇敢地冲破了束缚世界各国人民的枷锁。"我们认为，"一名坚定的协约国拥护者写道，"在罗马尼亚人面临危险时，我们的联盟无法保护他们，因此今天，我们也无法质疑他们为自己赢得的保障。"[①]

"如果自由还发挥作用的话，"另一份受欢迎的杂志[②]写道，"列强就不会向罗马尼亚施加压力，意图把匈牙利从罪有应得的惩罚中拯救出来。"一位著名的法国公关人士写道："他们与其对罗马尼亚人喋喋不休，还不如控制住土耳其人。如果为了赢得美国的同情，陷入绝望的土耳其人自称为社会主义者、辛迪加主义者或劳动主义者，托马斯·伍德罗·威尔逊会允许他们复兴亚美尼亚和其他地方吗？"[③]

但最高委员会在意的，并不是公关人员的不赞同，而是它自身的无能为力、毫无尊严的形象以及对未来国际联盟的损害。一个小国对国际联盟创始人的决定置之不理，毫不尊重，一如大国对待在巴黎的罗马尼亚代表的态度，况且这个小国并未受到惩罚。他们明白，一旦罗马尼亚政府无

① 佩蒂纳克斯，《巴黎回声报》，1919年8月10日。——原注
② 《纽约先驱报》（巴黎版），1919年8月10日。——原注
③ 《辩论报》，1919年8月13日。作者是奥古斯特·戈万。——原注

视他们的积极交涉，他们就黔驴技穷了。用武力强迫服从暂时是不可能的。这种情况下，唯一问题就是在必要的情况下，尽可能不引人注目地转向罗马尼亚的观点，以便渡过暂时的危机。这就是他们最终选择的路线。

事情很快达到了高潮。协约国授权军事特派团的成员，敦促罗马尼亚占领军指挥官服从巴黎和会的决定。面对罗马尼亚驻彼得格勒前部长阿尔西比亚德斯·迪亚曼迪时，特派团以最高委员会的名义发出命令，得到的答复却是："我们只接受罗马尼亚政府的命令。经历了先前的痛苦经历后，我们拒绝听从协约国军队的命令。"罗马尼亚人有句谚语："即使是驴子，也不会两次掉进同一个流沙里。"罗马尼亚人向戈顿将军引用了这句话。然后特派团发电报给巴黎，要求进一步指示。①与此同时，罗马尼亚政府对最高委员会的三份照会给出了答复，语气坚决，不屈不挠。罗马尼亚首相扬·约内尔·布勒蒂亚努没有被威胁吓倒。他坚持罗马尼亚向布达佩斯派兵，向匈牙利施加压力重建秩序。这些都是正确的。事实上，他为整个欧洲——包括法国和英国在内——做出了杰出的贡献。因为，从道义上讲，如果贝拉·库恩及其同盟军成功地征服了罗马尼亚，那么列强们一定会迅速向罗马尼亚伸出援助之手。新闻界获准宣布，五人委员会准备接受罗马尼亚的立场。协约国军事特派团的成员被告知，他们无权向罗马尼亚人发号施令，只能同罗马尼亚人协商和谈判，并认真征求罗马尼亚人的意见。

然而，代表们制定的缓和措施于事无补。过了一段时间，由于没有收到对三份紧急照会的答复，最高委员会决定向罗马尼亚发出最后通牒，要求罗马尼亚归还机车车辆，并撤出匈牙利首都——该文件条款非常苛刻。②然而，令人高兴的是，在发出这份文件前，最高委员会获悉罗马尼亚政府从未收到过这些信，也没有收到其他七十封无线电报。在不

① 据说戈顿将军发的电报。——原注

② 1919年9月月初。——原注

了解事实的情况下，最高委员会又一次做出了决定。于是，一位特别信使[1]被派往布加勒斯特，带着一份“措辞严厉”的照会。不过，比起最后通牒，这份照会的语气温和得多。

让我们暂时回到动机这个难以捉摸的问题上来。全权代表们的动机对罗马尼亚的影响甚大。全权代表们的作为或不作为仅仅是因为他们的思想缺乏凝聚力吗？还是因为他们主要考虑的是一时的短暂利益，而不是以建设性政策的形式展现他们对未来的设想？历史学家将是最好的裁判。他们将仔细筛选掌握的事实，并对他们的动机做出评判。

在刚才概述事件的进展过程中，出现了一些有趣的叙述，描述了私下里正在发生的事情。有证据表明这些叙述公正客观、消息确凿。巴黎和会编年史家不能不声不响地忽略它们。如果这些叙述是真的，我们有理由相信，最高秘密委员会基于两个截然不同的原因，处理罗马尼亚问题。第一个原因：他们对罗马尼亚整个政府体系的反感。这个政府体系还残存着封建主义、反犹太主义和保守主义。而且在整个政权中，他们希望，通过推翻其领导人，引发一场激进而有益的变革。这个计划已经成功地对付了意大利的维托里奥·埃曼努尔·奥兰多和西德尼·桑尼诺。第二个原因：可能是出于个人对罗马尼亚代表缺乏关注——盎格鲁-撒克逊代表很少与他们交谈。众所周知，这位罗马尼亚首相很难见到他的同僚托马斯·伍德罗·威尔逊，以至最终与托马斯·伍德罗·威尔逊分开时，几乎就像初次见到他时一样陌生。

用具体的例子讲述最高委员会的方法也许比较恰当，因为把读者放在罗马尼亚首相的位置上，读者可能会更清楚地了解他对这个机构的看法。1919年6月，贝拉·库恩的部队重创捷克斯洛伐克人。由于英法美日意全权代表的短视行为造成了这一反转，因此，巨头们召开秘密会议，

① 法国政府很谨慎，拒绝派遣特使，英国政府派了乔治·罗素·克拉克爵士。——原注

决定向贝拉·库恩提出警告——要求贝拉·库恩停止进攻。到那时，他们才意识到，如果要求贝拉·库恩的军队撤回边境，就必须通知贝拉·库恩边境线在哪里。实际上，三位政客早已秘密决定边境线。他们不仅小心翼翼地向好奇的公众隐瞒，而且向有关国家隐瞒。因此，在这个问题上，罗马尼亚、南斯拉夫和捷克斯洛伐克的代表，和敌人及局外人一样，被蒙在鼓里。一旦形势所迫，这个秘密就必须全部告诉他们。[①]匈牙利独裁者辩解说，如果他的军队出界，那是因为他对边境一无所知。捷克斯洛伐克人对伊波尔河沿岸的一条边界提出异议：这条边界很难界定，也很容易划错。但当罗马尼亚代表团面对地图时，他们直接否决了这一决定，因为这等于让他们放弃了三项重要要求之一。因此，罗马尼亚代表团不能沉默，但最高委员会坚持如此。于是，第二代表尼古拉·米舒不得不立即动身，前往布加勒斯特，同国王斐迪南一世和内阁协商，并考虑在目前情况下需要采取什么行动。与此同时，整个问题的初步解决办法带来的一些实际后果，仍然悬而未决。

《凡尔赛和约》的某些条款虽然对罗马尼亚有重大意义，但在起草时，最高委员会并没有通知罗马尼亚的全权代表，直到这些条款准备就绪时，罗马尼亚首相才被召去了解这些条款。这种方式使罗马尼亚首相感到惊讶和恼怒。他不同意最高委员会的意见。由于那份文件一两天内就要交给敌人，他认为自己有责任立刻提出反对意见。但他刚一开口，乔治·邦雅曼·克列孟梭就站起身来，喊道："扬·约内尔·布勒蒂亚努，你是来听我说话的，不是来评论的。"在无法说服或劝说的情况下，严厉的措施可能是最有效的方法，但采用这些措施的人，当然也有责任选择一种可以消除或减轻对方个人痛苦的方式。

无论人们认为最高委员会对无特权国家采取的政策是多么明智，都

① 1919年6月10日。——原注

斐迪南一世

很难赞同他们强加政策的方式。耐心、机智和有说服力是担任领导和向导职务必不可少的素质。代表们知道，仅凭军事力量不足以按他们的构想塑造未来，于是，他们只能指望道义上的力量来执行他们意义深远的计划。然而，他们抛弃了获得这种力量的手段。代表们的行动给国际联盟带来了严重的影响——破坏了国际联盟精神。在整个欧洲，最高委员会借助武力，肯定了必须以武力维持和平的原则。

这些受到不公平对待的国家，提出了强烈的抗议。他们抨击巴黎和会的政策，怀疑政策背后动机的公正性。因而，巴黎和会笼罩在一种不信任的氛围里。在这种氛围下，这个不久就要诞生的脆弱组织——国际联盟——是无法茁壮成长的。通过这种扭曲的媒介，一些代表被嘲笑旨在奉行帝国主义垄断，另外一些代表则被嘲笑极其虚伪。值得指出的是，美国总统托马斯·伍德罗·威尔逊的理想主义和崇高目标从未受到鲁莽大众的质疑。对他提出的最严厉的指控不过是意志薄弱、过分自尊、对矛盾缺乏耐心，以及天真地渴望以民族盟约的形式，把具体的东西带回家。

巴黎有一些报纸报道，即将由美国人创办大型商业企业，有关国家政府应为其提供便利。这些报道削弱了人们对政客们的尊重。人们认为，在道德政治活动中，政客应排除其他动机，坚持崇高理想。多位政客证实说，一位美国官方代表曾表示，从今以后，在东欧的经济生活中，美国将比其他国家发挥更大的作用。他甚至补充道，这是美国努力的目标，也将会稳步实现，他希望美国的政客和人民为此做出贡献。到目前为止，人们可能认为，这是完全合法的。

人们——并非空闲无事、爱说长道短的人——进一步证实，罗马尼亚一位杰出的领导被告知：只要罗马尼亚首相保证“除了答应罗马尼亚犹太人享有特权，在美国居住和做生意的某些犹太人群体和公司在罗马尼亚也享有工业和商业特许权”，罗马尼亚就可以获得美国的友善和财政援助。为了抓住时机，已有一家或多家公司派代表前往罗马尼亚进行磋商，如果有可能，这些公司将明确在罗马尼亚开发何种资源。

当然了，罗马尼亚扩大国际贸易合情合理；认为犹太人公司最适合开发罗马尼亚资源也站得住脚。然而，将商业计划与欧洲的道德复兴混为一谈，却是不明智的。无论这一计划推动者的动机如何无懈可击，这必定会损害他心中的两项事业——经济发展和道德复兴。但报道并未到此为止，报道最终提出了一项非常明确的建议。罗马尼亚面临两种选择——要么答应特许权，赢得美国的金融资助；要么拒绝特许权，得不到任何帮助。

巴黎和会的目的是帮助各国摆脱以武力为后盾的野蛮状态，实现崇高目标和道德理想。诸如此类的讨价还价似乎完全不合时宜。这使人想起耶路撒冷圣殿里卖牛、羊、鸽子和兑换银钱的人，有一天被“细鞭”赶出圣殿。罗马尼亚人希望用同样的方法驱除近代和平殿堂里的叫卖者；其中有人大胆建议，请托马斯·伍德罗·威尔逊本人谈谈他对这一令人不安的提议及其依据的政策的看法。

决定最高委员会态度的另一个因素不难理解。罗马尼亚和联合部队接近布达佩斯，意欲推翻贝拉·库恩政权时，巴黎和会突然下令阻止他们继续前进。其幕后背景，那些声称拥有值得信赖信息的人心里一清二楚，因为他们熟知主要军官——既有联合部队军官，也有匈牙利军官——的动向。据称，其中一笔交易发生在贝拉·库恩本人与某金融集团之间。该金融集团为避免麻烦，所以并未留名。贝拉·库恩天生是一位精明的观察家，善于讨价还价。交易的目的是将巴纳特地区的一些特许权授予该金融集团，以换取其承诺——让他继续掌权，并随后邀请他参加会议。全权代表下令停止追击贝拉·库恩部队，允许贝拉·库恩参加会议，这与这一交易不谋而合。这些不可否认的巧合令人蒙羞。在命令执行之前，人们就发现并公开了它们之间的联系。

自从战争结束以来，巴纳特地区一直是不和之源。其居民主要是罗马尼亚人，但也掺杂着相当多的匈牙利人和撒克逊人，是欧洲最富有的未开发地区之一。野心勃勃的资本家和政府，无法抗拒巴纳特地区金矿、锌矿、铅矿、煤矿和铁矿带来的诱惑。同时，一项可靠的声明深深地吸引了他们，即巴纳特地区还拥有丰富的石油储量，值得开采。塞尔维亚提出了主权要求，部分原因正是为了占有这些丰富的资源。这已是既定事实。于是，塞尔维亚也要求掌管巴纳特地区，但结果令人失望。

南斯拉夫人未能控制巴纳特地区，匈牙利和协约国军队的军官们达成了上文提到的交易。寻求特许权的人，是不会对那些碰巧能提供特许权的人挑三拣四的。

这种假公济私的做法一定会产生不可避免的政治后果。只要巴纳特地区还在罗马尼亚或塞尔维亚人手中，就不能被任何外国集团所利用。因此，脱离罗马尼亚和塞尔维亚是摆脱这两个国家经济控制的先决条件。这一难题被聪明的代表轻松解决了。欧洲突然冒出一个“独立的共和国”，这一惊人的创造与当时巴尔干化[①]浪潮相吻合，是几个牵线人的杰作，巴纳特随和的居民并未参与此事。事实上，他们几乎不知道巴纳特共和国已经成立。巴纳特共和国的建造者是乐于助人的军官，而他们背后则是投机商和特许权追逐者。很显然，由于这个新成立的独立国家人口很少，因此需要一个保护者。它的策划者预见到这一点，因此承诺将保护巴纳特共和国的任务交给民主的法国。法国代表当场批准了这一安排。故事大体就是这样。[②]

这样一来，贝拉·库恩政权暂时不受干扰。只要他设法与匈牙利人搞好关系，他的金融家朋友们就不担心他会被协约国军队赶出去。退一步讲，如果匈牙利人推翻了贝拉·库恩的统治，无论继任者是谁，都会乐意与这些八面玲珑的金融家共事。在巴黎和会的庇护下，金融家们与“人类的敌人”——贝拉·库恩政权——达成了一项见不得人的协议。在巴黎和会的庇护下，军官们建立了怪异的政权，该政权建立在头脑单纯的人民之上，完全没有考虑民族自决的原则，并威胁到捷克斯洛伐克共和国的存在。少数了解这种用卑鄙的阴谋达到高尚理想的人，对这种

① 巴尔干化原指巴尔干地区因没有可以实际控制整个地区的政权或实体，再加上外国势力的干涉，致使该地区局势紧张得似“火药桶”，现今多指一个地区因无强大的力量来维护该地区的所有权，以及因该地区重要的战略和经济地位，成为众多对象争夺的焦点而致使的紧张局面。——原注

② 这一幕的参演者并不都是军官和公务员，还包括一些身居要职的人。——原注

随意的方式感到震惊。的确，短时间内，乌克兰军队和俄国军队似乎会与贝拉·库恩的部队会合，把东欧打得粉碎。这是多么危险的煽动啊！

就在这个时候，一位罗马尼亚朋友对我说："几个月前，我国人民拒绝答应特许权的要求时，我曾向你表示过担忧。如今，这些担忧得到证实。记述历史时，请不要忽略这些担忧。"

协约国阵营中存在着严重的分裂，这是不容忽视的事实。最高委员会支持者指控罗马尼亚政府不受最高委员会管辖；反过来，罗马尼亚政府指控最高委员会误导罗马尼亚的战友伙伴，计划在经济上剥削它们，并实行敲诈。这场争吵的是非曲直最好留待另一个法庭裁决。不可否认，从一般意义上讲，罗马尼亚人——不仅仅是这些人——被含蓄地划归为第二类人。他们通过各项措施，从巴黎"文化传播者"那儿争取自己的利益。在代表们看来，这些民族都是时代错误的化身，都是黑暗时代的遗留物。而现在是民主自由时代，他们有必要重新调整自己以适应这个时代——他们必须抛弃旧世界观念，学会模仿进步的西方国家，使国家制度现代化。在这个问题上，人民的想法和感受无关紧要。他们没有资格判断，只能由自告奋勇的向导和监护人来选择。最高委员会的代表们无须理会小国代表愤怒的抗议，可以用高压政策来对付小国消极的抵抗。修订后的卡莱尔学说[①]思想，似乎是最高委员会对小国，尤其是对罗马尼亚采取行动的根源。

波兰和最高委员会

无论人们如何解释，最高委员会频繁犯错，在国家利益被确定或被视为"个别利益"的所有国家中，制造了激进的政治氛围。正如我们看到的，其中不止一个国家打算采取消极抵抗的政策。事实上，一些国家

① 托马斯·卡莱尔（1795—1881），英国哲学家，推崇个人英雄主义。——译者注

小心翼翼，不止一次地消极抵抗，几乎总能取得成功，并且不受惩罚。捷克斯洛伐克人——其中最温顺的人民——无视巴黎和会的禁令，占据了有争议的领土[①]，并持续占据数月；南斯拉夫人占据了克拉根福地区的一部分，很长一段时间无视最高委员会签发的有利于奥地利人的撤退命令；波兰人使用相同的伎俩，占领东加利西亚。波兰的反抗故事正表现了作为世界管理者的大国列强的无知和软弱。最高委员会遭到媒体嘲讽，在秘密会议的暮色中，外界进行无数场战争，而世界和平缔造者谈论宏大政治。当加利西亚地区的罗塞尼亚人和波兰人之间处于敌对状态时，最高委员会颁布命令——要求立即停战。然而，波兰人诉诸行动，很快解决了问题，并如愿以偿。无论是最高委员会还是其代表们都没有真正掌控东欧的局势，没有真正了解法国赞助者有意赋予波兰的角色——在东欧取代俄国成为对抗德国的堡垒，也没有真正了解当地的情况。在当时的情况下，最高委员会的行动是本能的反应，是在黑暗中的摸索。在一些人的眼里，这种不合时宜的命令、劝诫和禁止，使最高委员会失去了信誉。然而，最高委员会使命的成功正取决于这些人的相信和顺从。

这些不和谐之处可能与严格保密政策有关。在断断续续的会谈发展成讨论之前，代表们一直奉行严格保密政策。波兰的情况和罗马尼亚情况一样，都蒙着不透明的面纱，但从来没有人主动揭开过。有一天[②]，波兰代表急于了解四人会议对但泽所作的安排，请求乔治·邦雅曼·克列孟梭，即使不告诉他们细节，至少也要告诉他们结果。这位法国总理狡猾幽默地回答道："1919年4月26日，你就会知道确切的条款。"但波兰代表坚持，并坚决要求得到有关解决方案的暗示。法国总理终于同意了。他说："请转告大会秘书长保罗·欧仁·迪塔斯塔，我同意他和你进行必要的沟通。"于是，波兰代表找到保罗·欧仁·迪塔斯塔，提出自己

① 泰申。——原注

② 1919年4月18日，周五。——原注

的请求，但收到了这样的答复：“乔治·邦雅曼·克列孟梭爱怎么说就怎么说。他的话对会议没有约束力。我如果告诉您的话，我认为自己在透露秘密。因此，我必须得到所有代表的同意。如果您能得到他们的明确授权，我将传达您需要的信息。”于是，事情只好到此为止。

最高委员会最终达成解决方案后，他们召集各国代表，宣布这一解决方案，并要求各国代表发誓服从其决定。会议刚开始时，小国代表偶尔被允许提出问题或反对意见。但后来，甚至连这种权利也被取消了。以下描述可反映最高委员会的议事方式。有一天，波兰代表团被召来特别委员会，讨论加利西亚地区罗塞尼亚人和波兰人之间的停战问题。已故的路易·博塔将军是一位精明的观察员，在政治事务方面，拥有宝贵

路易·博塔将军

经验。但由于他的国家——南非——与东欧没有多少共同之处，因此，他的经验对他解决面临的复杂问题几乎没有帮助。一开始，路易·博塔将军就遇到困难了。除了英语和荷兰语，路易·博塔将军不懂其他任何语言，因此必须通过翻译，与波兰代表艰难对话。其形式大致如下：

“最高委员会的愿望是，”路易·博塔将军开始说，“在新的条件下，波兰应与罗塞尼亚人达成停战协定——旧协定已经无效[①]。你们准备好提交提案了吗？”“这是军事问题，”波兰代表回答说，“应该由专家来处理。我们最能干的军事代表不久将抵达巴黎，并将全权就这一问题与您进行讨论。同时，我们同意旧的条件已经过时，必须改变。我们提出三个条件，如果不能满足这些条件，就不可能停战：一是最高委员会必须允许波兰与罗马尼亚永久接壤，承认波兰占有加利西亚地区东部。提出这一要求的主要理由是，我们的边界包括这一片领土，而罗马尼亚人是一个守法、爱好和平的民族，他们的利益从来不与我们的利益冲突，他们的主要敌人也是我们的敌人。二是协约国部队应清除乌克兰军队中的布尔什维克主义者、德国人和其他危险分子。这些人现在遍布乌克兰，破坏和平。三是波兰人必须控制油田，因为石油现在被视为军事资源。加利西亚是唯一向德国供应石油的地区。德国从加利西亚获得所需的石油，并给罗塞尼亚人弹药作为回报，因此战争持续不断。你们知道，我们不愿意德国利用我们的油田，并向敌人提供攻打我们的战争物资。”路易·博塔将军问道：“如果不用你们立刻占领东加利西亚，与罗塞尼亚人发生冲突，罗塞尼亚人就能满足你们的愿望。你们会满意吗？”“当然了。作为临时措施，我们也同意。”“假设最高委员会拒绝了你们的三个条件——有可能的偶然事件——你们打算采取什么办法呢？”“这样的话，我们的行动将受到事件的影响。其中，针对罗塞尼亚人的敌意，我们将采取措施——使用武力，进行自卫。这将

① 新协定虽然也摆在罗马尼亚人面前，但罗马尼亚人仍然要遵守旧协定，尽管旧协定已经失效。——原注

使整个问题回到原点。”[①]波兰代表提出的停战问题提交给斐迪南•福煦元帅后，得到的答复却是，在最高委员会，斐迪南•福煦元帅的意见没有任何权威。

于是，路易•博塔将军郑重其事地说：“我还有最后一件事要对你们说。波兰有必要放眼更大的世界格局——而不是目前的小环境，来解决问题。我们的目标是推翻军国主义、停止流血。波兰是文明国度，必须与最高委员会保持一致意见。协约国有责任结束战争给世界人民带来的苦难，有责任结束战争给波兰和东加利西亚人民带来的苦难。”“千真万确，”波兰代表回答说，“波兰完全明白这一点。因此，我们反对虚假的和平，因为那仅仅是血腥战争的短暂停顿。我们想要一个真正意味着和平的解决办法。我们了解情况，我们能够区分真正的和平与暂时的停战。这就是我们坚持的理由。”

“请牢记，”路易•博塔将军坚持说，“在贵国历史的关键时期，伟大的协约国对贵国是极其友好的，帮助你们复国。协约国过去打算，现在也打算帮助波兰保持其地位。波兰应从实际出发，遵从协约国的意愿，以表达对这种友谊的感激之情。协约国的一切安排都是为了你们好。你们应该认识到这一点，并执行他们的计划。”“对于他们的帮助，我们现在和将来都很感激，”波兰代表回答说，“我们将在他们保证帮助我们复国的前提下，尽可能地遵从他们的愿望。但我们不能忽视这样一个事实，即协约国的想法有时是错误的。他们有没有实现这些想法的能力，不得而知。协约国已经犯了许多代价高昂的错误。现在他们坦率地承认了这些错误。如果他们坚持目前的计划就会继续犯错，以至无法继续帮助我们。最初，他们没有向波兰派遣一支强大的军队。这是一个无法弥补的错误——这让他们在东欧失去了一名难得的管理者。现

① 这正是最后发生的事情。但代表们不相信，直到它成为既成事实。——原注

在，在东欧，他们无法帮助任何被保护的国家对抗各自的敌人。波兰人，罗马尼亚人，南斯拉夫人都得靠自己。他们只能期望从协约国那里得到鼓舞人心的电报。除此之外，还能指望别的什么呢？事实上，最高委员会所能做的就是发布法令。这些法令或许被遵守，或许不被遵守。有很多这样的例子。通过停战协定，最高委员会为我们争取了权利——波兰军队可以在但泽登陆，我们对此感激不尽，但他们没能让德国人遵守这项权利。因此，我们不得不放弃这项权利。他们命令乌克兰人停止对我们的攻击时，我们感谢他们考虑周到，但乌克兰人并未听从命令。我们遭到袭击，我们无人求助，只能靠自己。然而，我们仍然对他们所做的一切心存感激。我们若如你们所愿，结束战争。结果就成了这样：一边是罗塞尼亚人反抗我们，一边是德国人反抗我们。如果罗塞尼亚人聪明，在德国人攻击我们时，他们的军队同时对我们发动袭击。这是明智的策略。……这是双重危险，是你们大国不情愿看到的。如果你承认这是事实，你就不能怪我们不愿听从命令。即使你们认为这种危险不会发生，你们也明白，我们需要大国的保证——保证危险真的发生时，大国将向我们提供军事援助。”

如果清晰的思考和直截了当的行动起了作用的话，这个问题当时就会得到圆满的解决。但事实是，小国与其与这些大国辩论，倒不如采取强有力的措施。大国掌握着世界上的财政资源，他们只会玩弄权术，在无法劝说或说服的情况下，就开始胁迫。有一天，一个“个别利益”的国家的首席代表对我说：“赤裸裸的事实是，我们正在被胁迫。没有比这更温和的术语来形容这个过程了。大国的利益是无限的，如同他们的承诺一样。因此，我们被告知，除非我们支持大国的法令，否则他们将拒绝向我们提供食物、原材料和金钱。如果没有这些，我们的国家将无法生存。无论如何，我们必须暂时让步。”这些话概括了弱国与强国之间的关系。

以波兰为例，对话是这样结束的，路易·博塔将军对代表说：“‘四巨

约瑟夫·哈勒尔

头’不可能告诉你们——他们的政策依据，如果你们无视他们的决定，你们将自己承担风险。你们知道这意味着什么，一定要三思而后行！”碰巧的是，就在那时，在法国的约瑟夫·哈勒尔将军——波兰将军——的士兵中，只有一部分被运送回了波兰。[①]波兰人极度恐惧，唯恐运送剩余士兵的工作被打断。因此，他们对这种含蓄的命令，不能完全置若罔闻。“那么，‘四巨头’对我们的要求是什么呢？”波兰代表问道。“与罗塞尼亚人达成停战协定。同时，作为新成立的国家之一，波兰应该允许所有协约国的货物在其领土上自由过境。”波兰代表希望对方告知，为什么这项措施限于新成立的国家。答案是，因为这是尝试，因此，不应该在太大的区域进行。“还

① 约两万五千人已经离开法国。——原注

有一点需要你们做出承诺，即无论最高委员会未来决定什么，贵国都应该接受，并按其指示，采取行动。”“不考虑决定的性质？”“如果你们对我们有信心，就无须顾虑。”在那次会面中，尽管面临种种威慑，波兰代表团态度坚定，拒绝了所有要求——波兰代表团坚持停战协定的三个条件，拒绝自由过境的提议，并拒绝承诺服从一再犯错的最高委员会今后的所有决定。“波兰与捷克斯洛伐克之间的争端提交给专门委员会时，没有预先要求我们遵守专门委员会的决定。为什么现在要引入新规则呢？”波兰代表们争论道。这件事就这样搁了一段时间。

但这种暂时的缓和只持续了几天。几天后，一名特使拜访波兰代表团，呼吁其从新的视角，重新开始讨论该问题。特使说，他是“四巨头”的发言人，已获授权阐释“四巨头”的观点和意图。毫无疑问，他自认为自己是“四巨头”的代表。但事实上，法国政府并不知道他的访问或任务，也不知道这次访问的对话。威慑之前，他表明了自己的观点。他说，波兰的形势需要谨慎。由于德国是波兰长期的敌人，波兰与德国建立永久和解的关系将是困难的，甚至是不可能的。因此，波兰更有理由赢得其他邻国人民的友谊，特别是罗塞尼亚人的友谊。波兰全权代表以惯常的方式辩论，特使对他喊道：“好吧，长话短说。在这里，我要说的是，为贵国制定的行动方针来自各大国的坚定意志。这一点，你们必须让步。如果这导致你们邻国采取敌对行动，你们就可以依靠协约国的帮助。难道这样，你们还不满意吗？”“如果保护措施是真的，我们肯定满意。但保护措施在哪里呢？自停战以来，你们是否承诺过保护呢？在东欧，协约国政府有高级管理者吗？他们可能命令军队到那里去帮助他们的被保护人吗？如果他们发出这样的命令，军队会服从吗？他们不能保护我们，这是我们付出惨重的代价得到的答案。因此，这就是我们准备自己保护自己的原因。这是为了我们的利益，也为了他们的利益。”

这次不寻常的谈话以宣布波兰违抗命令、将受惩罚而告终。“我要告诉你们，如果你们坚持拒绝我向你们提出的建议，各大国将从波兰撤回援助，甚至可能认为它们有责任改变已给予你们的有利地位。”波兰的回答是：“对于我们得到的帮助，无论是现在还是将来，我们都非常感激。但如果想从中受益，波兰人民必须是一个活生生的有机体。你的建议容易使我们处于一种停滞不前的状态，也把我们置于众多敌人的摆布之下，其中最大的敌人是德国。”

尽管有坚定意志的支持，清醒的头脑还是对抗不过饥荒的威胁。波兰人不得不让步。波兰总理伊格纳齐·扬·帕岱莱夫斯基向英国首相大卫·劳合·乔治和美国总统托马斯·伍德罗·威尔逊保证，他将与东加利西亚的罗塞尼亚人签订停战协定。“两巨头”对他的话和道德操守都有充分的信心。他们还感谢波兰总理伊格纳齐·扬·帕岱莱夫斯基接受了不可避免的事实，帮助他们完成了艰巨的任务。据我所知，在1919年4月月底，托马斯·伍德罗·威尔逊亲自给波兰总理伊格纳齐·扬·帕岱莱夫斯基写了一封信，诚恳地感谢他思想开明，感谢他与最高委员会合作——在坚实的基础上，努力重建波兰。可能没有其他“个别利益”国家的代表，得到如此高的认可。

波兰总理伊格纳齐·扬·帕岱莱夫斯基离开巴黎前往华沙，争取内阁的支持。但在波兰，伊格纳齐·扬·帕岱莱夫斯基没有得到任何支持，因为波兰政府正面临种种现实问题。无论是内阁、议会还是国家元首都认为协约国不可能兑现作出的承诺。现实环境总是让人不得不妥协。伊格纳齐·扬·帕岱莱夫斯基只好辞职。当罗塞尼亚人①趁机向波兰发起进攻时，波兰进行反击，占领了斯蒂拉、塔尔诺波尔、斯坦尼斯劳等城镇，一直攻打到罗马尼亚。他们希望与罗马尼亚保持永久接壤。一部分罗塞尼亚军队越过捷克斯洛伐克边

① 罗塞尼亚人、乌克兰人和小俄罗斯人是同一种族，就像德国西北部说德语的人、在荷兰说荷兰语的人、在比利时说佛兰德语的人在种族上是近亲一样。每个分部成员之间的主要区别是政治观点。——原注

境后，被解除了武装，其余的逐渐解散。敌人不复存在，因此，无法达成停战协议。

对“四巨头”而言，这一转变是一种耻辱。他们如此重视的罗塞尼亚军队突然不复存在。在很大程度上，罗塞尼亚军队给波兰带来的潜在危险是想象出来的。他们判断失误，权威受到挑战。他们对伊格纳齐・扬・帕岱莱夫斯基的无能为力，表示非常愤怒。伊格纳齐・扬・帕岱莱夫斯基已做出让步，并立即前往华沙，确保波兰执行最高委员会的决定。然而，在当时的条件下，伊格纳齐・扬・帕岱莱夫斯基的话竟被当成耳旁风。这位波兰总理也因此递交了辞呈，但他的辞呈遭到了拒绝——即使他的辞呈被接受了，与世界上那些代表无限权力和利益的立法者所受到的侮辱相比，一位总理的辞呈又算得了什么呢？愤怒的电报从巴黎传到华沙。伊格纳齐・扬・帕岱莱夫斯基立即被召到巴黎。伊格纳齐・扬・帕岱莱夫斯基按时来到巴黎，但最高委员会并发出新的指示。毕竟木已成舟。

对东加利西亚罗塞尼亚人军事胜利之后，近代波兰历史上发生了一件值得一提的事件。乌克兰驻维也纳部长效仿英美两国为支持法国而做出的安排，奉命要求波兰人与他们签署一项单方面条约。该条约提议乌克兰政府将放弃对东加利西亚的所有主权要求，乌克兰军队听从波兰总司令的最高指挥，但作为回报，波兰人应承诺保护乌克兰人不受所有敌人的侵犯。这项协议草案在华沙审议，但被在巴黎的波兰代表否决了。他们认为波兰人没有理由为了乌克兰的独立，而必须与俄国作战。新成立国家爱沙尼亚也向波兰提出了结盟，但由于类似的原因，波兰拒绝了它的提议。然而，与旧的国家体系相比，新的国家体系中，尽管名义上的结盟被国际联盟排除在外，但还是很流行。

在所有涉及波兰未来地位和领土边界的谈判中，英国首相大卫・劳合・乔治始终坚定不移地反对波兰的主张，正如美国总统托马斯・伍德罗·威尔逊坚决反对意大利的主张一样。然而不幸的是，罗马尼亚人的主张遭到了两者的联合反对。无论人们如何看待这些争议的是非曲直，各种观点的提出显然都是诚心诚意的。然而，这些争议的处理，正体现出仲裁者们的独断专行。这种独裁精神不仅不容忍反对派，而且不容忍开明和建设性的批评。在有关国家的代表看来，这种独裁精神似乎由严重的偏见和激烈的党派偏见组成。代表们肯定，这些偏见来自未知的源头。他们认为，强大、有害的潮流不断地流向巴黎和会。这些被激怒的代表，没有一个了解相关主题。大卫·劳合·乔治从未听说过泰申。据说，托马斯·伍德罗·威尔逊的科西嘉岛政治调研有瑕疵。然而，对于忙于解决空前重大事务的人来讲，用一般技术标准衡量他们从事的活动是不公平的。尽管他们缺乏政治想象力、知识和经验，但作为世界上最伟大国家的受托人，他们得到了普遍的高度重视，星光熠熠。尽管他们星光熠熠，也不能使优秀的小国代表失去光泽——埃莱夫塞里奥斯·韦尼泽洛斯、罗曼·斯坦尼斯瓦夫·德莫夫斯基和爱德华·贝奈斯，无疑都是大多数政客中的优秀人士。然而，他们经常受到冷落——他们每个人都觉得自己是巴黎和会中多余的人。歌德说过，没有什么神圣的名声需要我们承受蔑视，而这些优秀的代表却在蔑视面前畏缩不前。“三巨头”缺乏外交手腕、迷人的举止和令人愉快的处事方式。其结果是，不仅他们的论点不可信，就连他们的诚意——正如我们所看到的——也暂时受到了怀疑。这两位盎格鲁-撒克逊政客，被指责试图以迂回的方式夺取法国在东欧的新斯拉夫盟友，被指责对小国代表带有“强烈的偏见，极度的反感”。在巴黎和会上，大范围这种性质的指责值得注意，因为它表明不和谐的“音符”——我没有使用更强烈的措辞——占主导地位。然而，巴黎和会曾公开表示要努力把世界各国人民团结起来形成有组织的友好社会。

小国代表不可能公正判断协约国的政策，他们提出了一些奇怪的理论来解释协约国尚未公布的政策，并提出了一种不利于实现会议目的的思想框架。一位代表曾对我说：“我不再有丝毫怀疑，‘二巨头’的坚定目标是建立盎格鲁-撒克逊民族的霸权。在适当时候，这种霸权可能转变为美国霸权，甚至在某些方面，法国也是它们的公仆。现在，法国已经和它们不可分割地结合在一起了。无可否认，没有英美的保护，法国无法自立。随着时间的推移，法国将变得更加依赖英美两国。而在整顿好自己的事务之后，德国将恢复其在欧洲大陆的经济优势。这种衰退是自然法则的作用，外交手段可能会延缓，但不能阻碍这一衰退趋势。未来，各国实力将发挥作用，然后法国的作用将被削弱。出于这个原因，法国关心的是，法国在东欧的新盟友应该具备成长、壮大的条件，而不是被控制在霸主的领导之下。不过，也许法国对新盟友的监护也算是它们成长、壮大的一种手段吧？”

正如我们看见，波兰人对英国尤其愤怒。他们抱怨说，无论何时提出要求，他们总会发现英国首相大卫·劳合·乔治表示反对。如果托马斯·伍德罗·威尔逊碰巧支持波兰，这位英国首相也会让美国总统托马斯·伍德罗·威尔逊改变思维方式或投票方式。因此，东加利西亚问题的每一个阶段，波兰人都必须与英国首相大卫·劳合·乔治进行斗争。起初，英国首相大卫·劳合·乔治断然拒绝加利西亚并入波兰，打算让加利西亚成为国际联盟领导下一个完全独立的国家。英国首相大卫·劳合·乔治毫不掩饰自己的这种想法，坚持让波兰人与加利西亚的罗塞尼亚人停战。波兰的代表们言辞犀利，不遗余力地阻挠英国这个计划。最终，他们成功了。但波兰的反对者们下令在十到十五年内，在东加利西亚举行全民公投，设法破坏波兰的计划。然后是加利西亚宪法的问题。除了答应在华沙的立法机关，按比例给罗塞尼亚人适当数量的议会席位，波兰人还提出授予罗塞尼亚人一定自治权——可按自己方式，处理教育和宗教事务、发展当地通信、鼓励工业和农业。但在地方自治问题上经验丰富的英国代表们，再次表达了他们的不满，并坚持赋予乌克兰议会相当大的权力，管辖加利西亚事务。随后，波兰人宣布，他们打算由波兰共和国的总统任命一位总督，管辖东加利西亚，并成立建言献策委员会向总督献计献策。英国人又修改了提议，要求总督对加利西亚议会负责，但波兰人对此坚决反对，双方最后决定只有建言献策委员会成员才对加利西亚省议会负责。在东加利西亚，波兰人建议实行征兵制，条件与波兰其他地区一样。英国人再次加入他们的讨论，要求在该省不得征兵。这场争论的结果是，在经过多次争论之后，英国委员会最终让步，但提出了一个条件，即加利西亚征集的军队不得在该省以外的地区使用。波兰人回答说，在罗马尼亚边境集结这么多士兵可能会遭到罗马尼亚人的反对。因此，小组委员会继续讨价还价。总之，在处理东加利西亚问题时，英国首相大卫·劳合·乔治扮演了一个热心倡导完全自治的角色。

总之，巴黎和会将波兰与东加利西亚联系起来，但这种联系异常脆弱。以至即使没有深刻的变革，这种联系也可能随时被切断。这种安排将临时措施当作最终方案。与此同时，更广范围的政治风潮开始酝酿。最终矛盾达到高潮，引发了反抗。

据说，波兰人认为波兰要求上西里西亚省的理由令人信服，但英国首相大卫·劳合·乔治认为还不充分。1919年6月的一天，这个问题得到解决。这天，波兰代表们被召集到无所不能的同僚面前，被告知最近《凡尔赛和约》中涉及波兰的一些修改。这次是“五巨头会议”[①]。美国总统托马斯·伍德罗·威尔逊对两位代表的谈话大约如下：“你们要求西里西亚的理由是，它的居民是波兰人，我们仔细研究了你们的要求。但德国人告诉我们，居民们虽然是波兰人，但仍希望一如既往受德国人管

① 指美国总统托马斯·伍德罗·威尔逊、英国首相大卫·劳合·乔治、法国总理乔治·邦雅曼·克列孟梭、日本代表牧野伸显和意大利代表西德尼·桑尼诺。法国总理乔治·邦雅曼·克列孟梭是名誉主席，而实际上，会议由美国总统托马斯·伍德罗·威尔逊主持。——原注

理。如果事实如此，这是有力的反对证据。目前，我们还不能回答这个问题。事实上，除了居民们自己，没有人能最终回答这个问题。因此，我们必须下令在居民中进行公投。”一名波兰代表说：“如果五十年前向居民提出这个问题，他们会表示希望继续受德国人的统治，因为当时他们一无所知，尚未萌发民族感情。然而，现在情况不同了。许多人受过教育，且大多数人都意识到这个问题，因此他们将宣布支持波兰。如果某片领土仍选择德国而不是波兰——基于该地区的公投结果，该地区成了德国领土，那么已经取得进展的启蒙运动依然继续。他们的后代意识到自己的损失后，将诅咒造成这一切的父辈们。那时就麻烦了。”

美国总统托马斯·伍德罗·威尔逊反唇相讥：“你想多了。我们划定的边界是暂时的，不是最终的。这么做是为了与你们商量。此外，国际联盟将进行干预，改善不完美之处。”“啊，国际联盟，以您的名义犯下了多么大的错误啊！”在听到那些安慰自己及自己同胞的话时，波兰代表如此自言自语道。

如果代表们吹毛求疵，可能会极力反对这种慰藉。国际联盟当时根本还不存在。如果国际联盟的意志、智慧和权力确实值得信赖，那么它的创造者——英国和美国，怎么会认为这些力量是可疑的，以至要求结成正式联盟，来保护法国呢？如果这种摧毁整个威尔逊体系的预防性措施对一个盟友是不可或缺的，那么对另一个盟友，应该也是同样的不可或缺。波兰的情况比法国更加紧迫。如果德国再次策划一场征服战争，入侵比利时，德国从西线推进的可能性微乎其微，也许会从东线波兰入手。波兰是抵抗力最弱的国家，因此，波兰很容易吸引德国的注意力，成为德国的突破口。然后呢？东欧没有协约国部队，是造成战争、动乱和混乱的主要原因之一。在停战协定缔结和《凡尔赛和约》批准的这段时间里，紧张不安的人民为文明的命运而不知所措。在未来，如果德国发动一场新的战争，波兰没有地理位置近的盟友，将会非常致命。而且可以想象，在协约国的军事援助到达波兰之前，波兰这个国家也许就消失了。在某种程度上，为什么要让波兰以及欧洲的安全，取决于赌徒的赌注呢？

尽管波兰人意识到这些危险，但没有人提出反对意见。伊格纳齐·扬·帕岱莱夫斯基做出温和的回答，平息了愤怒。他对世界立法者的决定深感遗憾，但认识到这一决定不可改变，他以国家的名义听从这一决定。伊格纳齐·扬·帕岱莱夫斯基说，他知道代表们对波兰充满了友好，他感谢他们的帮助。据报道，伊格纳齐·扬·帕岱莱夫斯基的同僚，耿直的罗曼·斯坦尼斯瓦夫·德莫夫斯基曾说："先生们，我希望与你们真诚相待。因此，我冒昧地指出，虽然你们声称已根据原则解决了这一问题，但你们并没有彻底执行这一原则。毫无疑问，你们疏忽怠慢了。有一些地方居住着大量的波兰人，而你们却以为住的是德国人，把他们划归给德国。这与事实不一致。"听到这里，英国首相大卫·劳合·乔治从座位上跳了起来，问道："你能说出哪些地方吗？"罗曼·斯坦尼斯瓦夫·德莫夫斯基列举了几个地方。"在地图上指给我看。"英国首相大卫·劳合·乔治坚持说。在地图上，罗曼·斯坦尼斯瓦夫·德莫夫斯基指出了这些地方。美国总统托马斯·伍德罗·威尔逊两次要求代表拼出博姆斯特[①]这个名字。英国首相大卫·劳合·乔治接着说："嗯，这些是疏忽，可以纠正。""哦，是的，"美国总统托马斯·伍德罗·威尔逊补充说，"我们会纠正的。"[②]罗曼·斯坦尼斯瓦夫·德莫夫斯基还向美国总统询问关于全民投票的问题，以及投票将在谁的主持下进行。于是，他被告知将有一个联合行政机构来监督各项安排，确保投票完全自由。"这个行政机构将通过什么机构发挥职能？是通过官员吗？""显然，"美国总统托马斯·伍德罗·威尔逊回答，"你一定知道他们是德国人吧？""是的。但行政机构将有权解雇那

① 博姆斯特是前波森省的一个州，大约有六万居民。——原注
② 该对话的备忘录还在。——原注

些被证明不值得信任的人。”“难道你不觉得，”罗曼·斯坦尼斯瓦夫·德莫夫斯基继续坚持，“把一半的德国官员撤走，把他们的位置让给波兰人会更公平吗？”美国总统托马斯·伍德罗·威尔逊答复说：“行政当局会公平公正，并将采取一切适当措施保证投票自由。”事情就这样结束了。

最高委员会的两位当权者解决立陶宛未来的地位问题时，尽管方式随意，方法独特，却表明了他们的良好意图。他们最初采用民族自决的原则——或被戏称为欧洲“巴尔干化”的原则，秘密成立了一个半独立国家——包括八百万居民，与波兰相连。不久之后，他们遇到了一些预料不到的障碍。一是真正的立陶宛人只有二百万，或者说最多只有二百一十万。即使是最高委员会也无法算出八百万。立陶宛有二百五十万波兰人，一百五十万犹太人，其余的是白俄罗斯人。[①]人们认识到，一个由这些不同民族组成的共同体，处在立陶宛现在的位置上，很难作为一个独立国家生存、奋斗下去。立陶宛的犹太人有不同的思维方式，他们坚定不移、积极主动地反对波兰的要求。这种态度伤害了波兰人的民族自豪感，留下了令人痛心的创伤。

值得注意的是，立陶宛曾经是沙皇统治时期的的一部分，俄国代表本应激烈争夺沙皇曾经统治下的所有国家，但在立陶宛问题上，俄国代表表现出一定程度的漠不关心。这使许多人感到惊讶。在法国首都一个知名大会上，俄国驻巴黎大使瓦西里·阿列克谢耶维奇·马克拉科夫发表了引人注目的讲话[②]，他宣布俄国从此不再关心立陶宛的地位。

巴黎和会期间，波兰人显然打算非常慷慨地对待立陶宛人。波兰

① 一个有趣的俄罗斯部落，主要居住在明斯克省和除最南端之外的格罗德诺省、苏瓦基省的一小部分、除西北角之外的维尔纳省、维捷布斯克和莫吉列夫省的整个地区、斯摩棱斯克的西部以及谢里尼奥夫的几个地区。——原注

② 政治研究协会。该讲话已印刷并出版。——原注

瓦西里·阿列克谢耶维奇·马克拉科夫

将军约瑟夫·克莱门斯·毕苏茨基主动访问了维尔纽斯，并向立陶宛人发表声明，宣布立陶宛将举行选举，并请选民们表明他们的愿望，华沙政府将帮助他们实现愿望。巴黎和会的许多独特文件中，有一份由秘书长保罗·欧仁·迪塔斯塔签署的官方信函，该信函是写给波兰首席代表的，敦促他说服波兰政府与立陶宛政府达成协议，这是两个邻国的义务。不幸的是，出于协议的健全性考虑，立陶宛还不是公认的国家，还没有公认的立陶宛政府可以签署协议。

正如人们经常指出的，这两位“世界修补者”的行动和话语如此不恰当，以至许多受辱国家的代表信奉的信念发生了变化，认识到对新市场的贪婪是所谓纯粹人道主义政策的根本。目前，一些代表被认为是难以捉摸的资本主义影响力的傀儡。如果这些代表知道这一点，可能也会感到惊讶：人们怀疑英国正试图完全控制波罗的海及其沿海地区，目的是将德国人赶出波罗的海市场，并占有这个制约波兰、德国和俄国的强有力的行动杠杆。在此之前，波罗的海一直在德国人的控制之下。这一目标的实现将意味着英国控制波罗的海。[①]据说，英国的代表还建议但泽脱离波兰，吸引芬兰人、爱沙尼亚人、莱特人和立陶宛人脱离德国的轨道，进入大不列颠的轨道。英国代表宣称，经济利益不是他们采取行动的主要动力，他们的意图无非是为这些国家争取委任统治。然而，这些宣称毫无意义。许多人深信，每一个大国都在为自己的利益而战。正如我们所看到的，人们的怀疑基于一些明显的事实。这是不能否认的。巴黎和会召开时，一位非常了解协约国的人向一名全权代表问了一个意义重大，但不太明智的问题："如果英国委任统治立陶宛，你怎么看这件事呢？"这一问题受到广泛热议，也引发了一些指责。

"大国，"那些小国代表中最直言不讳的人说，"是强盗。但由于他们掠夺范围广，他们有了另外一个更冠冕堂皇的名字。他们的眼中全是市场、特许权和垄断。现在，他们准备收网。在这一点上，大国政客们不要觉得被诽谤。因为自从人类在有序的社会中聚集在一起以来，从来没有出现过这样的情况。但令人恼火和反感的是渗透在这种分解过程中的利他主义和慈善主义的味道。我们听说，他们已经在但泽购买码头；准备在里堡、里加和雷瓦尔进行'大交易'；在克拉根福建立一家银行；并在罗马尼亚就油井进行谈判。虽然他们打着政治伦理的旗号，但在通往理想目标的令人厌倦的旅程中，他们并没有忘记获取并占有世

① 德国人和俄罗斯人对盎格鲁-撒克逊人政策的动机也普遍持有同样的看法。邦克博士在《但泽最新消息报》为证明其正确性做了最详尽的尝试，本书中前文已提及。——原注

克拉根福的城市徽章

俗的财富。他们所营造的气氛特别有利于伪善的发展，并有加速道德和社会解体的趋势。事实可能会证明，这种有害氛围的影响比其创造者对欧洲政治重组的‘贡献’更加持久。他们履行两类职能：其一，在新时代的巨大需求和前所未有的趋势下，他们本应履行的职能；其二，作为感性道德的智者、稗子连同麦子的收割者[①]，他们有意、无意地履行的职能。如果我们将这两类职能进行比较的话，我们将不得不谴责他们错过了一个难能可贵、不可挽回的机会。”

① 来自《圣经》故事。——原注

这种批评是有道理的。战争引起的社会伦理潮流具有深刻的道德意义。如果正确地加以利用，可能会滋润许多土地，建立崭新的、健康的国家制度。然而，一个不可缺少的条件是：世界各国人民自身对这一进程感兴趣。大国应咨询、听取各国人民的意见，并帮助或推动他们进入新的思想和行动模式。相反的是，代表们满足于用新的名字，代替受到谴责的旧制度和趋势，满足于教导人们目无法纪，不尊重每一种制约，除非他们愿意承认这种情况。他们大力倡导权利和正义、民主和公开，但他们对这些抽象名词的定义让坦率的人倒抽了一口气。利己主义和物质权力是他们想要推倒的神像，但他们安置在自己位置上的神灵和这些神像有着同样熟悉的外貌，只是他们的肤色不同罢了。

第7章

波兰的未来前景

波兰从西方列强主导的巴黎和会上复国。我们再回顾一下波兰的历程，可以看出波兰是作为一个半独立国家而存在，内外交困。按传统意义来讲，如果断言波兰完全独立，或者断言此类小国完全独立，这将是滥用“独立”这个术语。英美两国强加给波兰的特别条约规定：波兰有义务让协约国的货物自由过境，并给予波兰犹太人和其他少数民族某些特权；波兰有义务接受国际联盟的监督和干预。波兰人认为，这意味着在波兰结成了盎格鲁-撒克逊-犹太联盟；并且，无论如何，波兰一开始就必须承认法国大元帅是波兰军队的最高统帅。

如果波兰的法国保护者们的计划得以实施，波兰的边界和国际地位就应适应法国赋予波兰在新欧洲的角色。法国的计划是让波兰成为德国和俄国之间的一堵墙，而英美两国领导人则明显倾向于把波兰变成两国之间的桥梁。他们之间妥协的结果是：建立某种形式的波兰，既不是两者之一，又兼有两者的所有缺点。它是德国的桥梁，也是布尔什维克主义俄国的城墙。这是许多波兰人的判断。虽然未来的欧洲是一个和平、伦理的共同体，其成员国间的纠纷和争端将由仲裁法庭和其他调解法庭解决，但在思考周密的立法者看来，战争和高效的战备依然重要。因此，盎格鲁-撒克逊人同意保卫法国免受无端侵略。在东欧，由于波兰将成为法国的支柱，法国也对波兰表现出关切——支持波兰拥有一切必要的领土和其他保证，使波兰有能力履行这些义务。但法国政府设法为自己争取到的军事保障，却没有为它的新斯拉夫盟友争取到。不但如此，奇怪的是，法国与英美两国代表一起，赞成将所有小国置于国际联盟的监护之下。向法国做出必要的让步后，在波兰问题上，两巨头坚决不向该死的旧制度让步。因此，他们提出了各种各样的公民投票、自治宪章、领土细分和其他阻力最小的改革路线，似乎在未来不可避免的冲突中，胆怯地提出的理论——较之政治—社会力量，有更大生存的机会。在政治上，就像铸币一样，是贬值的金属将黄金从流通中驱逐出去。

波兰的情况很难界定，有些人说是变幻不定。波兰被国内外潜在的敌人包围——德国人、俄国人、乌克兰人、匈牙利人和犹太人。如今，相当多的德国人也纳入波兰共和国，还有大量的俄罗斯人。即使现在，俄国和德国放弃重新征服统治了这么长一段时间的领土的所有计划，有一天，也可能忍不住要亲人团聚，收复他们认为属于自己的领土。而对于备受民族统一主义折磨的三个国家来说，民族统一主义是最严重的“政治瘟疫”之一。如果德国和俄国联合起来攻击波兰，后果将不堪设想。在不久的将来，民主德国是否会如此疯狂地冒险，尚不可想象。但历史长河滚滚向前，政客也有必要防患于未然。

波兰政客可能会这样设想：鉴于俄国和德国暂时不再是欧洲国家体系内有能力的成员，波兰可能会与这两个国家达成良好的谅解，并与其中一个国家建立密切的关系。实现这一目标，波兰政治家必须有大局谋略和治国才能。因为一些俄国人仍然毫不妥协，他们很想夺回革命浪潮从他们国家手中席卷而去的部分权力。但不久的将来，俄国有希望缓和这一局面，新派政客的作为已经预示了这一趋势。为了便于理解，回顾一下承认波兰独立的秘密行动很有帮助。可以说，承认波兰独立出自一位俄国部长之口，他当时被认为是民主党内的民主人士。由于一些政府现在支持公开宣传，我冒昧地希望，这次披露将对有关人士有所帮助。因为在四年时间里，我的文章和电报遭到大规模的限制。[①]

驻英国的波兰代表一直为波兰复国孜孜不倦地奔走呼吁。俄国革命刚一爆发，他们就向英国政府提出请求，应该利用这个机会，要求彼得格勒新民主党内阁发布宣言，承认波兰独立。波兰代表详细列举了波兰复国的理由，既有口头陈述，也有书面表达。英国外交大臣阿瑟·詹姆斯·鲍尔弗立即给驻俄国首都的大使乔治·威廉·布坎南发了一封电报，指示他向俄国外交部长提交此事，并敦促他不失时机引起世界对波

乔治·威廉·布坎南

① 我的大部分文章是在战争后期写的，还有一些是在停战期间写的。他们打着爱国的旗号，扣留了我的文章。我与那些让我的文章远离公众的人有同样高尚的道德，相信他们出于某种崇高的目的扣留我的文章。——原注

兰临时政府主张的同情，纠正俄国的错误。乔治·威廉·布坎南拜访了俄国当时的外交部长兼立宪民主党主席帕维尔·尼古拉耶维奇·米柳科夫，向他提出了英国政府的观点。该观点与法国政府和意大利政府的观点一致，并希望他能借此机会，从中获益。帕维尔·尼古拉耶维奇·米柳科夫很快给出明确答复。于是，在阿瑟·詹姆斯·鲍尔弗发报四十八小时内，外交部就收到回信。大意是说：在当时的情况下，俄国外交部长很遗憾，他不能处理这一问题。因为这一问题极其复杂，涉及面广，也因为他担心波兰人会要求将俄国的土地并入新成立的波兰。从这个答复中，我们可以得出革命中的俄国关于个人、党派和原则的许多结论。

帕维尔·尼古拉耶维奇·米柳科夫

然而，阿瑟·詹姆斯·鲍尔弗并没有接受这最终结果。因为事态紧急，他再次发电报给英国大使乔治·威廉·布坎南，指示他继续促使俄国承认波兰，并敦促波兰临时政府及时提供所需的证据，证明其拯救俄国民族的信心。乔治·威廉·布坎南迅速完成了这项任务。帕维尔·尼古拉耶维奇·米柳科夫让步了，起草并发布了宣言。在英国下议院，安德鲁·博纳·劳发表了精彩的演讲，对此表示欢迎。协约国媒体赞扬俄国新政府慷慨大度。从那时起，俄国人民及其领导人摆脱了许多自身的包袱，大踏步地前进着。

如果不是过去的阴影挡在他们中间，波兰人可能天生就倾向于与同为斯拉夫人的俄国人和睦相处。如今，俄国是名副其实的民主国家。此时和睦相处，比以往任何时候都更加可行。而且对俄国人来说，和睦相处也是不可或缺的。首先，在波兰强大的邻国恢复与其人口和资源相对应的地位之前，波兰有可能就巩固了其地位。如果目前估计正确的话，边界一旦确定下来，波兰将是一个拥有大约三千五百万人口的共和国——这就是波兰赖以发展的非凡的人口和领土面积。在不久的将来，波兰的人口可能超过法国。如果军队和国防力量对一个国家的政治地位至关重要的话，波兰无疑将成为大国。波兰即使不成为真正的世界强国，也将是一个至关重要的欧洲强国。

其次，波兰的政客，如罗曼·斯坦尼斯瓦夫·德莫夫斯基，可能与俄国达成友好协议，正式、坚决放弃与所谓的历史上的波兰有关的主张，不插手所有与俄国密切相关的波罗的海问题，与乌克兰人和睦相处。如果两国人民能够找到友好交往的共同基础，波兰至少已经解决了一个斯芬克斯谜语[①]。

① 斯芬克斯是希腊神话中一个狮身人面的怪兽，向过路人出了一个谜语，如果路人猜错，就被害死。俄狄浦斯猜中了谜底，斯芬克斯羞惭跳崖而死。斯芬克斯后来被比作谜一样的人或谜语。——译者注

波兰的国内发展，似乎同国际发展一样，受到许多阻碍。波兰就像创世之后的世界，带有混沌前的痕迹。德国波兰人与奥地利波兰人有很大的不同，而俄国波兰人则与这两种波兰人都不同。在他们的日常生活中，俄国波兰人仍然显示出最近被奴役的痕迹，缺乏为生活而奋斗所必需的动力和实现目标所必需的能量，而奥地利波兰人普遍被认为容易相处、松散、优秀而不死板。据说，受东方交易习惯的影响，奥地利波兰人的管理素质下降。然而，到目前为止，居住在德国管辖省份下的波兰居民是另一种性格的人。他们不仅吸收了德国人的一些优秀品质，而且保留了自己种族固有的品质。他们擅长把握细节，组织能力强，处理问题精确、彻底、认真。新建国家第一轮改革是行政清洗。如果这不可避免的话，那么，接受过优越教育的德国波兰人可根据国家和时代的迫切需求，制订相应计划。如果他们能全心全意配合的话，行政清洗一定会大功告成。

下一步措施将是内部移民。在曾经是俄国管辖的土地上，由于战争的破坏，相当多的地区人口异常稀少。有些地区，例如普里皮亚季河沼泽，即使人口最多的时候，每公里也只有五个人。实际上，这样的地区已形同沙漠。俄军撤退时，赶走一大批人口——据估计有八百万人。他们居住在布列斯特-立陶夫斯克以东、利达和明斯克以北的地区。这八百万人，有许多在途中丧生，而大部分幸存者再也没有回来。[①]粗略地说，只有几百万人——主要是波兰人和犹太人——返回了他们被毁的家园。波兰人是欧洲生命力最强的民族之一，可能会在这片人口稀少的土地上定居。在相对较短的时间内，他们可以将这些土地转变成波兰的民族区域。然而，这些仅仅是一位友好的观察者微不足道的想法。

如今，波兰的希望不像过去那样寄托在贵族、教授和宣传人员身

① 主要是白俄罗斯人。——原注

一战后、二战前的波兰

上，而在农民身上。这个阶级的成员是这个新国家的核心。在政治、艺术和科学领域，波兰未来的代表将从他们中间脱颖而出。农民已经将他们的孩子送至学校，接受中高等教育，并且波兰有大量称职的教师[①]——他们是布尔什维克主义运动的坚决反对者。

在重组后的欧洲，尽管新建的波兰将不得不面对重重困难和危险，但波兰很有可能克服这些障碍，发挥遏制德国和俄国，协助法国的重要作用。然而，成功的必要条件是，波兰当前的舆论和民意应能鼓舞正在改革的政客。这些政客不仅要理解新时代的要求，认识到征得民意的必

① 波兰人在克拉科夫、华沙、利沃夫和柳布林都有大学，不久还将在波森开设一所大学。一位波兰政客提出了一个新颖而有用的想法，将在波森大学验证。这位政客注意到，科技越进步，人文取得的进步就越小，这可能是新时代最迫切的需要。于是，这位政客提议创建新型的大学，包含两个主要部分：一部分是自然科学和数学的研究；另一部分是人文研究，包括生物学、心理学、人类学、社会学、语言学、历史学等。——原注

要性，而且要有勇气把崇高的社会目标放在人生和事业的首位。这样的政治家今天很少见，但波兰至少有一位这样的政治家。波兰的资源使波兰领导们坚信，在不久的将来，波兰可能取得东欧的经济领导地位——在人口、军事力量和国土面积上与法国不相上下。

附带说一下，看得出来，如今，波兰人对英国政府的热情——对与英国保持密切关系的热情，明显降下来了。

波兰领导人认识到，在不断完善的发展进程中，波兰发展面临诸多限制，一定会遇到暂时不可避免的困难，但依然比较乐观。波兰人民相信，有一天，波兰会超越过去历史发展的最高峰。如果他们不满于现实，这一信念也许会激励他们继续努力，在未来实现这一崇高的成就。

第8章

意大利

可以说，在所有提交给巴黎和会的问题中，意大利的要求确实是最容易解决的。无论按照《十四点原则》，还是按照旧的胜利者的权利制度，意大利的要求都很容易解决。但巴黎和会的和平标准与这两项原则都不相同。巴黎和会的和平标准由几条不同种类的准则组成，这些准则轮流引用，由美国总统托马斯·伍德罗·威尔逊决定哪一条准则适用于正在讨论的具体情况，且没有人反对他的决定。

担任世界仲裁者处理他国的问题时，能够设身处地——几乎可以说是站在此国人民和政府的立场上，是政治家风范的精髓所在。但这一任务艰巨无比，很多预设条件托马斯·伍德罗·威尔逊无法完成。例如，他对欧洲的概念过于简单。就像一位美国经济学家曾对一位英国铁路经理说过的话：“你们英国人在城市和乡镇间修造铁路的效率非常低下。我们效率高，先修路，然后建设城市。”

那时，托马斯·伍德罗·威尔逊恰好在寻找一个支点，以放置他的理想主义杠杆。英法日这几个以自我为中心的政府，已迫使他放弃了数个原则，人们正叽叽咕咕地质疑，新的政治福音是否只是口头许诺……但在世界人民面前，他的立场必须坚决。虽然他拒绝莱茵河边境归法国；在萨尔河河谷问题上，他很不情愿地向法国总理乔治·邦雅曼·克列孟梭让步，同意一份可怕的安排——不管德国籍居民意愿如何，将该地区归法国管辖，以抵消德国一笔根本无法支付的黄金金额。[①]毫无疑问，他预见到，在重大的山东问题和中日秘密条约问题上，他也会让步。总而言之，涉及行动时，他宣称的一些更重要的抽象原则被束之高阁，他的立场确实值得怀疑。因此，他自然而然地会抓住每一个有利时机，坚决而果断地实施他的原则。意大利和南斯拉夫之间的争端就是有利时机。可以说，这两个国家都在他的掌控之中。

南斯拉夫仍在组建中，其边界完全依赖于美国总统的意志以及英国首相和法国总理的支持。托马斯·伍德罗·威尔逊得到了两者的支持。尽管在军事上，意大利比南斯拉夫强大，但在经济上，同样依赖英美两国，而英美两国事先已得到法国的支持。如果托马斯·伍德罗·威尔逊不能说服，甚至哄骗意大利服从最高委员会的命令，也一定有其他方式使其顺从。因此，在意大利和南斯拉夫之间的纷争中，托马斯·伍德罗·威尔逊的伦理观念可以大胆运用。从他对待意大利代表团的冷静、不屈的态度可以明显地推断出——这就是托马斯·伍德罗·威尔逊政策的基础。在这一点上，人们应该记住，战前所有的和平解决方式和巴黎和会的解决方式之间，没有本质区别——后者依赖于英美两国的霸权地位，而前者基于权力的平衡。这是毋庸置疑、无须争辩的事实。要实现影响深远的世界重建计划，一些公认的极其宝贵的信条，可能会阻碍目标的实现，必要时，托马斯·伍德罗·威尔逊需抛却这些信条，哪怕这样做会损害意大利拉丁民族的团结。这一目标居然实现了。事实上，准确地说，法国人并不是拉丁民族。他们近几年与意大利或西班牙的团结，也未成为一股强大的政治力量。战争爆发后，意大利拒绝与德国盟友并肩对抗法国和法国的支持者，可能是民族关系的结果，但绝非是情

① 向德国人提出的条约草案中有这一条款，它引起了各方的强烈抗议，以至在订正本中被删除。——原注

感因素所致。政治上的情感是虚构的。无论如何，法国总理乔治·邦雅曼·克列孟梭认为没有迫切的理由做出痛苦的努力，使拉丁联盟永久化。同时，对法国利益的关切，也阻止他做出代价高昂的让步。

当然了，这是必然结果。但这一创新，并没有作为巴黎和会采取任何例外措施的依据。这是几个人的想法。尽管没有提到盎格鲁-撒克逊霸权，但它始终在两位全权代表的潜意识中起作用。考虑到英美两国无所不能，代表们暂时牺牲了战术的一致性，他们也许没有良心上的不安，当然也没有政治上的顾虑。在一定程度上，这似乎可以解释巴黎和会为什么向大国的帝国主义式要求做出让步。法国要求各国承认法国是协约国人民为之奋斗的文明的化身。由于种种原因，法国的大部分主张得以实现，在这里将不一一赘述。这一让步遭到许多人的抨击，他们认为这意味着背离原则。这种背离实实在在且明目张胆——在所有理想主义口号的包装下，都隐藏着原始的武力原则。旧制度和新制度之间唯一本质差别在于，武力的捍卫者及其打算应用武力的目的。武力仍然是新秩序的坚实基础，就像曾是旧秩序的坚实基础一样。但人们相信，新秩序武力的使用情况将与旧秩序有所不同。武力将集中在英美人民手中，成为强大的武器，根本不需要实际使用。大国绝对的军事优势将足以强制小国服从其法令。人们认为，这些法令将永远以公正公平为出发点。因此，只要世界各国的相对军事和经济条件没有发生任何明显的变化，就不会出现各国军事实力的真正较量。在这种程度上，战争的“幽灵”将被驱除，令人讨厌的暴行将被废除。

明确表达这些观点，并纳入秘密计划的条款是不太可能的。但事实似乎是，这一政策的总纲要构想出来后，默默地得以执行。这些纲要左右着这两位世界仲裁者的行动，不仅体现在打着“威尔逊主义”和《十四点原则》的旗号签发独裁法令，遭到意大利、罗马尼亚、南斯拉夫、波兰和希腊的埋怨和痛恨，还体现在做出的其他让步上，既震惊了单纯的政治家，也愉悦了法国人、日本人、南斯拉夫人和犹太人。专断法令的灵感来自代表们的基本目标，而其他让步来自战术需要。因此，前者是永久性的，后者是暂时性的。

对意大利危机的所有其他解释，无论它们与危机的某些阶段多么吻合，当谈论到问题的核心时，都未切中要害。剧作家塞姆·贝内利写道："托马斯·伍德罗·威尔逊显然将我们的人民视为非洲殖民地的人民——由几个野心勃勃的男人统治。"即使这是真的，这也无法解释托马斯·伍德罗·威尔逊坚持违背自己理论的顽强的决心。

在欧洲，意大利的地位很特殊，表现在很多方面。至今仍健在的人们还记得，一开始，它的名字不过是一个地名；在过去的六十年里，意大利逐渐变成了勤劳、冷静、团结的国家。意大利一点一点地振兴了最美丽的省份和首都。即使在那时，意大利也没有实现完全统一。奥地利不仅在特伦蒂诺，而且在亚得里亚海的另一边，仍然霸占着它的领土。这三十年来，它想要收复失地的愿望被国际形势所困。战争爆发前，为了意大利的利益，也为了和平，意大利加入德意志帝国和奥匈帝国的联盟，成为同盟国的第三个成员国。这个联盟迫使它压抑着自己的爱国情感，把所有的精力都集中在防止欧洲冲突上。

战争爆发时，意大利政府的态度对法国和协约国来说至关重要。或许在很大程度上，欧洲的命运取决于意大利是保持中立，还是与德国人共命运。意大利人选择了前者，挽救了欧洲局面。意大利保持中立的动机完全无关紧要。后来，他们被敦促向前迈进一步，积极参与对抗他们以前的盟友。但意大利强大的舆论和情绪反对军事合作，理由是，保持沉默取得的总体成果将超过帮助协约国赢得胜利的报酬。这一估计是否正确取决于许多无法估计的因素，其中包括战争持续的时间——意大利舆论曾一致认为，战争持续不了多久。在这种情况下，意大利内阁相信，协约国给意大利开出的条件将大大超过德奥两国提出的条件。无论如何，意大利接受了协约国的条件，双方谈判、签署和批准了《伦敦条约》。这些意大利签约者的理想主义破坏了他们的实际感知。他们神圣的利己主义政策——言辞坚决，行动软弱，不仅没有给意大利带来任何相应的补偿，还损害了意大利政府的好名声。世界大战持续的时间比政客们大胆设想的要长得多。俄国退出战争，大大增加了意大利的负担，它不得不承受所有的压力，因此，意大利做出的牺牲相应增加了。总而言之，公平地说，在达到目标之前，意大利人民要克服和忍受的困难，不管在过去还是在现在，他们的盟国都完全没有意识到。尽管面临着重重困难，意大利依然英勇战斗到底，只是最后的结果却缩水了，令人失望。

战争结束后，意大利政客们满怀信心地认为，协约国将会适当地承认意大利至高无上的付出。意大利的期望很快就变成了领土要求。主张领土要求的报界大声疾呼，意大利应该主张更多的领土要求。这一舆论激怒了英美两国，同时鼓舞了意大利——使其满怀不真实的希望。如果这些希望不能实现，势必会引起全国的不满。奇怪的是，政府和新闻界都把重点放在领土扩张上，几乎完全没考虑经济利益。

就在这个时候，美国总统托马斯·伍德罗·威尔逊出现了，把政治棋盘上的所有棋子推得一片混乱。托马斯·伍德罗·威尔逊说："你们一直在为肢解你们的世敌奥地利而战斗。它现在被肢解了，你们很满意。意大利疆域的扩展，将以奥地利为代价，但不以在它废墟上建立的新国家为代价。相反，这些在奥地利废墟上建立的新国家的权利将限制你们的要求，限制你们的领土扩张。不仅你们不能得到觊觎的领土，而且《伦敦条约》保证给你们的一切，我也拒绝分配给你们。我拒绝承认《伦敦条约》，因为美国政府没有参与，而且在此之前，美国对此毫不知情。新的环境把它变成了一张废纸。"

意大利人无法理解。对他们来说，条约的神圣性不容置疑——对权利、正义和诚信的捍卫者来说更是如此。他们赞同这位美国政客倡导的新秩序，但无法接受以撕毁现有公约、拒绝承认合法权利、解散联盟为代价。特别是他们与法国、英国和俄国的条约，对战胜共同敌人做出了重大贡献。实际上，意大利拯救了协约国。“是意大利的参战，”奥地利总参谋长康拉德·冯·霍岑多夫说，“导致了这场灾难。没有意大利参战，同盟国就一定能赢得战争。”[①]他说的并非毫无道理。事实上，意大利已经履行了对协约国的所有承诺，甚至付出更多。意大利为拯救法国做出了重大贡献——完全是无偿的。意大利本可以拿中立立场交换其他利益，

康拉德·冯·霍岑多夫

① 康拉德·冯·霍岑多夫接受维也纳记者采访时如此说道。参阅《时报》，1919年7月19日。——原注

但意大利没有这样做。[1]正是意大利的中立立场，使罗马尼亚政府保持中立，没有出兵进行军事干预。[2]如果战争开始时，没有这两个国家——意大利和罗马尼亚——的中立，战争和欧洲历史的进程就会大不相同。然而，协约国达到了他们的目的后，竟然打着道德原则的幌子拒绝履行1915年《伦敦条约》中的承诺。更让意大利无法接受的是，英法美三国却不受这一道德原则束缚，私下达成联盟。这就是天真的意大利人对这件事的看法——而且不仅仅是意大利人这么认为。一些习惯于抽象推理的人则问，为将来的权利和正义制度及所有这些制度包含的一切做最好的准备，是否就意味着违反现有的权利，违反一般的正义？这种程序，使人泄气。对于这种反对意见，只有一种回答令人满意——那就是全心全意地、严格地把"威尔逊主义"适用于所有国家，无一例外。然而，即使是这些信条的创始人也不敢这么断定。

意大利领土问题的实质，实际是如何处理亚得里亚海东岸的问题。[3]南斯拉夫声称拥有伊斯特里亚和达尔马提亚，部分原因基于民族的考虑，部分原因基于拥有通往亚得里亚海出海口的考虑，特别是阜姆。他们认为阜姆是最重要的港口，是克罗地亚人不可或缺的港口。因此，意大利代表与南斯拉夫代表产生分歧。意大利声称拥有部分沿海地区和阜姆，认为亚得里亚海岸东部大部分仍归克罗地亚人所有，连同所有克罗地亚沿海港口和其他达尔马提亚南部港口——一千公里的海岸线和十二个港口，包括斯帕拉托和拉古萨。南斯拉夫人反对这一说法，认为除了阜姆和梅特科维

① 意大利前总理总理安东尼奥·萨兰德拉宣称，将中立作为谈判的砝码将是对意大利的侮辱。——原注

② 当时卡罗尔一世正在举行皇家议会。扬·约内尔·布勒蒂亚努曾表示反对国王的提议，反对攻打德国。彼得·卡普强烈主张履行罗马尼亚的条约义务。其他一些人犹豫了，但在投票之前，一份电报被送来，宣布意大利决定保持中立。于是，罗马尼亚拒绝追随它的盟友，保持中立了。——原注

③ 在亚得里亚海东部，《伦敦条约》规定划给意大利不含阜姆港的伊斯特里亚半岛，不含斯帕拉托的达尔马提亚大部分领土，达尔马提亚主岛和佐泽卡尼索斯群岛。——原注

奇，提到的其他出海口都无法进入，算不上真正的港口。至于阜姆[1]，意大利代表声称，尽管《伦敦条约》未承诺给意大利，但阜姆自古以来就属于意大利。几个世纪以来，阜姆一直是意大利的自治市，因此，其宗教保留了意大利特色，其居民行使权利——公民投票表明他们渴望祖国统一。意大利进一步否认了阜姆是南斯拉夫不可或缺的港口，其理由是南斯拉夫将获得其他十二个港口，阜姆和克罗地亚之间的交通量仅占全部的百分之七，甚至与克罗地亚、斯拉沃尼亚、达尔马提亚加起来，其交通量仅占百分之十三。此外，意大利保证将阜姆所有必要的出口设施交给南斯拉夫人。

南斯拉夫反驳了意大利的很多说法，特别是认为阜姆是独立的自治实体，本质上是意大利城市的说法。双方彻底搜查档案，查找和分析古老的文件，或指责对方的文件是伪造的，或证明自己的文件是真实的证据，并从过去不同作家的作品中挑选出一些偶然的短语，作为支持各自论点的证据。因此，争论越来越激烈。意大利的盟友们的态度更是火上浇油。在意大利看来，这些盟友要么是暗地里不友好，要么是不冷不热。

法国总理乔治·邦雅曼·克列孟梭早就以绰号“老虎”著称，在和平谈判中，他一直是名副其实的“老虎”。据称，在一次私人谈话中，他曾说：“意大利想要阜姆，就等于要月亮。”[2]在正式立场上，法国总理乔治·邦雅曼·克列孟梭和英国首相大卫·劳合·乔治一样，站在美国总统托马斯·伍德罗·威尔逊这边。虽然英法两国对《伦敦条约》所涵盖的其他主张表示同意，但英法两国毫不掩饰地将《伦敦条约》搁置一边。他们甚至表示不会将阜姆交给意大利，除非意大利准备给南斯拉夫提供一个对等港口，并满足美国总统托马斯·伍德罗·威尔逊的要求。

---

① 1919年，阜姆的人口为四万五千二百二十七人，其中意大利人三万三千人，斯拉夫人一万零九百二十七人，匈牙利人一千三百人。——原注

② 据报道，另一名代表回答说：“由于我们需要意大利的友谊，我们应该付出适度的代价，支持她拥有月亮的主张。”——原注

这种拥护南斯拉夫人主张的做法遭到意大利人的强烈不满。几个世纪以来，这两个民族一直是对手或敌人。战争期间，南斯拉夫人与意大利人进行了激烈的战争。对意大利来说，最大的敌人一直是奥地利，而奥地利大部分是斯拉夫人。“奥地利，”意大利人说，“是我们与之战斗的残酷敌人的官方名称，但我们英勇的士兵面对的，通常是克罗地亚人和其他斯拉夫人。正是他们犯下的滔天罪行，使我们军队吃尽了苦头。”官方文件证明了这一点。[①]奥地利指挥部当时签发的勋章赞扬“塞尔维亚-克罗地亚营官兵，与奥地利-德国和匈牙利士兵一起，辨识敌人挖下的陷阱，阻止士兵背离忠诚，走上叛国之路。[②]在结束奥匈帝国统治的最后一场战役中，一支由克罗地亚精锐部队组成的庞大分遣队与意大利军队进行了坚决的战斗”。

在意大利，流传着一个令人印象深刻的故事。这个故事表明，有时，过去的敌人可能会转变成今天的盟友。一名意大利公民的儿子是飞行员。战争快结束时，在一场空战中，这名飞行员不幸被一名奥地利士兵杀死。停战协定签署后不久，这位悲恸欲绝的父亲来到他儿子倒下的地方。在那里，他发现了那位前奥地利军官。这位幸运的胜利者，也是他儿子的刽子手。他的纽扣上别着一枚南斯拉夫式的勋章。这位军官向他伸出手来，打招呼：“你和我现在是盟友了。”[③]历史学家也许会对这件轶事的天真烂漫一笑置之，但政客会承认，它反映了新成立国家的居民——奥地利人——与意大利人之间的关系。当人们被劝诫把以前的敌人当作朋友和盟友时，你可以猜测出他们的感受。

“那么，”意大利人问道，“几个月前，我们还强烈指责奥地利

① 在巴黎和会上，意大利事业的倡导者列举了几个歌颂斯拉夫军官个人和军事集体的奖章。——原注

② 1918年6月17日官方公报。——原注

③ 《日内瓦日报》，1919年4月25日。——原注

人的残酷罪行。我们不能突然对冷酷无情的‘奥地利人’产生热烈的感情，这奇怪吗？在我们内心里，我们不能割下一片意大利领土，把它作为我们战胜他们的果实移交给他们，这奇怪吗？如果意大利一开始没有采取中立，后来没有加入协约国，那么就不会有今天的南斯拉夫。而现在，难道我们要为我们的利他主义付出代价，牺牲意大利的土地和国家的灵魂给我们世俗的敌人吗？”总之，停战协议把意大利的敌人变成了朋友和盟友。为了这个朋友和盟友，它不得不放弃一些来之不易的胜利果实和部分世俗抱负。意大利代表们问：“如果法国被告知，从此以后，法国必须视被法国强大军队击败的普鲁士人为朋友，并将一些本来属于法国的新殖民地赠予普鲁士人，法国会怎么回答呢？”意大利剧作家塞姆·贝内利把这个问题简洁地表述为：“奥地利的瓦解，变成了一场文字游戏，以至我们的人民——由于在奥地利的枷锁和折磨下备受煎熬，他们的措辞要准确得多——从来不会用这个名字称呼奥地利人。他们总是称他们为克罗地亚人。他们很清楚，组成奥地利军队的克罗地亚人和斯拉夫人是我们最凶猛的监工和最残忍的刽子手。他们认为根深蒂固的民族特征和倾向，可以通过新名字和新国旗来改变，真是太天真了。”

协约国和南斯拉夫人民则持有不同的观点。他们强调有争议的领土具有斯拉夫人的特征。他们援引了国籍原则，并庄严指出，合并不能被同化的不友好的异域因素具有危险性。但在情感起作用的地方，理性通常是无能为力的。坦率地说，意大利政府的政策同其他政府的一样，属于民族主义。这一政策是否展现了政治家风度，可能备受质疑。事实上，意大利的一些主要新闻机构已经对这一问题做出了否定的回答。[①]这些新闻机构指控意大利内阁故意释放民众的激情，后来又徒劳地试图平息这种激情。这些新闻机构援引的事实确实存在。

---

① 参阅1919年5月26日的《意大利晚邮报》及《世纪报》。——原注

如果可行，与南斯拉夫达成友好协议，这当然符合意大利的最大利益。意大利的命运掌握在政府官员的手中——他们感觉自己有责任，试图达成谅解。维托里奥·埃曼努尔·奥兰多就是其中之一。他目光远大、足智多谋。在伦敦时，他曾与克罗地亚领导人安特·特伦比奇讨论过这个问题，并赞成双方和解[①]，但他的同僚西德尼·桑尼诺坚决反

安特·特伦比奇

① 1919年3月4日，他在参议院为这种态度辩护，并表示希望消除两国人民之间的误解。——原注

对。后来，在罗马，他们举行了一次大会[①]，双方达成一项协议，且双方关系变得友好。在意大利首都的南斯拉夫委员会祝贺维托里奥·埃曼努尔·奥兰多赢得了皮亚韦河胜利。但由于种种原因——尤其值得一提的是西德尼·桑尼诺的反对，这些早期的睦邻友好情绪很快就失去了热度，最终消失了。在巴黎会议上，两国代表既没有交谈，也没有相互致意——睦邻友好已荡然无存。

美国总统托马斯·伍德罗·威尔逊访问罗马，似乎照亮了意大利的未来前景。在罗马，他受到了狂热的欢迎。后来，托马斯·伍德罗·威尔逊的敌人使意大利人民对他的态度改变了很多。这通常归因于他未能达到人民对他的言语或态度的期望。没有什么比这更误导人的了。在意大利的主张问题上，托马斯·伍德罗·威尔逊的立场从未改变，他也没有说过或做过任何足以证明对意大利主张存在疑问的事情。在罗马，他向部长们讲话的措辞，和在巴黎和会上的完全相同。1919年1月，托马斯·伍德罗·威尔逊向意大利部长们通报了他将于1919年4月提出的计划，甚至考虑立即宣布他关于意大利的政策。但部长们恳请他不要把自己的意见告诉别人，在他逗留意大利期间，不要公开提及这件事。[②]因此，如果意大利人民抱着虚幻的希望，那也不是托马斯·伍德罗·威尔逊的错。在巴黎，维托里奥·埃曼努尔·奥兰多与托马斯·伍德罗·威尔逊有过一次重要的会面。[③]托马斯·伍德罗·威尔逊直截了当地告诉他，《伦敦条约》规定的意大利北部边界的划分将得到确认，而亚得里亚海东岸的领土划分无效。托马斯·伍德罗·威尔逊补充说，对奥地利领土的划分，必须与他交给意大利总理维托里奥·埃曼努尔·奥兰多的

① 1919年4月。——原注

② 1919年7月9日，恩里科·费里在罗马议会发表了一篇引人注目的演讲，公开了这一事实。是西德尼·桑尼诺反对托马斯·伍德罗·威尔逊发表任何关于这个问题的声明。参阅1919年7月10日《新闻报》。——原注

③ 1919年1月10日。——原注

地图相一致。经检验，这与《新欧洲》已经公布的地图是一致的。[①]维托里奥·埃曼努尔·奥兰多瞥了一眼地图，彬彬有礼地解释他为什么不能接受这个提议。

他补充说，意大利议会不会批准该法案。于是，美国总统托马斯·伍德罗·威尔逊转而讨论政治伦理路线，指出吞并异族、不友好的因素可能对意大利造成的危害，指出与南斯拉夫睦邻友好将带来的巨大好处，指出意大利可能会轻而易举获得这个新建国家的市场。南斯拉夫这样的新建小国会感激意大利慷慨的行为，并会以长久的友谊回报意大利——这种回报远比有争议的领土更有价值。"啊，总统先生，你不了解南斯拉夫人，"维托里奥·埃曼努尔·奥兰多叫道，"如果意大利割让达尔马提亚、阜姆和伊斯特里亚东部给他们，他们会立即要求的里雅斯特和波拉，继的里雅斯特和波拉之后，再要求弗留利和戈里齐亚。"

进一步讨论后，托马斯·伍德罗·威尔逊说："承认秘密条约与我的原则不相容，我无法妥协，我坚持我的原则。"维托里奥·埃曼努尔·奥兰多接着说："将来，当新的原则开始规范国际政治时，我也谴责秘密条约。至于在战争期间已经缔结的那些条约，它们确实是秘密条约，但美国也曾签订过类似秘密条约啊。"托马斯·伍德罗·威尔逊对此提出异议。托马斯·伍德罗·威尔逊设想并简要说明了他的理由如下：意大利和它的盟国一样，有权接受《十四点原则》，也有权拒绝或保留意见。英国和法国已反对他们不赞成的那些条款，而意大利则表示对所有这些条款都予以遵守。因此，意大利受到这些原则的约束，丧失了援引秘密条约的权利。达尔马提亚、伊斯特里亚、阜姆和其他岛屿问题的解决，无须参考秘密条约的条款。根据它们的是非曲直及新的安

① 东部的弗留利划给意大利，包括戈里齐亚，把伊斯特里亚分成两部分，将的里雅斯特和波拉也分配给意大利，但在这样的领土条件下，一旦发生战争，它们就会暴露在敌人的炮弹之下。——原注

排，意大利的要求不能得到支持。对居住在全国各地的南斯拉夫人来讲，把他们及其海岸隔绝开来是不公平的。这样做对意大利本身并没有帮助，因为意大利要形成一个统一的整体以巩固领土，并为即将到来的经济发展做好准备，以谋求国家福祉。因此，意大利必须遵循民族原则。

至于阜姆，即使像意大利宣称的那样，是一个独立的实体，并渴望并入意大利，人们仍然要考虑南斯拉夫迫切需要一个出海口的事实。这时，经济必要性原则超过了民族原则和自决原则。因此，一个国家生存必须具备维持生命的必要条件。基于这些理由，应该支持南斯拉夫人。

维托里奥·埃曼努尔·奥兰多的回答同样清楚，但他无法把心中的烦恼一笔勾销。的确，意大利政府毫无保留地坚持《十四点原则》，但它做出这一承诺的前提是《十四点原则》不破坏过去的协定，而是把它们保留下来，以待未来解决。即使不是这样，也只有在适用于所有国家的情况下，才应认为这些原则与意大利的情况有关。改组的整个工作应建立在这一道德基础之上。如果一个管理体系分特权国家和无特权国家，这显然会使这一体系徒劳无用，并让人难以接受。然而，这就是实际采用的体系。如果秘密条约被废除，那么日本和中国之间的“条约”也应将被法院驳回，两国之间的争端将根据是非曲直进行裁决。如果《十四点原则》具有约束力，那就宣布海洋自由吧。如果要赋予所有国家平等的权利，那就废除“门罗主义”吧。如果裁军成为现实，那就让英国和美国停止建造军舰吧。暂且假设一下，假如将来巴西或智利不满美国的行为，托马斯·伍德罗·威尔逊代表的国际联盟将受“门罗主义”的限制，无法干预，而在类似条件下，英国和美国可能干涉小国的事务。爱尔兰、埃及或印度奋力疾呼，反对英国时，只不过是沙漠中的呼喊，没有任何回音。如果阜姆的居民是美国公民——他们同样被认为是独立的实体——要求归属美国，那么托马斯·伍德罗·威尔逊持什么态度呢？他会对他们的意愿充耳不闻吗？当然不会。为什么换做意大利时，意大利就不能按自己的意愿行事？所有这些都表明，打着平等旗号的新秩序，是由优等国家和劣等国家组成的，其中优等国家是英美两国，它们对劣等国家拥有无限的权力，可以替劣等国家决定哪些对自己有益，哪些对自己有害，什么是合法的，什么是禁止的。优等国家的法令不允许任何上诉。总之，这就是盎格鲁-撒克逊人的霸权。

值得注意的是，维托里奥·埃曼努尔·奥兰多的观点都是根据实际情况提出，而不是根据《伦敦条约》的条款或效力提出的。他说，在停战之前，阜姆曾恳求意大利将其纳入其中，但当时宣布阜姆归属意大利是有风险的。[①]阜姆居民引用了托马斯·伍德罗·威尔逊自己的话："必须尊重国家的愿望……民族自决不仅仅是一个词。""人民和地区不应视为游戏中的动产和兵卒，用来交换主权。卷入这场战争的每一项领土纠纷的解决办法，都必须符合有关人民的利益，而不是对敌对国家的要求妥协而做出的调整。"在弗农山庄的演说中，托马斯·伍德罗·威尔逊提出了一种特别适用于阜姆的学说："解决任何问题，无论是领土、主权、经济安排或政治关系问题，都应建立在直接相关人民完全接受的基础之上，而不是建立在其他国家或人民的物质利益基础之上。然而，这些国家或人民为了自己的外部影响或权利，可能希望采用不同的解决方法"。[②]托马斯·伍德罗·威尔逊的这些言论实际上是将阜姆划归给意大利。

有人反对说，意大利的要求涵盖了一定数量的南斯拉夫人，意大利的答复是，与其他国家附加的异域因素数目相比，这个百分比微不足道。据估计，波兰大约有百分之三十，捷克斯洛伐克不少于百分之三十，罗马尼亚百分之十七，南斯拉夫百分之十一，法国百分之四，而意大利仅仅才百分之三。

1919年2月，南斯拉夫采取了一项战略行动，有人认为是明智之举，

① 在维托里奥威尼托战役打响之前，即1918年10月30日，阜姆全国委员会就发布了公告。——原注

② 1918年7月4日，弗农山庄的演讲。——原注

也有人则认为不明智。南斯拉夫人建议南斯拉夫和意大利之间的所有分歧都应提交托马斯·伍德罗·威尔逊仲裁。考虑到托马斯·伍德罗·威尔逊从一开始就对这个问题态度坚决，而且他已经决定反对意大利。因此，南斯拉夫人知道托马斯·伍德罗·威尔逊的决定倾向于支持南斯拉夫代表团，自然会急于让对手接受托马斯·伍德罗·威尔逊的决定。由于双方都不知道仲裁结果，因此只能指望其中一方会接受条件，结束谈判。然而，南斯拉夫这样做，只是希望让意大利难堪。意大利人的回答很巧妙。他们说，尽管塞尔维亚派代表出席了会议，但他们并不是与塞尔维亚有争端。他们的争端涉及克罗地亚，但克罗地亚在巴黎和会并没有正式代表。克罗地亚的边界尚未确定，但在适当的时候巴黎和会将确定其边界。这一决定将在详尽研究后做出，并将适当考虑其对欧洲和平可能产生的后果。因此，裁决做出之前，全权代表们必须极度谨慎。尽管托马斯·伍德罗·威尔逊总统是其中最聪明的代表，但人多力量大，五名全权代表加起来一定比托马斯·伍德罗·威尔逊处理得更好。巴黎和会是专门为解决此类问题而召开的，如果将这一问题从巴黎和会职权范围内去掉，而将其提交给个人，这将被视为是对最高委员会的蔑视。这事就这样临时搁置一边了。

维托里奥·埃曼努尔·奥兰多知道，如果他采纳了这个建议，让托马斯·伍德罗·威尔逊来做仲裁，在《十四点原则》的旗号下，意大利的希望很快就会破灭，而意大利的命运也将是小国的命运。然而，托马斯·伍德罗·威尔逊相信意大利民众会欣然接受这项安排。值得一提的是，托马斯·伍德罗·威尔逊非常相信自己在意大利民众中的地位，以至他敦促维托里奥·埃曼努尔·奥兰多放弃对阜姆和达尔马提亚海岸的要求时，还主动为维托里奥·埃曼努尔·奥兰多辩护提供了一封亲笔信。维托里奥·埃曼努尔·奥兰多可以在议会宣读这封信，以便向全国表明放弃领土主张是美国要求的，放弃领土主张将最有效地促进意大利的最大利益。基于这一理由，意大利议会应迅速批准。然而，维托里奥·埃曼努尔·奥兰多并没有宣读这封信。于是，事情不了了之。

在巴黎，意大利代表团虽然没有取得什么进展，但每个人都钦佩维托里奥·埃曼努尔·奥兰多，并被他深深吸引。如果让他一个人去，他即使无法在秘密条约所保证的条件之外，再争取到阜姆，很可能也会为国家争取到其他有利条件，但出席巴黎和会的意大利代表并非只有他一个人。他不得不和沉默寡言、不爱交际的外交部长西德尼·桑尼诺打交道。西德尼·桑尼诺有自己坚持的政策，然而，他很少表达出来。在巴黎和会上，尽管这些外国同僚的意见决定了意大利问题能否得到满意解决，但他似乎不愿提出，更不用说与外国同僚讨论意大利问题了。他避开了那些愿意以友好、非正式的方式讨论共同利益的代表。这些代表的职责就是达成协议。事实上，只有说服冷漠或怀有敌意的人们，获得他们的理解和支持，才能取得他所期望的结果，而他希望远离一切，过一种隐士的生活——甚至可以说是一种厌世者的生活。英美两国代表希望与意大利代表自由交换意见，这一正当愿望因意大利外交部长西德尼·桑尼诺的个性而不能实现。尽管我们不能再现他们之间的对话，但我们可以想象英美代表的无奈。在协约国圈子里，西德尼·桑尼诺显然不受欢迎，这对他的事业产生了显著的负面影响。他完全没有朋友，只有两个敌人——他自己和与他共事的外国同僚。因此，意大利的事业没有得到充分的支持。

几个月的审理表明西德尼·桑尼诺的态度很不明智，这容易破坏意大利的政策。意大利的盟友以同样的态度回应了意大利——以冷漠对冷漠。意大利拒绝了南斯拉夫提出的将他们的争端提交给托马斯·伍德罗·威尔逊的狡猾建议后，“三巨头”一致同意推迟意大利的问题，直到与德国签署和平条约。听到风声后，维托里奥·埃曼努尔·奥兰多采取一切措施将意大利问题置于议事日程的最前列。他甚至说如果意大利的主张不首先解决，他不会签署条约。因为该条约将确认国际联盟——意大利为其成员——作为其他国家疆域担保人的地位，而意大利自己却没有明确的疆域为他人担保。在自己的疆界尚未确定时，它无法捍卫其他国家的领土完整。但在拖延的艺术上，“三巨头”无与伦比，随着向德国提交条约的时间越来越近，关乎意大利未来的亚得里亚海问题、殖民地问题、金融问题及经济问题，都没有解决——甚至没有提及。与此同时，在阜姆问题上，秘密会议的全权代表们意见不一，其中有四五人倾向于从长计议，两人倾向于做出决定。托马斯·伍德罗·威尔逊意志坚决，拒绝把这座城市划归意大利。利益冲突的始作俑者们巧妙设计出的各种妥协方案都未能令意大利代表满意，而意大利代表的坚持来自沉默寡言的西德尼·桑尼诺。意大利媒体受政府指示，坚持宣扬阜姆问题是意大利批准《凡尔赛和约》的必要条件，并宣布巴黎和会将批准意大利的要求，这实际上使意大利代表们无路可退。很多人曾对托马斯·伍德罗·威尔逊说过，只要他对欧洲人民说一句话，就会激起他们的热情——他们将会去做他希望的任何事情，哪怕是反对他们自己的政府。现在，他打算对意大利人民行使这种独特的权力。正如我们所看到的，他在罗马逗留期间本可以这样做的，但被西德尼·桑尼诺劝阻了。现在，托马斯·伍德罗·威尔逊打算强迫意大利代表们回家，弄清楚自己的顽固态度是否符合人民的意愿，是否把人民拉入“理想主义者”的阵营。在与维托里奥·埃曼努尔·奥兰多的谈话中，托马斯·伍德罗·威尔逊几乎承认了这一点。然而，他似乎忽视了一点，那就是每一项政策都有时间限制，时间不同了，产生的结果自然不同。1919年1月，在意大利，美国总统的名字如同号角一般响亮，当时托马斯·伍德罗·威尔逊受欢迎的秘密在于，人们普遍相信他能本着公平公正的原则，给世界带来真正的正义的和平，而不是纵容强者、苛求弱者的和平。而到了1919年4月，美国总统受欢迎的程度则截然不同。托马斯·伍德罗·威尔逊振臂一呼，欧洲各国人民追随其上的时代已经一去不复返了。值得注意的是，托马斯·伍德罗·威尔逊最初对意大利某些主张的态度一直很坚决，后来他也适当调整了态度，但这在一定程度上削弱了他的权威。一开始，托马斯·伍德罗·威尔逊宣布有必要把伊斯特里亚划归两个主张主权的国家，但经过进一步的思考，他支持划归意大利。这就使维托里奥·埃曼努尔·奥兰多明白，即使是托马斯·伍德罗·威尔逊的解决方案也同样需要修正。还有一个事实是，意大利总理维托里奥·埃曼努尔·奥兰多坚持向德国人提交《凡尔赛和约》之前，一定要解决亚得里亚海的问题时[①]，他的法国和英国同僚向他保证，这一合理要求将得到满足。然而，这一承诺还是被忽视了，“五巨头”会议并未顺利进行。

维托里奥·埃曼努尔·奥兰多和托马斯·伍德罗·威尔逊之间决定性的斗争是在1919年4月进行的，后来标志着他们紧张关系的公开行为不过是这一斗争的实际后果。那一天，意义非凡，双方都坚定地提出了自己的主张。美国总统托马斯·伍德罗·威尔逊发表了关于意大利舆论的评论，这使意大利总理维托里奥·埃曼努尔·奥兰多感到震惊和痛苦。维托里奥·埃曼努尔·奥兰多是意大利舆论的一分子，认为相比这位尊贵的仲裁者，自己更有能力判断舆论趋势。托马斯·伍德罗·威尔逊不仅拒绝改变自己的判断，而且宣布自己打算照此行事，并向意大利全国发出呼吁。乔治·邦雅曼·克列孟梭和大卫·劳合·乔治都知晓这份文件的要点。据称，英国首相大卫·劳合·乔治自始至终都非常渴望达成可行的妥协，而且这种可能性似乎很高。因此，关于阜姆和达尔马提亚的方案被提出，其中一些方案意大利人基本上能接受，于是意大利人提出了修改方案。意大利的一切都取决于这些修改方案的命运。

1919年4月23日，我在意大利代表团总部爱德华七世酒店讨论意大利

---

① 1919年4月5日和1919年4月12日。——原注

事宜，并期望获悉已达成的一些协议。在隔壁房间里，代表团成员正开会讨论这个棘手的问题，他们意识到时间紧迫。托马斯·伍德罗·威尔逊即将发布宣言，达摩克利斯之剑[①]悬在他们的头上，做出巨大的妥协不可避免。1919年4月23日15时，大卫·劳合·乔治的秘书传达了三人会议对意大利最大让步的答复。他们告诉我，只有一点还存在争议。这一点关乎阜姆，而且很奇怪的是秘书刚才递交的答复中没有提到这一点。意大利代表团立即打电话给英国首相大卫·劳合·乔治，请他接见古列尔莫·因佩里亚利。不久，古列尔莫·因佩里亚利打电话来告知阜姆将成为一座自由城市，不受控制。古列尔莫·因佩里亚利刚回来，我便向意大利代表团告辞。他们答应一定会把结果告知我。大约半个小时后，我

古列尔莫·因佩里亚利

① 源自古希腊传说，迪奥尼修斯国王请大臣达摩克利斯赴宴，命其坐在用一根马鬃悬挂的利剑下，意指令人处于一种危机状态，随时有危机意识，心中敲起警钟等。——译者注

收到一条紧急消息，急忙回到意大利总部，那里一片惊慌。我得知代表们刚开始讨论有争议的条款，就有人带来一份《时报》。报上说，托马斯·伍德罗·威尔逊越过意大利政府首脑，对意大利人民发表呼吁。

这篇文章的发表犹如一场猛烈的爆炸。公众对托马斯·伍德罗·威尔逊史无前例的行动和他的英法同僚们的行动感到不知所措。有人质疑，如果他早晨在报纸上发出呼吁，为什么还要让意大利同僚继续审查一项自认为显然超出他们能力的建议呢？此外，也有人指出合理解决意大利亚得里亚海边界的方法，不应以托马斯·伍德罗·威尔逊付出的巨大牺牲为代价。也就是说，托马斯·伍德罗·威尔逊牺牲了公众对权威的尊重。在一封措辞犀利的信中，维托里奥·埃曼努尔·奥兰多回应了托马斯·伍德罗·威尔逊的呼吁。归根结底，这是一种理性的抗议，反对任何个人的绝对正确，特别是一个已经犯了几次严重判断错误的人。维托里奥·埃曼努尔·奥兰多没有意识到托马斯·伍德罗·威尔逊压倒性的权力和由此对整个事件带来的影响。如果他认识到这一点，他采取的策略也许会有所不同。

托马斯·伍德罗·威尔逊突然执行其计划，后来这被解释为由错误信息所误导。据他所知，在意大利的许多城市，墙上都贴着海报，宣布阜姆已被合并。此外，有人补充说，有充分的理由相信，在罗马，意大利内阁即将颁布一项正式将阜姆纳入意大利的法令，这使情况比以往任何时候都更加复杂。一些法国报纸相信了这些说法，很有可能托马斯·伍德罗·威尔逊也相信这些谣言，希望提前采取行动。然而，这至多是一种解释，几乎不能证明为什么意大利全权代表被鲁莽地当作歪曲本国人民意志的人。事实上，仔细调查显示，所有那些据说惊扰托马斯·伍德罗·威尔逊总统的报道都是毫无根据的。托马斯·伍德罗·威尔逊往往很少掌握有关审判国家的资料，就像他和大卫·劳合·乔治毫不客气地把特别委员会的决定置之一旁一样。

第二天上午，维托里奥·埃曼努尔·奥兰多和西德尼·桑尼诺应紧急邀请，拜访了英国首相大卫·劳合·乔治。令他们吃惊的是，托马斯·伍德罗·威尔逊和乔治·邦雅曼·克列孟梭也在等着他们，似乎随时准备重新开始讨论。无论如何，他们都很想知道托马斯·伍德罗·威尔逊呼吁的结果。然而，这位意大利总理毫不犹豫地选择破釜沉舟。“你们向意大利人民发出呼吁，挑战了意大利政府的权威，”意大利总理维托里奥·埃曼努尔·奥兰多继续说，“既然这样，现在，我有责任找到意大利人民的代表，并要求他们在托马斯·伍德罗·威尔逊和我之间做出决定。”托马斯·伍德罗·威尔逊只好回答说：“毫无疑问，这是你的职责。”“我将通知议会，我们的盟友无法就关系到我们切身利益的问题达成一致。”意大利总理维托里奥·埃曼努尔·奥兰多挑衅的语调使大卫·劳合·乔治感到不安。大卫·劳合·乔治希望维托里奥·埃曼努尔·奥兰多平复一下情绪，在意大利内阁讲话中不要忘记提到最高委员会可能还会找到一个令人满意的解决办法。意大利总理维托里奥·埃曼努尔·奥兰多也不想错过这样一个找到圆满结局的机会。“让意大利人民来做决定吧。”意大利总理维托里奥·埃曼努尔·奥兰多说，“为了让他们能够充分了解情况并做出判断，谨请允许我将最后一份备忘录送交四人会议。这份备忘录体现了事实的精髓，四人会议理应掌握这些事实。与此同时，意大利政府退出巴黎和会。”会议就此结束，意大利主要全权代表返回罗马。法国部分新闻界同情意大利人，而法国政府，特别是乔治·邦雅曼·克列孟梭，则同托马斯·伍德罗·威尔逊一道规劝维托里奥·埃曼努尔·奥兰多放弃《伦敦条约》。托马斯·伍德罗·威尔逊以前曾承诺恢复条约的神圣性①。托马斯·伍德罗·威尔逊和维托里奥·埃曼努尔·奥兰多之间发生冲突后，意大利全

① 1918年1月，托马斯·伍德罗·威尔逊在对工会代表的演讲中做此承诺。——原注

权代表离开巴黎时，正值德国人来到凡尔赛宫之际。所以，协约国面临选择，要么加快散漫的会谈，临时达成明确的解决方案；要么一致放下所有问题，面对敌人。巴黎的一份重要报纸对托马斯·伍德罗·威尔逊及其对意大利的“呼吁”提出了批评，并强烈抗议托马斯·伍德罗·威尔逊不失一切时机将自己的国际联盟纳入其中。“修订后的《国际联盟盟约》表明‘国际联盟’萎缩到只剩微小的影子。没有思想、意志、行动或正义时，我们能对它的真正价值抱有任何幻想吗？我们已经为‘威尔逊主义’牺牲了太多。”[①]……另一家新闻机构将阜姆比作萨尔河河谷。意大利指望盟友的支持，得到这座城市，然而，结局却如此。这家新闻机构对意大利表示同情。[②]

令人厌倦的文字斗争——个人因素在其中起了很大的作用——在僻静的瓦尔哈拉神殿[③]的暮色中展开，最高经济委员会决定将奥地利被扣押的所有船舶分配给所有协约国。“鹬蚌相争，渔翁得利。”意大利人和南斯拉夫人得知这一决定后，意识到他们之间的破裂使双方有害，然而对第三方却有利。因为，如果把奥地利的船舶分配给所有协约国，那么意大利和南斯拉夫的份额就微乎其微了。于是，两国第一次联合起来，但主动联合的不是两国外交官，而是两国商人。为了瓜分战利品，双方的商人举行了会晤[④]，商议并制定了一项公平的协议，把五分之四的奥地利船舶分给意大利，其余的分给南斯拉夫，按最高经济委员会的分法的话，南斯拉夫将得不到一艘船。[⑤]接下来，他们着手废除最高经济委员会的决议，继续两国的对话。[⑥]美国代表团态度友好，答应废除该决议，并补充说：“如

① 《巴黎回声报》，1919年4月29日。——原注

② 《高卢人报》，1919年4月29日。——原注

③ 北欧神话中死亡之神奥丁款待阵亡将士英灵的殿堂，此处用作类比。——译者注

④ 这些会议于1919年3月28日至1919年4月23日举行。——原注

⑤ 参阅1919年6月18日，《世纪报》刊登的马尔科·博尔萨的文章；1919年6月19日，《意大利晚邮报》也刊登过。——原注

⑥ 1919年5月5日到1919年5月16日。——原注

果意大利和南斯拉夫之间的协商能扩展到亚得里亚海问题，托马斯·伍德罗·威尔逊会很高兴，即使没有巴黎和会的批准，他也会主动批准两国的协定。”[①]受此鼓励，两国代表们努力协商，但意大利总理出于某种不为人知的原因，将谈判时间限制在一天之内，一天时间结束时，他下令停止对话[②]，因此谈判失败了。两三天以后，意大利代表离开了巴黎。

在南斯拉夫的对手和朋友眼中，南斯拉夫人以固执著称。而通过这轮谈判，思想开明的意大利人意识到，这不过是武断的印象罢了。南斯拉夫人坚硬的盔甲总有一些缝隙，理性和劝说可以通过这些缝隙渗透进去。

退出巴黎和会时，意大利人完全相信，意大利人不在时，和平协议是不可能签署的。许多人认为，意大利人的离开是对托马斯·伍德罗·威尔逊的报复，但维托里奥·埃曼努尔·奥兰多没有考虑到这种战术效果。这只是一个巧合。托马斯·伍德罗·威尔逊让他别无选择，只能离开法国去征求同胞的意见。托马斯·伍德罗·威尔逊的同僚们吓坏了，因为《伦敦条约》规定，协约国不能达成单独的和平协议——这意味着意大利代表应该成为联合签署者，或至少是赞同协议的一方。因此，大家都担心《凡尔赛和约》的签署会不会由于意大利全权代表的缺席而无限期推迟。其余代表的确也是这么认为的。毫无疑问，意大利人出席或明确同意是《凡尔赛和约》合法性的一个重要因素。这当然是法国新闻界的信念，全世界最杰出的法学家也证实了这一点。[③]正如维托里

① 《世纪报》，1919年6月19日。——原注

② 1919年4月23日。——原注

③ “我们的盟友能把我们的缺席视为无关紧要的事情吗？他们会违反禁止交战双方缔结外交和平的正式承诺吗？《伦敦条约》明确禁止与任何敌国缔结单方面的和平。如果意大利不签署和平协议，法国和英国就无法与德国签署和平协议。形势很严峻，不同寻常。对我们的盟国来说也是如此。意大利孤立无援，而那些国家，尤其是那些不太富裕的欧洲大陆国家，由于本性‘厌恶孤独’，纷纷开始疏远意大利。”——《意大利晚邮报》，1919年4月26日。另外：“《伦敦条约》规定了法国和英国在没有意大利参与的情况下，不得缔结和平。意大利在得不到满意的结果前，决心不与德国达成和平。”——《日内瓦日报》，1919年4月25日。——原注

奥·埃曼努尔·奥兰多所威胁的那样，如果意大利的事务得不到令人满意的解决，意大利代表可能会拒绝签署协议。然而，这一事实并未受到重视，最高委员会的其余成员开始着手应对这一可能的策略，并放弃与意大利合作。意大利代表团缺席期间，他们为了达到自己的目的，颁布了新法令。法令规定，任何三个协约国和有关国家政府签字都将视为有效。这项规定的合法性甚至道德性受到许多人的质疑。

可能有人会说，巴黎和会面临的任务紧迫，需奉行不同于旧世界外交的思想和原则，必要时可以破坏契约精神。关于这一点，意大利有许多话要说，意大利法学家认为这种说法破坏了条约的神圣性，应予以拒绝。意大利法学家还主张，即使为伟大事业排除障碍，进一步扫清道路而不得不做出牺牲时，也必须将牺牲控制在最小范围内。因此，意大利代表希望，他们返回巴黎时，至少有一项正式宣言，宣布意大利的签署对《凡尔赛和约》的效力是必不可少的。但意大利代表返回巴黎后，他们的愿望并没有实现。

巴黎和会趁意大利代表撤出会议之际，作了其他方面的改动。其中一项是修改了与德国签订的关于赔款的条款，损害了意大利的利益。另一项涉及奥德关系的条款也做了修改。意大利代表返回罗马前，德国必须尊重奥地利的独立，这一问题已经确定下来。这种义务要么是多余的，因为每一个国家都有义务尊重其他国家的独立；要么就是另有他意，只有在适用这一条款时才会显露出来。然而，当意大利人一离开巴黎，这个规定就被修改了——改为明确禁止德国与奥地利联合，即使奥地利明确要求合并。由于这一规定与民族自决原则背道而驰，意大利的西尔维奥·贝尼尼奥·克雷斯皮对这一规定和对德国赔款条款的修改提出了强烈的抗议。[①]“三巨头”做出让步，同意恢复之前的德国的赔款条款。[②]德国有

① 1919年5月6日，在凡尔赛。——原注

② 参阅《意大利晚邮报》，1919年5月10日。——原注

义务每年向法国供应七百万吨煤，以补偿战争期间所造成的损失。按每吨五十法郎来计算，总价值将是三亿五千法郎，意大利有权得到百分之三十。但由于意大利代表缺席，《凡尔赛和约》中插入补充条款[①]赋予法国一项特权，使意大利的主张毫无意义。该补充条款规定，德国每年应向法国交付一批煤，其数量相当于被德国摧毁的加来海峡省和北部省的煤矿在战前的年产量与未来几年内同一地区的煤矿年产量之间的差额，最高限额为两千万吨。由于该条款优先于其他条款，而且德国可能由于运力不足及其他原因，无法完成这一补偿，因此，意大利的主张毫无意义。

意大利代表返回罗马是一种胜利，而返回巴黎则是一种耻辱。因为形势瞬息万变，正如我们所说，形势发展的趋势偏离了意大利的目标。意大利的舆论也开始转向，人们质问代表是否采取了正确策略。总而言之，在历史的危机关头，代表们是否适合代表意大利。毫无疑问，在这次会议上，意大利陷入完全孤立。它牺牲了很多，但收获相对较少。南斯拉夫向它提出了结盟的要求——尽管“威尔逊主义”最初禁止这种伙伴关系，但意大利拒绝了这个要求。现在，意大利可以确信，两国将长期结怨。希腊首相埃莱夫塞里奥斯·韦尼泽洛斯也曾向西德尼·桑尼诺提出谅解建议，但意大利没有做出任何回应。因此，意大利与希腊的关系也失去了原本应有的真诚。意大利和法国的友谊之线本应紧紧缠绕在一起，但现在绷紧到了断裂的边缘。或许，最糟糕的是意大利代表批准了禁止德国与奥地利合并的条款。

显然，错并不全在于协约国。意大利代表缺乏方法、缺乏团结，这无疑是他们未能在会议上取得明显进展的一个原因。在处理罗马的威尼斯宫时，发生了一件奇特的事，表明意大利人做事马虎。威尼斯宫原属于奥地利，但战争开始后不久就被意大利政府没收了。哈布斯堡王朝的

① 和约修订版，附件W。——原注

继承人提出了所有权的主张，但意大利政府反驳了这项主张。于是，争端提交至巴黎和会，意大利内阁邀请了一位精通这些问题的法学家来为意大利辩护。这位法学家适时出现并按照意大利政府的意见展开论述，但他注意到代表们脸上露出的惊讶表情后，突然停了下来。原来前一天的经济会议上，另一位意大利代表提出并辩护了相反的观点——哈布斯堡王朝继承人拥有威尼斯宫的继承权。①

谈到各国首要处理的问题，人们可能会一针见血地问，意大利代表团是否过于重视意大利的民族利益和情感利益，而其他方面关注得太少。在列强大国中，意大利最需要原材料——煤、铁、棉花和石油。这些材料是现代生活和发展中不可或缺的条件，然而，这些材料大部分产自小亚细亚。在欧洲重建之际，提出这样的要求——为曾拯救过欧洲而要求公平的份额作为报酬，不能被理解为帝国主义。早在战前，其他协约国就拥有了大量的生活必需品。如果没有意大利的牺牲，胜利是不可能的。如今，在瓜分胜利果实时，他们为什么不能满足意大利的要求呢？意大利的领土要求未能得到批准，意大利感到失望。如果当它意识到把经济利益放在首位，可能会获得更多的利益时，意大利也许会更加悲痛。意大利人口过剩问题日益严重，如果意大利在巴黎和会上的主张构思准确、执行巧妙的话，意大利也许可以为其过剩人口找到殖民地，并获得工业所需的煤和铁。意大利为了领土和港口，在巴黎和会唇枪舌战，而丝毫没有看到这一现实利益。尽管领土和港口是神圣意大利主义的象征，但无法为意大利提供经济资源。然而，在未来新旧国家之间的经济斗争中，经济资源将发挥绝对性作用。无论在意大利国内还是在巴黎，意大利领导人明显倾向于把每一个与意大利有关的问题都当作独立的问题来考虑，而不是把战后意大利的经济、金融和军事地位视为一个

① 1919年7月9日，恩里科·费里在意大利议会发表了一场著名的演讲，揭示了这一事件。参阅《新闻报》，1919年7月10日第2页。——原注

不可分割的问题。意大利认为，为了欧洲和平，协约国应支持并解决意大利问题，如果未能满足意大利某方面的要求，应在其他方面做出补偿。在我看来，这是意大利及协约国政客的根本错误，欧洲可能因此而蒙受损失。不久的将来，无论它的盟友做什么或说什么，意大利的政策都不可能回到国家统一的路线上来。这几乎不容否认。利益是外交政策的决定性因素，大国的行动决定了意大利的方向。

毫无疑问，意大利从这场战争中学到了很多。它参战的主要目的是为了实现统一和巩固边境，但直到签署《凡尔赛和约》时，意大利都没有完成这两个目标。然而，这一切是它的盟友造成的。这当然是协约国政策的一部分：让意大利的对手在意大利边境建立一个强大的国家，并控制意大利的一些战略要地。协约国的这种政策让意大利深受其害、苦不堪言。据称，意大利代表很少被顾及，而官方援引的“双重标准”政策，在意大利看来，带有辛辣的讽刺意味。意大利抱怨，当日本非法地对山东提出“要求”时，托马斯·伍德罗·威尔逊忽略了民族自决原则；当意大利依据《伦敦条约》，对达尔马提亚提出要求时，托马斯·伍德罗·威尔逊又坚持民族自决的原则；当阜姆居民投票赞成与意大利统一时，托马斯·伍德罗·威尔逊又放弃了民族自决的原则，并以其他理由为南斯拉夫辩护。他们注意到，托马斯·伍德罗·威尔逊告诉美国同胞，他必须来到欧洲解释他的概念时，他是对的。然而，令人失望的是，一个理性的人解释这些概念时，怎么能这么自相矛盾呢？

意大利代表的退出被视为不服从命令，意大利因此受到惩罚。据安东尼奥·德维蒂·德瓦尔基侯爵后来披露，协约国政府减少了战时承诺给意大利的信贷资金，加剧了意大利的苦难，意大利大片地区的人民饱受折磨。[①]因为在战争中付出了巨大牺牲，意大利比以往任何时候都更依

① 参阅《晨报》，1919年7月9日。——原注

赖它的盟友。此时，意大利也深深地体会到了这一点。意大利给予盟友的军事援助给意大利带来了巨大的经济损失，而意大利人民必须承受这些后果。不幸的是，人民尚未意识到这些后果。在战争结束时，意大利背负着二百亿里拉的外债，五百亿里拉的内债。[①]原材料枯竭，交通和生产停滞，航海几乎停止，国家开支增加到每年一百一十亿里拉。[②]

根据伯尔尼统计学会公布的数据，战争导致物价普遍上涨，对意大利的打击最严重。[③]物价上涨和其他干扰因素给意大利人民带来直接的、灾难性的影响。意大利被剥夺了它认为属于自己的权利，意大利领导人受到羞辱、任他人摆布。百姓衣不蔽体、食不果腹。快速改善现状的希望遥遥无期。因此，意大利民怨沸腾。频繁的罢工只会加剧大众的痛苦，最终引发暴动、起义和流血事件。经济、政治和道德危机前所未有。那些把意大利拖入战争的人受到了公众的谴责。因为在人们的想象中，与中立立场相比，这场胜利让他们付出太多而获益太少。反对派的一位主要演说家，在意大利议会发表了一场言辞犀利的演讲，他说：“萨兰德拉-桑尼诺内阁[④]蒙上双眼，把意大利带入了战争。”[⑤]

意大利代表团返回巴黎后，巴黎和会为解决亚得里亚海问题，设计了各种新的解决方案。其中有一个方案，意大利人认为可以讨论，大体上也接受了。维托里奥·埃曼努尔·奥兰多发表了相关声明，获得乔治·邦雅曼·克列孟梭的认可。乔治·邦雅曼·克列孟梭答应把这

① 1919年7月10日，意大利财政部长在财政报告中宣布，意大利战争总成本将达到一千亿里拉。不过，他补充称，意大利获得的德国赔偿将抵消外债，除了少量财产，意大利将对所有其他财产征收累进税，以偿还内债。参阅《意大利晚邮报》，1919年7月11日和12日。——原注

② 参阅《前进报》，1919年7月19日。——原注

③ 生活费用的增长率：美国，百分之二百二十；英国，百分之二百四十；瑞士，百分之二百五十七；法国，百分之三百六十八；意大利，百分之四百八十一。——原注

④ 意大利前总理安东尼奥·萨兰德拉和外交部长西德尼·桑尼诺。——原注

⑤ 恩里科·费里，1919年7月9日。参阅《新闻报》，1919年7月10日。——原注

件事提交给意大利事务的唯一仲裁员托马斯·伍德罗·威尔逊——托马斯·伍德罗·威尔逊自始至终扮演着“命运之神”的角色。几天过去了，没有任何“三巨头”批准亚得里亚海方案的消息。最后，意大利总理维托里奥·埃曼努尔·奥兰多提醒法国同僚，意大利已基本接受最新的解决方案，正在等待托马斯·伍德罗·威尔逊对此事的态度。于是，乔治·邦雅曼·克列孟梭答应立即向美国同僚托马斯·伍德罗·威尔逊提出此事。托马斯·伍德罗·威尔逊很快做出答复，但答复使意大利人很失望。这件事与托马斯·伍德罗·威尔逊的名字联系在一起，动摇了意大利公众最初认为他具有政治家气质的信心。现在，托马斯·伍德罗·威尔逊采用投票方式解决阜姆问题。意大利认为，这一提议赋予阜姆争端全新的面貌。因此，意大利代表无法接受这一提议。在那之后，意大利总理维托里奥·埃曼努尔·奥兰多似乎在巴黎已无事可做。于是，他再次离开巴黎，不久就在议院选举中被击败，并与内阁一起辞职。在欧洲大陆媒体看来，意大利议会的投票是意大利在抗议巴黎和会的议事方式，宣告意大利暂时无法实现国家统一，无法巩固强大的疆域，无法长久维持与法国的政治合作伙伴关系及与协约国的亲密关系。自此以后，英美两国可能会影响意大利公开的行动，迫使意大利屈从于他们的要求，并对意大利实行一定意义的监护，因为英美两国是经济利益的分配者。但他们之间缺乏信任、团结和实现共同目标的纽带。

托马斯·伍德罗·威尔逊用来劝阻各国放弃战略边界，特别是劝阻意大利放弃吞并阜姆和达尔马提亚海岸的最有力的论据之一，是国际联盟将给予它们有效的保护。[①]托马斯·伍德罗·威尔逊主张在新的时代，战略上的考虑将失去全部价值，领土保障将成为旧时代毫无意义的残

① 后来，托马斯·伍德罗·威尔逊重申了决定的理由。1919年9月4日，他在哥伦布演讲中声称："意大利出于军事战略原因想要阜姆。国际联盟认为这是没有必要的。"《纽约先驱报》（巴黎版），1919年9月6日。国际联盟却默认法国采取战略预防措施。——原注

余。这就是他的主要武器，竭力避开乔治·邦雅曼·克列孟梭的攻击。这也是他的试金石，检验各国对国际联盟的诚意，检验它们是否相信这个把世界各国联合起来，维护世界和平的国际联盟。但法国领导人的态度无异于不信任这一工具。首先是保障，其次是国际联盟的保护，这是法国的模式。围绕着这个模式，双方进行了多次激烈的争论。最后，在法国不再要求莱茵河边界的前提下，托马斯·伍德罗·威尔逊让步了。《国际联盟盟约》增加了一项协议，该协议归根到底是一份军事担保，是单方面的三国联盟——如果法国领土被德国肆意入侵，英国和美国将立即援助法国。当然，这种情况不可能发生。时机到来时，德国的扩张大概将在全新的战线上展开，即使英美能及时调动军队，也无济于事。而且如果德国诉诸武力，几乎可以肯定的是，德国将会从抵抗最弱的地方下手，法国的盟友——波兰。不过，这里只是顺便提一下。意大利人的意思是，既然国际联盟无法履行其职能，无法提供战略边界保护，因此，危险来临时，意大利不能指望国际联盟提供充分保护，而在亚得里亚海拥有要塞却能保护意大利。人们认为，国际联盟要么像宣称的那样，能够保护那些向潜在敌人放弃战略要塞的国家，要么就允许各国拥有战略边界。但事实是，在前一种假设中，法国坚持要求签订军事协议——有点调皮，不道德；而在后一种假设中，意大利亟需战略边界，却得不到满足。意大利发言人仍困于陈腐的论点，无法提出有效的修改方案。而正是那些自称要宣扬国际联盟的人，逐渐削弱了人们对国际联盟的信心。

罗马、都灵和米兰的报纸指出，忠心耿耿的意大利人民对英法美三方军事联盟的排他性非常不满。一方面，作为法国的盟友，意大利理所当然地期望被邀请加入国际联盟内部的这个联盟；另一方面，作为英国和法国的忠实盟友，意大利也渴望加入这个联盟。然而，意大利被排除在外。法国媒体向意大利保证这不是联盟而是监护，但这并没有减轻意大利的愤怒。法国媒体解释说，联盟是在特定条件下两方或多方同意就提供某些义务达成协议，而此处的联盟是英美两国单方面的承诺。因为法国无法保护好自己，所以，当法国遭受肆意攻击，英美两国将保护法国。这是一种恩惠。但这种诡辩没有人听。意大利人民仿佛有种兔死狗烹的悲哀。意大利将协约国从毁灭中拯救出来，而协约国竟然如此对待意大利。

意大利民众情绪逐渐高涨起来。各党派和各阶层联合起来，对协约国的行为进行污蔑，就连文学地位显赫的诗人加布里埃尔·邓南遮也无法逃过审查员的审核。意大利最有影响力的杂志写道：“《凡尔赛和约》及相关条约预示着不久的将来，在英美联盟辅助下，法国将取得欧

加布里埃尔·邓南遮

洲大陆霸权。”[①]另一家发行量很广、受人尊敬的报纸，将协约国的政策描述为社会结构的溶剂——语言上具有建设性，行为上具有腐蚀性：“协约国的政策就是有害政策。因为它们燃起了意大利的希望，激起了意大利的欲望，却不能满足意大利的要求，相反，还让意大利很失望。在语言上，呼喊为自由、为国家、为人民和阶级的平等、为所有人的福祉而斗争；在行动上，压制最基本、最本质的自由。某些国家高高在上，蔑视羞辱其他国家；将人民分为剥削者和被剥削者，加剧社会分化；破坏集体财富，将财富积累在沾满鲜血的少数人手中，人民普遍遭受痛苦和饥饿。”[②]

虽然大家都知道，在巴黎和会上，意大利的失败在很大程度上是托马斯·伍德罗·威尔逊一手造成的，但意大利民族怨恨直接指向法国代表和英国代表。美国“同僚”与意大利人民素不相识，他们今天在这里，明天就离开了，但盟军一直都在。意大利人认为，如果他们对意大利的态度不同，如果他们发自肺腑，无论美国政客说什么或做什么，意大利都可能会取得相应成果。

意大利媒体尤其对法国盟友怀恨在心，因为在会议上，法国经常用“不可能”这个令人生厌的词来回应意大利的请求。甚至连温和的舆论机构也批判法国的政策，指出其严重后果，这使欧洲政客们感到不安。其中一份报纸写道：“没有意大利，法国不可能成为欧洲的专制君主，更不用说对抗意大利了。阿尔芒·让·迪普莱西·德·黎塞留集狮子的勇敢和狐狸的智慧于一身，拿破仑·波拿巴集鹰的睿智和蛇的狡猾于一身，他们两人都无法做到的事，在不及过去的当下，‘老虎’乔治·邦雅曼·克列孟梭是断然无法做到的。显然，我们被孤立了，而法国并没有因为选择其他盟友而感到尴尬。”意大利人将和平描述为“法国-斯拉

① 《意大利晚邮报》，1919年5月11日。——原注
② 《新闻报》，1919年7月16日。——原注

夫国家占主导，总部位于布拉格，并在阿格拉姆设有办事处”。意大利人公开指控乔治·邦雅曼·克列孟梭为使法国争取欧洲大陆霸权，把德国和奥地利分开，用一圈斯拉夫国家包围着德国——波兰、南斯拉夫、捷克斯洛伐克，也许还有非斯拉夫国家罗马尼亚。所有这些国家都将处于法国的领导之下，而奥地利将以不同的形式与法国联系在一起。有人断言，为了以“多瑙河联邦”的名义恢复哈布斯堡王朝，托马斯·伍德罗·威尔逊已默认蓄意违反民族自决原则，拒绝奥地利自己选择政权。这些批评者继续说，对像托马斯·伍德罗·威尔逊这样的理想主义者来说，他的每一个政治行动都受到全世界密切关注，这一政策实际上是奇怪的妥协。人们不能把它看作是为了崇高的道德目标而做出的牺牲——根据古老的格言，崇高的道德目标是使手段神圣化的借口之一。这似乎是对冲动政策的公开抗议，而这种冲动政策违背了公认原则，甚至社会主义报纸也响应意大利的呼声。意大利《前进报》这样写道：“我们是社会主义者，我们认为美国总统带着他的《十四点原则》参战，绝不是为了人类的最高目标和人民的权利。就目前情况来看，我们宁愿相信他反对意大利在亚得里亚海的主权要求纯粹来自他理想主义的动机。”[①]

亚得里亚海岸有争议领土的归属将由民族自决原则决定。波兰的要求将取决于西里西亚人和罗塞尼亚人的自决。罗马尼亚被告知，它的要求必须暂时搁置，直到能用公民投票决定为止。因为国际联盟是最神圣的福利。世界进步民族近五年来为之倾注心血和物质，而民族自决是国际联盟的基石。然而，当意大利要求民族自决时，这一原则就立刻不适合了。奥地利上诉时，它被逐出法庭。最重要的是，全世界都确信《十四点原则》已经成功贯彻。这些不守原则的特例，促使一些比较冲动的评论家归咎于其受到上不了台面因素的影响。

① 《前进报》，1919年4月27日。参阅《时报》，1919年4月28日。——原注

小国常常指责大国干涉别国内政。这些占主导地位的大国，对此也非常敏感。它们总是不厌其烦地阻止小国的反抗。然而，有一些事实，大国既不否认也不妥协。意大利人引用了这些事实，想引起公众注意。这些事实与在匈牙利恢复哈布斯堡王朝的失败尝试有关，这是成立“多瑙河联邦”的第一步。“可以肯定的是，”意大利主要报纸写道，“约瑟夫·斐迪南考虑到当时布达佩斯的情况，并未发动政变。没有协约国的默许，事情不会进展得如此顺利。1919年8月9日，布达佩斯和维也纳官方公报详细报道了这一点，至今无人否认这一事实。当时，为证明新危机的存在，‘热爱秩序’的首脑们指出，协约国特派团抱怨匈牙利无政府状态，迫切需要寻找‘某人’以拯救匈牙利于水火。派德尔政府仅存三天，因此谈不上值得信任或不信任的问题。然后一个委员会前往阿尔斯库斯，轻而易举就说服约瑟夫·斐迪南来到布达佩斯。在布达佩斯，他立即拜访了相关负责人，并花了一整天的时间进行谈判。‘与协约国代表谈判的结果就是，约瑟夫·斐迪南承担了解决危机的任务。’然后，他召集了匈牙利警察和一支八千人的志愿军。在布达佩斯，罗马尼亚守军仍时刻准备着，派德尔政府自然没有反抗。1919年8月7日22时，协约国代表团全体开会，约瑟夫·斐迪南和新总理应邀出席。戈顿将军主持，会议持续了两个小时，就所有问题达成了一致。所有代表团团长都向新政府保证，他们将热烈支持新政府。”[①]

还有一起无理干涉的例子激起了意大利人的强烈不满，起因是奥地利被迫放弃与德国合并的权利。“协约国对奥地利的政策，只有顽固加上愚蠢，丝毫没有说服力可言。”一家报纸写道，“但还有更糟糕的，协约国打着崇高理想的名义取得胜利之后，他们对待德奥两国的态度并不比对待意大利这样的小国好多少。我们不可能不对协约国感到愤

---

① 《意大利晚邮报》，1919年8月9日。——原注

慨……维也纳会议的行动符合它承认和宣称的合法原则，而巴黎和会毫无顾忌地违反了它声称的指导准则。

“根据《凡尔赛和约》的条款规定和精神实质，德国是主权国家，但最高委员依然肆无忌惮干涉德国内政。巴黎和会不仅强行制定了对德和平条款，而且在解释这些条款时，超出了自己的权限，通过强制和模棱两可的解读将宪法改革强加给既不是军事敌人也不是司法敌人的德国。德国宪法是否违反了《凡尔赛和约》，只有国际联盟的司法裁决说了算。”①

这种前后不一的政策对法国和意大利的关系产生了一定的影响，轻视乃至忽视这种影响是不明智的。意大利公众舆论认为，法国的态度充满敌意。参加巴黎和会的意大利人密切关注法国同僚的每一个行动和每一句话，以期找到理由来否定这种看法。但据报道，意大利人不仅徒劳无功，而且还发现了更糟糕的结果。意大利人发现的事实，很容易解释，但如果在当时公布，则会加剧对法国日益高涨的紧张情绪。为了防止轻率之举，维托里奥·埃曼努尔·奥兰多决定保密。尽管消息已被封锁，但群众敏锐察觉到了，于是，紧张情绪逐渐演变成怨恨。意大利人是这样描述乔治·邦雅曼·克列孟梭的态度的。尽管意大利已经不再是三国同盟重要的一分子，它仍然是一个强大的欧洲国家，能够在战场上部署比法国更多的军队，它的人口继续高速增长。几年后，意大利将超过法国。而法国已失去了与俄国结盟所带来的势力和威望，同样，前盟友俄国可能成为将来的敌人。鉴于这些突发事件，法国必须寻找新的国家替代罗马尼亚和意大利盟友。于是，法国找到了新成立的斯拉夫国家，如波兰、捷克斯洛伐克和南斯拉夫。这样，它既无须顾及意大利的颜面，也无须做出痛苦的牺牲。

① 《意大利晚邮报》，1919年9月3日。——原注

在奥地利代表所住的圣日耳曼-昂莱发生的一件小事，使我们得以一窥法国和意大利两国人民之间普遍存在的情绪。在维也纳，法国驻维也纳公使亨利·阿利泽大肆宣扬他们的主张。他的任务是阻止奥地利与德国帝国统一。相反，意大利的政策是实行托马斯·伍德罗·威尔逊的自决原则，允许奥地利人按他们意愿解决。据说，为了讨论这个问题，一位法国东正教的狂热拥护者——一位宣传家——来到奥地利在圣日耳曼的总部。当时，严格禁止任何个人和敌人代表之间的来往。当X先生出现并坚持要进去时，铁面无私的意大利军官不让他进去，然后这位宣传家拿出了一份由大会秘书长保罗·欧仁·迪塔斯塔签署的书面许可。在本应不允许任何例外的情况下，他是如何获得这一例外以及为什么对他例外，我们不得而知。但这位意大利军官公事公办，坚持认为军事禁令不能被平民破坏，拒绝了这位来访者。

法国与意大利欧洲政策的方向不一致。法国的欧洲政策设计精巧，旨在称霸欧洲大陆。意大利认为，这就是法国否决奥地利和德国合并，获得英美两国军事援助，以及做出让意大利憎恨的决定的最终目的。奥地利将按照已故弗朗茨·斐迪南的联邦计划进行重建，使其比以前更强大，成为意大利的抗衡力量，并听命于法国。因此，昔日的朋友、盟友成为未来潜在的敌人。这就是大多数意大利报纸不断咏唱的基调，没有一家比那些最先把意大利带入战争的报纸唱得更热烈。其中一家伦巴第的保守派报纸，写道："直到昨天，我们还可能认为我们面前有两条路：一条是与法国结盟，另一条是奉行独立政策。但如今，我们不能再这样想了。把友谊献给那些已选择自己道路，并与我们昔日和未来的敌人团结一致的人民，这不是在制定政策，而是自取其辱。这无疑于以一种更糟糕的形式重现我们与德国结盟时的局面。我们竟然再次参与这种伙伴关系，其中一个伙伴实际上是我们的敌人。法国代替了德国，南斯拉夫代替了奥地利，旧的三国同盟的情况不仅会重现，而且变得更糟，因为旧的三国同盟至少保障我们冲突时提供帮助，而新的联盟，仅仅为了一个小小的巴尔干国家，捆绑了我们的手脚，而这个国家，我们单枪匹马也能够解决。

“我们已经受够了这一政策。这一政策迫使我们支持与法国计划相一致的国家，迫使我们反对或忽视那些与我们的利益相一致的国家。也就是说，这一政策迫使我们支持波兰和波希米亚，对抗乌克兰、匈牙利、保加利亚、罗马尼亚、西班牙。然而，这些国家的命运，法国是漠不关心的。”[①]博洛尼亚[②]一家新闻机构揭发了意大利盟友残暴可耻的行径，该报纸指出“意大利盟友一手拿着鞭子，一手拿着一块面包，通过经济胁迫和暴力手段压榨意大利”[③]。

法国政府对突尼斯的外来人口征收重税，引发了尖锐的评论。[④]所指的外来人口，其中大部分是意大利人，他们此前享有与法国人和突尼斯人一样的权利。意大利一家主流报纸写道：“当人们以为共同的牺牲增强了法国和意大利之间的关系时，突尼斯政府突然发布一些命令，损害了外来人口的利益——主要是意大利人的利益，因为大约有十二万意大利人在突尼斯。[⑤]首先，突尼斯政府颁布了一项命令，禁止在学校里使用除法语之外的任何语言。其次，法国上议院通过的税收政策，赋予突尼斯政府对在突尼斯买卖房产征收税款的权力。新税是在原有税种的基础上征收的，税率自房价不超过十万里拉时，为房价的百分之五十九，到房价超过五十万里拉时，为房价的百分之八十不等。”文章最后说，“意大利和法国为了共同理想和利益，曾并肩战斗过。然而，战争结束后，意大利却遭到法国的抵制，实在不妥。”

---

① 《新闻报》，1919年7月20日。——原注

② 意大利城市。——译者注

③ 《新闻报》，1919年7月20日。——原注

④ 《意大利晚邮报》，1919年6月29日。——原注

⑤ 参阅《现代意大利》，第298页，1919年7月12日。——原注

这些批判激怒了法国人。法国人认为这是意大利叛变的标志。几位头脑冷静的人客观指出，在很大程度上，法国政府应对人们所抱怨的状态负责。佩蒂纳克斯在《巴黎回声报》写道：“为了生存和发展，联盟应该保留反德联盟的性质，而它犯了个错误，把自己伪装成国际联盟，并赋予自己解决这个星球上所有的争吵的权利。”[①]毫无疑问，意大利的盟友们做了很多事情，使意大利心灰意冷，退出了联盟。有人指出，法国军队抵达意大利时，意大利司令部的公告几乎每天都在赞扬法国军队的付出，而意大利军队前往法国时，法国司令部的公报很少提到意大利军队的功绩。实际上，意大利军队战死在法国前线的士兵要比法国军队战死在意大利前线的士兵多得多。[②]在巴黎和会上，正如我们所看到的，在起草对德条款时，意大利的问题被搁置一边，而理由是它们之间没有联系。协约国的利益在战争期间是一个整体，停战之后被划分为首要利益和次要利益，而意大利的利益则被划分为次要利益。后来，在没有意大利合作或意大利事先不知情的情况下，法国、英国和美国建立了一个联盟，把意大利排除在外，从而使意大利支持这样一个联盟的唯一论据变得毫无意义。和平条约即将签署时，英法美单方面撕毁了所有协约国都同意的《伦敦条约》，还宣布意大利的弃权不会对合约的合法性产生任何影响。《凡尔赛和约》签署之后，托马斯·伍德罗·威尔逊回到了美国，大卫·劳合·乔治回到了英国，西园寺公望回到了日本，而意大利的任何问题都没有得到解决。意大利，意大利的需要，意大利的要求，意大利的政策，这些对列强来说似乎无足轻重。意大利人民感到失望——老朋友抛弃了他们，他们渴望结交新朋友。

我们也不能夸大协约国对意大利的态度对欧洲政治的总体影响。意大利最杰出的政治家托马索·蒂托尼——接替西德尼·桑尼诺，忍辱负

① 《巴黎回声报》，1919年7月7日。——原注

② 参阅“意大利人的自白”，刊登在《晨报》上，1919年7月5日。——原注

重，机智而成功地调解了意大利和协约国的关系，化解了危险的局势，恢复了之前的氛围。在这些方面，托马索·蒂托尼似乎已经完成了睿智政治家所能做的一切。但任何个人都无法阻止“心理法则”发挥作用，不能为了支持意大利的观点，就批准意大利媒体在1919年春天提出那样夸大的主张。但我们不得不承认，从“威尔逊主义”的角度看，相比其他列强提出的、最高委员会批准的要求，意大利的要求并非不符合这一学说。

总而言之，意大利与协约国的结盟意味着，意大利不仅在协约国战斗的时候，需要做出牺牲，而且在协约国胜利的时候，需要做出更大的牺牲。意大利不情愿地承认，协约国把意大利认为对自己至关重要的利益，视作与协约国利益毫不相干。这很不幸。如果在未来某个决定性的时刻，意大利的盟友们发现，意大利已根据那些与协约国利益毫不相干的利益调整了政策，那么协约国将后悔莫及。

第9章

日 本

要解决紧迫问题，需发挥各主要大国的聪明才智，同时需考验各主要大国的诚意。在所有待解决的紧迫问题中，日本关注的问题是最快得到解决的，也是受到外界抨击最多的。最高委员会关于“山东问题”的决定一经公布，“风暴”就开始肆虐——丝毫没有减弱的意思，接着，“风暴”愈演愈烈，曾一度要升级成名副其实的“飓风”。与提交巴黎和会的大多数问题一样，山东问题可以从两个相反的角度来考虑：一是从崇尚正义的国际联盟这一角度来看，成员国应放弃领土扩张、经济特权和政治影响力，放弃以牺牲其他国家利益为代价的要求；二是从传统的观点来看——这种观点在国际政治中一直占主导地位，这种观点用安东尼奥·萨兰德拉著名的“神圣的利己主义”来描述再准确不过了。从第一个角度来看，日本对山东的非法要求无异于美国的“门罗主义”，无异于法国对萨尔河河谷的要求，是文明的后退。但由于英法美三个大国树立了恶劣的榜样，因此，从一开始，日本就坚决反抗将日本降为二等或三等国家的任何法令。日本政府虽然与其他大国政府享有平等地位，但就日本国民的世界地位而言，日本并未取得与其他国家平起平坐的地位。日本野心家拒绝承认这种人为的低人一等，以免在国际等级中又下降一步。于是，他们援引了英国、法国和美国已经采取的原则。

门户神雅努斯

古罗马神话中的门户神雅努斯有两张脸，右手拿钥匙，左手执长杖。而最高委员会也有两张脸，一张是利他式的，另一张是利己式的。最高委员会根据自己的利益，将旧原则或《国际联盟盟约》运用到各个国家。如果不是由于当时的权宜之计和先前大国的承诺，最高委员会将毫不犹豫地剥夺日本非法窃取的“成果”。这一权宜之计是指托马斯·伍德罗·威尔逊决定返回华盛顿之前达成某种契约——这种契约可以被称为《国际联盟盟约》，而且他认为，如果没有日本的加入，这一目的是不可能实现的。然而，日本是否加入取决于山东问题的解决。先前大国的承诺是指，在美国参战前，大国承认日本与英国、法国、俄国和意大利签订的秘密协议。

普通大众很难理解日本在战争中的角色以及日本参战的背景。这些背景被故意弱化了。然而，了解这些背景，对那些希望明白山东争端重要性的人来说至关重要，山东争端的背后涉及日本的国际地位问题。分析这些问题之前，不妨指出，1915年到1916年，法国新闻媒体曾直截了当地探讨日本内阁参与欧洲军事行动的目的，却发现很难解释日本的动机。人们相信，如果协约国赞成日本人为反对同盟国而采取的行动，他们将会欣喜若狂。参战被称为一种令人羡慕的特权，为之付出任何人力或财力都不过分。此外，德国对日本"构成威胁"，是协约国公关人员用来恐吓日本人，怂恿其采取激烈行动的借口，仿佛日本需要欧洲人告知它的切身利益所在，它受到了哪些方面的危害，以及如何成功地维护这些利益。关于策略和形式的问题就说这么多。尽管西方盟友热心宣扬利他主义，但日本从未接受过政治利他主义。在道德还未取代军事力量，还未成为解决各国关系的方式前，日本认为，重建世界秩序仍需依靠条约和承诺。这就是我们这个远东盟国的总体政策和目前努力所依据的原则。

日俄战争前后，与俄国的交往中，日本展现了一位盟友具备的所有品质。日俄两国宣战前到1914年，我有机会观察两国关系的发展。可以说，沙皇尼古拉二世的大臣对日本同僚的"赞扬"，日本人当之无愧。因此，无论目前的局势如何发展，在精神或行动上，日本都将一丝不苟地履行一切条约。

坦率地说，日本人是我们所说的现实主义者。他们的外交政策受到1914年前激励各国的外交原则的启发。直到今天，几乎所有国家仍然遵循着这些外交原则。事实上，完全、正式否定日本的国家是布尔什维克主义的俄国和美国。日本坚持旧秩序，响应英国政府的明确要求而参战。1914年8月3日，英国向德国宣战的前一天，英国驻东京大使曾正式询问日本政府，在即将开始的战役中，英国政府能否指望日军积极合作。

加藤高明

1914年8月4日，日本首相加藤高明与同僚商议后，给予肯定答复。1914年8月7日，一份来自伦敦的信到达东京，要求日本立即合作，1914年8月8日日本就答应了。英国之所以这么仓促，其目的无疑是唯恐德国根据1898年《胶澳租借条约》第五条的规定，将胶州归还中国。于是，日本和英国开始军事合作，首先在中国海域，其次又扩大到太平洋和印度洋，最后直至地中海。在陆地上，日本唯一的任务就是非法占领胶东半岛。

多年来，日本人民缓慢地向着他们遥远的目标前进。日本与俄国的交往，是长期艰苦努力的结果，目的是寻求共同利益，促进日本自身发展。俄国是那种特别受欢迎的合作伙伴，因为与俄国合作没有与其他大多数大国合作时的束缚和阻挠。在种族问题上，俄国人比较宽容；在商业竞争中，俄国人也不阴险。俄国允许与部落自由通婚，法律面前人人平等。1897年，我拜访朋友——卡尔斯的军事长官托米奇将军时，和我坐在一起的地方行政长官是伊斯兰教徒。通常，俄国人没有种族偏见，不怕“黄祸”[①]，既不反对与日本人共事，也不介意将女儿嫁给日本人。

如果不是因为沙皇尼古拉二世对亚历山大·米哈伊洛维奇·别佐布拉佐夫的“鸭绿江计划”感兴趣，制定的政策倾向于那些既得利益集团，迫使日本开战，那么谢尔盖·尤利耶维奇·维特和弗拉基米尔·尼

谢尔盖·尤利耶维奇·维特

① 一个带有种族主义色彩的隐喻。19世纪，极端种族主义者宣称：黄种人对白种人是一个威胁，会吞噬西方的“文明”社会。——译者注

古拉耶维奇·拉姆斯多夫也会非法回报日本首相伊藤博文和其他日本人的努力。我与伊藤博文进行了两次有趣的谈话。伊藤博文政策的主旨是在拥有持久利益共同体的基础上，与俄国建立紧密的友谊。有一天风暴来临时，日本可以请求俄国帮助。当然，俄国政府也有类似的动机。日俄战争结束前，我代表俄国前往伦敦，向日本政府提出建立攻守同盟，请求日本政府派遣伊藤博文为首席代表，并授予伊藤博文签订条约的全部权力。另外，在朴次茅斯还将讨论日俄和约问题。

伊藤博文

亚历山大·彼得罗维奇·伊兹沃利斯基

亚历山大·彼得罗维奇·伊兹沃利斯基是俄国外交大臣，他坦率且有政客风范。他的对日政策就体现了攻守同盟的思想。他与本野一郎缔结的《日俄协定》，几乎达到了攻守同盟的目的。我也参与了这些条约的起草过程。但沙皇尼古拉二世认为让步代表了俄国妥协，反对俄国做出让步，最后外交大臣以辞职做威胁，才最终胜利。亚历山大·彼得罗维奇·伊兹沃利斯基的投入和坚持促使日俄缔结了一项条约，以维持中国东北地区的现状。如果中国东北地区现状受到威胁，双方应互相配合采取必要的措施以维持中国东北地区现状。与从前不同，该条约不再规定这些措施必须具有和平属性。

可以说，这些“交易”是正在上演的国际戏剧的第一幕。这些“交易”正是日后铸造日本政治计划的模具。尽管背后的原则相同，但日本与其他国家的政治计划截然不同。日本希望有朝一日能够巩固自己的地位。恰逢此时，日本找到了一个强大且值得信赖的盟友，因此，日本也不遗余力使其配得上俄国的全力支持。1914年是具有历史意义的一年，战争爆发前的几个月里，俄国战争部长弗拉基米尔·亚历山德罗维奇·苏霍姆利诺夫从西伯利亚向欧洲派遣了几乎所有的守卫部队，因为日本向其保证，俄国可以放心将东部边境部队撤走。在战争中，俄国进攻失败。敌人的军队像驱赶绵羊一样驱赶着俄国军队时，日本急忙向俄

弗拉基米尔·亚历山德罗维奇·苏霍姆利诺夫

大正天皇

国提供军火装备，提供经济援助，可谓倾囊相助。当俄国再也无力偿还由此产生的财政债务时，大正天皇的顾问们想出了一条妙计，使两国关系更加密切和友好。

俄国最具影响力的报纸《新时代》写道：“与德国的战争为我们亚洲邻国提供了一个机会，证明它的友好是真诚的。它的行为不仅像一个好朋友，而且像一个忠实的军事盟友……为了日本未来的稳定发展，日本必须积极地参与各国反对世界‘猛兽’的战争。日本与俄国结盟，以实现这一目标，将是一项具有重大历史意义的行动。”①

① 《新时代》，1915年6月13日至1915年6月26日。——原注

自从日本加入大国行列以来，日本的主要愿望和奋斗目标就是在远东发挥所谓的“领导作用”，加快文明进程，特别是采取西方的方法，并把它们应用到远东的目标中去。除了俄国，欧洲列强拒绝给予有色人种完全的政治权利，而日本也被归入其中。

“在日本，并且仅在日本，我们发现亚洲欢迎欧洲文化。如果通过果实来判断一棵树的良莠是公平的话，那么我们会发现人类最好的个人自由前景是将法律适当限制，而不是过多限制，与一般福利要求结合起来。日本人接受能力之所以比较强，也许是因为受岛国环境的影响。这种环境允许并有利于形成强大的民族性格。在同等条件下，我们发现日本在周围邻国中，维持和传播日本已采用并受益的新政策。这样，在东方民族发展中，日本通过实例或影响力为亚洲国家树立了榜样。”[①]总体来讲，日本秉承门户开放的政策，尊重欧洲各国在远东的合法利益。

但在中国，西方列强有着自己的经济计划，而执行经济计划的前提条件之一是日本的野心应该被打击一下。谢尔盖·尤利耶维奇·维特开启了和平渗透的序幕，但由于沙皇尼古拉二世的干预，他的努力并未取得成功。日俄战争后，日本人尽其所能，设法避免俄国侵略远东。这一壮举是艰巨的，而处理和实现这一壮举的巧妙方式，为日本以本野一郎[②]为代表的野心家增加政绩。俄国不再是潜在的敌人，而变成了忠实而强大的朋友和盟友。日本相信，日本未来可以依靠俄国对付侵略者。日俄的政治关系与法俄政治关系一样。日本野心家认为与俄国结盟是他们外交政策的坚实和持久的条件。

一夜之间，俄国像纸牌搭成的房子一样分崩离析，从废墟中站起来的碎片既没有意愿，也没有力量支持他们的远东邻居。日本十二年的政治努力和重大牺牲带来的成果被俄国革命毁于一旦。日本的外交地位比

① 参阅《亚洲的问题》，艾尔弗雷德·塞耶·马汉上尉著，第150页到第151页。——原注
② 外交大臣。他否定了前任外交大臣的政策。——原注

本野一郎

1917年7月法国的地位糟得多，两者无法相提并论。一方面，英美两国保证法国的外交地位，他们向法国提供了丰富的军事和经济资源。从长远来看，这些本是提供给俄国的。另一方面，日本尚未找到取代它盟友的国家。在列强大国中，日本仍处于孤立地位，有些列强拒绝承认日本与它们平起平坐，而有些列强则准备阻挠日本的政策，阻挠日本的迅速崛起。

日本人坚信“因果定律”。他们想在哪里收割，就先在哪里播种。只要能改变，日本就不遗余力去争取，以达到目的。由于经济福利的增加、通识教育和技术教育的普及，在人民大众中，个人自由已深入人心，而且仍在普及，这是事实。可以说，在日本，个人主义服从集体主义，在保持个人智慧不变的同时，集体主义的氛围改变个人的情感和性格，使其服从于某种秩序。

日本领导人为日本引进了很多先进的东西。他们分析了他们朋友和敌人在军事、政治和工业方面取得的成就，找到他们成功的原因，并适当加以利用。他们把学校当作国家的“种植地”，从小学开始对学生灌输集体主义等观念。这些观念后来在日本人的行为和制度中得到体现。在国家的鼓励和媒体的支持下，初中、技校和高中不断发展和强化这些观念。

日本代表有针对性地援引了其盟友为实现自己的“目标”和“理想”而运用的每一项“原则”。不过，日本人的理由极其荒唐：

> 我们决心帮助中国，使中国与我们齐头并进，防止中国陷入无政府状态。诚实地讲，没有人能否认我们的资格。日本和中国有很多共同之处，我们理解他们，而英美人或其他西方人都做不到这一点。一方面，日本历史与中国历史类似；另一方面，我们顺应历史潮流，接受历史挑战，赢得了世界各国的盛赞，而不是批判。1915年5月，中国和日本签订了“中日民四条约”——“二十一条”的修正案，其原始草案在签署前经过了修改。透过“中日民四条约”，局外人能够清楚地看透日本的经济和政治计划，这相当于日本在远东采取了门罗主义。
>
> 我们在远东寻求获得的，正是西方大国在全球其他地区已获得的：为我们落后邻国的道德和智慧进步做出贡献的权利，以及我们从努力中获益的权利。从未有人反对过我们的使命。日本从未将中国视为殖民地。这种想法是荒谬的，因为中国已经人口过剩，已不可能接纳日本人口。实际是因为日本迫切需要为工业企业提供煤和铁的资源，也需要棉花和皮革。

的确，这些原料既不遥远也不受潜在敌人的支配，控制原料，对于日本的发展至关重要。但就目前而言，英美国家拥有否决权。同时，在战争期间，美国政府发布的关于钢铁出口的禁令在日本引起了强烈的不满。因为禁令影响了日本造船业的发展。战前，日本造船厂的数量只有九家；1917年增加到十二家；1918年年初，则增加到二十八家，共有一百处船台，净注册吨位达六十万吨。美国的禁令使日本关闭了百分之七十至百分之八十的造船厂，几乎使一个拥有巨大利润的工业面临消失的危险。

正是由于这些原因和目的，日本才出现在巴黎和会上。必须承认，日本签署“中日民四条约”的方式损害了日本的名声。日本恐吓了中国人，这是不言自明的。青岛的沦陷给日本提供了有利时机，日本趁人之危，利用也滥用了这个机会。结合当时的情况，这些要求无异于巴黎和会上大国强加给小国的要求，例如保护少数民族条款或货物过境自由条款。他们提出要求的方式激怒了中国人，拉低了天皇大臣们的身份。日本政府要求中华民国政府绝对保密，因此产生了不利影响。袁世凯认为这是对自己和国家致命的侮辱。日本政府未能预见或避免这种心理影响，这使一些人质疑日本是否具备完成使命的资格。日本傲慢无礼的行为给中国造成的创伤不会很快愈合。从中国代表团在巴黎和会上激烈的反对意见中，可以推断出这一创伤对中国的影响。

这还不是全部。1916年夏天，中国和日本在郑家屯发生冲突。大隈重信污蔑中国人有错，他抓住这次事件，对中国提出非法的、极其过分的新要求。

巴黎和会上，日本代表的政策明确、连贯，可以概括如下：日本代表团决定在关于德国与俄国未来关系、西欧、巴尔干、非洲殖民地以及金融赔偿和赔款的所有事项中全力支持协约国。萨摩亚群岛的命运听从英国和美国的意见。新几内亚应该分配给澳大利亚。马绍尔群岛、加罗林群岛和万山群岛虽然没有内在价值，但在德国手中会构成威胁，应该由日本非法“接管”。日本妄称青岛和胶州以及胶济铁路应该属于日本。日本将与协约国合作，维持西伯利亚的秩序，但在争取西伯利亚特许权或其他利益方面，任何国家都不应单独霸占。最后，中国应坚持“门户开放”政策。

据英国、美国和法国的同僚说，巴黎和会上开始讨论胶州问题时，日本代表提出论点。他们意志坚决，希望他们的“条约权利”得到大国承认。日本的问题很简单，在旧的秩序下无须回答。唯一的问题是，新的分配原则是否会使其无效。但由于巴黎和会承认了美国的“门罗主义”，承认了英国的海上霸权，承认了法国占领萨尔河河谷和取消了奥地利人的自决权。因此很明显，日本有“理由”支持自己的“要求”，即日本战胜德国后，德国占领的中国领土应正式“交还”日本。日本的主张建立在非法的所谓“征服权”和日本与中国缔结的条约之上。同时，日本还主动明确否认了将此领土据为己有的意图。在和平桌上，牧野伸显说：“获取属于某一国家的领土，意图利用该领土达到自己利益，这不利于睦邻友好。”日本虽然凭借战争时机，从德国接管胶州，但并没有打算在剩余的租期内占有胶州。事实上，日本已经虚伪地承诺要把胶州“归还”中国。日本认为，日本与中国之间应就“归还条件”达成解决方案。

中国代表团精力充沛、孜孜不倦地斡旋，赢得了相当多的支持者。中国代表团认为，中国向德国宣战的当天，胶州已不再属于德国，连同中德间的所有条约，包括胶州的租约，都随宣战声明而废除，而德国对每一寸中国领土的所有权都属于中国，因此应该归还给中国，而不是日本。牧野伸显对此的回答是，1914年①，驻青岛的德军向日本“投降”，德国占领下的整个山东都“移交”给日本，那时中国仍然保持中立。1917年，

① 1914年11月8日。——原注

日军入侵青岛

中国宣战，但这不影响山东省的地位，因为日本早已凭借非法的“征服权”，非法占据了山东。事实上，英国政府特别希望日本这么做，以防止德国将其“归还”给中国。因此，这意味着，一旦山东被日本非法“占领”，中国和德国都将无法控制山东。

这也不是全部。1915年[①]，中国与日本签署了一项“条约”，中国承诺“承认日本政府和德国政府根据条约或其他方式，就德国在中国山东省所拥有的一切权力、利益和特许权所可能达成的一切事项”。中国代表回答说，这个条约是日本威逼利诱，胁迫中国签署的。当时，日本历时四个月的谈判，企图迫使中国政府签订，但没有成功。最终，日本

① 1915年5月25日。——原注

发出了最后通牒，[1]给中国四十八小时来接受条约，中国没有别的选择。中国要让全世界都知道它是被强迫的。该“条约”签署之日，在北京的日本代表向中国外交部长发表声明，承诺将租赁领土“返还”中国，条件是整个胶州作为商业港口开放；建立日本租界；并且如果其他国家需要，也应设立他国租界；中日政府提前就“处置德租界、安置德国人及遵守其他条款和程序”做出安排。

日本进一步援引了一份“协议”，日本妄称，这份“协议”的签署，中国政府毫无异议。[2]日本还妄称中国参战之后达成的这份“协议”，等于放弃了中国由于参战而拥有的一切权利。日本人狡辩称，这份“协议”表明了中国的观点，即山东对中国来说不可或缺、至关重要——因此，日本兑现了交出这片领土的承诺，但1914年，中国为什么不为这片领土而战呢？中国代表驳斥了日本的质疑，并声称中国一开始就准备好并愿意对德国宣战，但协约国拒绝了。随后，日本也拒绝了与中国的合作。这一反驳是可信的，因为英国政府当时急切敦促日本立刻与英国合作。英国大使与加藤高明之间达成非法的秘密协议[3]——日本非法阻止德国政府将山东归还中国。从这一系列事件中可以找到协约国拒绝中国参战的原因。

中日争论可总结为以下问题：“胶州居住的全是中国人，胶州是否构成中国不可分割的一部分？德意志皇帝威廉二世是否打着权利和正义的旗号，野蛮地占领了胶州，并损害了远东地区乃至整个世界的和平？日本对德宣战，反抗德国帝国主义的侵略，是否为了远东持久的和平？1914年，胶州被英军和日军占领，其唯一目的是否是摧毁一个危险的海

① 1915年5月6日。——原注

② 1918年9月24日，驻日公使章宗祥和日本外务大臣后藤新平交换了非法的“中日参战借款合同”。作为借款的交换条件之一，双方又签署了“关于山东问题的换文”，又称《中日密约》。——原注

③ 1914年8月7日。——原注

军基地？1914年8月，袁世凯提出和倡导与协约国合作对抗德国，协约国是否在日本的煽动下拒绝了合作？”[①]

日本因此提出了一系列问题：“1914年，胶州是否是德国的属地？全世界——包括美国——是否同意德国人占领山东省？谁说战争结束就应该废除以前所有的领土割让？土耳其以前把塞浦路斯割让给了英国，这是否意味着，这一割让被废除，塞浦路斯必须无条件直接返还给土耳其？巴黎和会一再宣布，坚持正义和人民福祉的立场。我们以正义和人民福祉的名义，主张我们接管胶州的权利，收成应归亲手撒种者。”[②]

所有这些矛盾，再加上战争期间英国、法国和俄国支持日本的非法请求，[③]巴黎和会上意大利承诺不提出反对意见，我们将对中日争端的各种因素及其对《凡尔赛和约》和《国际联盟盟约》原则的影响，有一个粗略的概念。中日争端是《凡尔赛和约》和《国际联盟盟约》不相容性的许多例证之一。二者的范围根本不同，并且不可调和。最高委员会要么从《凡尔赛和约》，要么从《国际联盟盟约》的角度做出裁决。因此，中日争端或作为旧秩序下庸俗交易的一部分，或作为日本自我牺牲、新道德体系的一个例子。最高委员会的大多数成员都承诺用之前的方式考虑这一问题，并且各代表为了本国人民的利益，已经颁布了一些违反《国际联盟盟约》原则的法令。因此，无论在逻辑上还是政治上，都不能做出不利于日本的裁决。

和平桌上究竟发生了什么，仍然是个秘密。托马斯·伍德罗·威尔逊知道山东问题的性质，认为答应日本的非法要求最利于国际联盟的

① 参阅《撒哈拉晨报》，1919年4月25日。——原注

② 《撒哈拉晨报》，1919年4月23日。——原注

③ “英国政府很高兴地同意日本政府的要求，保证在巴黎和会上，英国政府将支持日本关于处置德国在山东的权利和处置赤道以北岛屿的领土主张，双方达成谅解。日本政府将本着同样的精神对待英国对赤道以南德国岛屿的主权要求。”（签名）科宁厄姆·格林，英国大使于东京，1917年2月16日。1917年3月1日，法国给出了类似的书面保证，俄罗斯政府也在1917年2月20日做出了同样的声明。——原注

建立，应该这样做。迄今为止，披露的相关内容很少，消息主要来自美国国务卿罗伯特·蓝辛对参议院外交关系委员会提出的问题的答复。罗伯特·蓝辛在回答提出的问题时申明："只有托马斯·伍德罗·威尔逊赞同关于山东问题的决定——美国代表团的其他成员没有对此提出抗议，也只有托马斯·伍德罗·威尔逊知道日本是否能保证将山东归还中国。"[①]在托马斯·伍德罗·威尔逊正式向中国代表解释其决定时，一位自称在场的美国名人说，托马斯·伍德罗·威尔逊向中国代表透露了自己的想法。托马斯·伍德罗·威尔逊辩称说，一些紧急政治情况，如日本威胁弃会，以及英国可能撤出的谣言等，迫使他接受日本提出的山东问题的解决方案，以拯救国际联盟。[②]在巴黎和会期间，谣言似乎扮演了不应有的角色，影响了最高委员会的判决。读者或许会记得，前文提到过，据称正是谣言造成托马斯·伍德罗·威尔逊和第一个意大利代表团之间争吵。谣言大意是意大利政府发布了吞并阜姆的法令。值得注意的是，美国国务卿罗伯特·蓝辛认为，如果日本的非法要求被拒绝，日本将退出巴黎和会，这构成的威胁并不严重。"山东问题不解决，日本是否会在《国际联盟盟约》上签字？"有人问美国国务卿罗伯特·蓝辛。"我想日本会的。"他回答道。

山东问题的最终解决方案引起了中国人和他们众多朋友的极大骚动。起初，他们表示怀疑，认为一定有一些误解，最后他们抗议并拒绝签署《凡尔赛和约》。在巴黎发表的一份美国报纸写道："山东问题至少是一场道德爆炸。它炸毁了庄严的宗教建筑，背后繁忙的'交易市

① 事实上，全世界已经知道日本保证交还山东。在巴黎和会上，牧野伸显宣布了这一点。参阅《泰晤士报》（伦敦），1919年2月13日及1919年5月5日；内田康哉于1919年5月17日确认。1914年8月15日，日本向德国发出最后通牒时提及，并在1919年8月月初，内田康哉再次提及。——原注

② 托马斯·富兰克林·费尔法克斯·密勒，他的一些信件由《纽约时报》出版。参阅《时报》，1919年7月29日。——原注

场’暴露无遗。如果宣礼师[1]大声而持续地呼吁祈祷，那很可能是为了掩盖市场上的讨价还价声。然而，山东问题就是在交易市场解决的。中国没有义务视《国际联盟盟约》为道德原则，而且它也并不是。”[2]

这一切是完全正确的。奇怪的是，日本郑重承诺将山东归还中国，但人们并未发现日本打算归还山东的任何迹象，日本一直拖到巴黎和会做出决定，正式承认日本获得德国在山东的权益。在此之前，托马斯·伍德罗·威尔逊支持将山东非法转交给日本，违反了《国际联盟盟约》。相比之下，日本违反得更加明目张胆。但对于这些违规行为，似乎没有人感到愤慨。狼狈为奸，一丘之貉。感激之情必须以牺牲《国际联盟盟约》为代价来偿还，代表们闭目不视或闭口不言。

对最高委员会的裁决，日本媒体丝毫没感到欢呼雀跃。所有党派的报纸都争辩说，日本只是拿回中国“承诺”的东西。巴黎和会召开之前，这一要求就得到了协约国的批准。日本通过战胜国权利和条约规定，获得本来属于日本的东西，这绝不是一种胜利。日本希望的是，无论是理论上还是现实中，世界各国都承认日本是对中国“最感兴趣”的国家，因此，应该在中国享有非法的“特殊地位”。换句话说，它的目标是宣布某种类似于“门罗主义”性质的“远东主义”。由于日本与美国签署的《蓝辛石井协定》赋予了日本非法的“利益优先权”，因此，日本媒体乐于从这个意义上解释有关“区域谅解” 的“不干涉”条款。

政策是开放的，政策依据的原则永远站得住脚，自从巴黎和会确定大国指挥小国以来，更是如此。此外，人们认为，日本根据历史经验明白，西方列强一直垂涎中国。即使中国从未咄咄逼人地对待过西方列强，西方列强还是派遣远征军与中国作战，侵占中国领土，并在中国划分“势力范围”。西方列强垂涎中国的土地，以及土地带来的一切。中

① 在清真寺召集信徒祈祷的人。——译者注

② 《芝加哥论坛报》（巴黎版），1919年8月20日。——原注

国一旦开放中国资源，必将成为西方掠食者的猎物。巴黎和会期间发生的一件事可为证。意大利代表托马索·蒂托尼要求接管奥地利在天津的租借地，因为奥地利租借地与意大利租借地相邻。但珍田舍巳提出抗议，于是这一要求被否决。

每项世界冲突都标志着一个时代的结束，另一个时代的开始。许多重大问题被抛进了战争点燃的熔炉，其中任何一个问题都足以带来新的政治、经济和社会变革。在进步道路上，日本取得的成就就是这些意义深远的创新之一。日本在中日战争、日俄战争中成为强国。如今，它有能力成为世界强国。日本野心家坚信，为了实现日本的目标，除了荣誉和真理，它将不畏惧任何牺牲。

第 10 章

对俄态度

在与俄罗斯打交道时，全权代表始终表现得很有议会政客“风范”，并采用了使他们处于有利地位的标准、格言和方法。在他们的头脑中，改良世界的思想占据着一个独立的位置，与他们通常运用的其他政治思想截然不同。他们整天讲述利他主义，却首先确保自己国家的政治和经济利益，保障或扩大这些权力的来源，并胁迫其他国家听从他们指挥。但在所有不得不屈服的国家中，尤其是俄罗斯，他们遭到了厌恶和反对。

对最高委员会的做法，俄罗斯人民不仅普遍反对，而且积怨很深。这是自然而然的事。将来，历史也会证明，俄罗斯人的反对是有道理的。俄罗斯从无可辩驳的假设出发，即召开巴黎和会是为了在交战各国之间缔结和平，其可能带来的任何领土变化都必须局限于战败国，并且不管是协约国的领土还是中立国的领土，都不受协约国“吞并”的影响。如果否认这一原则，就无法解释巴黎和会为什么漠视爱尔兰、埃及及印度民族自决的要求。比利时对荷兰林堡和其他零星领土主权的主张也必须按照这一原则解决。实际上，这背后反映的是巴黎和会无权触及中立国家或协约国实际拥有的任何领土。爱尔兰、埃及和荷兰林堡都是巴黎和会无权关心的内政问题。

如果没有俄罗斯坚持不懈的努力和英勇的牺牲，那么它的盟友将会粉身碎骨。与此同时，俄罗斯问题也应奉行这一基本原则。然而，在巴黎和会上，俄罗斯却被默认为敌对和战败的国家。在丝毫没有征求俄罗斯意见的情况下，俄罗斯的许多省份被任意切割。巴黎和会没有邀请俄罗斯派代表参会，也没有就领土分割这个问题征求俄罗斯的意见。在俄罗斯，无论是布尔什维克主义者还是反布尔什维克主义者，都一致抵抗外国统治。

巴黎和会一再否认干涉其他任何国家内政的意图。如果他们认为爱尔兰、埃及和其他几个类似问题都属于干涉国家内政一类，那么，芬兰、拉脱维亚、爱沙尼亚、格鲁吉亚、乌克兰的问题被排除在干涉国家内政之外，又该怎么解释呢？可以想象，对国家主权最明目张胆的侵犯，莫过于对其领土随意的分割和处置。坦率地讲，这是一种敌对行为。巴黎和会已理所当然地将这一行为限制在敌国，但为什么把它扩展到前盟友俄罗斯呢？如果重建后的俄罗斯选择协约国潜在敌人作为朋友，将协约国视为敌人，那么它是否会如法炮制，应用协约国制定的这些原则？难道这不清楚吗？任何国际法专家和具有一般常识的人都会认为，在巴黎达成的任何决定对未来的俄罗斯都不具有约束力。双方平等的情况下，任何问题都不能只由其中一方做决定。如果巴黎和会宣布无权将荷兰的一小块领土割让给比利时——即使是在斯凯尔特河岸比利时这边，那么，巴黎和会也无权割掉属于俄罗斯的大片领土。俄罗斯民族自决的呼吁与爱尔兰和埃及的情况是一样的啊！

托马斯·伍德罗·威尔逊和大卫·劳合·乔治公开宣布，俄罗斯是世界局势的关键。只要它的一亿五千万居民在混乱中挣扎，和平就不会存在。就这样，托马斯·伍德罗·威尔逊和大卫·劳合·乔治开启了他们的东欧政策。他们还向伟大的前盟友俄罗斯承诺给予有效的帮助和切实可行的建议。不过，他们建设性的行动也仅止步于此。

随后，代表们并没有采取连贯协调的行动。尽管代表们的演讲、承诺，以及军事行动持续不断，令人困惑，但就是没有系统的政策。代表们所做的每一项决定和提出的每一项建议，都没有体现出政治家风范。他们并不仅仅是因为疏忽而犯下这样的错误，他们一直都用自己的方法解决问题，不屈不挠。严厉的批评家为这种方法取了一个不那么刺耳的名字——“迂回路线”。从一开始，这一点就表现得令人厌烦。他们想出了一些狡猾的小计谋，这些计谋很难与阴谋区别开来。如果没有及时制止这些计谋，事情将会变得更糟。一开始，英国政府赞同布尔什维克代表出席巴黎和会。巴黎和会开始的前两周，伦敦外事办向协约国政府发出了一份类似照会，但遭到法国反对，不得不撤回。因为法国怀疑这个彻头彻尾的违法者出席巴黎和会，是否真正有助于建立国际联盟、有助于各国恪守法纪。不久，又出现了另一个计划。这一次是任命一个联合委员会来监督俄罗斯，充当某种类似“上帝”的角色。反布尔什维克政府的代表们对这一计划深恶痛绝。他们说，巴黎和会不能像要求战败的德国那样，要求俄罗斯尊重那些强加的决定。英美两国代表动摇不定主要是因为，他们认为整个俄罗斯中部地区都在弗拉基米尔·伊里奇·列宁的管理下，而弗拉基米尔·伊里奇·列宁的军队纪律严明，势力强大；他们认为弗拉基米尔·伊里奇·列宁可能设法控制政府；他们认为布尔什维克主义的反对分子倾向于采取反击行动。

换言之，代表们根据两套前提，从中得出了两套完全不同的结论。有时，他们觉得有必要执行这一决定，有时，又觉得要执行另外一项决定，但他们从来没有下定决心去执行任何一个。尽管他们认识到，只要布尔什维克主义存在就没有建立国际联盟的希望，但他们放弃了军事干预。理由是军事干预违背了自决原则。不过，他们还是违背了自决原则。他们不仅在阿尔汉格尔、摩尔曼斯克、敖德萨和其他地方干涉俄罗斯事务，而且在俄罗斯西北部，甚至建立了一个新的国家和政府。亚历山

安东·伊万诺维奇·邓尼金

大·瓦西里耶维奇·高尔察克和安东·伊万诺维奇·邓尼金对此表示强烈抗议。

公平判断代表们决策的对错，必须考虑到他们面临的巨大困难。他们不熟悉俄罗斯的环境及问题，既缺少检验矛盾信息的标准，又缺乏勇气。在没有地图或指南针的情况下，他们进入了陌生而枯燥的“航线”。从普林基波事件，到为了使国际关系合法化，给亚历山大·瓦西里耶维奇·高尔察克的书面通知为止，这些都不能算作真正的解决方案。无论是布尔什维克主义未被阐述的积极思想，还是布尔什维克主义缓慢但可见的发展条件，政客们都没有仔细地审视，更不用说研究。他们的解决方法，有时靠军事力量，有时靠经济压力，有时甚至靠暂时的忍耐和暗示——暗示其领导人他们即将认可其地位。

因此，一个由一亿五千万人组成的国家，其成员之间仅靠几条薄弱的社会纽带松散地联系在一起。人们不能轻而易举、轻描淡写地决定这个国家的命运，也不能轻易放弃干预的权利。对那些能看得到的人来说，盲人不是个好向导。只有美国人才有精心编制的统计数字和大量的事实，他们像煤铲工人把麻袋里的东西扔进地窖一样慷慨地公开了这些数据。可惜他们并没有把这些数据用于实际用途。他们迷失在错综复杂的细节之中，并未能全面了解整体。其他代表团既缺乏数据，也缺乏想法。在东欧，协约国没有强大的军队，因此无法维护他们的权威。

代表们沉迷于模糊理论的研究，却很少注意到不断变化的时间、地点和人民的需要。实际上，他们也很少注意新原则能够有效应用的条件。他们制定的规则，只是依据自己国家的利益或尚未公布的目标进行修改，没有具体的根据和解释。他们没有考虑人民的需要或愿望，仿佛所有国家都处于同样的时代，具有同样的文化程度和同样的动机。他们似乎从来没有想过，种族和民族就像人一样，也有灵魂；也从来没想到过萝卜白菜，各有所爱。同样的东西，对一个人是灵丹妙药，对另一个人也许就是毒药。

法国最有影响力、态度最温和的新闻机构曾明确指出：“华盛顿政府和伦敦政府意识到，英法美之间的联盟不可动摇，但他们不了解真实情况。为了随时了解情况，他们经常选错代理人，而且他们对其他来源的建议都不屑一顾，特别是美国专家，无论是民事专家还是军事专家。

他们对欧洲的探索就像早期的美洲殖民者探勘遥远的美国西部一样。他们把欧洲最古老的民族视为易洛魁人[①]、科曼奇人或阿兹特克人。然而，令他们失望的是，与之前纽约或芝加哥的发现相比，在古老的欧洲大陆上，他们并没有什么收获。他们开始按照俄克拉荷马州或科罗拉多州现行的规则，对欧洲实行改革。我们冒昧地向他们指出，方法因国家而异。美国殖民者习惯于放火焚烧森林以清理杂草，肥沃土地。因此，一些美国代表建议采用类似的方法解决欧洲政治问题。他们高兴地看到俄罗斯和匈牙利点燃革命大火。他们欣赏弗拉基米尔·伊里奇·列宁、列夫·达维多维奇·托洛茨基、贝拉·库恩这些文明先驱。但作为欧洲人，我们的看法不同，我们期盼美国代表从另一个角度看待这些事情。在古老的欧洲，如果不想焚烧村庄和城市，就不能放火焚烧森林。”

停战前后，我接触了俄罗斯各党派，听到了很多描述，了解了俄罗斯人民不断变化的生活情况。许多细节尽管冲突，但能帮我建立系统的、全面的认识，使我能客观地评价事态发展的趋势和预测接下来会发生什么。

我还收到莫斯科政府的建议，该建议敦促协约国与俄罗斯达成临时解决方案，使俄罗斯人民尽快过上正常的日子。莫斯科政府要求我将这一建议转交给一位英国代表。据说，这位英国代表当时正积极参与俄罗斯重建，或至少在俄罗斯重建过程中发挥着重要作用。这位英国代表不仅仅是为了俄罗斯，更是为了世界的和平。但遗憾的是，这位政客没有阅读这一建议。顺便提一句，当时俄罗斯和德国正在对话，以达成友好谅解。莫斯科政府的建议意味着将结束俄德对话。我相信，这一建议会把徘徊中的布尔什维克政权从布尔什维克主义中分出来，并促成停战协定的签署。这样一来，协约国也不会在摩尔曼斯克、阿尔汉格尔和敖德

---

① 北美印第安人的一支。易洛魁人生活在美国纽约州、威斯康星州、宾夕法尼亚州、俄亥俄州，以及加拿大的安大略省和魁北克省。——原注

萨惨遭失败。我不得不说，尽管这些结果令人满意，而且容易实现，但这些世界仲裁者并未重视这一建议。

这份转交给我的文件值得一提。这份文件多方面、清晰、合理地描述了俄罗斯局势。除此之外，该文件还承认了双方犯下的巨大罪行，并指出这一切是世界大战造成的，给世界各国带来了灾难性影响。成千上万手无寸铁的人，或在战争中遭受了大屠杀——在倒下的地方痛苦挣扎，慢慢死去，或死于饥荒和疾病。战士们盲目参战，最近才知道是外国资本家赢得了这场战争。随后，军队士气消沉，战士们不再循规蹈矩。整个社会组织，从基础到顶端都陷入瓦解的边缘。动荡的局势使一切处于不确定之中。与其他国家相比，俄罗斯更是一团糟。俄罗斯的战争狂热把混乱推向高潮。从那以后，这份文件继续写道，人们不再狂热，变得冷静下来，一些一时被冲昏了头脑的人，很快恢复了理智，而其他神智清醒的人急切地想要改变这一局势，并渴望得到外界的同情。

文件继续揭露道，从革命的混乱中，出现了一些新希望的迹象——一种新的精神。尽管真正的平等仍然有点遥远，但争取平等的有利条件还是存在的。俄罗斯整个社会、道德和政治领域都朝着“民主”方向，发生了令人鼓舞的显著变化。俄罗斯尝试了许多有益的改革，其中一些已经部分实现，特别是在基础教育方面。尽管目前这些改革步伐缓慢，但它们是广泛而平等的改革，而且是完全免费的改革。①

这份文件还列举了各种各样的“改善”，以及布尔什维克政权领导者的转变。布尔什维克政权领导者们被卷入革命的洪水，愿意重返坚定的立场，帮助俄罗斯摆脱绝境。这些领导者承认，对于这辆巨大“战车”的发动，他们负有一定的责任。然而，他们控制了这辆“战车”，

① 毫无疑问，阿纳托利·瓦西里耶维奇·卢那察尔斯基领导下的布尔什维克政府重视艺术、科学和基础教育。外国游客和著名俄罗斯人的报道——其中一位是我的大学同学，现任学院常任秘书长——都认为这是乌云背后的一线光明。——原注

希望用未来的热情来弥补过去的错误。与此同时，他们说，不是他们挫败了军队的锐气，也不是他们废除了死刑，更不是他们向无政府主义的“洪水”打开了闸门。相反，他们声称，他们重新组建了国家军队，重新任命了经验丰富的军官，重新实行了有史以来最严厉的纪律，并恢复了死刑。他们还补充说，也不是他们破坏了俄罗斯的运输线路，造成了粮食短缺。这一切都是战争造成的。

据说，这些人期盼协约国的和平与友谊，重视英美两国的建议。因为在一定条件下，他们倾向于信任英美人。如果英美两国政府回想起它们的所作所为，就应该给俄罗斯人一定的承诺。当时，俄罗斯每个党派都怀疑协约国别有用心。法国人、美国人和英国人，一边否认干涉内政，一边又努力影响着俄罗斯的每个政党，甚至被认为在规划某些省份，如高加索和西伯利亚。由于协约国政府公开支持把非俄罗斯人甚至俄罗斯人从俄罗斯主体中分离出来，从而肢解俄罗斯，这种情况给俄罗斯各党派的担忧蒙上了一层阴影。其实，协约国可发表一份声明——或否认领土扩张的计划，或放弃干涉内政，或放弃参与瓦解俄罗斯的阴谋——来消除这种不信任感。俄罗斯事务必须留给俄罗斯人自行处理，而且俄罗斯人也不会吝惜以经济特许权作为交换条件。

该文件进一步提议，政策宣布后应立即派遣两三名熟悉俄罗斯事务、深得欧洲人民信任的知名人士，调查俄罗斯情况并做出详尽的报告。这项任务不必是正式的，它可以交给不附属于任何政府的个人。

我听说，如果两周内，俄罗斯得到令人满意的答复就会签订停战协议，并中止与德国秘密会谈。这一协议能否解决俄罗斯问题，是任何人——无论他消息多么灵通——都无法保证的。尽管这些承诺有些言过其实，但我有理由相信，这一举动是真实的。没有合理的动机表明这是一场粗俗的恶作剧。此外，该文件披露两个重要事实：其一，当时只有布尔什维克政府知道柏林和莫斯科之间正进行秘密会谈，以期两国政府间达成可行的谅解。其二，驻扎在敖德萨、阿尔汉格尔、摩尔曼斯克的联合部队陷入困境，比布尔什维克政权更需要停战。[①]

我把这件事简单地讲给了一位代表听。他对这一问题表示了一定的兴趣，并承诺稍后就该问题进行讨论，以便采取行动。后来，我又向另外一位代表讲述了此事。他认为如果我和两三个人一起动身去莫斯科、彼得格勒、叶卡捷琳诺达尔等地进行实地考察，那就更好了。但几周过去了，什么也没做。[②]

在向俄罗斯所有宣布成立的政府发出邀请后，普林基波会议召开前夕，我与一些有影响力的代表进行了有趣的会谈。当时，他们坦率地承认，他们没有任何政策，只是在黑暗中摸索，其中一位代表甚至认为，再强烈的光芒也无法照亮他们的黑暗。据他们透露，尽管布尔什维克政府是一个可以接受的政府，尽管布尔什维克政府遭到肆无忌惮的对手的恶意中伤，并且一开始就走了弯路，但它有可行目标，符合特殊人民的特殊要求，因此，布尔什维克政府可以得到协约国的认可。代表们认为，俄罗斯革命已经持续了相当长的时间，并没有引起人民的强烈反抗，显然，关于布尔什维克政府的负面传说被夸大了，并且反对弗拉基米尔·伊里奇·列宁的证据偏颇、不可信，所以应该立即采取行动来解决俄罗斯的紧迫问题。事实上，最高委员会想不出比普林基波会议更好的办法，也想不出任何其他办法。这就是那些有影响力的代表的观点。在我看来，这一计划无论是形式上，还是本质上都是致命的错误。形式上，协约国敦促希腊人、波兰人和塞尔维亚人打击布尔什维克者。这一计划无异于否定了援助希腊人、波兰人和塞尔维亚人的决定。同时，这一计划使协约国没有充分的理由在阿尔汉格尔、敖德萨和俄罗斯北部驻

① 英国政府无疑知道后一个事实，早在1919年3月，英国政府就决定从俄罗斯北部召回英国军队。——原注

② 1919年4月21日，我在《每日电讯报》和费城的《公众记录报》上刊登了这些事实。——原注

军。一些政府曾公开污蔑布尔什维克为刽子手，其中一个国家甚至曾承诺永远不会与他们建立关系，但普林基波的邀请彻底否定了这些判断和声明。巴黎和会似乎改变了策略，打算真正做点什么。在本质上，这一计划也是一个错误，因为这一计划唯一的动机是希望交战各方和解，而这种希望从一开始就注定要失败。

托马斯·伍德罗·威尔逊提出了普林基波计划。[①]根据这一计划，巴黎和会将向西伯利亚和俄罗斯北部行使或企图行使政治权力或军事控制的所有组织团体发出邀请——邀请他们派遣代表与协约国代表在王子群岛，即普林基波岛协商。我们很难严肃对待这一权宜之计。据传，古代小人物曾咨询一位神谕师，以确定他们必须做些什么，才能在某些有关公共事务的辩论中不笑出声来。此时，人们感觉自己就像古代小人物中的一员。这让托马斯·伍德罗·威尔逊受到世界的嘲弄，就连最愚钝之人也清楚地认识到，无论如何，从那一刻起，所有俄罗斯人民既没法看到光明的前途，也没法指望别国的援助，更不能指望别人理解他们可怕的困境。人类大脑中，理性和想象力的分界线模糊，它们之间有一个区域，受理性和想象力共同影响，这一区域是思想的源泉，常常萌发一些不太寻常的观念。于是，那些突然掌握权力，却无法胜任这一重担的政治世界的新贵们，就萌发了普林基波计划这样奇怪的想法。

最高委员会从不允许别人冒犯它的尊严，妨碍它成功追逐各种事业的脚步。俄罗斯布尔什维克政府一次次指责最高委员会，不仅指责它的权宜之计披着伪理想主义的外衣，还指责它的政治设想中掺杂着肮脏的利益，却巧妙地盖上人道主义的斗篷。布尔什维克政府给托马斯·伍德罗·威尔逊的一封官方信件值得一提：“我们想更精确地了解你们是如何构想国际联盟的？当你们坚持比利时、塞尔维亚和波兰独立时，你们

---

① 据说此时，爱德华·曼德尔·豪斯与托马斯·伍德罗·威尔逊总统产生了分歧。——原注

是否想说，你们想让人民群众来接管这个国家的政权。但奇怪的是，你们没有要求爱尔兰、埃及、印度和菲律宾解放……

“我们与德意志皇帝缔结了和平，我们也想和你们缔结和平。因此，我们提议，与我们的盟国一起讨论以下问题：第一，如果俄罗斯人民同意支付赎金并以这种方式补偿他们，法国政府和英国政府是否准备放弃榨取俄罗斯人民的鲜血？第二，如果答案是肯定的，协约国想要什么赎金，铁路特许权、金矿，还是领土？

“未来的国际联盟是否将成为剥削俄罗斯的‘股份制企业’，我们期待准确的答案。特别值得一提的是，法国盟友是否会迫使俄罗斯退还法国银行家向俄罗斯政府提供的金钱，或者国际联盟是否有所不同……”[①]

一通过普林基波提议，我就接到了电话通知。我立即向俄罗斯驻巴黎的官方代表转达了这一消息。这个提议使他们大吃一惊。他们简直不能相信，巴黎和会在满怀希望地与反布尔什维克主义者谈判的同时，也希望同列宁主义者谈判。反布尔什维克主义者和布尔什维克主义者之间的敌对不仅是政治上的敌对，而且是个人的敌对，是不共戴天的血海深仇。一开始，我就建议阻止这一计划。为此目的，俄罗斯四个建设性政府[②]的代表授权我公布他们的决定。因此，在他们的授权下，我向世界宣布，他们将坚决拒绝派遣代表同俄罗斯同胞的暗杀者和俄罗斯的破坏者进行协商，他们在任何情况下都不会改变这种态度。我致函美英两国代表，表示由于反布尔什维克主义者拒绝与布尔什维克政府达成任何妥协，预计普林基波会议将毫无结果。俄罗斯驻巴黎代表认为，全权代表的推进将加强布尔什维克运动，使内战比从前更加激烈残酷，并给国际联盟的建立带来巨大困难。

---

① 1918年10月月底寄来，据我所知并未公布全文。——原注

② 分别位于鄂木斯克、叶卡捷琳诺达尔、阿尔汉格尔和克里米亚的四个临时政府。最后一个政府很快就灭亡了。——原注

但全权代表们并没有放弃他们的事业。为了保全面子，他们与巴黎的俄罗斯部长们进行了非正式接触。代表们没有屈尊就这一问题与俄罗斯部长们进行磋商，只是劝诫他们至少正式同意这一提议。这不仅不会给部长们带来任何坏处，而且能使全权代表们全身而退，并且不失尊严。就俄罗斯代表而言，他们承诺将尽自己所能为这条提议铺平道路。但他们解释说，建设性政府的部长或相关人员没有必要与他们同胞的屠杀者洽谈，他们就算到达普林基波的旅馆，也永远不与敌人会面。俄罗斯代表态度坚决。“如果讨论是多余的，我们为什么要去那里呢？”俄罗斯人问。回答是，“因为协约国政府希望查明俄罗斯的状况，了解你们改善俄罗斯局势措施的构想。”“王子群岛不是研究俄罗斯局势的适当地方，期望我们到那里去也是不合理的。你们的下属对俄罗斯一无所知，我们完全可以在巴黎详细告诉你们俄罗斯局势，并提供翔实的文件。为什么要去那里呢？此外，你们任命的代表没有资格判断俄罗斯的困境和潜力。他们既不了解俄罗斯，也不懂俄语，更不懂俄罗斯人民。你们让我们前往普林基波，把我们的想法告诉你们的代表，然后再让你们的代表回巴黎汇报给你们的部长们。为什么不能让我们直接向你们的部长们反映呢？我们随时准备着，今天或明天都行。这个计划很幼稚，同时你们的策略很邪恶。……法国政府曾公开宣布，法国不会与他们建立任何关系。然而现在，所有协约国政府都表示愿意与他们建立关系。现在你们意识到犯错了，只要我们能挽回你们的面子，到普林基波白走一趟，你们就承诺纠正这个错误。然而，对我们来说，这段旅程将是对我们原则的否定。这就是我们无法做到的原因。”

普林基波事件虽然是政治高层提出的，最终却以闹剧收场。一些诙谐的流行语是以全权代表们的利益为代价创造出来的。这个计划规模宏大，架构错综复杂，呈现出一种怪诞的画面。它的倡导者竭力想让人们尽可能地遗忘这段闹剧。俄罗斯的未来依然扑朔迷离，而后果越来越严重。世界仲裁者已经意识到了，并一一列举出了这些问题。事实上，只要俄罗斯继续是无政府状态，代表们就不可能建立持久和平或牢固的国际联盟。但事实证明，即使眼前有奖品引诱或惩罚激励，他们都无法制定明智的政策。他们的努力断断续续，前后不连贯。他们的政策要么无法实现，要么百害而无一利。因此，伟大的斯拉夫国家对协约国的态度越来越强硬。

正如读者所料，巴黎和会向布尔什维克政府提出的提议激起了俄罗斯所谓“爱国人士”的愤怒。他们一直在寻求西方国家的帮助。为了得到帮助，他们与布尔什维克主义者展开激烈斗争。每个观察者都能感觉到这种愤怒情绪在巴黎引起的反响。我也从西伯利亚得到了大量证据——表明，在西伯利亚，俄罗斯人民毫不犹豫地转向日本寻求援助。这有充分的理由。在整个战争期间，只有日本政府一如既往，对俄罗斯采取了明确的政策。有必要指出，日本对西方事务一贯奉行漠不关心的政策。从本质上讲，日本是倒退者，潜在的分裂主义者。日本被指责把利益作为日本与其他国家交往的主要动力。这一指责是对的。在这个谁信仰利他主义和自我牺牲，谁就吃亏的时代，谁还会奉行利他主义和自我牺牲呢？共同的利益是把日本和英国联系在一起的纽带。日本和俄罗斯之间也存在着类似的关系。日本的野心家们对雄辩的措辞毫无兴趣，认为没有必要给这种关系起一个宏伟的名字。然而，强大的诱惑并没有阻止日本人忠于他们的盟友、忠于他们的协约。欧洲国家的政治准则是将自身的领土、经济和军事利益置于《凡尔赛和约》的保护下。尽管日本的政治准则与欧洲国家的政治准则大相径庭，但日本并没有使用华丽高大的字眼来描绘自己的准则。世界仲裁者决策上的失误将新秩序和旧秩序这两种矛盾混合在一起。在矛盾混合体面前，日本的野心家畏缩不前。日本人不受英美代表欢迎，是因为他们投机取巧。换句话说，他们正在接受惩罚，正如托马斯·伍德罗·威尔逊受到人们的赞扬，不是因为他实际做了什么，而是因为人们认为他想要实现什么那样。日本人对俄罗斯玩的游戏，跟协约国在欧洲玩的游戏一样，只是更加坦率和系统。日本人运用了当今国际政治的两项基本原则，即“以物换物”和“有能力领导别国的国家，有领导他们的权利和义务”。日本人认真履行契约，赢得了国际声誉。日本帮助它的邻居——俄罗斯，也希望得到俄罗斯的帮助。日本质问，难道协约国没有强迫波兰、捷克斯洛伐克和南斯拉夫为他们的解放付钱吗？

没有肤色偏见的俄罗斯人和日本人很合得来。因此，在政治上，两国人民相互吸引是很自然的，将来达成经济协议似乎也是不可避免的、合情合理的。日本和鄂木斯克[①]的反布尔什维克主义者签署的其中一项协议，是在协约国邀请弗拉基米尔·伊里奇·列宁和列夫·达维多维奇·托洛茨基派代表前往普林基波后不久签署的。我相信，这份协议实际早已起草好，即将签署，只是普林基波计划产生的不利影响阻碍了协约的达成。其中，不利影响并不是来自俄罗斯，而是来自西欧。在这里进一步提到这个问题没有别的意思，只是记录了许多俄罗斯人的看法，即英美人对西伯利亚人民异常热情，他们打算从欧洲撤军后在西伯利亚驻军，这实际上是他们反对日本而与富裕的俄罗斯人民合作的表现。这种假设也许毫无根据，但只有那些没有注意到原则让步于经济利益的人，才会感到惊讶。

代表们并不都为普林基波计划的挫败而感到沮丧，就此放手。其中一些代表仍然渴望同布尔什维克政府达成协议，这样他们就有理由把俄罗斯问题列入暂时完成的任务之中。托马斯·伍德罗·威尔逊派秘密特使威廉·克里斯蒂安·蒲立德前往莫斯科，与弗拉基米尔·伊里奇·列宁达成协议[②]。尽管威廉·克里斯蒂安·蒲立德给出的条件，布尔什维

① 位于俄罗斯西伯利亚西南部，是鄂木斯克州的首府。——译者注

② 见“第4章 审查和保密”。——原注

克政府早已宣布同意，但当他们达成协议时，秘密特使威廉·克里斯蒂安·蒲立德撤出了。威廉·克里斯蒂安·蒲立德没有说明这种态度转变的原因。亚历山大·瓦西里耶维奇·高尔察克和安东·伊万诺维奇·邓尼金的光明前景是否改变了他对权宜之计问题的判断，人们不得而知。然而，这种在最后时刻突然再次放弃临时制订计划的行为，进一步降低了英美人民对世界仲裁者本来就不太高的评价。

在法国，一位热心的协约国拥护者写道："我们从来没有一项统一的对俄政策。我们的概念非但不一致，反倒互相矛盾。这千真万确。因此，我们可以断言，如果我们积极行动时，鼓励了俄罗斯的爱国主义，那么我们无暇顾及时，则纵容了俄罗斯的混乱动荡。可以说，这就是我们的两种倾向，而且多数情况下我们无暇顾及俄罗斯。结果到头来，我们什么也没做成。"①

最高委员会对亚历山大·瓦西里耶维奇·高尔察克和安东·伊万诺维奇·邓尼金的态度相差不大。当前，巴黎的报道说，海军上将亚历山大·瓦西里耶维奇·高尔察克不幸激起了托马斯·伍德罗·威尔逊和大卫·劳合·乔治的不满，因为，他不经意间透露出的想法，也许是独立运动的倾向，引起了这两位代表的厌恶。因此，在一段时间内，亚历山大·瓦西里耶维奇·高尔察克的事业笼罩在阴云之下，这使他的前景黯淡无光。至于安东·伊万诺维奇·邓尼金，在乔治·邦雅曼·克列孟梭看来，他似乎是一个自吹自擂者。

由于战争宠爱俄罗斯的这两位代表，他们的精神肖像也高大起来。他们的事业也相应受益。来自伦敦的影响大大改善了他们的形象。由于有几项不可调和的政策，伦敦的某些部门里引发了反布尔什维克主义的潮流，这种潮流势力强大、恒定持久。到了1919年5月，最高委员会的

① 《巴黎回声报》，1919年7月5日，佩蒂纳克斯。——原注

态度已从倾向于弗拉基米尔·伊里奇·列宁和列夫·达维多维奇·托洛茨基转向支持亚历山大·瓦西里耶维奇·高尔察克和安东·伊万诺维奇·邓尼金。谈判方式具有新时代外交“公开缔结公开合约”特有的特征。巴黎和会的代表们“越级”与俄罗斯的这两位领导人进行了沟通，无视他们在巴黎的代表，就像他们越过罗马尼亚在巴黎的代表，向“布加勒斯特的罗马尼亚政府”发出强制性命令一样。

秘密委员会做出的几项重要决定，虽然政治意义不大，但其直接动机足以引起人们的兴趣，值得提及。它们揭示了，在处理国际事务时，政客们具体的工作方式简单、直接。例如，承认某新地区为独立国家是完全由外部环境决定的。举例而言，食品分销商或财政部长需要从国外受益人那里得到国外支出的收据。由于这种性质的文件以国家和政府的存在为前提，官方分发食物或金钱的人不愿意援助任何不被承认的国家或缺乏政府的国家。因此，在某些情况下，巴黎和会必须根据目前的情况，创建这两个机构——国家和政府。因此，芬兰的独立之所以能获得大国的认可，是因为美国政府慷慨地准备向芬兰人提供援助，而且必须得到代表该国的当局主管签署的适当收据。如果不是因为大国迫切需要有效的收据，国家的承认可能会像划边界一样，一直推迟下去。在其他情况下，出于相似的考虑也导致了相似的结果。正式承认捷克斯洛伐克的独立也出于同样的原因，其中一位领导人坦率地承认过。

与俄罗斯打交道时，巴黎和会领导人最严重的困扰之一是，俄罗斯没有一个得到认可、有资格签署预付款和军需品收据的政府。由于代表们没有下定决心承认俄罗斯现有的政府，突然，他们想到了一项折中方案，即把反布尔什维克派提升到类似国家的地位。虽不是主权国家或独立国家，但可以得到各种援助，如派遣协约国部队等。援助已经慷慨地给予了，巴黎和会认为有必要正式证明援助是正当的。于是，两位代表开始密谋，就好像他们正在策划一场黑暗和罪恶的阴谋。他们秘密给亚历山大·瓦西里耶维奇·高尔察克上将发了一封信，向他提出了一些问题，但亚历山大·瓦西里耶维奇·高尔察克无法回答这些问题，需要先咨询他在巴黎的代表。然而，秘密委员会并没有告知这些代表他们正在做什么。不仅如此，法国外交部也没有接到通知。偶然的机会，我听说了这件事，于是我在报纸将这些消息公之于众。[①]原来，那两位代表命令海军上将亚历山大·瓦西里耶维奇·高尔察克抵达莫斯科后，立即召集制宪会议，举行自由选举；坚决否定旧政权及其一切；承认波兰和芬兰的独立，它们的边界将由国际联盟决定；听从国际联盟的建议并与其合作，与边界国家达成谅解，并默许巴黎和会关于比萨拉比亚未来地位的决定。值得赞扬的是，亚历山大·瓦西里耶维奇·高尔察克的回答很清楚，他坦率地说，他无法代替制宪会议的意愿，因此他拒绝承认这些国家的独立——这些国家因为协约国的倡议而取得独立地位。秘密委员会只好接受了他的答复，并继续向他提供援助。

关于亚历山大·瓦西里耶维奇·高尔察克，毋庸赘言，他是一个精力充沛、意志坚定的正直公民，像盖厄斯·法布里修斯·卢希努斯那样爱国，像辛辛纳图斯[②]那样没有私心和野心。值得赞扬的是，在俄罗斯处于最低谷的时候，他对俄罗斯的未来充满信心。尽管看上去希望渺茫，但他满怀信心地承担起拯救同胞的任务。他完全靠自己建立了一支军队。他以身作则，耐心说服部下摆脱无纪律的恶习，劝说部下牺牲个人利益和意愿，为同胞谋福利。他身先士卒，以身作则，多次面临巨大的危险和困境，却毫不退缩。无论艰苦事业是成功还是失败，亚历山大·瓦西里耶维奇·高尔察克凭借超人的耐心、旺盛的精力和超凡的勇气，受到了俄罗斯人民的欢迎。尽管有传言把他描绘成反动分子——一些无知的人们相信了这些传言，但亚历山大·瓦西里耶维奇·高尔察克

---

① 1919年6月19日，《每日电讯报》和费城的《公众记录报》。——原注

② 罗马专制官，以勤恳俭朴为荣。——原注

通过努力向人们证明了自己。人们可能对他的政策持不同意见，可能反对他的副手和党羽的一些行为，但对一个专心致志、爱国爱民的战士，我们不能吝啬我们的赞扬。亚历山大·瓦西里耶维奇·高尔察克常常自我夸耀，但他纪律严明，个性极具吸引力。他多才多艺，也易冲动，他的冲动有时会妨碍计划的成功执行，因为这些计划的成功需要不屈不挠的毅力。他有时也会判断错误，但也会赏识并提拔有才能的人。他既不是教条主义者，也不是时尚主义者，他是真正的民主主义者。他足够开明，反对秘谋和秘密协议，就像伟大的西方领导者高谈阔论时承诺的那样，但不同的是，他也勇敢地这么做了。

俄罗斯革命爆发时，亚历山大·瓦西里耶维奇·高尔察克就在塞瓦斯托波尔。所有军事指挥官都对这耸人听闻的消息保密，但他没有。亚历山大·瓦西里耶维奇·高尔察克毫不犹豫地召集了士兵和水手，告诉他们发生了什么，让他们清晰了解这场革命的真正意义，并请他们与自己一起英勇奋战，使事态朝着健康、稳定的方向发展。他准确估计了这场革命的意义。他清楚地意识到，要把这场革命限制在政治、道德或地理范围之内是不可能的，但他认为，一群勇敢的爱国者可以设法从命运的手中为俄罗斯尽可能多地夺取一些东西。本着这一信念，他开始了行动。不久之后，军队的英勇、省份的收复和俄罗斯局势的改善，都有力地证明了他的价值。无论在西方多么受欢迎的离奇报道，都无法削弱亚历山大·瓦西里耶维奇·高尔察克的影响力。

从全权代表们正式或非正式的谈话及行动记录中，可以推断出他们对阴谋诡计和迂回策略研究之深、运用之妙，已达到炉火纯青的境界！当全权代表们与亚历山大·瓦西里耶维奇·高尔察克在巴黎的俄罗斯代表交谈时，他们会提出一些苛刻的条件，但当他们与亚历山大·瓦西里耶维奇·高尔察克直接沟通时，他们提出的条件就不那么讨厌了。然而，俄罗斯代表完全不知道这些条件，因而使亚历山大·瓦西里耶维

塞瓦斯托波尔

奇·高尔察克及其俄罗斯代表感到很困惑，并引发摩擦。在许多情况下，协约国两套不同的要求令人不安。总的来说，这种不同容易造成误解，因而使亚历山大·瓦西里耶维奇·高尔察克及其俄罗斯代表之间的关系复杂化。尽管协约国不再信任亚历山大·瓦西里耶维奇·高尔察克在巴黎的俄罗斯代表，但亚历山大·瓦西里耶维奇·高尔察克依然信任他们。当然了，因此指责这些处理重大问题的全权代表虚伪是非常不公平的，但巧合的是，人们知道全权代表不待见亚历山大·瓦西里耶维奇·高尔察克在巴黎的俄罗斯代表，甚至希望看到他们被取代。弗里乔夫·韦德尔-亚尔斯贝格·南森第一次提出为俄罗斯饥荒人口提供粮食的

弗里乔夫·韦德尔－亚尔斯贝格·南森

计划时，巴黎和会就这个问题咨询了俄罗斯代表，然而，协约国的计划含糊不清、漏洞百出，以至俄罗斯代表认为协约国与布尔什维克政府的合作是该计划的一部分。俄罗斯代表被告知，在向人民提供粮食的工作中，协约国将停止向亚历山大·瓦西里耶维奇·高尔察克及其部队运送弹药和其他军需品。当然，这项附带条件的计划，使俄罗斯代表无法接受。但奇怪的是，在全权代表直接向亚历山大·瓦西里耶维奇·高尔察克海军上将发出的正式通知中，这项讨厌的附加条件却没有包括在内。因此，这一计划不同于最高委员会传达给俄罗斯代表的计划。

还有另一个例子，体现了协约国独特的战术。协约国与俄罗斯代表就芬兰未来的国际地位举行了非正式会谈。当时俄罗斯正请求芬兰帮助，以便把彼得格勒从枷锁中解放出来。芬兰人坚持要求俄罗斯人首先承认芬兰完全独立[①]，但俄罗斯代表不敢自己做主，拿这片曾属于俄罗斯的领土做交易。这个问题经过反复讨论后，俄罗斯代表询问协约国，芬兰是否放弃了对卡累利阿省的要求。然而，巴黎和会的发言人含糊其词，并未告诉他们，芬兰已放弃这一要求。因此，俄罗斯代表以为芬兰人并未改变关于这一问题的决定，仍然坚持他们的要求。因此，俄罗斯代表认为有必要向亚历山大·瓦西里耶维奇·高尔察克汇报。与此同时，全权代表们给亚历山大·瓦西里耶维奇·高尔察克发了一封信，信中向他保证，芬兰人已不再坚持吞并卡累利阿省了，也不会再提出这一要求了！人们几乎不知道该怎么评价这样的战术。在最高委员会与某些俄罗斯边界国家代表的会谈中，英法意首席代表使用的语言极易让人造成误解，而这些误解可能对将来造成负面影响。我们愿意相信，这些误解仅仅是由于口误引起的，不应该从字面上理解。然而实际上，这些口误不仅让俄罗斯边界国家期望过高，妄想过多，而且还成为协约国制定

① 此前，芬兰是俄罗斯的自治大公国。——原注

详尽政策的依据。例如，爱沙尼亚和拉脱维亚的部长们被告知，一旦俄罗斯重组，将允许他们向彼得格勒派遣外交使节——这意味着承认这两个国家完全独立。其中一个大国已根据民族自决原则，为爱沙尼亚起草了一部宪法。因此，爱沙尼亚和拉脱维亚有理由期待获得完全独立。如果说这确实是大国的意图，那么在坦率和准确方面也就没有什么可说了。但无论是在提交给亚历山大·瓦西里耶维奇·高尔察克的条款，还是在提交给俄罗斯代表要求他们同意的条款中，都没有提到任何一个国家的独立。①

这些看起来微不足道的细节，可以帮助我们评估政客的方法和组织艺术。政客们正为之奋斗的、将国际政治和道德融为一体的目标能否实现，取决于他们在处理其他国家事务时采取的技巧和运用的智慧。调查秘密委员会的阴谋诡计和迂回策略对俄罗斯人的影响，或对出席巴黎和会其他国家的影响，显然是多余的。秘密委员会采取的策略与他们演讲中称赞的“公开缔结公开合约”形成了强烈的对比——人们再清楚不过了。

协约国希望协助俄罗斯尽快恢复安宁，然而，这个愿望的主要威胁来自德国——德国可能帮助俄罗斯恢复安宁。由于德国自身的优势，德国可能在俄罗斯获得特权地位，将俄罗斯作为台阶，实现德国物质繁荣、军事强大和政治领先的目标。并且德国完成这一壮举的概率相当大。如果协约国在不知不觉中帮助了德国——就像协约国正在做的那样，德国会更容易做到这一点。

不幸的是，协约国政府成功的希望不大。即使协约国能够拟订一项全面的计划，也无法执行该计划。实际上，他们根本没有拟定任何政策。“事实是，”巴黎和会一位领导人喊道，“我们没有对俄政策，也没有足够的资料来制定政策。”

① 1919年7月，斯蒂芬·让·玛利·毕盛告诉爱沙尼亚代表，法国原则上承认爱沙尼亚的独立。但俄罗斯人和法国人都没认真对待这一声明。——原注

协约国企图在德国和俄罗斯之间架起一堵“纸墙”，来弥补资料不足的劣势。这个计划很简单。尽管他们的命运息息相关，但德国人不得插手俄罗斯事务。协约国很快意识到，这种隔离就像用防波堤阻挡巨浪一样，毫无意义。德国注定要扮演俄罗斯管家和总监的角色。

怎么可能不是这样呢？德国和俄罗斯是相隔不远。它们的经济关系已经持续了好多年，甚至在未来，它们的经济关系不可或缺。俄罗斯被视为德国最好的殖民地，两国人民相互依存。这个斯拉夫国家被视为德国经济上的盟友，并在政治上为德国买单。谁能阻止得了这一进程呢？俄罗斯必须生存，必须买卖、交易和谈判。一纸条约能禁止它们交易吗？既然政治和经济是同一问题的两个不同方面，一纸条约能阻止在商业活动中掺杂政治吗？值得注意的是，最高委员会从未讨论过核心问题，即在俄罗斯的发展过程中，德国是否会不发挥任何作用，这是否是未来世界的一个基本要素？难道德国会永远甘于战败国的身份吗？如果不会，那么所有这些制约和障碍有什么用呢？

在俄罗斯，有数百万的德国人。他们精通俄语，熟悉俄罗斯法律和俄罗斯习俗。他们中的许多人世代定居在俄罗斯。他们热爱斯拉夫民族，对俄罗斯人民既友好，又为俄罗斯民族做出了巨大贡献。在很大程度上，欧洲各省的贸易、商业和工业掌握在德国人的手中，掌握在德国人的先驱者和帮手犹太人手中。在俄罗斯的俄裔德国人和犹太中间商，他们把目光转向自己的国家——德国。他们习惯在德国买卖。他们在柏林、德累斯顿或法兰克福获得了良好的声誉。他们充当俄罗斯人和德国人的商务旅行者、代理人、经纪人和银行家。这一边，过去，由于生活需要和利益驱使，千千万万的德国人不断地来往于两国之间。将来，怎样才能将他们永远束缚住，不再按过去的方式维持生计呢？而另一边的俄罗斯人，也必须生存，必须买卖。巴黎和会或国际联盟有权规定他们只能与之打交道的个人或民族吗？这会缩小俄罗斯的政治活动范围吗？

有些人自夸地说国际联盟可以。然而，在这种情况下，国际联盟必须转变为镇压德国民族的联盟。

臭名昭著的《布列斯特-立陶夫斯克条约》在“高尚”的协约国中激起了强烈的愤慨和道义上的谴责。德国对和平的嘲弄，超越了人类的认知。协约国人民理所当然谴责该条约是疯狂的德意志民族丧心病狂的罪证。但不久之后，轮到协约国政府遭受谴责了。它们造成了俄罗斯目前的政治局面，即俄罗斯各党派认为的由各种各样的不公正因素拼凑而成的政治局面。这种局面更加令人憎恶，因为其制造者声称他们是俄罗斯忠实的朋友，正义的拥护者。《布列斯特-立陶夫斯克条约》带给俄罗斯的是政府节衣缩食和联邦议会的形成，而协约国带给俄罗斯的却是国家遭到肢解，越来越多的领土独立，其中一些国家甚至不具备独立生存的条件。协约国无视民族自决的原则，在俄罗斯建立永久性外国干预机构，并剥夺了俄罗斯在巴黎和会索赔的权利。协约国没有征求过俄罗斯人的想法或感受——无论是正式的还是非正式的，都没有。他们的目标是成为“正义伸张者”“和平播种者”。然而，他们既不了解情况，也不深入调查，因此，一个个省先后被政客们大方地割让了。在俄罗斯问题上，政客再也不犯犹豫和拖延的老毛病了，他们迅速做出决定，果断采取行动。这也预示着，在不知不觉中，他们已为未来战争做好铺垫。

熟悉俄罗斯心理学的人，没人会认为一个高尚民族的感情可以通过向他们的同胞赠送食物、金钱或军火来改变。俄罗斯人用理想信念交换物质利益的可能性非常小，这从1919年4月到1919年5月发生的一件事可以看出。当时人们满怀信心地期待着彼得格勒落入反布尔什维克主义者之手。

然而，他们要战胜布尔什维克政权的一个先决条件是必须先占领彼得格勒。彼得格勒不仅是一座国际化都市，而且还是俄罗斯的政治中心。人们认为，如果能从弗拉基米尔·伊里奇·列宁和列夫·达维多维奇·托洛茨基牢牢把控的手里夺过这座城市，那么布尔什维克政权必然失败。因此，亚历山大·瓦西里耶维奇·高尔察克的朋友们动用一切力量，开足马力，准备向彼得格勒进军。在所有的帮手中，芬兰人和爱沙尼亚人被公认是最有效率的。于是，亚历山大·瓦西里耶维奇·高尔察克与他们领导人的对话开始了。芬兰人和爱沙尼亚人已经做好了讨价还价的准备，但这肯定是一项艰难却有利可图的交易。他们向彼得格勒进军是有条件的，他们的主要条件是明确承认他们的边界及完全独立。他们的边界在这里将不再做无谓讨论。高尔察克政府愿意将芬兰内阁视为事实上的政府，承认目前芬兰在国际法中的地位，但高尔察克政府不能满足芬兰的边界要求。他们解释说，承认芬兰独立就像高尔察克临时政府一样，都是暂时的。爱沙尼亚人也收到类似答复。芬兰人和爱沙尼亚人拒绝接受这样的答复，但高尔察克政府立场坚定，于是谈判失败了。人们设想，与爱沙尼亚人和芬兰人的巨大诱惑相比，为了巩固高尔察克政府的地位，他们是否也能经受住协约国甜言蜜语的诱惑呢？

如果大国趁俄罗斯昏厥恍惚时，强行肢解了俄罗斯，这也是很有可能的，那么俄罗斯一旦恢复了意识和力量，接下来会发生什么呢？如果俄罗斯打算重新统一羽翼下的一些民族，而国际联盟又热烈支持这些民族的完全独立，那么国际联盟还会响应这些民族的诉求吗？会立即提供支援吗？大国没有征询过俄罗斯的意见，因此，俄罗斯将不受国际联盟的教条约束。毋庸置疑，西方国家的军队一定不愿为了阻止某块领土——某块像泰申这样，一些全权代表知之甚少的领土——成为斯拉夫国家不可分割的一部分，而发动另一场战争。届时，欧洲的政治轴心发生转移，欧洲前景也将黯然失色。因此，理论上被《十四点原则》废除的均衡体系，可能通过俄罗斯经济复苏带来的多次经济政治变革而重新建立起来。

对国家历史而言，十年弹指一挥间。再过几年，俄罗斯可能会再次统一，取得这一壮举的军队，将成为这个国家强大的武器。一切都是相对的，包括军事力量。欧洲其他国家的军队不会迫不及待地在东欧作战——其人数将大大少于俄罗斯军队人数，因此，俄罗斯不会真正被入侵。况且，俄罗斯是一个容易进入，却很难走出的国家。实际上，对俄罗斯军队的军事胜利是一场没有荣誉、没有领土占有、没有赔偿或其他可观收益的胜利。

令人难以相信的是，巴黎和会的政客们在试图按照自己模糊的理想重塑没有定形的俄罗斯之前，充分考虑了这些可能性。但无论我们用政治学的标准，还是国际伦理的标准来评价他们的工作，还是将其解释为一系列出于一时方便和“善意”而想出的权宜之计，都必须承认，这些政客并不了解国内和国际运动。事实上，他们大脑里一片混乱，面对这些令人烦恼的政治形势，他们已尽了最大努力。

第11章

布尔什维克主义及其发展

什么是布尔什维克主义？不同的国家对布尔什维克主义的理解不同。远远观望的学者分析了俄罗斯布尔什维克主义的本质——就像欣赏《哈姆雷特》表演的评论家，可能会分析丹麦王子哈姆雷特的角色一样。他们得出的结论是，布尔什维克主义是对卡尔·马克思理论的修正。马克思理论是现代社会科学的最新成就。

四年半的战争耗尽了欧洲交战国的财政资源，大部分人的心理防线崩溃了。在饥饿和疾病的驱使下，他们不再受法律或道德的约束，他们无法无天，恣意妄为。看惯了死亡和痛苦，他们不再惧怕人类惩罚，他们变得麻木不仁。在持久战中，这些现象并不鲜见。历史记录了许多例子，记录了返乡士兵因不满退伍现状，将本该对准外敌的武器，对准了本国政党或统治阶级。在过去的一段时间里，欧洲其他国家也呈现出暴乱的趋势，但由于军队掌握在国家手里，这种趋势并没有爆发。1906年至1908年，俄罗斯发展还不平衡，力量还相对薄弱，然而，“命运之神”为这个国家插上了一页别样的历史。虽然这段历史断断续续、没有组织、没有结果，但那疯狂的呐喊声是即将来临的大变革的征兆之一，我也承认这一点。在过去，我饶有兴趣地观察着革命的酝酿过程，总有一天，俄国革命会孕育出一批武装分子。然而，即使是在沙皇统治时期，也很少有观察家能预测到这一酝酿过程及其对后来的影响。这种宣传在幼儿园、学校、教堂、大学里，有时在不知不觉中，坚持不懈地进行着，并在陆军和海军中取得了巨大的成功。因此，人们普遍错误地认为，俄国革命没有准备期——没有像“百科全书派”[①]为法国大革命而准备的时期。

然而，最近，宣传人员走到了另一个极端，他们声称费奥多尔·米哈伊洛维奇·陀思妥耶夫斯基、列夫·尼古拉耶维奇·托尔斯泰、马克西

费奥多尔·米哈伊洛维奇·陀思妥耶夫斯基

① 18世纪法国启蒙思想家在编纂《百科全书》的过程中形成的派别，它为法国大革命做了舆论准备。——原注

列夫·尼古拉耶维奇·托尔斯泰

姆·高尔基[①]和许多其他俄罗斯作家都成为布尔什维克主义信条的信徒，正是他们准备了俄罗斯的剧变，就像“百科全书派”准备了法国大革命一样。这种笼统的说法具有误导性。最后三位在沙皇统治时期，除了少数如尼古拉·莱斯科夫的作品外，文学无疑是传播革命思想的媒介。但如果断言他们蓄意追求的最终目标是今天布尔什维克主义的无政府状态，或者是

① 原名阿列克谢·马克西莫维奇·彼什科夫（1868年3月28日到1936年6月18日），马克西姆·高尔基是他笔名，他是社会主义、现实主义文学奠基人，政治活动家，苏联文学的创始人。——译者注

任何形式的真正无政府状态，那就太夸张了。列夫·尼古拉耶维奇·托尔斯泰和马克西姆·高尔基可能是布尔什维克主义的先驱，但我有幸认识的费奥多尔·米哈伊洛维奇·陀思妥耶夫斯基是布尔什维克主义最强烈的反对者之一，他打击的也不仅仅是无政府主义。和尼古拉·莱斯科夫一样，他是政治激进主义的宿敌，很多大学生因此对他怀恨在心。费奥多尔·米哈伊洛维奇·陀思妥耶夫斯基巧妙地描绘了一群“改革者”[①]，特别是彼得·斯捷潘诺维奇·韦尔霍文斯基[②]，他们的信仰、推崇的无政府主义和

马克西姆·高尔基

① 长篇小说《群魔》。——原注
② 费奥多尔·米哈伊洛维奇·陀思妥耶夫斯基长篇小说《群魔》中的人物。——原注

米哈伊尔·亚历山德罗维奇·巴枯宁

犯下的政治罪行都属于布尔什维克主义的范畴。费奥多尔·米哈伊洛维奇·陀思妥耶夫斯基还评价了当时米哈伊尔·亚历山德罗维奇·巴枯宁主义合乎逻辑之处以及政治改良之处。1905年到1906年，沙皇尼古拉二世和革命力量之间的冲突仍然悬而未决。谢尔盖·尤利耶维奇·维特和我常常钦佩这位拥有非凡直觉的伟大小说家，仿佛给《群魔》中的人物赋予了生命，他们似乎在莫斯科、彼得堡、敖德萨和梯弗里斯[①]的街道上密谋、射击和投掷炸弹。1904年和1914年的战争，促使小说家、散文家和文学领路人播下的社会革命的“种子”迅速萌芽。

① 第比利斯的旧称。——原注

早在1892年，我曾以笔名E.B.兰宁出版过一本书，该书描述了沙皇时代的腐朽状况，当时我曾大胆预言俄罗斯的迅速瓦解。[①]法国历史学家儒勒·米什莱曾直言不讳——显然有点夸大和尖刻——写道："俄罗斯凭着一股野蛮的力量，吮吸并吸收了欧洲所有的毒液，然后以更大的强度喷射出来。我们认为，俄罗斯似乎与霍乱、瓦解、死亡紧密地联系在一起。俄罗斯民族没有思想、没有原则、没有情感。也许昨天，俄罗斯才对我们说：'我信仰基督教。'明天它就会说：'我信仰社会主义。'

儒勒·米什莱

① E.B.兰宁：《俄罗斯人的性格特征》。Eblanin，俄语，意为"都柏林人"。——原注

俄罗斯民族像‘盲人’一样走向西方，没有灵魂、没有意志。俄罗斯像一个可怕的‘机器人’，甚至像一具‘僵尸’，虽无生命，仍然可以到达终点，屠戮生灵。俄罗斯可能会搅乱欧洲，让欧洲血流成河，但这不会阻止它在彻底解体的深渊中灰飞烟灭。”

因此，在犹太人的带领下，可以说在战争爆发前很久，俄罗斯就已经稳步走向了革命的旋涡。俄国革命的发展不仅是连续不断的，而且是可以察觉的。早在1906年，我和谢尔盖·尤利耶维奇·维特就曾猜测，假定发展的速度不变，在到达“深渊”之前，俄罗斯还能走多久。然而，这只是猜测而已，只是许多可能性中的一种。当然，猜测是不可信的，因为速度是变化的。实际上，事态的发展比我们预期得要快，世界大战及其骇人听闻的后果促成了这场灾难。

随着形势的发展，在世界大战结束时，德国某些阶层的人民也被革命精神感染。饥饿、困苦、疾病和道德冲击接踵而来。这与俄国革命不谋而合，带来了严重后果。德国政府和俄罗斯政府长期以来一直奉行君主制、军事纪律和权威原则。德国人坚定地追求着与无政府状态相对立的理想。为了实现这个理想，他们不惜牺牲一切世俗财富和精神财富。德国的理想就是世界霸权。这种渴望改变了他们的面貌，使他们着魔，使他们狂热。尽管有些德国人并无宗教信仰，但他们信仰“日耳曼主义”，就像伊斯兰教徒信奉伊斯兰教一样虔诚。德国人采取任何可能达到这个目标的手段——不管这些手段多么不公正。为了统一欧洲，德国人已不再是普通的人类。在爱国主义的祭坛上，他们献出了道德基本原则，把一切都押在了这一次“冒险”上，就像一个赌徒为了自己的灵魂而与魔鬼博弈一样。然而，这些实利主义者逐渐丧失了自我。现实被他们炽热的热情熔化，幻化成迷雾飘浮在空中。他们痴迷于幻象，不再惧怕，他们眼中只有自己的愿望。当他们最终从云端城堡至高处跌落时，他们的整个世界、时代和理想都被粉碎了。此时，他们懊悔不已，现实却无法挽回，精神上和肉体上的极度疲惫使他们彻底丧失了斗志。他们当中越是烦躁、鲁莽的人就越疯狂。他们先是反对他们的统治者，然后又互相反对，最后开始了肆意破坏活动。正是在这个时候，他们与动荡不安的俄罗斯携手合作。“布尔什维克主义”这个词就意味着席卷斯拉夫和德国部分地区的革命浪潮。但只是一会儿，我们就可以有把握地断言，即使是同样的事业，德国人和俄罗斯人着手去做，立刻就会变成两种不同的事业，因为这两个民族的观念和方法是如此不同。布尔什维克主义几乎被德国人掏空了，只剩下空壳。

将俄国革命与法国大革命进行比较，两者并不完全相同。的确，从一开始，两者都是对无法忍受的暴行的暴力反击。革命者之所以具有超人的力量，是因为他们从历史事件中汲取了力量。这些历史事件赤裸裸地暴露了世俗统治者的暴行，从而激发了受害者将暴虐统治者扫地出门的坚定信心。但初始阶段之后，这种相似性就消失了。法国大革命消灭了封建主义制度，消灭了贵族阶级的特权，但它并不仅仅是一种“溶化剂”，法国大革命后期具有一定的建设性。顺便提一句，法国大革命创造了许多形式上不漂亮但本质上有益的东西，而且从一开始，法国大革命采用了积极的教条——像基督教一样古老的教条，只是第一次应用到政治领域。因此，尽管它连根拔起了大量的小麦和稗子，但它的主要作用是为新丰收准备好了土地。法国大革命有明显的社会目的，而且部分目的已经实现。我们也不应忘记，法国大革命点燃了支持者的热情。他们自我激励，以非同寻常的勇气去完成他们支持的事业。法国大革命释放出来的力量改变了欧洲世界的许多形式，但并没有按照理想的形象重塑世界。

布尔什维克主义有这样的可取之处值得称赞吗？到目前为止，公众舆论给出了一个简短的否定答案。布尔什维克主义所到之处，只剩下一片废墟。布尔什维克主义贬低了所有的道德价值。它像龙卷风，一路走一路破坏。即使是宽容的探险者，也几乎看不到布尔什维克主义任何建设性的方面。[1]布尔什维克主义始终是社会有机体的一种快速溶剂。毫无疑问，1917年的欧洲社会迫切需要彻底清洗，但只有狂热分子才会说，欧洲社会应该被消灭。

他们认为，俄罗斯人和德国人被他们政治体系的瓦解所刺痛，决心按照历史选择改变他们的政治体系。但他们走得太远了。这种轻描淡写的判断并未基于全面调查。他们所说的改善不是由于布尔什维克主义者的工作，而是由于他们对手——温和派改革者——的工作。温和派改革者所做的努力，与政治斗争没有任何联系。复仇者、亡命之徒和愚昧无知的虚无主义者在无政府主义的泥沼中挣扎着，直到窒息而亡。没有人能看出像埃米尔•艾希霍恩或弗拉基米尔・伊里奇・列宁这样的激进主义者与以西奥多•沃尔夫和鲍里斯•萨温科夫为代表的温和派改革者之间有多少相似之处。激进主义和温和主义之间的差距使这两类人之间产生了隔阂。实际上，俄罗斯或者德国的宪法改革者可能会有这样的错觉：王权被摧毁，一个时代在混乱中完结后，通过修改几处选举法就可以恢复社会秩序，痛苦挣扎的国家就可以走上正常发展的轨道。当代政客辨别不清方向，而这种错觉正是其中的一个幻觉。参加巴黎和会的英美代表们承诺通过一系列政治变革来重建世界时，他们产生的错觉也类似于此。

认真关注德国制宪的人都能看到，德国制宪者愿意从这场破坏性运动中吸收和采纳有益成分。在这方面，他们非常开明，接受能力也强。对任何有助于德国重组的信息——无论出自何处，他们都表现出极大的热情。很显然，在德国的布尔什维克主义中，他们也发现了革新的有用线索。据预测，这些调整措施，无论多么不受人民欢迎，肯定也会传到

① 该成就中提及阿纳托利·瓦西里耶维奇·卢那察尔斯基的教育改革。必须承认，他在宣传基础教育方面做出了不懈努力。毫无疑问，在艺术和科学领域，阿纳托利·瓦西里耶维奇·卢那察尔斯基取得的进步及有效保护和鼓励，几乎涵盖了布尔什维克政权所有的科目。——原注

协约国。从长远来看，协约国人民也不得不接受这些措施，而德国最终可能成为民主欧洲的经济领袖。如果协约国的政治家们理解了这一现象背后的政治——社会交流和同化规律，他们也许就不那么愿意看到德国这个有机体被腐蚀的病菌污染了。因为今天德国向布尔什维克主义学习的东西，明天西欧国家也将向德国学习。这场革命强加给欧洲的新制度——苏维埃制度，虽然它的功能有限，但形式有了很大的改变。

“苏维埃制度中肯定有有用的东西，”欧洲最有影响力的一家犹太人主办的德国报纸写道，“我们有必要熟悉它们。从心理上讲，工人们需要感到他们不只是工业机制中的一个‘齿轮’。苏维埃政权的第一步将是赋予劳工委员会符合现代要求的司法职能。这些职能将超出劳工委员会迄今行使的职能。他们与工业、企业能走多远，这是一个有待调查的问题。劳工委员会与工业、企业携手，这不仅仅是激进分子的愿望，也是他们的要求。因此，立法需要和现实生活建立更密切的联系。不幸的是，现实生活复杂多变。不只劳动阶级有这种需要，其他阶级也需要。因此，适合俄罗斯的，也适合我们。”[①]

与现实生活结合的苏维埃体制是布尔什维克主义留给新时代的唯一遗产。

巴黎和会期间，布尔什维克主义在世界事务中发挥了很大的作用。在巴黎，一些人把布尔什维克主义看作是一种灾难，一些人以布尔什维克主义为武器，还有一些人则用布尔什维克主义作为威胁。在和平桌上，每当小国代表觉得自己处于不利地位——他的国家的要求将因被视为过高而遭到削减时，这位代表就会意味深长地指出某些“预兆”——他的国家即将爆发布尔什维克主义革命，并将其归结为国家要求未被满足后不可避免的后果。因此，几乎每一个有领土计划的国家的代表都宣

① 《法兰克福日报》，1919年2月28日。——原注

布，如果要避免布尔什维克主义，就必须执行该计划。“要么就这样，要么就是布尔什维克主义”是许多代表陈述时的结语。比政治上的不满更令人敬畏的是俄国革命的影响。

布尔什维克主义有两大“支柱”，一个是俄罗斯人，另一个是犹太人，前者即弗拉基米尔·伊里奇·列宁，是布尔什维克主义的精神支柱；后者即列夫·达维多维奇·托洛茨基，是布尔什维克主义的左臂右膀。在某些事情上，他们观点不一。弗拉基米尔·伊里奇·列宁如同虔诚的传教士，身边有众多可靠的门徒，也可将他比作“教皇”，身边有一群各国“枢机主教”。他的追随者中有法国人、英国人、德国人、奥地利人、捷克人、意大利人、丹麦人、瑞典人、日本人、印度人及布里亚特人等，他们主要负责将布尔什维克主义传播到全球，而且尽职尽责。他拥有与世界历史上其他卓越的宗派领袖相同的品质，这种品质难以描述，但极具感染性，让那些接近他的人更容易接受他们一开始反感的理念。据真实记载，弗拉基米尔·伊里奇·列宁曾说服过不少西方的反对派。

巴黎和会召开的前四个月，全权代表们低估了布尔什维克主义的影响。他们既未考虑布尔什维克主义引发的事件的影响，也未考虑布尔什维克主义发展的影响。全权代表们意图以目标的实现与否来检验布尔什维克主义——他们的目标是正式解决欧洲的临时安置问题，将其作为一项公平的成果，提交给各国议会。布尔什维克主义的本质特征、各种影响及其在社会、政治和民族领域的改革趋势，全权代表们当时根本不关注，也丝毫没有考虑这些因素，而且还准备为布尔什维克主义在新的国家体系中寻得一席之地。不止一次，全权代表们差点正式承认布尔什维克主义。在前进的道路上，这些经验主义者遇到了布尔什维克主义，没有找到推翻或改造它的方法，也未经过初步检验和筛选，就表示愿意把布尔什维克主义作为新秩序的要素之一。

巴黎和会之外的学者们深入探讨了弗拉基米尔·伊里奇·列宁的学说中是否有真理的精髓，列夫·达维多维奇·托洛茨基的实践中是否有社会或政治优势。[①]但这一探究并没有引起最高委员会经验主义者的兴趣。在他们看来，布尔什维克主义代表的不过是一群政客。这些人无论领导或者误导俄罗斯人民，都代表着大多数俄罗斯人民。这些人如果赢得支持，参加巴黎和会，不过是促进最高委员会的工作，见证最高委员会的胜利而已。这是各国各党派敏锐的观察员们从全权代表们的默认及失败的行动中得出的共同结论。

在社会影响方面，俄罗斯布尔什维克主义类似于共产主义。共产主义主张消灭私有产权，并建立一个没有阶级制度、没有国家和政府，并且进行集体生产的社会。共产主义设想未来的所有阶级社会将最终过渡成为共产主义的无阶级社会。尽管这一思想意义深远，实现起来却困难重重。其原因是多方面的。例如，专制政府体制崩溃，国家负债累累，货币贬值，劳动力相应升值。因此，可以公平地说，生产成本的上升和一个阶级对另一个阶级的暂时替代标志着政治力量在一定程度上改变了社会结构。但俄罗斯布尔什维克主义并未超出这些限度。政治动乱将对社会发展产生深刻和持久的影响，这一概念为多数国家普遍接受，在俄罗斯也是根深蒂固。弗拉基米尔·伊里奇·列宁是马克西米利安·罗伯斯庇尔的狂热追随者，但他在意志力、洞察力、谋略和真诚度方面远远超过马克西米利安·罗伯斯庇尔。弗拉基米尔·伊里奇·列宁掌权后，立即进行了一场革命性尝试。布尔什维克征用并“国有化”银行，夺取资产阶级的工厂、车间、作坊及土地，并把它们交给穷苦的工人和农民。于是，重大的政治冲突引起了巨大而意义非凡的社会动荡。

巴黎和会的一些政客认为，俄罗斯应该寻求列强的帮助。这既符合

① 关于这个问题的简短、有趣研究出现在1918年7月20日《柏林日报》上，署名费利克斯·平纳博士。——原注

马克西米利安·罗伯斯庇尔

俄罗斯的利益，也符合欧洲的利益。他们的论点有力，但他们都遇到了同一个不可逾越的障碍。政府首脑们担心各自国家的反对党会从这一行动中找到把柄，把政府首脑们赶下台。因此，政府首脑们嘴上一套，行动一套，拒绝冒险。一方面，人们一直认为，如果一开始，列强就施加干预，或许他们用一支规模相对较小的军队就能打败布尔什维克主义。这种看法既看似温和，也比较符合现实。另一方面，有人反对说，机关大炮不会摧毁思想，为革命运动提供重要力量的主要思想根深蒂固，再强大的外国军队也不能将其铲除，这也具有合理性。及时的军事援助会帮助俄罗斯的反布尔什维克主义者尽快恢复正常生活秩序，这个说法站得住脚。但为世界制定法律的各国政府首脑们从未意识到及时的重要性。在采取措施时，政治家必须时刻盯着时钟，因为某个方案，也许在某一时刻能拯救一个国家，但在另一时刻，可能会加速它的毁灭。然而，这种观点往往被大国代表忽视。

最高委员会采取了摇摆不定的政策，同布尔什维克主义断断续续地斗争，甚至有时还带点喜剧色彩，这让每个相关人员感到惊讶。对成千上万的受保护者来说，代表们的多变和无知让俄罗斯人民绝望，甚至比绝望更糟。在俄罗斯，最高委员会的特工狂热地鼓动民众起来反抗布尔什维克政权，攻击布尔什维克主义者牢固的地位，并承诺如果反布尔什维克主义者成功，将立即给予军事援助。但当这些任务完成后，被问及外国增援部队什么时候会到来时，这些特工的回答是，需要耐心等待。过了一段时间，布尔什维克大获全胜。据说1919年春天发生过几次这类惨案，影响了协约国的信誉，引发俄罗斯上下阶级民众的一致公愤。

解决布尔什维克主义问题，协约国有两种选择：要么发动反布尔什维克主义的战争，要么容忍布尔什维克主义的存在。协约国可以自行决定做何选择，并在适当的时候采取行动。如果协约国能及时巧妙地处理俄罗斯人之间的纠纷，如果小小的牺牲能避免更大的损失，也许在时机成熟时，他们就能收获丰硕的果实。但他们属于优柔寡断的那一类人。他们的成员总是因为找不到一个介于“是”和“不是”之间的词而感到痛苦。也就是说，他们既不肯定，也不否定。他们不仅没有及时向任何一方提供援助，而且在西欧搜捕一些忠诚的俄罗斯人时，动用了最严厉的高压政策，把忠诚的俄罗斯人当作敌人一样追捕。协约国把他们关在笼子里，并用带刺的铁丝围住，好像他们就是“德国敌人”。许多人食不果腹，饥寒交迫，有时会迫使那些不满的人——在他们的位置上，谁会感到满意呢？——不得不在垃圾桶和垃圾堆中捡食物吃。据我所知，法国军官和士兵愿意为协约国事业流血牺牲，但协约国当局的恶行把他们推向布尔什维克主义。最终，谁会从中获利呢？谁会从中受益呢？

我心怀悲痛，从客观的角度，观察俄罗斯人的反布尔什维克主义倾向。我可以负责地说，反布尔什维克主义者与布尔什维克主义者同样强烈地痛恨协约国。“我们举国上下都对以前的盟友怀有极大的敌意，”一位杰出的俄罗斯人大声说道，“因为俄罗斯为他们做出了不可估量的贡献，甚至以牺牲自己的政治生命为代价。然而，协约国抛弃了我们，仿佛我们的伤痛与他们无关。尽管在许多问题上，俄罗斯仍存在分歧，纠纷和争吵使俄罗斯四分五裂，但在一件事情上，俄罗斯上下团结一致，那就是对协约国的强烈憎恨之情始终如一。协约国榨干了它的‘生命之血’，然后把它的‘尸体’遗弃给了‘猛兽’。如果俄罗斯临时政府的代表获得与会资格，部分仇恨可能会减轻。政客至少应该坚持打开这个小小的安全阀，这么做既不会伤害协约国，还能将俄罗斯人与协约国紧密联系在一起。对于俄罗斯代表来说，亚历山大·瓦西里耶维奇·高尔察克和他的同僚派来的代表属于在生死边缘徘徊的无助群体。他们本可以，也本应该朝着与世界独裁者和解的方向上走得更远，而对于那些他们反对的决定，他们可能也会重新考虑一下，而不是坚决反对。无论这种默许多么短暂，都有可能减轻协约国的政治责任。获得与会资格还将把俄罗斯与西方列强联系在一起，尽管该联系松散，但带来的影响显而易见。这将引导亚历山大·瓦西里耶维奇·高尔察克的政策倾向协约国，并将其传达给全俄罗斯人民。简而言之，允许俄罗斯参会可能会驱散聚集在东欧的一些‘乌云’。”

但协约国一如既往地随波逐流，为了整顿德国秩序，推迟了一切决定性的行动，任凭事态发展，听之任之。因此，巴黎和会上没有俄罗斯人。在这个斯拉夫国家，任何政治团体或政党都没有义务依附于协约国。如果认为他们用一张白纸记录行动路线，写下法国和英国的名字，就是把他们当作未来的朋友，那就大错特错了。因为他们对这两个前盟友充满了愤怒和厌恶，其中对法国的痛恨尤其强烈。①

众所周知，我已经以不同的形式重复大卫·劳合·乔治和托马斯·伍德罗·威尔逊的多次讲话，但显然他们自己也没有真正明白这些话——将和平视为自己生命中最重要的事业。如果俄罗斯从昏迷状态中醒过来，还能成为曾肢解俄罗斯的协约国的盟友，这样的和平才有价值。如果这一假设错误，俄罗斯不会成为协约国的朋友，那么，德国可能会召集一个由多个国家组成的反联盟组织。这里不便一一列举这些国家，这将危及波兰、捷克斯洛伐克和南斯拉夫的安全，使当前的和平解决方案遭到破坏。尽管对俄罗斯将采取的政策做出预测是草率的，但忽视近期重大事件指向的结论也是不明智的。

1919年4月，一位俄罗斯政客对我说："协约国代表有意无意地将维持长久和平、各国和睦的唯一方法拒之门外。他们在不知不觉中加强了布尔什维克主义的力量，使政敌的矛头转向他们自己。想想他们是如何对待我们的。近期一些俄罗斯俘虏从德国逃到荷兰，协约国代表不顾他们的意愿强行将他们遣送到但泽或里堡。在那里，他们加入了布尔什维克。这些人本来可以在协约国发挥作用，致力于协约国的事业，却被赶到里堡，这使他们非常愤怒。因此，他们中的许多人宣布正式加入布尔什维克的部队。

"甚至连我们的官方代表似乎也被列入了嫌疑人名单。我们的部长被剥夺了发送加密电报的权利，我们在欧洲某个首都的临时代办也被剥夺了同样的权利，而布尔什维克特使始终享有这种外交特权。某协约国

① 可以说，在夏季的那几个月里，相当一部分反布尔什维克主义者改变了他们对英国的看法，并对英国给予亚历山大·瓦西里耶维奇·高尔察克、安东·伊万诺维奇·邓尼金和尼古拉·尼古拉耶维奇·尤登尼奇的援助表示感谢，没有这些援助，他们的军队将面临崩溃。——原注

拒绝给另一国家大使馆的参赞签发前往该国的护照签证，直到该参赞表示如果该国坚持拒签，他将拒绝履行为该国政府提供特殊服务的要求。在某协约国——暗指法国——国庆日时，只有俄罗斯的临时代办没有收到正式邀请。”

1919年1月的一天，一群人聚集在奥赛码头观看来自英国、美国、意大利、日本、罗马尼亚等国家的代表进入富丽堂皇的宫殿①时，一名俄罗斯军官和一名士兵②从旁边走过，士兵满怀期望地看着宫殿，然后转向军官问道：“他们让我们的人进去了吗？”军官含糊其词地回答说：“他们正在考虑这件事，也许会吧。”这时他的士兵脱口而出：“正在考虑！这有什么好考虑的？难道不是我们为他们而战，而像被割草一样相继倒下吗？难道不是我们数以百万计的俄罗斯士兵的尸体覆盖了田野、道路和营地吗？难道不是我们用刺刀、棍棒面对德国大炮吗？我们为他们做的还少吗？我们还得做些什么才能和其他人一起进去呢？战争一开始，我就参加了战斗，受了两次伤。我的五个兄弟和我同时应征入伍，他们都牺牲了。现在不需要俄罗斯人了，就把我们拒之门外……”

俄罗斯的无政府状态迟早会结束，如果负责重建国家的领导人有知识、品格高尚、热爱国家，都会制订有利于人民福祉的计划。有人可能会问，它的福利在多大程度上与东欧的现状相容？相互冲突的原则和断断续续的冲突分散了协约国的注意力，协约国无暇顾及东欧现状，只希望通过一纸文书延续东欧和平。

法国当局不遗余力地阻止布尔什维克主义在法国的发展，尤其打压在法国的俄罗斯人，这是无可争议的。不幸的是，这一努力徒劳无功。可以毫不夸张地说，法国虽然击败了它的对手，但产生的效果并不是他

① 目的是维护各自国家的利益并为人类制定法律。——原注

② 这名士兵先是在尼古拉·尼古拉耶维奇大公手下服过苦役，然后在法国的一支俄军旅里服过役。——原注

们想要的。法国注意力完全在打击俄罗斯人上，并没有考虑如何阻止布尔什维克主义的发展。几个具体的例子会使读者明白这一点。下面的叙述来自一位杰出的俄罗斯人，他一直在为协约国效力。

在法国，有成千上万的俄罗斯军人。他们大多数人英勇善战，一部分人消极怠战，还有少数人甚至拒绝战斗。为防患于未然，出于自我保护的本能，法国当局未对他们加以甄别，而是一视同仁。有句谚语说："欲加之罪，何患无辞。"这句谚语用在俄罗斯人身上再合适不过了。俄罗斯人很快就被认为是介于公共秩序的敌人和可疑的中立者之间的第三类人物，法国当局极其不信任他们。法国还剥夺了俄罗斯军官对自己部下的指挥权，转而授予优秀的法国军官指挥，当然了，不能指责这些军官不了解斯拉夫人的脾气，也不能指责他们惹士兵烦恼。士兵们看到他们的上级降职，便断定他们已经丧失了获得尊重的权利，也将受到不公平对待。这对军队纪律是致命的打击。俄罗斯军官们都失去了信心，他们中的大多数人都全心全意地献身于协约国的事业，天真地认为协约国的事业就是他们自己的事业。在多次官复原职未果后，他们对法国的感情发生了根本性的变化。之前他们对法国过度热情，乐意奉献自己的力量。于是，强烈的愤怒吞噬了他们对法国人最初的感情，在很大程度上，也吞噬了他们对其他协约国的感情。他们返回俄罗斯后，向同胞讲述了他们的遭遇。于是，像德国人一样遭到嘲笑和谩骂的士兵，把所有纪律都抛诸脑后，这些士兵觉得每个人都反对他们，于是他们也坚决予以反击。

随着时间的流逝，这种反俄情绪越来越强烈。大量的俄罗斯士兵被农业部派去为私人雇主工作，而非战争部派遣。在正常情况下，他们得到的食物和工资，本应使他们感到满足，因为这比他们战前在自己国家得到的还要多。但此时情况特殊，与他们并肩工作的是法国人，而且许多人在体力上无法与来自彼尔姆和维亚特卡的强壮农民相提并论。当宣传人员告知士兵法国工人的工资比他们高出一倍时，他们开始思索这种不平等，并默默记在心里。加班工资更加不平等。这种区别对待造成了以两个工人阶级为代表的两个种族之间的相互隔阂和反感。另外，当他们了解到雇主以四到五倍利润出售他们的劳动产品时，他们毫不犹豫地相信宣传人员向他们说的话："我们在为资产阶级这帮吸血鬼工作，我们必须要消灭资产阶级。"成千上万的俄罗斯人被灌输了对协约国和资本家的仇恨，而几个月前他们还是诚实、头脑简单的农民或纪律严明的士兵。许多人回到俄罗斯后，在没有任何施压的情况下，自发地加入了布尔什维克主义的阵营。

特别一提的是，有一位年轻的红卫兵军官——名叫"G"。他出身于一个非常好的家庭，是一位非常有教养的绅士。他热爱音乐，是小提琴演奏家。在战争中，他先是在俄罗斯战线上初露锋芒，后来又在法国战线上披荆斩棘。他全力以赴，但不幸在战争中受了重伤，左手残疾，再也不能拉小提琴了。法国政府给他颁发了一枚高级勋章。他极其喜欢英国，特别尊敬英国国王乔治五世，也许是因为国王的外貌与沙皇相似。乔治五世要访问巴黎了，一想到能见到国王，他就兴奋异常。军队接到指令，沿国王要经过的主要路线是为协约国军队保留的。G高兴地去迎接。法国人自然拥有最好的地方——星形广场①。G走到他的上级军官那里，问俄罗斯人要站在什么地方。将军不知道，但答应会帮忙询问。于是，他问了问法国司令官。法国司令官回答说："俄罗斯军队？这里没有俄罗斯军队的容身之地。"G说起这一事时，眼中噙满泪水，他又补充道："我们这些浴血奋战、流血牺牲或身体致残的人，不得不吞下这种羞

① 星形广场即戴高乐广场，是巴黎市中心主要广场之一，也是凯旋门的所在地，1899年落成。1918年为纪念一战胜利而改名为胜利广场；二战法国遭德国占领期间，被改名为贝当广场。1970年11月13日，为纪念逝世不久的前法国总统夏尔·安德烈·约瑟夫·马里·戴高乐为国家做出的巨大贡献而改为现名。——译者注

辱。然而，波兰人和捷克斯洛伐克人穿着崭新的制服，刚从美国回来，从来没有遭受任何战火的洗礼，却在盛会中获得了位置。这对浴血奋战的军人公平吗？如果没有他们的功绩，就不会有波兰和捷克斯洛伐克的军官，也不会有法国的胜利，更不会有乔治五世顺利访问巴黎的机会。”

第12章

《凡尔赛和约》的附带条款

巴黎和会一开始就出现了根本性的分歧，代表们主要分为两派：一派主要关注重新调整世界秩序、成立未来仲裁机构——国际联盟；另一派主要关注保障国家利益，他们认为国家利益对持久和平同样不可或缺。后者欢迎国际联盟，但前提条件是国际联盟不仅不能损害各国国家利益，而且应该为各国利益服务。弥合两者之间的鸿沟，正是托马斯·伍德罗·威尔逊着手处理的任务。不幸的是，为了能够调解两派的分歧，他放弃了自己的坚定立场——他把系船绳索从一条船的锚上解下来后，却没能系到另一条船的锚上。如果他的思想能够融入一些现代提倡的重要精神，他可能就能成为真正的世界领导者。他打算创造条件，一种在很大程度上无限期地保障世界和平进步的条件。但托马斯·伍德罗·威尔逊对欧洲和亚洲人民的具体情况完全不了解，而且从未涉足波涛汹涌的国际环境，因而他的实现途径和想法是模糊的，他的计划也没有真正涉及问题的各个方面。托马斯·伍德罗·威尔逊视野似乎很开阔，雄心勃勃，但他对问题的把握，不够坚定全面，无法完成这样一项革命性的事业。如果没有这些国家的自愿合作，在任何情况下，他都不可能取得进展。这些国家为了人类最大的利益，可能需要做出巨大的牺牲，而这些国家的代表，拒绝做出牺性。于是，托马斯·伍德罗·威尔逊提出了“国际联盟”的概念。每当他思考一个特定的问题时，他会把该问题视为一个更大问题的某个组成部分，而非单独的问题本身。他提出的建议似乎总向最终目标靠近，但当提议遭到坚决反对时，他又经常退缩。

一开始，与各国政府态度不同的是，各国人民似乎普遍赞同托马斯·伍德罗·威尔逊的主要目标。当时看来，在呼吁某个明确的问题上，只要他始终忠实于自己的原则、最大限度地坚持这些原则、不承认特权国家和非特权国家之间存在令人反感的差别，人民就全心全意地支持他。我从名声显赫之人、劳工领袖和三位首相那里证实了这一说法。他们证实了美国总统托马斯·伍德罗·威尔逊的呼吁在自己的国家引起热烈的反响。我相信，在战争的最后阶段，托马斯·伍德罗·威尔逊所制定的原则将远超当前的迫切需求。于是，在两派人都不向对方让步的情况下，我冒昧地写道：“如果僵局继续下去，托马斯·伍德罗·威尔逊现在至少可以向全世界公布美国把大公无私、为之奋斗的理想目标的决定权留给有关人民。”①

但他不敢把决定权交给人民，或许这时已经太迟了。在许多人看来，他出于战术的考虑，同意不谈论海洋自由的问题，他的这一决定似乎预示着政治世界又返回到了充满战略边界、秘密联盟、军事准备、财政负担和权利平衡的灰暗的旧时代。或许有一天，托马斯·伍德罗·威尔逊紧握旗帜的手一松，旗帜掉落下来，或许在将来某个时候，人民会把它重新举起来。托马斯·伍德罗·威尔逊第一次失败就意味着他后面的斗争几乎没有成功的希望，而且他倡导的原则也很快失去了原来的意义。但他仍然希望能达成一份书面契约——哪怕不是真正的协议，并带回华盛顿。其中一些人认为，使世界陷入战争的德国一定会坚持其邪恶的阴谋。因此，为了世界和平，必须尽可能长期

① 《每日电讯报》，1919年3月28日。——原注

地削弱德国在军事、财政、经济和政治方面的力量。与此同时，出于同样的理由，德国的竞争对手必须得到最大限度的发展壮大。这一切都必须通过国际联盟加以维持。

从一开始，这些互相冲突的问题就争论不断，但由于缺乏强硬、合理、压倒性的决定，争论一直拖延着，无法达成一致。几个月来，拖延症这一“魔鬼”似乎占据了主要代表的灵魂，阻碍了他们完成这项工作。一些不可预见的事件也加剧了拖延的现状。每一段的插曲都成为推迟这一重要问题的理由，每一天的流逝都增加了实现这一主要目标——缔结和平——的困难。例如，委员会就赔偿问题做出决策，即德国必须支付一定数额的赔款。这笔赔款，德国就算厉行节俭、自我克制，也需要一个世纪的艰苦努力，然而，经济委员会决定，德国的原料供应也应尽可能地限制。因此，德国完全失去了支付这笔钱的能力。这种意见上的分歧使整个解决过程不断推迟。澳大利亚总理威廉·莫里斯·休斯对这种犹豫不决的态度做出了真实的评论：“人民焦虑不安。长期的拖延令人民焦虑不安。人民担心《凡尔赛和约》一旦生效，带来的和平可能不够持久或令人失望，这样，所有的努力都将付诸东流。这些想法使人民身心俱疲。当我们被告知《凡尔赛和约》将在下周准备好时，我们环顾四周，看到半个世界要么在进行战争，要么在准备战争。布尔什维克主义正以燎原之势，迅速蔓延。协约国军队被迫从俄罗斯南部撤退，驻扎在摩尔曼斯克和阿尔汉格尔的协约国联合部队——主要是英军——面临着被摧毁的严重危险。然而，我们被告知和平就在眼前，世界将实现自由和民主。世界需要的不是关于和平、自由、民主的华丽辞藻，而是行动。协约国人民厌倦了冗长的谈判以及这些谈判所笼罩的神秘面纱，迫切希望以简单、易懂的声明来消除疑虑。”[1]

丰富的政治经验是保证政客判断正确的前提。让人难以置信的是，

① 1919年4月19日，澳大利亚联邦在巴黎晚宴上对澳大利亚士兵发表的一篇讲话。——原注

那些有丰富政治经验的政客竟然把拖延术上升到理论层面。然而，不容置疑的是，拖延术已经成为巴黎和会上一项正式政策。他们认为，协约国不会因为推迟和解而冒任何风险，相反，推迟清算的时间越长，准备工作就越充分。他们认为，德国已经暂时从狂热中恢复过来。然而，这种改善转瞬即逝，尽管症状并不是很明显，但德国的分解一天比一天强烈。工业生产与对外贸易停滞，财政政策不健全，种种现状啃噬着德国的命脉。失业和不满的“大军”正在壮大。不久，这种停滞带来的恶果会导致叛乱和起义，并最终导致解体。协约国可以趁机介入，拿出账单，施加限制，将德国“面团”揉成他们想要的形状，任意处置德国人。总之，协约国政府一有命令，德国人就会迅速服从。很难想象这些有国际政治经验的人，会将国际联盟建立在这样不安全的基础上。可以说，尽管在理论上，巴黎和会否决了这一方案，实际上却在执行这一方案。

虽然人人都知道，清算战争、回归正常秩序是当前迫切需要解决的事，但全权代表们意图阻止未来战争的愿望是如此强烈，以至他们忽视了同时代人的迫切需求。万事开头难，一项事业开始时，失败的概率最大。事实证明，协约国一开始的措施损害了他们后来的事业。他们认为，不管德国最终命运如何，德国都要被剥夺一切，这么做才是公平公正的。因此，目前的首要行动是瓜分德国，确定从德国划出的领土，以后再决定这些领土划分给哪些国家。与此同时，向东欧派遣军队也同样重要。当时，协约国军队在德国的两条战线上，将德国夹在“虎钳”的两个“钳口”之间，导致德国不敢说“不”，德国军队几乎“士气崩溃”。然而不幸的是，协约国并未充分考虑和平条款，尽管战争期间，协约国积极投入战斗，但在谈判期间，协约国并未积极为和平做准备。实际上，他们处理问题很悠闲、很懒散，完全忘记了精心准备才是成功的关键。

要实现持久和平，就必须全面裁军，并制定一项全面方案，但代表们没有拟订这一方案，并且只有各国发自内心地愿意执行这项方案，而不是迫于外界压力时，这一方案才可行。在任何情况下，如果没有各国人民的参与和合作，都不可能在巴黎和会规定的时限内完成这项工作。因为消除战争的根源和建立新秩序像人类发展一样，是一个漫长的过程。它有各种各样的开端，但人们永远无法确定它的终点。因为它以各国人民情绪的根本变化为前提，几乎可以说是对人性的重塑。这个过程是漫长的，是各种因素综合作用的结果，特别是道德因素。同德国的和平共处问题事关各国政府；遏制战争还要靠各国人民。前者主要是政治问题，后者涉及社会、经济和伦理问题。

阿瑟·詹姆斯·鲍尔弗断言①，同德国缔结和约是一件非常简单的事情。尽管如此，巴黎和会还是花了五个多月的时间才安排好。最高委员会的进展极其缓慢，以至在巴黎和会的第二百一十三天②，也就是德国人签署《凡尔赛和约》两个月后，仍旧没有缔结一项附加条约，甚至没有任何条约等待签署。意大利首席代表托马索·蒂托尼就此问题向他的同僚发表了讲话，质疑他们是否忽视了自己的主要职责，即与1918年11月停战的各敌国缔结条约。他们为此已经等了九个多月，他们期待恢复正常生活。托马索·蒂托尼还质问代表们是否有资格履行最高委员会的职能。他指出，没有人能从这种拖延造成的混乱和瘫痪状态中获利，这种状态迟早会给每个国家带来经济问题。他补充说，战争的费用是按月、按星期，甚至是按日计算的，总费用之高令人咋舌，但没有人觉得这种极其缓慢的和平造成的巨大代价值得花时间去计算，也不会去计较每周或每月的物质浪费。他悲痛地说，意大利比其他国家更深切地遭受着这种损失，因为意大利还未缔结和平条约。他觉得有必要告诉他们，在过去的几个月里，巴黎和会一直在讨论如何治理欧洲的事务，并不完全是召开巴黎和会要做的工作。③

这尖锐而及时的告诫仅仅是个序言而已。当时巴黎和会正要暂停，

① 1919年3月。——原注
② 1919年8月19日。——原注
③ 参阅《意大利晚邮报》，1919年8月20日。——原注

与会成员可在此期间过一个“应得的假期”，恢复消耗的精力，1919年10月返回巴黎，继续他们的工作，而各国人民却正付出鲜血和物质的代价。这位意大利代表——托马索·蒂托尼——反对和会暂停，要求代表们坚守岗位、各司其职。他问道，意大利为什么这么倒霉？它已经遭受了众多痛苦的损失，为什么还要被迫做出进一步的巨大牺牲，让那些企图统治欧洲，却把时间浪费在处理不相干问题的代表休息一下？同奥地利、匈牙利、保加利亚、土耳其还未达成和平协议，意大利也没有恢复正常生活，他们为什么要中断会议？为什么要给土耳其人和库尔德人时间和机会去屠杀亚美尼亚的男人、女人和儿童？据说这一直白的话语警醒了渴望度假的全权代表们。这些头脑冷静的人对这些现实情况感到震惊。

值得注意的是，与会代表之间的猜疑气氛如此之浓，以至一些人认为这次短暂休会的动机与其说是为了休息，不如说是为了给哈布斯堡王朝争取时间，让他们夺回圣斯蒂芬王冠，夺取奥地利王位。[①]奥地利人希望免除赔款和缴纳重税的义务，其中一名倾向于奥地利的代表并不反对这一想法。由于巴黎和会认为在哈布斯堡王朝废墟上建立起来的国家不是敌人，因此建议奥地利也应享有同样的待遇。但意大利全权代表们一致反对，托马索·蒂托尼质问道：“我们意大利人与敌人战斗了三年半，牺牲了五十万人，还欠了八百亿美元的债，难道说我们没有敌人了吗？”

一家法国报纸在谈到奥地利这个问题时写道：“奥匈帝国已经灭亡，现在法国正努力让它复辟。但意大利强烈反对一切可能促成新国家之间达成协议的做法，这些新国家是在哈布斯堡王朝的旧领地上建立起来的。事实上，这也是我们的阿尔卑斯山脉地区盟友如此支持奥地利与德国联盟的原因。法国唯一的想法就是彻底打败德国，法国害怕威胁，所以不会容忍奥地利加入德国。”[②]此时，自决原则成为一纸空文。

---

① 《意大利晚邮报》，1919年8月20日。——原注

② 《人道报》，1919年5月21日。——原注

巴黎和会召开还不到一个月，就遭到了埃及人、朝鲜人、来自爱尔兰和美国的爱尔兰人、阿尔巴尼亚人、来自毛里求斯和叙利亚的法国人、波斯人、鞑靼人、吉尔吉斯人及许多其他国家的人的愤怒抨击。这些人曾满怀期待，期待巴黎和会能主持正义。有人做了个恰当的比喻，说这些人就像等候在西罗亚池旁的残疾人，等候着永远不可能到来的圣水。①

这些人听说一个伟大而无所不能的世界改革家已经出现，而他的使命就是纠正世俗的冤屈，给受压迫的国家、部落和民族以自由。于是，人民派特使到他面前寻求公正。这些特使在巴黎的街道上游荡，寻求代表们、首相们和记者们的帮助，以便让他们能够见到这位新来的“弥赛亚”或他的使徒们，但所有的门都对他们关上了。其中一个请愿者用本土英语，边弹去靴子上的尘土边引用悉尼·史密斯的话说：“世界改革

悉尼·史密斯

① 《民族周刊》，1919年8月23日。——原注

家也是伪善的法利赛人，愿意做撒玛利亚人——善良之人，但没有油和两便士[①]。为什么没有官方代表的犹太人会获得最高委员会的支持——甚至动用武力支持？为什么最高委员会为了犹太人的利益，会毫不犹豫地对东欧实施暴政？”

学者们不由自主地想起了维也纳会议期间，弗朗茨·黑格男爵[②]手下的一名特工写给他的报告：“公众舆论持续发酵对维也纳会议不利。人们到处在说世界上没有和平，代表们不再关心秩序和正义的重建，而是一心一意地相互争吵争夺。据说维也纳会议马上要结束，但此时事情还是一团乱麻……由于受神圣同盟的鼓舞，民众对各国领导人产生了无比的依赖和敬意。现在人们意识到，各国领导人似乎忘记了他们庄严的承诺，即正义、秩序及建立在财产平衡和合法性基础上的和平。因此，人们不再拥护这些国家领导人，对他们的原则和承诺也将失去信心。”

这些话写于1814年的维也纳会议期间，但用来描述1919年巴黎和会召开的任何一天依然一针见血。

最高委员会制定政策的主要动机，主要是全面保护法国，使其免受德国侵犯，这在《凡尔赛和约》中有所体现。因此，协约国有必要建立起强大的壁垒国家：波兰、捷克斯洛伐克、南斯拉夫、罗马尼亚和希腊。法国民族主义者呼吁进一步采取更全面的预防措施。他们认为法国的经济、战略、财政和领土完整是未来“欧洲大厦”的基石。巴黎和会上提出的每一项国家性或普遍性措施，都应根据这一原则构思并施行。德国不应有重新崛起、称霸的机会，这是因为德国一旦恢复其在任何领域的支配地位，欧洲将不可避免地再次陷入战争的恐惧之中。因此，有必要肢解德国：萨尔河河谷及其六十万德国居民，应归属法国；莱茵河西岸要么归属法国，要么变成独立国家，由法国占领和管理，直到德国

① 《新约》中的故事，撒玛利亚人用油和两便士照顾受伤的犹太人。——原注

② 1814年至1815年任维也纳会议奥地利警察局局长。——原注

付清赔款。此外，必须剥夺奥地利决定生存方式的权利，使其放弃加入德国的想法。如果可行的话，德国北部应与南部完全分离。协约国应分隔德国人，以更好地控制他们。德国的其他边界也应以此方式加以划定。与此同时，把欧洲各民族和人民团结起来，形成友好团结的整体，这一工作也不断往前推进。

“如何促进我们在莱茵兰的利益，”莫里斯·巴雷斯①写道，“对我们来说是一个生死攸关的问题。我们将在莱茵河畔驻扎军队。我希望莱

莫里斯·巴雷斯

① 《巴黎回声报》，1919年3月2日。参阅《每日电讯报》，1919年3月4日。——原注

茵河畔也是我们的经济边界。其余一切会在适当条件下跟进。将来我们一定会得到莱茵河畔人民的默许，他们将在我们的武装保护下自由地生活，并转而追随法国。”

有人提议，在财政上，应强制德国赔偿他们对法国、比利时和其他国家造成的一切损失——支付战争的全部费用，支付寡妇、孤儿和残障人士的抚恤金等。对德国实施军事占领，直到巨额债务完全偿付。

一家民族主义机构[①]在一篇文章中简明扼要地阐述了人们对“德国义务”普遍存在的看法。这是典型的一段：“德国很富有，繁荣时期积累下了许多财富。它必须为自己胡作非为所造成的损失买单，无论负担沉重与否，都该重建因它而造成的断壁残垣，赔偿所毁财物。”在分析卡尔·黑尔费里希博士1913年的报告后，这篇文章总结道：“德国必须付出代价，因为它拥有巨额财富，有能力偿还。如果德国拒绝，我们必将毫不犹豫地迫使它接受，不施以任何怜悯。”

法国的城镇和土地大面积被毁，法国不能像它的盟友——美国和英国——那样大幅增加税收，靠自己力量振兴，因而法国应享有获取赔偿的优先特权。在法国获得全额赔付前，其盟友应暂时搁置本国索赔要求。此外，在占领军、殖民地和被吞并领土的管理上，法国未来需要大笔资金加以维持，然而，法国国内债务异常沉重，法国公民认为，法国不应承担该项费用。较富有的盟国应共同承担战时债务，并与法国和其他协约国成员共享财政资源。法国认为，这是战争联盟的必然结果。在经济上，一方面，德国人获准恢复其工业活动，工业活动的规模足以使他们获得基本生活保障、履行其财政义务；另一方面，也应加以限制德国的发展，以防德国超越法国，法国的经济繁荣是维持普遍和平、新秩序长久存在的必然要素。在此情况下，行侠仗义的法国有权得到特殊照

① 《高卢人报》，1919年3月8日。参阅《每日电讯报》，1919年3月10日。——原注

卡尔·黑尔费里希博士

顾。因为低出生率是法国面临困境的主要原因之一，法国人口可能永远不会超过四千万，而据预计，在20世纪中期，德国人将达到八千万，这一数据令人生畏。所以，他们之间的竞争不会建立在平等的基础上。因此，巴黎和会应采取行动，平衡机遇；国际联盟也应继续采取行动，区别对待很有必要。在国际贸易方面，法国强烈要求区别对待，这样法国就可以自由运用保护性关税，而不会引起盟友的不满。因此，法国的盟友也不得不承认法国应受到特殊对待。

一些盎格鲁-撒克逊代表持有另一种观点，他们不赞同德意志民族受到永久压制。这些代表目光长远，对未来做了适当考虑——那时欧洲的形势将大不相同。他们认为，德国民族人数众多，生命力强，因而不会灭绝，也不会被压制；德国民族足智多谋，有进取精神，如果协约国越过正义的界限与德国永久为敌，将会铸成大错。这种局势不会保障国家利益，也不会保障普遍利益。他们认为，我们可以阻碍德国获得世界霸权，但不能阻碍它成为欧洲进化的主要因素。假如在20世纪中叶，德国人口总数达到或超过八千万，他们对邻国的态度和感情难道不是影响欧洲安定的一个重要因素吗？如果德国与世界为敌，难道不是协约国政策导致的吗？因此，现在正是代表们拔掉德国反协约国联盟“毒刺”的好时机。但协约国不能强迫德国放弃国家权利，而应该尊重德国国家权利，只有这样才能让德国不再挑起战争。

这就是他们的推理。他们认为民族奋斗应服从于普遍利益，现阶段及其未来的目标应严格考虑到整个国际社会的未来。他们进一步争辩说，德国无情地发动了战争，应当为其犯下的滔天罪行受到应有的惩罚，如许多德国人承认的那样，但不应完全折断其翅翼，迫使德国一蹶不振。这属于痴心妄想。随着德国力量逐渐壮大，其复仇欲望也会更加强烈，将来德国可能采取复仇手段。德国或许会肆意利用俄罗斯，将斯拉夫人民变成自己有力的复仇工具，而且德国的目标可能远远不止俄罗斯。协约国一厢情愿调整欧洲秩序的解决方法，只会使未来的欧洲成为“火药桶”。代表们不仅希望建立一个真正的国际联盟，而且希望建立一个类似机构，在有利的情况下，该类似机构将发展成值得信赖的战争预防机构。然而，这种解决方法将代表们的精心设计付诸东流。他们的结论是，如果把国际联盟变成一组国家对另一组国家使用的武器，或者作为一种人为的权宜之计，把各国人民从遵守自然法则中解脱出来，那么国际联盟比一无是处还糟糕。

与此同时，协约国各政府一致希望，尽一切可能表达他们对法国英雄主义的赞赏，承认法国的巨大牺牲，感激它为人类所做的贡献。各协约国都决心贡献力量，尽可能弥补法国遭受的损失，并保护它不再遭受以往的折磨。但他们认为补偿法国也不意味着无条件满足法国的要求。托马斯·伍德罗·威尔逊和大卫·劳合·乔治认为，如果把几十万甚至几百万德国人合并到重建后的法国，等于把邪恶的“细菌”引入法国有机体。因此，他们坚决拒绝莱茵河为德法边界。法国也不得不放弃这一要求。法国代表们自己也承认，即使得到批准，如果没有一支强大的国际部队随时听命于法国，时刻警惕着莱茵河两岸，这种占据状态也会前景惨淡。然而，造成这种对外国势力依赖的真正原因是德国和法国人口及资源之间的不平衡。目前德国和法国的人口比例约为六比四，并且即将变为七比四。据说两国间的工商组织能力差距更大。因此，如果法国今天不能依靠自己，那么十年或十五年以后就更不能依靠自己了。如果德国人民不甘心被迫低人一等的地位，那么保护法国不受侵略的计划，就会随着时间的推移而变得更加紧迫和不切实际。正如我们看到的，这在很大程度上是出生率的问题。英美代表尽管都很欣赏自己国家英勇的战士，也不会同意这样的安排。因为这对他们来说是一种负担，对德国人来说也是一种挑衅。于是，英美代表做出了这样的结论：为德国人提供发起报复战争的借口是愚蠢至极的。因此，他们建议法国不要吞并德国领土，不要接纳不情愿的德国公民。美国人进一步指出，大批国际部队无限期占领德国领土将直接激励德国军国主义再次兴起。

法国人渴望的赔偿数额巨大，堪称天文数字，相关的金融家也兴奋不已。数以千亿的法郎将由各国政客随意使用，这使行将结束的预算时代幸存者感到惊讶，也使协约国纳税人感到高兴。仿佛一股财富“洪流”将流入协约国，滋养那里的工商业，使它们能够远远领先于竞争对手。不仅仅记者们这样记录，各国首脑们同样赞同这些预测。战争输赢未见分晓时，法国的财政状况已经让财政部长路易·吕西安·克洛茨极其难堪。据报道，法国总理乔治·邦雅曼·克列孟梭曾说：“他是我所认识的以色列人中唯一一个在处理金钱问题上有困难的人。”停战之

路易·吕西安·克洛茨

前，路易·吕西安·克洛茨在谈到这个复杂的问题和展望时说：“尽管现在看来收支似乎有很大的差距，如果我们赢得战争，我保证使收支相抵，我要让德国人支付战争的全部费用。”停战后，他重申了他的诺言，承诺不再征收新税。

理想主义的光芒时断时续，但巴黎秘密会议充满了趣味、激情和雄心壮志的气氛。只有戴着眼罩的人才会忽略这样一个事实——托马斯·伍德罗·威尔逊提出并阐释的弹性公式只有拉长到断裂点，才能涵盖两项互不相容的政策。托马斯·伍德罗·威尔逊和他的外国伙伴们正竭力忽略先前在前景预期上的鸿沟。一段时间后，他们在领土平衡和依据“门罗主义”和军事契约制定的安全联盟之间偶然发现了“第三种方法”。这种方法不仅带有其中一种制度的全部缺点，而且不具备另一种制度的可取之处。为了满足各国的诉求，他们不得不采用这个方法。在处理世界事务的关键时刻，代表们提出了一种崇高的国际主义设想。然而此时，失去主权，受控于一流种族的国家越来越多，国家利益高于一切，种族仇恨达到顶峰。总而言之，各个国家是如此怪异地拼凑在一起，只有在经济枯竭之后迅速回归军国主义，才能确保世界局势的稳定。

因此，领土自治、军事实力和有利联盟成为新秩序的中流砥柱，甚至那些口头上赞扬“威尔逊主义”的人也表示赞同。然而，在实现过程中，理想本身发生了变化，变得不那么理想了。意大利人提出质疑，如果国际联盟有权干涉其他成员国的内政，并在必要时派遣部队维持德国、意大利和波兰的秩序，那么，“门罗主义”又如何与《国际联盟盟约》相协调？如果美国对巴西、阿根廷或墨西哥暴虐侵略，受“门罗主义”束缚的国际联盟必然会袖手旁观。德国人声称，托马斯·伍德罗·威尔逊的《国际联盟盟约》主要根据协约国的计划进行调整，存在重大缺陷。因此，德国人带着替代条款前往巴黎。不得不承认，他们的条款比协约国的条款好得多。德国人还顺便给自己带来了更多好处。

毋庸讳言，欧洲大陆同僚们的观点占了上风。但在放弃自己的原则，转而支持英国、法国和保加利亚时，托马斯·伍德罗·威尔逊认为，他可以通过对意大利严格应用这些原则及在处理希腊问题时夸大这些原则，来重新调整平衡。随后，他在华盛顿发表的一篇文章中阐述了自己的理由。[①]托马斯·伍德罗·威尔逊原则上反对任何形式的结盟，但保证向法国提供军事援助的结盟协议，他已经签署了，以此向法国致谢。如果当初没有法国慷慨的援助，他严重怀疑美国是否能够摆脱英国的枷锁而获得独立。“近期，我们有幸协助法国将敌人赶出它的领土，但这并没有偿还我们欠它的情，也没有什么能偿还这样的恩情。”他的

① 参阅《芝加哥论坛报》（巴黎版），1919年8月21日。——原注

批评者反驳说，这是感情用事。法国和英国也可以以此理由，同样有力地敦促法国和英国履行对意大利和罗马尼亚的承诺，但托马斯·伍德罗·威尔逊却以更高的原则——说这是两码事——予以拒绝。

有人进一步提醒说，美国总统也知道历史，历史上说，法国帮助美国摆脱英国统治，并不是出于法国人民对美国事业的同情，而是出于法国国王路易十六的报复性行为。托马斯·伍德罗·威尔逊试图抹杀法国国王

法国国王路易十六

路易十六的作用。路易十六只不过是利用了这个有利时机，用最小的代价夺取了英国利润丰厚的财产。此外，1914年至1916年残酷的敌人即将压垮法国，法国面临迫在眉睫的危险时，美国对法国的债务即将还清。当时，在很大程度上，托马斯·伍德罗·威尔逊的连任要归功于他拒绝把法国从那种危险中解救出来。他没有提到难以偿还的债务而只是宣布，他不明白交战各方在为什么而战，而且这个对法国心怀感激的债务国，因太过骄傲而不愿战斗。美国最终参战的动机，可能是迄今为止最高尚的动机，但没有哪位历史学者会承认托马斯·伍德罗·威尔逊准确提及过。

事实是，法国代表与支持者们态度始终如一，除了对莱茵河边界的要求有所变动，对其他要求，态度都十分坚决。他们制订了计划并确保计划切实执行，他们宣称自己已经准备好接受托马斯·伍德罗·威尔逊的方案，但前提是他们的计划也要实现，全然不顾两者之间不相容因素。托马斯·伍德罗·威尔逊觉得必须和他们站在同一战壕里，否则他就得不到他所渴望的《国际联盟盟约》。而他自己一定也知道，默认乔治·邦雅曼·克列孟梭提出的要求会使他的《国际联盟盟约》沦为一张废纸。

美国一家敢于直言的报纸评论了巴黎和会的工作，并发表了一些观点。这些观点没有使用外交措辞，但真实反映了普通民众对最高委员会制定《国际联盟盟约》的真实感受。“我们相信，以乔治·邦雅曼·克列孟梭为代表的欧洲资深政客们一定认为这是一场骗局。乔治·邦雅曼·克列孟梭从来没有像现在这样，对生活中发生的事情感到极度厌倦，但他必须对《国际联盟盟约》装出感兴趣的样子。因为他得到了土想要的三国联盟的军事保证。他还得到了法军驻守莱茵河畔、接管萨尔河谷和非洲殖民地、德国金钱流入法国国库的保证，因此，他默许了那些‘无私雄辩家’的需求。

“英国人——聪明的英国人，我们知道他们风趣幽默。意大利人是任性的帝国主义者。日本不关心国际联盟事务，只关心自己在亚洲是否能说了算。”[①]

代表们终于签署了《凡尔赛和约》，不是基于《十四点原则》，也不是完全基于领土平衡，而是基于一种妥协。这种妥协既失去了《十四点原则》和领土平衡的优势，又汇集了两者的许多弊病。因此，它们的结合产生了其他弊病，使新的国家结构建立在“流沙”基础上。意大利、罗马尼亚和希腊的代表们抱怨说，法国的诉求在领土保障和军事联盟的传统基础上得以解决，而他们的诉求则被否决掉。这是意大利、罗马尼亚和希腊所表达的观点。此外，尽管《凡尔赛和约》声称要消灭战争根源，但《凡尔赛和约》非但没能根除战争根源，反倒增加了战争根源的基数。由此可见，未来冲突的“种子”不仅埋在刚刚停火的交战国之间，也埋在刚刚结盟的国家之间，而且已大量散布，并可能在时机成熟时“萌芽生长”。

巴黎媒体对法国分到的胜利果实大加赞扬。从《凡尔赛和约》的条款来看，每一条政治安排都能看出德国人与法国人之间的不平等，如在人口、经济、工业及金融方面。许多人认为这个问题似乎是完全无法解决的，因为解决方案会涉及对自然法则的丢弃或修正。以法国的出生率为例，战前，法国出生率的下降速度令忧国忧民的爱国者感到震惊，然而，其他国家出生率增幅则比以往任何时候都大。[②]1911年塞纳省有七万三千五百九十九名新生儿，而1918年只有四万七千四百八十名新生儿。适龄产妇的数量也在减少，1911年，塞纳省有一千三百六十三名适龄产妇，到1918年只有六十五名。同时，1918年，婴儿死亡率从战前的百分之五上升到了百分之四十。[③]雅克·贝蒂荣指出，对于法国来说，提高出生率不

① 参阅《芝加哥论坛报》（巴黎版），1919年8月23日。——原注
② 雅克·贝蒂荣博士的报道。参阅《巴黎信息报》，1919年1月20日。——原注
③ 《撒哈拉晨报》，1919年8月13日。——原注

是为了夺回失去的土地，而是为了保全好脚下的每一寸领土，若想与其他国家保持同样的人口出生率，法国还需要增加五十万名新生儿。雅克·贝蒂荣绘制了欧洲四个国家从1861年到1910年的出生率统计表，这一图表令英勇、优雅的法国人十分担忧。①法国的人口总数约为四千万人，每年应增加五十万人。战前，德国每年的出生总人口数约为一百九十五万人，出生的婴儿中只有一百万人存活。②从这些数据和如今的形势可以看出法国人口的下降仍处于失控状态，这令那些希望法国继续在欧洲大陆发挥主导作用的人们感到不安。德国一位敏锐的观察员——自身也是一位优秀的闪米特人，对这一事实发表如下评论：③“十年之内，德国将拥有七千万人口，人口缓慢增长的法国人，将淹没在德国旺盛的繁殖力‘洪流’中……如今的法国奄奄一息，然而，整个世界都不会为之震惊，因为在法国从地球上消失之前，其他顽强、健康的民族会占领法国，并将其取而代之。”这是实实在在发生的事情。法国各个城市的房屋、商业场所或其他地方，都拥有大量异国情调的名字，这给每一位到法国的游客留下了深刻的印象。

最高委员会“三巨头”努力应付法国出生率低这一巨大障碍，最大限度地行使了战胜国对战败国的权力。《凡尔赛和约》尽管对德国来说难以接受，但得到了德国众多敌国的高度认可。德国的敌国认为德国人无法为人类

---

① 出生人口数高于死亡人口数数值（年均）——《巴黎信息报》，1919年1月20日。

时间段（年）	年均出生人口与死亡人口差（人）			
	德国	英国	意大利	法国
1861—1870	408 333	365 499	183 196	93 515
1871—1880	511 034	431 436	191 538	64 063
1881—1890	551 308	442 112	307 082	66 982
1891—1900	730 265	430 000	339 409	23 961
1901—1910	866 338	484 822	369 959	46 524

② 马尔尚教授。参阅《新民主》，1919年4月26日。——原注

③ 瓦尔特·拉特诺博士在一本名为《法国的灭亡》的书中写道。我没有这本书。上面摘录出自布吕代纳在1919年2月16日的《撒哈拉晨报》发表的声明。——原注

进步做出实质性的贡献，除非被某一个优势民族统治领导。《凡尔赛和约》标志着政治家们潜移默化地实现了法国梦想。神奇的是，当初德国人正是打算依靠这些政治家来驱散法国梦想的。战败，解除武装，放弃军事抵抗，盟友四散。在这种情况下，德国力求在“威尔逊主义”的“福音书”中找到救国的最后希望，然而，正是这本福音书的“传教士”——托马斯·伍德罗·威尔逊——暗示，救赎德国比骆驼穿过针眼还要困难。德国人犯下的罪行无疑是难以言喻和令人发指的，任何惩罚都无法为他们赎罪。这种惩罚应该持续多久，除了德国领导人，是否应该对全体人民施以惩罚，以及应该采取什么样的惩罚形式，这都是秘密委员会需要考虑的问题。我们能看到，他们含蓄地回答了这些问题。

有些人认为《凡尔赛和约》合情合理，理由是《凡尔赛和约》实现了既定目标——守护文明，有效帮助法国对抗顽固的德国。这样说可能是对的。但如果将问题上升到国家间的道德层面，并假定道德是未来世界和平与睦邻的保障，那么《凡尔赛和约》就有不同的解读了。《凡尔赛和约》在法国和德国之间埋下了怨恨的种子，即便新的道德秩序带来的普天同庆也无法消除其怨恨之情。人们认为德国感染了一种致命的“疾病”，然而，巴黎和会的“医生们”并没有开具任何补救的“良药”，只是采取强权政策，并且大多带有强烈的刺激作用。因此，世界秩序重新调整后的欧洲，暗藏两大集团之间的潜在矛盾，只是目前其中一个集团暂时臣服，有人天真地劝告这两大集团联起手来，共创一个田园诗般美好的国际社会。这种期望令愤世嫉俗者喜悦，也令那些不屑为伍的严谨改革者绝望。迄今为止，骨子里透着乐观的政客是革命者。但自那以后，他们就被巴黎的世界改革家们远远超过了。这些改革家已经为他们的事业奋斗了很久，并且普通的因果关系已经证明他们的事业是不可能实现的，而如今，他们只能等待奇迹的出现。总之，不仅《国际联盟盟约》破坏了《凡尔赛和约》，而且《凡尔赛和约》反过来破坏了《国际联盟盟约》。

在魏玛和柏林，《凡尔赛和约》被称为“对德国的死亡判决”，无论是作为一个帝国，还是作为一个独立的政治共同体，德国都被判处“死刑”。从此以后，一旦德国的经济发展超过特定限度，就会受到打击；德国工业也将受到限制，以防超过邻国的工业；德国人口也被间接控制在一定范围之内。德国不再出口产品，而是被迫出口人才。这些人才的才智和技能将被德国民族的对手利用。早在巴黎和会结束前，德国人就已经开始东迁，而那些留下的人，也不再能当家做主——各种各样的外国委员会将干预他们的事务。

《凡尔赛和约》制定的基础是，德国军方和执政者犯下的滔天罪行是整个德国的罪行。在一定时期内，改造德国的希望渺茫。在协约国国家的统治阶级中，这种观点占据主导地位，几乎没有异议。如果这个观点正确，那么强迫敌人加入由守法国家组成的联盟似乎是多余的，因为只有自愿遵守并且真正遵守自由、权利和正义，才能巩固这种关系。因此，《国际联盟盟约》列入《凡尔赛和约》必然会失去其作为和平提议的价值，随后似乎被当成反对德国的保障。即便如此，《国际联盟盟约》的作用仍然令人怀疑——实际上，也确实如此。否则，一开始认为联盟是公认的战争原因，主张废除联盟的改革者，最终不会建立新的三国联盟。该三国联盟涉及军事、海军和航空领域，以及这些机构必然产生的财政开支，无论人们如何看待新三国联盟的经济效益，具备这种特点的联盟都违背了《国际联盟盟约》的精神，不过这也是《凡尔赛和约》中体现协约国意向的一种必然结果。《凡尔赛和约》的精神破坏了《国际联盟盟约》的规定。世界暗中分成两大阵营：一个是自由、权利和正义的朋友，另一个是自由、权利和正义的敌人。由于《凡尔赛和约》的限制，国际联盟的主要职能将是阻止或击败敌人的阴谋。此外，巴黎和会对旧秩序下由两三个国家组成的防御性联盟特意做出让步，并延长其有效时间。人的意愿常常迫于环境的压力而不得不改变，因此，最后的局势可能比刚开始呈现出来的还要糟糕。

各大国根据自身利益交涉谈判后，世界局势基本保持不变，并且这一情况将一直持续下去，直到其他力量崛起。国际联盟在各国利益的重压下摈弃了原本理想，成为压制战败国的胜利者联盟。《国际联盟盟约》列入《凡尔赛和约》中，成为执行《凡尔赛和约》的保障。当面对现实寻求实际建议时，即使是托马斯·伍德罗·威尔逊，也只能对他喜爱的那些高尚计划，一笑置之。尽管德国代表签署了这份条约，但没有人能保证，他们遵守条约的时间是否能超越条约规定的时间——因为强加给德国的义务太严厉了。

德国人数最多、势力最强大的政党的新闻媒体上刊登了一篇文章。这篇介绍了被捷克斯洛伐克吞并的波希米亚地区的德国人的情况："毫无疑问，他们的命运不会永远被凡尔赛的暴力和平所决定，德国民族尽管无法立即解救他们于水火之中，但应该珍视对受压迫兄弟们的感情。那么这个民族能做什么呢？意大利的民族统一主义就是很好的例子，凭借民族统一主义，意大利收复了特伦蒂诺和的里雅斯特的领土。"①

当时的法国民族主义对《凡尔赛和约》感到满意。其中一名民族主义者是一位精明的商人和政治家，他公开阐述了满意的理由。②他解释说，阿尔萨斯和洛林重归法国，将为法国提供更多优质劳动力和巨大资源，如丰富的矿产、肥沃的土壤。德国前殖民地喀麦隆和多哥兰划分给了法国，无疑为法国人口扩张和繁荣提供了广阔而有吸引力的条件。从德国解放出来的摩洛哥，今后将由法国人无限制开发，确保了当地人民的利益，也真正体现了托马斯·伍德罗·威尔逊的人道主义精神。德国农业繁荣的主要因素之一——钾盐矿床——也将应用于法国农业。"在铁矿石方面，法国财富翻了一番，生铁和钢铁的生产能力也大大增加，

① 《日耳曼报》，1919年8月11日。参阅《时报》，1919年9月9日。——原注

② 安德烈·塔迪厄于1919年8月17日发表的演讲。参阅巴黎随后两天的报纸，尤其是1919年8月19日的《纽约先驱报》。——原注

纺织品产量比战前高出了三分之一。”[①]总之，全球各民族国家都将依靠法国，获得一切维持他们基本生活的东西。

法国唯一不满的问题是德国应该为战胜国支付多少赔款。普通人对这个问题的意见，跟其他协约国的看法一致——完全不切实际，但法国当局纵容或默认了这种看法。在许多方面，法国人与邻国人民不同，特别是在金钱问题上，有着显著差异。法国人特别看重当下的钱财。他们会为子孙后代留下债务，而不是努力通过摊销来消除或减轻债务。在这方面，英国人、美国人和德国人与法国人完全不同。他们自由地征税，建立偿债基金，并做出重大牺牲来偿还他们的债务，他们的这个习惯根深蒂固。法国人的做法正相反，他们的习惯也不是一夜之间就能改变的。战争期间，人民依然接受先前的教育。政府本可以宣布有必要将部分胜利成果上交国家，英国和德国就是这么做的。毕竟有的人发了战争财，为了和平，为了偿还战争带来的巨额债务，国家可以征用个人相当一部分财产。但没有一位部长敢用民众对自己的支持及容忍度去冒这个险，因此，这一想法被搁浅。人民甚至得到承诺，如果战争胜利，不仅会得到土地收益补偿，还会减轻税务负担。

这是一个危险的决定。因为一旦法国战败，将付出沉重代价。这几乎是一个公理，本没有什么规则可言。但既然胜利了，法国自然指望敌人偿还战时费用。法国财政部长路易·吕西安·克洛茨经常向人民宣称，如果协约国获胜，他将让德国偿还法国所有新的债务，他向法国人民保证，会从德国提取足够的资金来平衡国内的信贷账款。人们自然会相信专家所言，因此，德国承担战争的所有费用，成了人们普遍的想法。在这种错误说法的引导下，整个国家过着奢靡的生活，挥金如土，毫无节制地浪费资本。

---

① 安德烈·塔迪厄于1919年8月17日发表的演讲。——原注

然而，路易·吕西安·克洛茨本应该公布更多信息，因为他掌握确切的数据。1918年10月，法国政府对托马斯·伍德罗·威尔逊的《十四点原则》中一条有关赔偿处理的内容表示怀疑，并要求官方解释。很快，罗伯特·蓝辛通过电报答复说，该赔偿只对受到直接非法损害的平民进行赔偿，不包括其他损失。这当然是一个简单的回答，也符合公正原则。但根据协约国时兴的保密做法，法国没有被告知具体限制性条件。因此，法国仍抱有危险的幻想。

但各国部长都知道这些情况，路易·吕西安·克洛茨也是其中之一。但他不仅没有透露他所知道的一切，还向民众提供了截然相反的信息。他还说，德国必须退还1870年的战争赔偿金，按1918年11月的估算赔款，他把赔偿金额定在五百亿法郎。对于一个英雄国家的领导人来说，向民众传递错误的信息是不合适的。法国的一些主要人物，尽管对德国有强烈的憎恨，也不赞成这种算账方式。但路易·吕西安·克洛茨并没有放弃他的索偿方法。他给德国人开具了一张索赔一千八百六十亿法郎的票据。

巴黎和会上的德国人认为，就算德国的财富得以变卖，最多也只能凑到四千亿法郎，但实现这一目标是以剥夺人民所有财产为代价，包括森林、煤矿、铁路、工厂、牲畜、房屋、家具及现金。德国人进一步辩称，《凡尔赛和约》的领土条款剥夺了他们的重要资源，这将削弱他们的偿付能力。然而，协约国根本没有意识到。这些条款剥夺了德国谷物和土豆总收成的百分之二十。而且因化肥等生产原料被限制进口，农作物产量将进一步下降。德国丧失了大约三分之一的煤矿资源；四分之三的铁矿石也被掠夺；锌总产量也将减少五分之三以上。除此之外，船舶吨位、机械和人力出现了巨大短缺，殖民地完全丧失，可用原料大大缩减及货币贬值。

在巴黎和会上，美国代表依然坚持自己的立场。他们援引托马斯·伍德罗·威尔逊制定并由罗伯特·蓝辛明确提出的原则，坚持认为只应对受到直接非法损害的平民进行赔偿。经过多次的协商，尽管欧洲政治家对其选民做出过承诺，但会议最终确定施行该原则确定的标准。即使有这种标准限制，索赔金额也很大。德国人声称，有些要求的数额超过了提出索赔国家的财政总额。虽然原则上决定德国只应赔偿某些类别的损失，但巴黎和会无法制定出一个能使所有索赔人都满意的办法，因此，巴黎和会对战败国承担的数额没有做出任何限制。

在此关头，路易·卢舍尔建议对战败国设最低数额的限制，具体细节由委员会解决。这是最终采用的解决方案。[①]这一方案招致了抗议和怨恨，然而，很快就被各国及其人民的庆祝所替代。

路易·卢舍尔

① 关于赔偿这一问题，《日内瓦日报》在不同时期发表了几篇有意思的文章，例如在1919年5月15日发表的这一篇。——原注

例如，在议会上，法国财政部长路易·吕西安·克洛茨就《凡尔赛和约》财政条款对法国的影响，描绘了一幅美好的蓝图。“两年内，”他宣布说，“除了铁路车辆、农业原料和归还实物，我们还将收到赔款约二百亿金马克，具体数额还需进一步确定；发行价值约四百亿金马克的债券，具体数额也需进一步确认，利率为百分之二；收缴德国的船舶和染料，数量待定。除此之外，还有每年七百万吨的煤炭，为期十年，逐年递减；德国偿还我们的占地费用；接管德国在俄罗斯的部分权利，特别是支付以战后汇率确定的战前债务；维持我们可能希望维持的权利，并收复阿尔萨斯和洛林。这还不是全部，在摩洛哥，我们有权清算德国财产，转让其在摩洛哥银行的股份，最后自由分配法国委任统治的部分德国殖民地。我们将收到四千六百三十亿法郎的赔款，德国将在36年内付清，这并不包括马上要偿还的赔款。不要忘了，还有我们失而复得的价值八十亿的债券。因此，不要认为《凡尔赛和约》是法国的不幸。”

庆祝法国摘取胜利果实的喜悦之情迸发后不久，乌云遍布国际政坛，阴影笼罩着协约国。二等国家、三等国家与一等的列强国家产生矛盾。例如，人口几乎与法国相当的意大利要求像法国那样增加赔偿。意大利的理由很多，秘密条约也已经答应了补偿。意大利在亚得里亚海的主张遭到拒绝，进一步增强了意大利的不满。意大利人民需要、渴望且理应有一个公平、适当的合法扩张领域。意大利人口和法国一样多，每年有大量过剩人口，不得不为异域民族“劈柴担水”，他们勤劳、节俭、肯干、富有进取心。意大利缺乏一些原材料，如煤炭、铁和棉花。为什么不能给意大利一个富含这些产品的地区呢？为什么大批意大利人必须前往西班牙、法国和英国的殖民地或南美洲的共和国谋生呢？意大利媒体质问最高委员会，是否要一心履行福音格言“凡有的，还要加给他，叫他有余；凡没有的，连他所有的也要夺去”。

意大利提出的一个要求是对法国统治下的吉布提的港口和城镇拥有

管辖权，这一要求被断然拒绝，而其他一些要求得到了合理的解释——说明为什么不能满足他们的要求。总之，意大利被视为一个贫穷且胡搅蛮缠的国家。巴黎和会要求意大利进行自我疏导——假想自己是在理想主义的葡萄园里工作。罗马、都灵和米兰知名公关人士都为自己国家的事业而提出恳求，但都徒劳无功。他们采纳了托马斯·伍德罗·威尔逊适用于法国和英国的原则，申明即使在战前人口较多、财产较少的法国也无法独自履行自愿承担的职能。这些意大利公关人士声称，突尼斯共和国的发展壮大要归功于意大利移民。由于突尼斯领土面积的增加，突尼斯人民无法胜任随之而来的各项任务。对最高委员会来说，这种推理方式显然令人不快。为了进一步寻找证据，意大利媒体引用了法国当时著名政客保罗-亨利-邦雅曼·德斯图内勒·德康斯坦的话："法国在亚

保罗－亨利－邦雅曼·德斯图内勒·德康斯坦

洲、非洲、美洲和大洋洲拥有太多殖民地，远远超出了它的管理能力。因此，法国只是表面上接管了这些领土和人民，并未充分利用。为了大众的利益，当其他国家宣称他们有能力利用这些殖民地时，法国一味地占有这些殖民地是幼稚和轻率的。法国霸占这些殖民地，不仅是无视国际联盟的作用，而且忽视了其他国家的利益。因为人口匮乏，即使是在战前，法国倾其所有也无法利用它所有的殖民地，在战后，它更无法做到……”[①]可惜的是，意大利人并没有就此进一步推动意大利的发展。

巴黎和会讨论愈演愈烈。在紧张的氛围中，各种名言警句层出不穷。有人做了一个不得体的比喻，将法国比作一位六十五岁的老者，这位老人自鸣得意地说，他可以像三十岁时一样享受生活的乐趣。尖酸刻薄的讽刺通常比重锤击打造成的伤害更持久。不久之后，意大利和法国这两个国家的隔阂越来越大，并且各项政策出现了明显分歧。这些分歧似乎在未来将会产生严重的后果。

意大利已不再是1915年5月的意大利，现在非常清楚自己的立场。当它拔出剑与宣布条约只是一张废纸的同盟国作战时，协约国给出的书面承诺使意大利振奋，然而，当意大利履行了协约国条约中的义务后，才发现协约国条约也不过是另一张废纸。因此，意大利的政客说，这是“命运之神”辛辣的讽刺，那些反对秘密条约的人间接地促成了这一结果。托马斯·伍德罗·威尔逊不知不觉地削弱了公众对书面条约的信任，他被视为巴黎和会中通过行为驳斥自己言论——以己之矛攻己之盾——的众多代表之一。公正的历史学家也承认，从“威尔逊主义”的视角来看，这些秘密条约是非常不道德的，但取消这些条约的唯一方法是严格坚持和公正地适用普遍原则。然而，这是最高委员会无法做到的。

在东方事务上，法国和英国盟友也发生了争吵，特别是在叙利亚和

① 保罗-亨利-邦雅曼·德斯图内勒·德康斯坦。《人权公报》，1919年5月15日。——原注

波斯问题上。英国提出要求法国归还毛里求斯岛，但这只是顺带一提，并非英法争论的问题。两国出现裂隙的第一个征兆是叙利亚酋长埃米尔·费萨尔关于阿拉伯人意愿的证词。法国媒体抱怨说，这位英俊潇洒的酋长轻易得到了与会资格，巴黎和会恭恭敬敬地听取了他的意见，而波斯代表团在巴黎街头游荡了几个月，都没有获得一次听证的机会。历史悠久的汉志，在战争期间被正式承认为独立的王国——汉志王国，同时麦加大谢里夫侯赛因·伊本·阿里被法国和英国提升到汉志王国的王

侯赛因·伊本·阿里

位上。自那时起，汉志王国便得到五大列强的正式承认。汉志王国在巴黎的代表要求合并土耳其统治下的所有说阿拉伯语的国家，其中不仅包括美索不达米亚，还包括叙利亚——这个长期以来一直受到法国关注和偏爱的国家。法国甚至还为叙利亚与英国达成了某项协议。汉志王国的这一合并计划将成立一个拥有约一千一百万人的泛阿拉伯联盟，但巴勒斯坦被排除在外。尽管英法之间的书面协议从未被废除，但法国对叙利亚再无监护权。同时，最高委员会将征求叙利亚的意见，最高委员会既不干涉其意愿，也不会按乔治·邦雅曼·克列孟梭的要求，将叙利亚置于法国的保护下。美索不达米亚将在国际联盟的管制下实行自治，但汉志国王要求对泛阿拉伯联盟实行统一的管理。

法国媒体对英国态度的评论尽管措辞含蓄，但其意接近埋怨指责。法国媒体含蓄指出两国之间的友谊可能降温，而且在争辩过程中提到了令人不快的法绍达事件[①]。法国《时报》的观点大致如此：泛阿拉伯联盟占领了如此广阔的领土，以至汉志王国的主权形同虚设。事实上，它们占据了奥斯曼帝国一半的领土，而且这些不同的省份都处于英国的统治之下，英国才是这个新王国的真正控制者，而汉志的君主将只是英国的傀儡。人们说，这并非独立，而是以崇高原则掩饰的摄政，我们必须加以阻止。叙利亚必须在不征求民众同意的情况下移交给法国。汉志王国的财政资源完全不足以管理如此庞大的国家。那么有人会问，谁来提供不可或缺的资金呢？很显然是英国，自从侯赛因·伊本·阿里登上汉志王国的王位后，英国就一直为其提供资金。如果汉志政治实体成立，它会在法国和英国之间产生持续的摩擦，分离战友，取悦敌人，违反神圣的契约。基于这些原因，这项提议应该拒绝，并且叙利亚应置于法国的监管之下。

---

① 1898年，英、法两国为争夺非洲殖民地在苏丹法绍达村发生的一场战争危机。——译者注

法绍达事件讽刺漫画：《一只法国狮子狗向一只英国斗牛犬乞讨残羹剩饭》

自始至终，美国的立场与指导巴黎和会的崇高道德原则相一致，即决定权在人民——征求人民的意见，而不是把人民当货物进行交换。如果叙利亚人确实渴望处于法国的监管之下，那么法国代表就没有理由反对叙利亚举行全民投票。但法国代表拒绝接受这一建议，理由是叙利亚渴望法国监管是不可争辩的事实。

在法国代表进行大量讨论并遭到强烈反对之后，最高委员会派出查尔斯·柯兰领导的联合委员会访问叙利亚，调查人民的意愿。接待了一千五百多个当地代表团后，联合委员会报告说，大多数人选择保持独立，但如果美国愿意委任统治，他们也不反对在美国委任统治下生活十五年。叙利亚希望成为一个主权国家，大多数民众支持埃米尔·费萨尔为国王。[1]联合委员会进一步查明，叙利亚人受美国政策的启迪，援引法英政策声明[2]，该声明已在叙利亚广泛传播，“承诺叙利亚完全从奥斯曼帝国统治中解放出来，建立当地人自己的自由政府，并得到法国和英国的承认”[3]。

联合委员会的调查结果让人想起了两个垂钓者的故事，其中一人钓到一条鲑鱼，他们正在讨论用两种不同酱料烹饪鲑鱼的优点。由于意见不一，他们决定把这件事交给鲑鱼回答，鲑鱼说：“先生们，我不想配任何酱料被食用，我想在属于自己的世界中自由生活。”“你偏题了。”两人惊呼道。于是，他们就酱汁问题达成了妥协。

这场旷日持久的争论异常尖锐，特别是媒体。某日，法国政界获悉英国与波斯秘密谈判后缔结条约，导致巴黎和会形势十分严峻。不久之后，这份条约真实文本曝光，媒体更加激动。法国、意大利、德国、俄罗斯和美国的新闻界一致宣布，缔结的新条约确定了波斯的国际地位——听起来像“被保护国”，这违反了巴黎和会采用的委任统治制度。

英国和波斯签署的条约令人意想不到，也有力地揭示了世界新秩序与“威尔逊主义”的关系。这一关系夹杂着秘密谈判、无委任统治的被保护国和单方面废除契约。

法国认为，波斯是国际联盟的原始成员之一[4]，因此，波斯有权在巴黎和会上听证。波斯曾申诉赔偿：波斯的中立性遭到侵犯，许多公民被处死，它索赔的权利是不可否认的。托马斯·伍德罗·威尔逊是小国和被压迫民族的安慰者，他宣布最弱小的国家与最强大的国家享有同等的友好待遇，因此，波斯代表们不远千里来到巴黎，深信将会受到同等对待。但在巴黎，他们大失所望。他们连参会的权利都没有。即使他们得到最高委员会的倾听和帮助，

① 《芝加哥论坛报》（巴黎版）1919年8月24日。——原注

② 于1918年9月9日颁布。——原注

③ 见《芝加哥论坛报》（巴黎版），1919年8月30日。——原注

④ 一位美国参议员大胆猜测，波斯获得这一光荣的荣誉是为了给英国人再投一票。——原注

但他们能否作为一个独立国家而被承认，都是一个未知数。法国提出的观点是，会议本身表明，巴黎和会在道义上有义务接见波斯代表团。波斯代表团争取到的最大权力是，代表团团长、波斯外交部长莫纳里克同托马斯·伍德罗·威尔逊、爱德华·曼德尔·豪斯和罗伯特·蓝辛进行了私下会谈。这些政治家不假思索地承诺要帮助波斯获得主权，至少让它的代表能够在巴黎和会上介绍他们国家的情况并提出他们的抗议。波斯代表们得到了安慰，并确信他们此次任务非常成功。他们告诉美国全权代表，美国将成为波斯的债权人，他们将邀请美国金融家整顿财务，邀请美国工程师开发矿业，并邀请美国石油公司勘察和开采石油储备。[①]总之，波斯将被美国化。波斯宣布将保留美国大恩人在沙阿地区的利益。这一幼稚的宣布可能对美国的某些商业和金融集团很有吸引力，但这并不能促使美国全权代表出面干预波斯之事。

托马斯·伍德罗·威尔逊、爱德华·曼德尔·豪斯和罗伯特·蓝辛所作的承诺都没有实现。几个月来，波斯代表满怀希望。巴黎和会各成员信誓旦旦地表示，托马斯·伍德罗·威尔逊的干预一定会成功，这又燃起了他们的希望。然而，几个月过去了，波斯代表团团长的希望仍未实现，于是，他离开法国前往君士坦丁堡。最终，波斯的世界地位问题通过新的协定得到了妥善解决。

毫无疑问，波斯的地位与世界大战爆发前埃及的地位非常类似，埃及和波斯都很难被称为独立的国家。从此以后，英国左右了波斯的传统习俗，牢牢控制了波斯的水道运输和铁路运输、铁路和油田建设——这些以前也是属于英国的。除此之外，英国还牢牢控制了波斯组织军队和实施外交政策的权利。公平地说，这一安排对于波斯人来说，可能比实现他们自己的“野心”更有利。无论如何，这是我多年来一直秉持、不断表述的个人信念。尽管如此，它还是与“威尔逊主义”的文字和精神

① 参阅1919年8月19日，《芝加哥论坛报》（巴黎版）刊登的对波斯一位官员的采访。——原注

背道而驰。“威尔逊主义”现在被认为是一堵“高墙”，足以把“矮小国”挡在外面，而强国却能轻而易举地越过这堵墙。

法国政治学家们对这一违反新人道主义学说的行为勃然大怒。罪行的鲜明特征让法国政治学家们深恶痛绝，波斯人的苦难深深地触动了他们，而自决权深深地吸引了波斯人。难道五年来所有协约国人民所做出的牺牲不就是为了维护这项权利吗？如果国际联盟纵容这种秘密而自私的行径，那将会有怎样的后果？总而言之，波斯遭受英国霸权，法国人对波斯的同情与英国人对叙利亚的同情一样强烈。可以说，这些尖锐的抗议和真挚的呼吁，主要出于对未受保护的民族的同情。巴黎和会倡导的伟大道德运动唤醒了这些民族。

法国进一步指出，委任统治制度是专门为波斯这样“落后和无助的国家”设立的，只有最高委员会和国际联盟才有资格适用这种制度。英国新闻界回答说，不能侮辱性地称波斯为“落后和无助的国家”。英国外交部果断否认了对波斯建立保护国的意图，并解释道，波斯不仅现在是而且将继续是主权独立的国家。然而，这些解释并不能让愤怒的盟友信服。英国盟友认为，依据经验来看，不能相信那些官方代表的保证及委婉措辞，因为，官方代表常常出尔反尔，言行不一。[①]法国代表进一步哀叹，波斯代表团在巴黎等待着可以在世界大国面前为自己国家申冤的机会时，德黑兰举行了一场时间很长的秘密会议，而且这场会议没有遵守新国际法规。托马斯·伍德罗·威尔逊不是已经宣布人不能再作为财产进行交换了吗？这时，意大利和罗马尼亚插进话来，提醒他们的盟友，正是这些美国人，在向乌尔里希·冯·布罗克多夫-兰曹提出的和平条款中，提出将萨尔河河谷的德国人民交给法国管理，抵扣一定数量、价值的金马克。法国既没有提出异议，也没有

① “不幸的是，剥夺了外交部真正权力的大卫·劳合·乔治经常给出这种性质的保证，他的行为总是与他的保证相悖。他上次与乔治·邦雅曼·克列孟梭的对话就是很好的证据。”参阅佩蒂纳克斯于1919年8月15日发表于《巴黎回声报》的文章。——原注

质疑这一条件的依据。英国代表的理由是如果这一原则可以适用于一种情况，那么它也应该适用于另一种情况，只有那些没有从类似的交易中获益的个人或国家才有权反对英国与波斯之间的条约。

巴黎报界终于意识到英法同盟的重视性，并提出了新的看法。“看来，波斯的讨价还价为法国和协约国之间的对话提供新的可能。”一家有影响力的报纸写道。[①]英国新闻界立即附和，强调英法同盟的重要性。英国当时的想法是将叙利亚与波斯相提并论，迫使法国做出让步。这一妥协虽将引起争论，却能使一切都往最好的方向发展。有人认为，正如英国对波斯人一样，法国对叙利亚人民完全是无私和慷慨的。如果叙利亚人希望是美国人而不是法国人成为他们的监护人，那么波斯人也同样希望是美国人而不是英国人来管理和加速他们的文明进步。但与其只听从一个人的愿望，还不如忽视两者的愿望。通过这种审慎的妥协，两国政府对权利和正义的要求都将得到充分满足。

我们的美国朋友就不那么容易安抚了。事实上，已经没有什么可以安抚他们了。美国媒体谴责保护国违反了《国际联盟盟约》。美国国务卿罗伯特·蓝辛宣称[②]，在巴黎和会上，美国代表团已努力为波斯人争取机会，但失败了。一位波斯人听到这番话后说：“当美国代表团竭力阻止意大利吞并阜姆，阻止意大利获得秘密条约许诺给它的领土时，美国人小心翼翼地避免输掉这场战斗，他们拒绝让步。于是，美国人达到了目的。当美国人接受犹太人的要求时——在罗马尼亚和波兰建立半个犹太人国家，他们坚如磐石，任何反对、任何未来可能有的威胁都不能动摇他们的意志。因此，他们如愿以偿。然而，在为波斯的努力中，尽管事理、人性、正义和大国法令都站在他们一边，但他们失败了……”一家美国新闻机构称“英国与波斯的协议违反了托马斯·伍德罗·威尔逊

① 《辩论报》，1919年8月15日。——原注

② 1919年8月16日，华盛顿。——原注

的《十四点原则》，比允许日本殖民山东省还要恶劣，它使整个波斯成为英国的一个附属国”[①]。

总的来说，有很多例子，最高委员会都不认为是在干涉其他国家内政，而且其中有些例子我们也觉得费解。要不是托马斯·伍德罗·威尔逊来欧洲就是为了解释并发扬“威尔逊主义”，人们完全可以相信最高委员会经常在会议上歪曲这一主义。但由于总统本人是该委员会的主要成员之一，他们的决定是一致的，所以人们想当然地认为，最大的问题是托马斯·伍德罗·威尔逊努力将自己的信条强加于难缠的同僚，但他“输掉了战斗”。

这里还有一个非常典型的例子，在普通人看来，有些出于善意的有益干预，也很像干涉他国内政，但最高委员会加以否认。它是反布尔什维克主义者为攻占彼得格勒，获取外部支持而制订的权宜之计。因此，目的是好的，对使用这些手段的人来说也很有效。据说，高尔察克-邓尼金党早在很久以前就可以通过取得爱沙尼亚人的军事合作而占领首都，但爱沙尼亚人要求的代价是反布尔什维克政府以全俄罗斯的名义承认他们完全独立。值得赞扬的是，亚历山大·瓦西里耶维奇·高尔察克拒绝为此付出代价，因为他没有这样做的权力，只有独裁者才会篡夺必要的权力，在领土问题上签字。因此，反布尔什维克主义者没有对彼得格勒发动联合攻击。海军上将亚历山大·瓦西里耶维奇·高尔察克的拒绝是有道理的，因为他只是大部分俄罗斯人民的发言人，而且在采取行动之前，必须就这个问题同一个具有充分代表性的议会进行协商。随之而来的军事僵局持续了几个月。后来有一天，新闻界传来消息说，他们巧妙地克服了困难。向世界传达的情报原文如下：“1919年8月12日，英国军队的马什上校代表休伯特·高夫将军用四十五分钟时间在俄罗斯西北部的雷瓦尔建立

① 《芝加哥论坛报》(巴黎版)，1919年8月19日。——原注

休伯特·高夫

了一个共和国，而尼古拉·尼古拉耶维奇·尤登尼奇成为新政府名义上的负责人，隶属于高尔察克政府。俄罗斯西北政权只是在原则上反对爱沙尼亚政府，因为该政权希望爱沙尼亚保证——爱沙尼亚不会成为德国等大国控制俄罗斯通往波罗的海出海口的‘垫脚石’。如果爱沙尼亚人可以提供这样的保证，那么新政权完全愿意承认爱沙尼亚是一个独立的国家。”①

① 《芝加哥论坛报》（巴黎版），1919年8月24日。——原注

汉斯・亚当・多藤

根据上述说法，一名英国上校——马什上校，除了他的军事职责，愿意并且能够建立一个独立共和国，而且没有遭到最高委员会的任何干预。然而，几个月以来，其他国家的职业外交官和军人一直在试图建立一个汉斯・亚当・多藤统治下的“莱茵共和国”，却失败了。如果报纸上的报道准确的话，这位英国上校没有在建国事务上浪费太多时间。从酝酿到俄罗斯西北政权成立，并在国际政治领域宣布这一重大决定，据说只用了四十五分钟。四十五分钟，这几乎和起草《国际联盟盟约》一样快。此外，这个足智多谋的国家缔造者建立的共和国，有权力将俄罗斯的领土主权转让给不被承认的国家，并且不需要征求俄罗斯的意见，也不需要征得任何机构的同意。他工作进展得如此顺利，甚至根本没遇到过干涉。[①]

事实证明，如果普通人难以区分这种外交-军事的惊人伎俩与干涉别国内政之间微妙的差异，这也是很正常的。

正是这些做法最终决定了巴黎和会签订的条约和《国际联盟盟约》的价值。托马斯·伍德罗·威尔逊乐意将这些条约和《国际联盟盟约》带回华盛顿。这一最终结果已成为人类史上最伟大的成就。采用新的伦理准则、慷慨放弃特权、纠正世俗错误、尊重弱者，这些做法即使不能把各国人民团结成一个幸福的大家庭，也能将各国人民融为和谐的大集体。但有史以来，各国还没有经历过如此强烈的失望。许多曾经预示着和平、权利与平等的新时代的响亮词语不仅失去了原义，而且用来表达其对立意义。海洋自由成为海洋霸权，对所有相关的国家来说，这可能是一个圆满的结局，但不应以不恰当的名词表示。英国、美国和法国的将军和海军上将曾告诉他们的同胞，废除战争意味着为下一场战争做充分准备。而这些战争不像以往那样，只局限于所谓的军事国家，而是遍及所有盎格鲁-撒克逊地区。[②]“公开缔结公开合约”意味着秘密会议和阴谋协商将在绝密里进行，即使这一切成为历史后，人们也无从了解。[③]各国人民的民族自决权也受到大国列强的限制，列强以符合这个国家的

---

① 在写完上述内容之后，1919年9月19日的法国报纸《巴黎回声报》称，马什上校宣布，他的代理人没有听从他的指示就采取了行动，但马什上校依然对这项波罗的海政策负有责任。——原注

② 道格拉斯·黑格元帅、约翰·登顿·平克斯通·弗伦奇、美国和平主义者悉尼·贝克、参议员亚瑟·内维尔·张伯伦，代表卡恩以及其他许多人一直在宣传普通军事训练。媒体也赞成这一举措。“我们想要一支民主的军队代表整个国家，只有通过普通军事训练才能找到这样的军队……普通军事训练是我们和平的最佳保证。”参阅《芝加哥论坛报》（巴黎版），1919年8月22日。——原注

③ 在白宫举行的参议院对外关系委员会会议结束时，托马斯·伍德罗·威尔逊被问及美国如何看待日本支持种族平等的决议时，他回答说：“我不确定是否可以回答这个问题，因为它影响了巴黎讨论的大量问题，为了国际和谐，我想我最好不要回复。”《每日邮报》（巴黎版），1919年8月22日。——原注

国内政策为理由，允许或拒绝民族自决，奴役其臣民。此外，这意味着有人滥用特权对弱者施加不可抗拒的压力，冠冕堂皇地借保护少数民族的名义达到自己的目的。“不干涉邻国内政”意味着令人厌恶、最可耻的干涉行为，其理由是这些事件不在国际法管辖范围内。如果在国际法管辖范围内的话，那么这一规则将适用于所有国家。小国必须听从大国的指令，尊重大国对待外来移民的方式，服从外国机构的管理，即使外国机构不了解小国国情、不懂得人民的要求，也必须服从外国机构的管控。这些小国即使将本国公民享有的所有权利赋予犹太人和其他民族成员也远远不够，还必须进一步采取措施授予他们特权，并为此放弃自己的部分主权。同样，小国也必须允许强大的盟友就运输和外贸问题向自己发号施令。[①]然而，对于强国来说，这条关于少数民族的法律并不是一成不变的，它们凌驾于法律之上。武力是它们的通行证。总之，不管过去还是以后，武力都是政治游戏的“王牌”。在巴黎和会开幕时，乔治·邦雅曼·克列孟梭提醒小国，坐拥一千二百万军队的国家将会掌控局势——的确如此。因此，由于把一项庄严的条约变成一纸空文而引起的世界大战，最终以两份空文而结束，一份是《凡尔赛和约》，一份是世界道德革新的《国际联盟盟约》。

① 根据《奥地利条约》第六十条。——原注

第13章

对德和约

经过几个月断断续续的会谈之后，巴黎和会终于向乌尔里希·冯·布罗克多夫-兰曹提出了和平条款，本章不再详细讨论这些条款。与最高委员会的其他决议一样，这些条款可以从两个完全不同的角度来看待，要么可以看作是战胜国行使胜利带来的权力，要么可以看作是维护当前世界和平、巩固未来和平的措施之一。无论从哪个角度看，这些条款都无法获得公正的政治学者的认可。德国人——当然，并不仅仅是德国人——希望这些条款建立在《十四点原则》的基础上，而协约国则理所当然地认为，协约国应该要永久削弱德国。双方的观点都有合理的依据。将《国际联盟盟约》与《凡尔赛和约》交织在一起，唯一可信的理由是通过《国际联盟盟约》来制约《凡尔赛和约》，即通过道德制约来避免战争威胁。在此基础上，也只有以此为基础，主张大范围改革的人才支持托马斯·伍德罗·威尔逊的观点——这两份文书应该相互依存。赔偿违反国际法所造成的损害、防止战争再次发生是每次大战后签订的和平条约的本质，但赔偿并不仅仅是赔钱这么简单的事。通常来说，在血腥战争期间和胜利时刻，人类的低级本能占主导地位。此时，战胜国不仅不会考虑战败国的权利，而且也做不到适度的利己主义。因此，正义往往被复仇吞没。如此一来，战败者愤愤不平、怀恨在心，并暗下决心，一有机会就让胜利者付出代价。今天的战争失败者想成为明天的胜利者。这种心态与托马斯·伍德罗·威尔逊所希望建立的道德友谊时代的本质格格不入。因此，一项未按《国际联盟盟约》基本原则制定的和平条约，必然否定了国际联盟建立的基础。这就是反对将这两项文书结合在一起的决定性论据。

人们认为，托马斯·伍德罗·威尔逊内心深处的和平，不仅在于清算战争、彻底解决战争起因、放弃国家间以武力为解决争端的方式，还在于建立睦邻友好的国际关系，而这种国际关系将防止此类争端升级为战争。正义，或者尽可能接近正义的东西，将取代暴力。军事保障不仅是多余的，而且与国际联盟的主要宗旨是不可调和的。每个国家都有权利享受大自然的恩赐，每个国家都有权利通过自身实力和道德影响扩张自己的领土。因此，如果一个国家的领土狭小，人口众多且不断增长，而其他国家拥有剩余且不能充分利用的资源，那么，永久禁止占据海外殖民地将是对战后新秩序基本原则的否定。

这些理由似乎使人相信《凡尔赛和约》不仅在形式上，而且在本质上和精神上都是以《十四点原则》为基础的，是解决方案的一个重要组成部分。

这种感觉其实是一种错觉。“威尔逊主义”与《十四点原则》是迥然不同的体系。它的提出者不仅仅是信条的解释者，而且还是一个唯一有能力废除法律的“政治教皇”——他有权力决定谁应该遵守法律，而谁又可以不遵守法律。他不得不与充满旧思想的爱国政客们周旋。这些政客通过削减敌国领土、减少敌国殖民地、使敌国原料供应依赖他国，以及积极监视敌国发展状况等方式，削弱敌国实力并壮大自己力量，为下次战争做好准备，以战胜未来的敌人。几乎所有人都有支持自己主张的原则，但有些政客从未阐述过其理由。托马斯·伍德罗·威尔逊致力于将这些原则与道德理想相结合，融于国际联盟中。由于这些原则和道德理想的矛盾性，这种结合几乎不可能实现。按照托马斯·伍德罗·威尔逊的设想，战胜国的报复性心理——巴黎和会上表现得很突出——将会汇入并消失在国际联盟宽宏大量的道德体系里；防范敌人的措施与对敌人的盲目信任交织在一起；军事占领可以防止突然袭击，而裁军也会消除疑虑。同时，波兰将履行其职能——作为法国的盟友在东部对抗德国人，波兰却无法保护自己免受来自西部边境的攻击。尽管德国遭遇肢解，但协约国相信德国自律又慷慨大方，足以抵御住诱惑，不会让自己再次加入法国反对的国家阵营——德奥合并。国际联盟建立在相互信任和和平友好的基础上，然而，它最强大的成员之一——法国——却对此如此不信任，以至宣布德国永远不配拥有任何海外殖民地。尽管萨尔河河谷的领土上居住着德国人，但在未来十五年，这里将由一个外国机构管辖，十五年后，该地区的人才有权利决定是否愿意切断自己与德国的联系，转而接受法国统治。因此，法国鼓励法国人移居萨尔河河谷。这些都是这两项不可调和的原则结合起来产生的后果。

德国罪有应得，这是无可否认的。它的罪行史无前例。其中一些灾难性后果是无法补救的。德国民众不仅没有意识到他们罪行的严重性，而且没有意识到他们的犯罪性质。尽管如此，我们还是要为未来做好准备，因此，最安全的办法是如果不能打击潜在敌人的力量，就断掉他作恶的念头，但《凡尔赛和约》没有做到这一点。

德国人得知这些条件后，勃然大怒。经讨论后，他们打算拒绝签署这份文件。金融条款被视为“披着外衣”的奴隶制度，充满耻辱。德国新闻界声称，战争期间，德国仅仅占据了法国不到十分之一的国土面积，甚至这其中只有一小部分是在战区。德国声称，法国战前的财产为三千五百亿法郎到四千亿法郎，因此，受损省份的可按这一数额的二十分之一索求赔偿，然而，法国提出索赔数额太大了。德国反对丧失殖民地。德国认为协约国所谓的正当理由——德国残酷镇压当地人民，故无权管理殖民地——根本毫无依据，而且在战争前夕，协约国曾默许德国享有优先购买葡萄牙海外殖民地和其他海外属地的特权。

德国人强烈反对与萨尔河河谷相关的条款。当地人口全部是德国人，然而，条约的制定者却规定法国占领萨尔河河谷十五年。十五年后，如果德国政府无法为萨尔河河谷拥有的煤矿支付一定数额的金钱，条约的制定者就会将该地转让给法国。这意味着，如果德国不能支付这笔钱，即使该区域人民一致投票赞成回归德国，萨尔河河谷连同那里的人民都将永远交给法国。乌尔里希·冯·布罗克多夫-兰曹在对《凡尔赛和约》的评论中说道："现代历史上，还没有任何一个文明国家强迫他国抛弃自己的人民，迫使他们接受外国统治以换取金钱的例子。"德国最有影响力的一家新闻机构指出："《凡尔赛和约》用德国的男女老少

对德和约讽刺漫画：《德国鹰在枪口下签署和约》

来交换煤炭；迫使德国的一些地区在有关监督下全民投票[①]，不经协商就将一些地区从德国领土中分割出去；将德国工业的收益无限期交给贪婪的外国资本家；……德国各地有数量众多的外国委员会，他们的费用由德国人承担；协约国通过外资或其他经济手段，控制了德国的河流、铁路、航空及许多工业机构，甚至控制了德国的整个经济体系；授予外国视察员权力——如一些只有前几代君主的总督才有权行使的权力。总之，他们使德意志民族不复存在。德国人成为西方列强的奴隶……”[②]

幸运的是，协约国代表认为用人口交换煤炭的条款将招致媒体批评，带来极其恶劣的影响。因此，他们修改了这条令人厌恶的条款。不幸的是，媒体发现《凡尔赛和约》有问题，却无法解释这些问题。甚至连友好中立媒体的评论也非常犀利。这些重要报刊报道称：“为什么要掩饰？这种和平不是我们所期望的。它消除了旧危险，却制造了新危机。阿尔萨斯和洛林的确已不再掌握在德国人手中，但……民族统一主义只是改变了阵营。1914年，德国坚信武力，因此，它使用了武力。巴黎和会取得的和平，违背了向德国所做的和平承诺，是一种德国内心永远不会接受的和平。在这种‘和平’的重压下，德国还将重新使用武力。《凡尔赛和约》最大的不幸在于，它给胜利蒙上了一层道德污点，使德国的发展进程偏离了轨道。这种方式的根本错误在于它是两种不相容的思想框架之间的妥协。通过彻底推翻德国来使欧洲恢复和平是可行的，但要做到这一点，就必须压垮这个七千多万人口的民族，使他们再也无法重新站起来。和平也可以通过维护德国的权利来实现，但在这种情况下，必须小心翼翼地对待德国，不能让其产生任何的不满和怨恨。

① 石勒苏益格三个地区之一。令人好奇的是，最高委员会对丹麦的利益充满热情，但丹麦拒绝了这一好意。支持自决权的人敦促丹麦人提出要求，获得这个地区，但丹麦人深知这是德国的地区。——原注

② 《柏林日报》，1919 年 6 月 4 日。——原注

乔治·邦雅曼·克列孟梭阻止了托马斯·伍德罗·威尔逊通过慷慨大方来获得道德上的和平，而托马斯·伍德罗·威尔逊则阻止了乔治·邦雅曼·克列孟梭通过严厉惩罚来确保物质上的和平。显而易见，最终结局是建立了一个缺乏持久性保证的体系。”①

法国工团主义者的评论更加苛刻。维尔福伊厉声说道：“《凡尔赛和约》比《布列斯特-立陶夫斯克条约》还要糟糕……领土吞并、经济统治、巨额赔偿以及国际联盟的肖像漫画，这些构成了新政策的平衡”②。法国副部长马赛尔·加香说：“协约国军队为永久消灭战争而战，协约

马赛尔·加香

① 《日内瓦日报》，1919年6月24日。——原注

② 参阅《巴黎回声报》，1919年5月12日。——原注

国军队为公正持久的和平而战，但我们没有得到这些好处。然而，我们却面临着托马斯·伍德罗·威尔逊政策的失败，他是我们党唯一信任的人选。从领土、经济、社会和人性等多个角度来看，和平条款都是不可接受的。”①

托马斯·伍德罗·威尔逊最初信奉的原则更多体现在《凡尔赛和约》中，而不是《国际联盟盟约》中。的确，巴黎和会期间，每次让步之后，他都习惯性提及《国际联盟盟约》及其具体实现形式——国际联盟——作为纠正措施，使接下来的一切恢复正常。但不容忽视的事实是，《凡尔赛和约》对《国际联盟盟约》产生了重要影响，而反过来，《国际联盟盟约》并未对《凡尔赛和约》产生影响。正如一位著名的瑞士教授所言："没有哪个国际联盟能够阻止比利时人民在1830年脱离荷兰。未来的国际联盟，能阻止德国重新统一领土吗？能阻止波希米亚的德国人攻打捷克斯洛伐克人吗？能阻止目前四处分散的匈牙利人追求统一的步伐吗？"

这些潜在动乱给法国带来诸多危机。如果东欧爆发战争，美国会派兵参战吗？英国殖民地，甚至英国会派兵参战吗？几乎不可能！例如，假如奥地利人热切地希望与德国合并，并宣布与德国统一——我相信总有一天他们会这么做，难道哪位政客会认为民主的美国会派兵强迫他们回到以前的状态？假如波希米亚的德国人脱离捷克斯洛伐克，或者克罗地亚人脱离塞尔维亚，难道英国军队会越洋反对这些民族统一吗？他们依据《十四点原则》中的哪一条来派兵呢？民族自决吗？这些变化将影响到法国的利益，而且只影响到法国的利益。那么，法国只能孤军奋战了。那法国为什么而战呢？

有趣的是，托马斯·伍德罗·威尔逊党派中有一个很有影响力的团

① 参阅《巴黎回声报》，1919年5月12日。——原注

体，他们坚信托马斯·伍德罗·威尔逊的《十四点原则》，他们是如何看待强加给德国的条件呢？他们的新闻机构将其观点报道如下：

> 法国仍然是欧洲大陆上最强大的国家。法国军事编制原封未动，而法国的对手德国不能征兵、不能实行义务兵役制、没有总参谋部、没有空军、没有舰队、没有军备生产的原材料、轻型火炮数量限制严格，以及整个西部边境——莱茵河以东五十公里——不准驻军。除此之外，法国还和与德国接壤的新国家建立了军事同盟。另外，法国还获得了国际联盟理事会的常任理事国席位，而德国被国际联盟排除在外。最重要的是，那些无法实现的经济条件，确实阻碍了德国的工业发展。法国尽管已占尽优势，还声称自己需要得到某种形式的保护，然而，比利时、波兰、捷克斯洛伐克和意大利都没有得到这种保护。[1]

① 参阅《新共和》第43页，1919年8月13日。——原注

第14章

《纳伊条约》

巴黎和会主要代表发起的重建活动，诞生了许多奇怪的产物。其中，《纳伊条约》超出了人们的意料。《纳伊条约》展示了那些神秘、难以捉摸、决定性的力量的影响，而且这些力量左右了巴黎和会做出的许多神秘决定。由于保加利亚问题受这些力量的影响，它的条款也出人意料，居然带有胜利者色彩。保加利亚不仅没有成为罪恶深重的战败国，并从困境中走出来，而且比其他几个战胜国的情况要好得多。保加利亚与塞尔维亚、罗马尼亚、法国和比利时不同，保加利亚本土并未卷入战争中，直到停战协定签订的那一天，它的资源都未曾受到影响。保加利亚的平民还在战争中获利颇丰，保加利亚军队掠夺了塞尔维亚、罗马尼亚和希腊马其顿，将大批战利品带回保加利亚。总之，保加利亚比战前更繁荣富裕了。

由于它那些有权有势的朋友们的调解，保加利亚得到了某种程度的宽容，尽管所有初学“公开外交”的人都预料到了这种宽容，但这种宽容还是使那些希望至少维持一些公平的正义之人感到震惊。德国被迫签署一份空白支票，协约国总有一天会填写数额。奥地利被剥夺了自决权利，并沦为寄生虫，靠各大国的慷慨施舍生活。即使是经过五年非凡努力而变得筋疲力尽的法国，也惊恐地意识到，它未来的财政完全依赖于德国是否有能力赔偿自己的损失。

然而，巴尔干普鲁士，即保加利亚，在有影响力的匿名朋友的调解下，没有承受巨大的后果。尽管它背负着沉重的德国债务，但它无须偿还这些债务。保加利亚的财政义务首先针对协约国[①]，不过，之后协约国慷慨地将它所有的赔偿限制在二十二亿五千万法郎之内。保加利亚首都索非亚成立了专门联合委员会——该联合委员会不含保加利亚攫取财产国家的代表——寻找保加利亚掠夺的财物，并将其物归原主，但对造成的损失不做任何赔偿。塞尔维亚既没有拿到赔款也没有得到任何补偿。塞尔维亚仅仅得到《纳伊条约》二十二亿五千万法郎的一部分，但尚未规定具体数额和日期。塞尔维亚甚至不能夺回保加利亚人抢夺的牛群。巴黎的立法者认为，如果迫使保加利亚人归还塞尔维亚人二万八千头牛——而不是被抢走的三百二十万头牛，那么正义就算得到伸张了。因此，即使不幸的塞尔维亚人认出一百多万头牛，也无权强制要回自己的牛。[②]

这并不是《纳伊条约》中唯一令人不安的细节。最高委员会批准对德国一部分地区进行军事占领，作为实现世界和平的保障，却免除了保加利亚承受这些令人厌烦的军事占领。在起草该文书的政客看来，保加利亚诚意满满。一位著名的法国公关人士[③]写道："由于一些人们几乎不敢触及的原因，世界法院的这几个大国指望着未来与保加利亚进行合作。面对眼前景象，我们灰心丧气，退缩了。"[④]

尽管保加利亚被迫接受了领土变化，但变化不大，而且并非毫不合理。1913年的边界保持不变，罗马尼亚未分到保加利亚的领土。塞尔维

① 1919年6月。——原注

② 1919年9月20日，奥古斯特·戈万在《辩论报》上发表了关于这些条件的评论。该评论值得一读。——原注

③ 指奥古斯特·戈万。——原注

④ 《辩论报》，1919年9月20日。——原注

亚以正当理由得到部分土地。尽管色雷斯大部分地区——色雷斯大部分地区居住着希腊和土耳其人，而并非保加利亚人——从保加利亚划走，但并未分配给具体国家。一些官方和非官方报道均称，保加利亚凶残无比、破坏力强，理应受到更重惩罚。然而，在大部分欧洲政客看来，《纳伊条约》让保加利亚处于比塞尔维亚、希腊和罗马尼亚更优越的地位。联合委员会中有一名保加利亚代表，而塞尔维亚、希腊和罗马尼亚这些要追回部分被夺财产的国家，却没有代表。

纵容保加利亚，严苛对待罗马尼亚，这一鲜明对比让最高委员会的忠实拥护者感到困惑。在给巴黎和会的一份正式照会中，罗马尼亚政府解释了它拒绝同奥地利签署条约的原因，并列举了一系列事实，严厉谴责最高委员会的工作。一方面，最高委员会辩解说，日本与其欧洲盟国之间的约定，是将山东移交给日本的有力依据。因为条约必须得到尊重。这一说法合情合理。另一方面，罗马尼亚也有一项类似条约[①]。该条约答应将整个巴纳特、匈牙利的罗马尼亚人居住区、布科维纳一直到普鲁特河地区割让给罗马尼亚。但在巴黎和会上，最高委员会否定了这一约定。1916年，协约国曾约定，如果罗马尼亚参战，协约国将提供大量军备，然而，他们又没有履行诺言。协约国进一步承诺，在和平会议的准备阶段、谈判协商以及讨论时，罗马尼亚享有与协约国同等的决定权利。然而，正如我们所看到的，罗马尼亚的这些权利遭到剥夺。罗马尼亚的代表们既不知道正在讨论的问题，也不允许看到和平条款——敌人都能看到。而且罗马尼亚只有两次出席最高委员会的机会。

协约国和中立的新闻媒体都注意到，最高委员会和德国对条约神圣性的看法没有实质性的差别。[②]这种评价令人痛心，因为我们不能把这种评论看作诽谤而置之不理。同样不可否认的是，罗马尼亚为协约国做出

---

① 缔结于1916年。——原注

② 参阅《每日邮报》（巴黎版），1919年9月21日。——原注

了不可估量的贡献。它为协约国事业牺牲了三十万子民。它的土地被侵占，它的财产被偷走或毁坏。然而，协约国却剥夺了它的部分主权。无论罗马尼亚的公民属于哪个民族、信奉哪种宗教，罗马尼亚的法律赋予他们平等的权利。然而，最高委员会对此却表示不满。最高委员会命令罗马尼亚，在少数民族事务方面，服从专门的外国委员会的指示；在国际贸易和运输方面，承诺服从他们日后的法令。这些规定明显削弱了罗马尼亚的主权。

在任何情况下，公众人物不以正义、公平、善意为动机，而受其他外在动机驱使，这都是一种不幸。然而，在目前这样的紧要关头，为人类制定道德标准、行使监督权力的人，却具有这样的外在动机。这确实是一个可怕的灾难。

第15章

《国际联盟盟约》及少数民族

托马斯·伍德罗·威尔逊建立国际联盟的计划中，除了承诺要实现这一目标，没有任何新的东西。而托马斯·伍德罗·威尔逊自己使兑现这个承诺的条件变得比过去不利得多。伊曼努尔·康德时代以来，这一理念一直弥漫在政治氛围中，如今已变得不再那么模糊，也不再那么遥

伊曼努尔·康德

不可及。在托马斯·伍德罗·威尔逊主张这一理念之前，曾有几位国家元首决心将这一理念体现在国家制度中，但结果不仅使相信他们的人民感到失望，而且还败坏了这一理念的声誉。

像美国政客构思的一样，一个只由议会政客秘密商议组成的“机械性组织”，可以把国家和人民在道德上团结起来。这从抽象意义上讲，是可行的。但我们面向现实便会发现，如果各国发言人代表的国家的思想、愿望和性情不发生根本变化，那么就不可能实现任何持久性目标。因为按照这些不熟悉的路线组织世界，就等于一夜之间改变人类天性中一些自发的本能。这不可能在一夜之间实现，当然也不可能在起草《国际联盟盟约》的三十分钟之内实现。大多数人可能不需要改变信仰，但整个阶级必须首先接受教育，而一些国家甚至可能需要再教育。然而，实施再教育可能更加困难。精神和道德训练必须相互补充、相互加强。每一个社会成员都要认识到，集体的利益优先于其他利益。世界各国人民需要时间来接受这些新观念。

成功必不可少的一个条件是，把各成员国联系在一起的契约必须由各国人民一起参与，而不仅仅是由各国政府参与。因为人民群众在战争中负担最重，是他们为参战国提供了兵力、财力和劳力，也是他们为支持国家忍受苦难，并做出了巨大牺牲。因此，各国人民主要关心的是在废除旧秩序的基础上建立新秩序。此外，由于交战各国人民掌握的资源都用于战争，而且其中某些资源往往既是冲突爆发的原因，也是侵略者的目标。因此，仅仅颁布政治法令并不能满足当代需求。一个宣布放弃使用武力解决争端的国际联盟，也必须尽可能减少邻国间发生摩擦的可能性。国家间大部分是经济往来，因此，拥有原材料比领土扩张更具吸引力。事实上，经济因素主要是维护国际联盟的一种手段，因而令人垂涎。基于这些以及其他原因，在起草《国际联盟盟约》时，政治因素只应起辅助作用。而在巴黎，政治因素是唯一起作用的方面。

因此，一个由各国人民组成的议会是唯一能使名副其实的国际联盟具有活力的机构。托马斯·伍德罗·威尔逊把《国际联盟盟约》同《凡尔赛和约》结合起来，把《国际联盟盟约》变成执行《凡尔赛和约》的工具，从而使理想主义者服从于自我主义者，托马斯·伍德罗·威尔逊放弃了他的计划中唯一的合理成分，暂时把它埋葬了。哲学家格奥尔格·克里斯托夫·利希滕贝格[①]写道："一个人提出了一种思想，另一个

格奥尔格·克里斯托夫·利希滕贝格

① 歌德同时代的人。1907年，他的作品被赫尔佐克再版。——原注

人把它置于洗礼池上，第三个人用其生育后代，第四个人立于其临死床榻边，第五个人将其埋葬。”

三个主要代表将决定是使用道德手段还是武力手段确保世界和平。他们采用“门罗主义”避开前者，放弃海洋自由，给予法国战略边界及其他军国主义秩序特权。他们扩大并系统化这些让步措施，采用权宜之计形成三国联盟或两国联盟，承诺反抗恶势力、维护世界和平。我当时写道：“代表们开始意识到，即将成立的国际联盟将以英美国家为代表，它与法国可能会阻止战争、促进友好发展、重塑人类命运。因此，代表们乐于拥有坚实基础，以便在适当的时候建立起一座宏伟的大厦。届时将会设立法庭——拥有裁决争端的全部权力，为有争端的国家提供便利，甚至将强制要求成员国履行仲裁义务。这些改革将会广为人知，将被当代编年史称为早期的国际联盟。代表们十分谦虚，指出全面实现这一理想需要好几代人的努力。但目前，各国人民精疲力竭，厌恶战争，同时由于物质匮乏，估计近期和平不会遭到破坏。谁也无法预测巴黎和会是否会取得显著的成果。”①

即使这一权宜之计是经过深思熟虑、巧妙制定的，也无法完全解决全球危机，无法保证给所有相关国都带来好处。但它至少是一种权宜之计，能够在有利环境下转化为可利用的解决方案。然而，业余的世界改革家们无法下决心做出选择，结果便有了人类历史上最可悲的失败之一。

在审查制度允许的范围内，我坦率地把自己的看法记录了下来。我写道：“每一位有丰富政治经验的代表都会问自己，在未来，国际联盟是否会防止战争，如果不会，代表一定会采取其他可行的方式防止战争，包括组建联盟、建立战略前沿、永久性削弱潜在敌人，必须在这些备选方式中选择一条，制定重新确立秩序的办法。如果将这些方式结合

---

① 《每日电讯报》，1919年1月28日。——原注

起来，结果将是毁灭性的。德意志民族是人口众多、刚强又团结的民族，正因遭受不公正的待遇而感到痛苦，渴望得到发展的机会，然而，这些发展的机会被剥夺，转而给了德国蔑视的国家。如果国际联盟没有超强力量，会有什么实际功能呢？国际联盟是否会有能力联合军事力量反对德国对弱小邻国的突然侵略呢？没有人能肯定地回答这个问题。如今，列强们尽管不干预布尔什维克主义，但他们认为布尔什维主义是世界的祸害，同样不能容忍它。

“在这样的条件下，又怎样能说服那些被要求放弃战略边界，依靠国际联盟进行防御的国家的代表们呢？我们来看看法国的前景吧。缔结和平后，法国的世敌德国，其人口约为七千万，而法国人口四千五百万。十年后，这个差距将会更大。俄罗斯自然不会甘于失败，一定会与德国联手，而德国一定会成为俄罗斯的盟友，并利用俄罗斯。”①

起初，法国政府对托马斯·伍德罗·威尔逊的计划不屑一顾，法国政府意识到这些潜在的危险后，发现可以利用托马斯·伍德罗·威尔逊的计划，设法获得军事保障。在巴黎出版的一家亲法英文报纸上写道：“法国人希望国际联盟设立永久性军事总参谋部。其职责是密切监视各国或各国联盟是否违法犯罪。军事总参谋部有权立即采取行动——派遣一支强大的国际军事力量前去挫败或镇压。法国人坦率直接。他们认为，德国冥顽不化，很可能对法国的安全乃至整个世界的和平构成威胁。”②

其他国家也抱有类似希望。他们希望代表正义和公平的国际联盟，能像为阿拉丁服务的“灯神”一样，随时被召唤来，履行军队职责，为各国民族主义和军国主义服务。

一开始，列强大国规定了国际联盟成员国必须牺牲主权，但后来，又放弃了这一规定。美国政府坚持奉行门罗主义——不，美国往前迈了

① 《每日电讯报》，1919年1月31日。——原注

② 《每日邮报》（巴黎版），1919年2月13日。——原注

约翰·米尔顿·海伊

一步，在远东地区奉行国务卿约翰·米尔顿·海伊的“门户开放”政策[①]。美国决定建立一支强大的海军来保卫在远东的既得利益，并对美国年轻人进行半军事训练。[②]防御以进攻为前提。因此，战争并没有完全消除——不，世界改革家们认为战争的准备是必不可少的，税收也同样

① 1899年9月，美国国务卿约翰·米尔顿·海伊向列强发表了一份照会，阐明了美国对中国的态度，这就是所谓的“门户开放”政策。在1900年7月3日的一份照会中，他扩大了开放的范围，并宣布中国领土完整。俄罗斯对此不予理睬，并在牛庄的中国海关上空悬挂了俄罗斯国旗。但日本主动承认和执行了“门户开放”政策。——原注

② 在众议院军事委员会作证时，马奇将军提及，托马斯·伍德罗·威尔逊赞成普及训练，并支持陆军部的陆军计划。——《纽约先驱报》(巴黎版)。——原注

重要。但如果防卫自由是两三个大国的权利，那么什么法律规定防卫自由是他们的特权，别人无法拥有呢？为什么要限制其他国家，让它们处于易被攻击的状态呢？当然，它们也应该生存、发展，充分利用自己的机会。现在，如果我们用盎格鲁-撒克逊委员会来代替这个名不副实的国际联盟，以便更好地管理世界，那么这些不平等的压迫和措施便可以理解。因为特殊的义务和责任赋予了它们特权。但在一个自称自由国家组成的联盟下，这种区别对待是不合适的。在巴黎和会召开伊始，乔治·邦雅曼·克列孟梭对小国代表们说过：英法美三大参战国代表一千二百万士兵，理应享有最高权力。其他国家的作用是听从其“监护人”的要求，毫无异议地接受、执行这些要求。实力仍然是权力的源泉。

公平地说，乔治·邦雅曼·克列孟梭在巴黎和会上的脱口之言，透露了新秩序的基本原则，但并没有引起大国代表的惊讶。实际上，乔治·邦雅曼·克列孟梭或者欧洲的大多数政客只接受那些对本国或本政党有利的原则。这位法国总理不是在公开场合和私下里都嘲笑过国际联盟吗？他在议会中说过：“我认为国际联盟不是结束目前战争的解决方案。我的理由是，如果明天你向我提议让德国加入这个联盟，我是不会同意的。”①

法国是最有能力、热情拥护国际联盟者之一。参议员保罗-亨利-邦雅曼·德斯图内勒·德康斯坦写道：“我敢肯定，为了服务于国际联盟，乔治·邦雅曼·克列孟梭努力违背自己，与自己的整个过去、整个生命，甚至与自己的一切信念背道而驰，法国外交部长紧随其后。”②的确如此。事实上，大多数欧洲政客也如乔治·邦雅曼·克列孟梭一样。他们大多数人都做出了艰苦努力。有人可能会说，尽管他们成功地违背了自己的信念，但结果可想而知。

① 《人权公报》，1919年5月15日第10期。——原注

② 《政府公报》，1917年11月21日。——原注

只要工团主义者相信托马斯·伍德罗·威尔逊决心兑现他的诺言，就会一直支持他。但我们在工团主义者的媒体上读到："各国政府默许了《十四点原则》……很虚伪。每个人都保留意见。他们赞扬美德，却行下恶事。懦夫歌颂英雄主义，而帝国主义者赞扬正义。在过去的一个月里，我们一直在寻找《十四点原则》的价值，从来没有上演过比这更邪恶或更令人厌恶的闹剧。各国一个接一个地提出领土要求；人民权利是我们认为最重要的权利，而托马斯·伍德罗·威尔逊对人民权利的蔑视，大大超出了我们的预料；最后的约束消失了，托马斯·伍德罗·威尔逊的面具掉下来了。"①

尽管欧洲各国评判的本质相同，但基调各不相同。和德国、奥地利媒体一样，意大利新闻界也强烈谴责巴黎和会的进程。《新闻报》断言，有些人像莱奥尼达·比索拉蒂一样，一开始就信任巴黎和会的两个派别，这些人犯了一个致命的错误。"错误之处在于，他们相信其中一方的理想目标，厌恶另一方的贪婪，然而，双方都在争取……各自的利益……实际上，法国的军国主义和专制主义并不亚于德国，而英国的狂热程度也不比德国低。这一证据被庄严载入了象征各自胜利成果的和平条约之中。《凡尔赛和约》是布列斯特-立陶夫斯克式的，是协约国对德国全方位的压榨和掠夺。贪欲即使试图隐藏在一顶佛鲁吉亚②式的帽子下，也不会改变它的本性。"③

乔治·邦雅曼·克列孟梭关于一千二百万士兵的开场白，不仅反映了强大的军队赋予这三个国家对其他国家和人民进行审判的无限权力，也体现了巴黎和会的真正基调。在那之后，领头政客们调整航船，操控船舵朝着绝对主义的方向航行。

---

① 《人民报》，1919年2月10日。——原注

② 比喻自由之帽。——译者注

③ 《新闻报》，1919年6月11日。参阅《人道报》，1919年6月13日。——原注

显而易见，这种言论和行为对各国人民的思想产生了不利影响。因为这些言论和行为倾向于抹杀公权意识，而公权意识是国际交往的主要基础。

自19世纪70年代以来，各种矛盾冲突，特别是协约国与同盟国之间的战争，已经动摇了公权意识的地位。在国与国之间的关系中，有某些原则——道德的衍生物被权宜之计冲淡了——使各国政府不至于公然违背信仰。这些原则是政治道德的唯一替代品。“欧洲主义”这个词暗示了他们的最高权力，代表了古老欧洲大陆所有人民之间的团结。在某种程度上，欧洲主义也代表了国家制度赖以存在的条约。但当战败国担心被孤立或被战胜国惩罚时，公权意识主要存在于战败国中。不管怎么说，这一想法标志着世界朝道德联盟的方向迈出了一大步。

过去发生的战争，对人类产生了不利的影响，如今，这种影响抹杀了尚处于萌芽阶段的意识，使国家的神圣承诺随风而逝。世界上最迫切的任务就是恢复秩序。只有通过渲染一种紧密团结的氛围，把人民——不仅是欧洲人民，而是整个世界人民——更紧密地联系起来，并使大家铭记，必须在一场值得为之奋斗的斗争中共同努力——抵制那些妨碍民生发展、阻挡社会进步的力量，才可能促进这一目标的实现。人们普遍认为，实现这一目标要通过某种形式的国际主义，通过延伸、深化和鼓励欧洲主义隐含的一切，通过协调所有进步人民的集体力量，使他们朝着共同的目标汇聚。对工人阶级来说，这种抽象概念长期以来一直具有超强吸引力。然而，他们的目标不过是实现普遍劳动。他们认为破坏性浪潮已经过去，大部分障碍已经清除，可以开始前进。

然而，他们未能充分考虑惯性、统治秩序中残留的旧精神[①]、注入所有的政治阶层的仇恨和痛苦。驱散仇恨和痛苦是艰巨的任务。托马

① 统治阶级习惯于剥削并继续以此方式存在和发展。——译者注

斯·伍德罗·威尔逊正是向统治阶级领导人吐露了国际联盟这一抽象理念。起初，他把国际联盟描绘为一个庞大的家庭，有共同的利益，致力于追求道德和物质上的自我完善，愿意避开那些可能妨碍或阻挡整体进步的障碍。但从他的态度和行动来看，他并没有真正了解这种思想的来源，没有认识到需要克服的困难，也没有迎接和克服这些困难的毅力。他的第一步行动便导致了该计划的失败。

事实上，托马斯·伍德罗·威尔逊带着一份自制的国际社会宪章来参加巴黎和会，但根据罗伯特·蓝辛的发言："这份宪章从未递交过，目前的《国际联盟盟约》优于美国事先拟订的计划。"至于《十四点原则》，"巴黎和会上甚至没有讨论过"。[①]我也深表怀疑，当时写道：[②]"托马斯·伍德罗·威尔逊总统没有任何具体的计划。他的方法令人震惊。他选择别人计划中有益的方面，努力使持不同意见的人放弃旧潮流的思想，转而支持他的思想。然而，我们可以看出，尽管国际联盟将消灭战争，结束昂贵的战前准备，但现在能建立的，并不是普通大众心目中的国际联盟，而只是一个战胜国的联盟。这些战胜国希望通过经济手段和政治威慑，在不久的将来，吸纳战败国民众进入己方阵营。这一结果将大大低于人民一开始的期望值，令满怀期待的人民大失所望。另外，如果没有一项约束国际联盟成员国的国际条约，制约将来发动战争的一个或几个国家，那么即使战胜国的国际联盟也无法实现。我认为，欧洲大陆的协约国不会完全依赖《国际联盟盟约》，放弃重新调整领土的要求；相反，他们会认为领土调整是确保自己不受突然袭击必不可少的保障。

"这种情况是否会阻止未来的战争，只有经历过才能回答。我和威廉·霍华德·塔夫脱都深信，真正的国际联盟必须拥有战斗力强的部队，

① 《芝加哥论坛报》(巴黎版)，1919年8月27日。——原注

② 《每日电讯报》，1919年2月8日。——原注

而不是掺杂在一起的国际部队。在这些言论中，我总结了一下，即广大人民群众为了自己的利益，花费了大量时间、精力和脑力，是否会同意战胜国组成的联盟来代替最初构想的国际联盟，治理顽固不化的民族？”

国际联盟设想的目标是以权力取代武力，通过仲裁解决争端，禁止一个国家对任何其他国家使用暴力。这就需要有压制宣战和准备战争的权力。当然，这不仅需要有阻止战争的防御系统，也需要有惩罚叛乱国家的惩罚体系。当法律无效时，应该用有效手段来执行，这一点确信无疑。但任何情况下，经济制裁是否都起作用，这着实令人怀疑。在我看来，一方面，在可能的情况下，没有一个直接受国际联盟指挥的部队来维护法庭的决定是不可行的；另一方面，这样一支军事力量与国家军备共存，将导致国际联盟事业走向失败。

分析《国际联盟盟约》不在我的讨论范围之内，但我也很乐意指出它的一些内在缺陷。国际联盟的主要机构是国际联盟大会和理事会。一方面，国际联盟大会是政治性机构，成员国数量较多，必然与人民、人民的需要、人民的愿望脱节。而且每年最多召开三到四次会议。只有它的成员国才会被赋予所有的权力，而这些权力他们不会轻易下放。另一方面，理事会最初由九个成员国组成，每年至少召开一次会议。这两个机构的成员大概将由各国政府任命。[①]各国政府肯定不会在一个与自身关系如此密切的问题上放弃其主权。这样的制度可能是明智的，有利于实现最高目标，但它并不是民主的。指挥一千二百万士兵的军事强国将占据理事会的多数席位。[②]只有秘书处将是常设机构，当然也将由大国任命。

巴黎和会没有废除战争。相反，巴黎和会认为人类无法废除战争。裁减军备本来是巴黎和会的主要成就之一，现在却从《国际联盟盟约》中删除。虽然人们期盼这场战争是最后的一场战争，但不可否认，其他

---

① 《国际联盟盟约》没有规定招募他们的方式。——原注

② 根据《国际联盟盟约》第四条的规定。——原注

战争也许会紧随其后。因此，各大国的代表们作为爱国政客认认真真地工作，提前做好战争准备确保自己国家安全。从理论上看，新秩序建立在权利、正义和道义基础之上，而实际上，新秩序却依赖于强大的军事力量。法国必须保持武装状态，因为它不得不对莱茵河保持警惕。英国和美国除了为即将到来的“世界末日大决战”①训练士兵，还将继续建造军舰和飞机。《国际联盟盟约》中有一条规定：“为维护和平，国际联盟成员国应将国家军备削减到符合国家安全的最低限度。”②用俄罗斯的一个比喻来说，这条规定是用叉子在水面上写的，形同虚设。英国、法国和美国已经同意联合击退德国的无端侵略。显而易见，这表明它们随时准备迎战，因此将为战争做充分准备。英法美这一安排代替了国际联盟部队，仿佛做好战争准备才是最好的解决方法。从长远来看，很少有人相信这一安排会有效。一位头脑清醒的法国人写道：“巴黎和会成立的组织毫无用处。同时由于法国人口减少，法国不得不继续生活在与日俱增的焦虑之中。”他补充说，“准确地说，这个失败的权宜之计告诉我们，每个成员国必须要自我防卫，或者像过去那样与实力更强的国家达成协议。因此，我们要维持军备制度，维护军国主义。”③这位法国人进一步指责托马斯·伍德罗·威尔逊受英国人掌控。他断言，“托马斯·伍德罗·威尔逊或多或少为英国政府做出牺牲，牺牲了国际联盟、军备问题、殖民地和海洋自由问题……”④然而，这种说法言过其实。这位美国政客放弃了那么多，并不是为了英国，而是为了拯救《国际联盟盟约》的部分内容。托马斯·伍德罗·威尔逊和博伊尔·罗奇爵士⑤的行

---

① 源于《圣经》。——译者注

② 《国际联盟盟约》第八条。——原注

③ 参阅保罗-亨利-邦雅曼·德斯图内勒·德康斯坦，《人权公报》，1919年5月15日，第450页。——原注

④ 参阅保罗-亨利-邦雅曼·德斯图内勒·德康斯坦，《人权公报》，1919年5月15日，第457页。——原注

⑤ 博伊尔·罗奇，爱尔兰政客，言论以愚蠢出名。——译者注

事风格一样，为了挽救《国际联盟盟约》的一部分，愿意牺牲整个《国际联盟盟约》。

《国际联盟盟约》有一条规定了争端的仲裁[①]，相关方可以在三个月后坦然发动战争，寻求权利、正义、自决权以及其他常见权利。

总之，巴黎和会代表们用自我催眠的方式来约束自己的政治智慧，而按照常识，代表们是不可能遵循这种方法的。代表中也有一些人从理性和逻辑角度思考并发言，但并没有引起共鸣。其中一人将自己的评论总结如下：

“在战争期间，我们强调民主原则，这一声明引发共鸣。我们为世界各国而战，特别是那些弱小国家。所有的人民，无论大小都被劝诫做出痛苦的牺牲，以便各自政府能够征服敌人。出人意料地，胜利向我们微笑了，于是各国人民要求兑现那些诺言。当然，人民的期望值很高。实际发生了什么呢？协约国政府现在的回答是：‘我们将保障你们的利益，但无须你们合作，无须你们同意。我们将私底下做出安排。我们正在建立的将是一个世界机构，而非人民机构。我们只要求你们绝对信任我们。你们有理由抱怨我们过去的行为。你们说我们将决定你们的未来，你们说对了。但当你们断言我们一定会犯类似错误时，你们错了。你们只要相信我们就行。你们抱怨说，我们受制于承诺的压力和陈旧传统的枷锁，我们无法摆脱这些压力和枷锁，我们的确如此；你们还抱怨，我们主要关心保护和扩大我们各自国家的利益，我们不可能建立一个超越这些利益的组织。那么，你们愿意将自己的家产拱手让人吗？’

“受压迫的奥地利和德国人民已经获得了解放，这是道德上的胜利。为什么不能对他们仁慈点呢？为什么只关注战败国？还是其他地方一切都井然有序？难道在世界其他地方没有不公正现象，没有抱怨吗？

① 《国际联盟盟约》第十二条。——原注

如果有，为什么忽视了呢？难道只要压迫行为不发生在敌国，都将持续下去？那么爱尔兰以及其他十几个国家和民族呢？难道你们听不到他们的呼声吗？

“计划是否成功取决于民众是否赞同，然而，政府禁止民众参与这一宏大的计划，直接导致了民众私下的反对，在某些情况下，甚至鼓励了布尔什维克主义。民众上诉之后，他们对自己不被重视感到不满。在四年半的时间里，是他们在战争中英勇奋进，是他们牺牲了亲人、丧失了财产。以后，国家还需要他们做出进一步的牺牲——牺牲自我、献出财产，而在将来的战斗中，这些牺牲必不可少。现在，他们中的一些人开始拒绝做出这些牺牲。他们质疑政府发动战争与维持和平的权力。他们正在努力将发动战争与维持和平的权力变成自己的权力，以自己的方式行使该权力，或者至少在行使权力时拥有发言权。为了确保自己权力的安全，一部分人民正在和社会主义革命者携手发展事业，而另一部分人民则走上布尔什维克主义之路。这是一个危险的选择。因此，对政府的不满引发了民众的骚动。除了刚才所说的，人民群众对政府还有许多别的不满：封建时代的残余、阶级特权、不平等机遇。这些不满的核心是真理和公平，这些不满赋予所有的地下运动力量，使它们得以生存发展。错误本身并不危险，只有当错误与真理混合在一起时，它才会变得非常危险。当这些政府的利益和国家的利益都受到威胁时，他们应该不遗余力地消灭布尔什维克主义及其不太险恶的‘变异体’。”

国际联盟成立之前，大家认为它会发挥作用。最高委员会议员认为无法解决的所有问题都留给国际联盟来裁决。在国际联盟设立执行这些任务的机构、制定完成这些任务的方式之前，巴黎和会就强加给它一些艰巨的任务。国际联盟“灵活性”强，令人难以捉摸，以至法国人认为国际联盟可以作为便利工具来强迫德国人；德国人把国际联盟看作是德国恢复世界地位的一种手段；日本人希望国际联盟能成为日本通向种族平等的桥梁；组建国际联盟的各国政府决定利用国际联盟实现自己的政治、经济目标——这些目标与人类进步相一致。各国人民将如何看待联盟，我们拭目以待。

关于“门罗主义”与国际联盟的关系，说多了也于事无补。但我们不得不说：像托马斯·伍德罗·威尔逊这样构想并提倡的国际联盟，与“门罗主义”的“区域谅解”格格不入，就像国际联盟与维持国家军备和以人易物格格不入一样。因此，在目前情况下，无论最终结论是国际联盟无法建立，还是旧国家制度的残余已经过时应予以废除，都无关紧要。毫无疑问，这二者不可调和。

托马斯·伍德罗·威尔逊的《国际联盟盟约》最终获得代表们认可，如果单从这种情况来推断它反映了代表们的真实想法或情感，那就错了。威廉·克里斯蒂安·蒲立德是美国和平代表团的专家顾问之一。他在华盛顿参议院委员会会议上证实，美国国务卿罗伯特·蓝辛对他说：“我认为国际联盟目前毫无用处，大国们走在前面，按照自己的意愿整改世界。特别是英国和法国，它们从《凡尔赛和约》中得到了想要的一切。除非得到成员国的一致同意，否则国际联盟无法改变《凡尔赛和约》中任何不公正的条款。然而，大国永远不会同意为了弱小民族的利益而做出改变。”[①]

据我所知，威廉·克里斯蒂安·蒲立德引用的罗伯特·蓝辛的这一意见，也是出席巴黎和会的许多国家代表的意见。巴黎和会的代表当中，我遇到对这个计划赞不绝口的人寥寥无几，赞成的几个代表中，有一位帮助起草过《国际联盟盟约》，另一位辅助这位代表。其余不赞成的评价是在《国际联盟盟约》签署之后做出的。

有一天，其中一位领导人在同我及其他几位代表谈话时说：“国际

① 参阅《纽约先驱报》(巴黎版)，1919年9月14日。——原注

联盟的确很荒谬。有思想的人谁会相信它的真实性？”他的邻国代表回答说：“我相信它是真实的，不过，我认为国际联盟是恶魔，会带来毁灭性后果。国际联盟是一种腐蚀性的毒药，不仅会破坏好的东西，而且会使坏的东西更坏。”一位非参会代表的政客提出异议：“在我看来，国际联盟回应了全世界人民提出的一项要求。有了这一根源，最终会产生一些好的结果。毫无疑问，它存在很多缺陷，但随着时间的推移，它可能——不，一定会变得更好。”那位领导人回答说：“如果你认为国际联盟会帮助欧洲人民，那么你就错了。美国花了三年时间才帮助英国和法国。你认为国际联盟调动并派遣军队援助波兰、罗马尼亚或捷克斯洛伐克需要多长时间？我了解英国殖民地的公众舆论和情感——外国人常常误解这些舆论和情感。我可以告诉你们，他们被那些幻想自己会决定这种行动的人误解了。如果英国告诉殖民地英国需要它们的帮助，它们就会来。因为殖民地的人民和英国人民血肉相连，殖民地区的国防依赖于英国海军，如果英国没落，殖民地也会没落。然而，欧洲大陆国家对英国殖民地没有这样的要求，而英国殖民地也不会为了满足它们的欲望或热情而草率牺牲。”

那位邻国代表接着说：“未来，国际联盟有可能帮助专业外交家们解决争端，但它无法影响其他真正诱发战争的因素。即使一个国家通过破坏和平来增加自己的切身利益，国际联盟也无法阻止。为什么呢？因为国际联盟缺乏手段，它没有一支现成的军队。国际联盟必须创建一支军队。然而，即使国际联盟现在拥有一支强大而有实力的军队，也无法让军队服从自己的命令，因为一切都是最高委员会说了算。因此，如果国际联盟没有一支随时待命的军队，它的命令将如何处置呢？国际联盟正在重新绘制中欧和东欧的地图，并对自己的工作感到非常满意。但我们都知道，这些国家的人民把这张地图看作是一张废纸，上面布满了与现实不符的线条和色块。”

托马斯·伍德罗·威尔逊把联盟的章程称为《国际联盟盟约》。这让人联想到《圣经》和清教徒时代。“盟约”这个词符合他宁愿选择日内瓦也不选布鲁塞尔作为国际联盟所在地的目的，符合他采取所谓具有政治性质的其他措施的目的。正如我们所看到的，这份文件的初稿是在三十个小时内完成的，时间之短让人震惊。这是为了让托马斯·伍德罗·威尔逊将文件带回华盛顿。正如支持协约国的《巴黎回声报》所言：“‘货物’必须在确定的日期之前装运到‘乔治·华盛顿’号轮船上。”[①]

从美国返回欧洲后，托马斯·伍德罗·威尔逊进行的讨论活跃有趣，并有针对性。1919年4月，最高委员会举行了几次会议，会上提出了各种修正案和修改意见，其中一些会对国际关系产生深远的影响，而另一些则无关紧要，甚至引人发笑。有一天，有人提议每个成员国在提前两年通知的情况下可以自由退出联盟。斐迪南·拉尔诺德认为成员资格神圣，不可放弃。当他听到这一提议后，他感到震惊，仿佛这个提议亵渎了神明。斐迪南·拉尔诺德不知道成员国政府为何会走这一步。维托里奥·埃曼努尔·奥兰多则持不同意见。他说：“不管成员资格有多么珍贵，知道自己可以随意放弃它总是一种慰藉。我整天关在房间里工作——和囚犯一样，不能经常外出。但我安慰自己，我想出去就随时可以出去。将心比心，我相信关于联盟成员资格的这一提议，同样令人宽慰。因此，我赞成这项提议。”

在起草《国际联盟盟约》时，人们最感兴趣的是宗教平等的条款。托马斯·伍德罗·威尔逊决定不惜一切代价通过这一条款，如果一种形式行不通，就以另一种形式通过。托马斯·伍德罗·威尔逊在巴黎和会上的工作，很少涉及宗教，这是偶尔可见的一例。事实是，正是基于明显的宗教目的——而不是政治或社会目的——促成了巴黎和会的许多工作，甚至连代表们自己也没有认识到这一点。为使自己的条款得到认

① 《巴黎回声报》，1919年2月17日。——原注

可，托马斯·伍德罗·威尔逊给出的理由是，人道主义是结束流血战争的方式。托马斯·伍德罗·威尔逊并没有按照传统方式，将理由归为文化进步。有一天，托马斯·伍德罗·威尔逊提出了一项具体建议，这个简单而又棘手的问题变成了现实。据报道，他的发言内容大致如下："宗教问题在过去，或许将来都是引起血腥战争的一个原因，似乎《国际联盟盟约》应增加条款，建立宗教信仰和忏悔的绝对自由。"波兰首席代表问道："总统先生，您基于什么原因，认为战争是由宗教差别对待引起的呢？现代史是否证实了这一说法？如果没有，宗教不平等在未来引发流血冲突的可能性有多大？"据说，托马斯·伍德罗·威尔逊对这个尖锐的问题，提出了自己的独到见解。他认为这是权宜之计，即通过假设宗教不平等和战争之间的这种联系，是推动该问题得以解决的最安全的方式。他补充说，如果他要从其他方面着手，毫无疑问会有人提出反对意见，指控巴黎和会正在干涉主权国家的内政，这些反对有理有据。由于这种指控会损害这一事业，必须事先避免。因此，他认为从宗教方面来探讨这个问题是审慎、明智的。

大家默默听取了托马斯·伍德罗·威尔逊的答复，后来又发表了不同的意见。宗教不平等一直延续到20世纪，宗教不平等和现代战争之间所谓的关系显然是虚构的。人们无法理解形成这一假设的原因，也无法理解这一假设对那些立法者带来的影响。在那些立法者看来，由于这种想法涉及对主权国家内政的不当干涉，因此，各国可能会反对这项措施。该提案已提交委员会。该委员会适时提交了一份报告，而托马斯·伍德罗·威尔逊没有参与讨论这份报告——爱德华·曼德尔·豪斯代替了他。讨论时，气氛降到了冰点，它附带的条件实在太难以接受了，只有两三位代表愿意支持该条款，罗马尼亚的代表阿尔西比亚德斯·迪亚曼迪是其中一个，另一位是牧野伸显。爱德华·曼德尔·豪斯非常高兴地向他们表示了感谢。

牧野伸显表示他完全赞同爱德华·曼德尔·豪斯及美国代表们的意见。宗教的平等不仅是可取的，而且对于他们正着手建立的国际联盟的顺利运转也是十分必要的。同时，他认为应把宗教平等扩大到种族平等。这种扩展也是国际新秩序基本原则的必然结果。因此，他提出加入一项宣布种族和宗教平等的条款。听到这里，爱德华·曼德尔·豪斯陷入了沉思。

每一个持反对意见的立法者给出的理由都很有趣。罗伯特·塞西尔勋爵说，即使天主教徒在英国受到公平对待，但他们也不可能与新教徒处于完全平等的地位，因为宪法禁止他们平等，而且也不能要求英国人修改宪法。这让他的同僚们感到十分震惊。他举出了一些例子，说明目前存在的轻微不平等，即天主教徒不能登上王位成为君主；天主教徒也不能在上议院担任大法官。

斐迪南·拉尔诺德代表法国发言。他表示，关于天主教徒地位的立法给法国带来了一系列的麻烦。虽然令人欣喜的是，这些争议正变得不再犀利，但《国际联盟盟约》引入的这项宗教完全平等的条款，可能重新引发争议。因此，他认为在《国际联盟盟约》中加入这一提议来解决这一微妙问题是不可取的。比利时首席代表保罗·路易·阿德里安·亨利·海曼斯指出，比利时政府提出的反对意见不同，但同样有说服力。佛兰芒人可能利用平等条款提出棘手的问题，并播下“不和的种子”。因此，他并不支持这项提案。维托里奥·埃曼努尔·奥兰多半严肃半开玩笑地提醒他的同僚们，没有一个国家像意大利那样在首都有一位教皇。因此，意大利政府必须高度谨慎处理宗教事务，不能轻率地同意任何条款，以防被利用，损害公共利益。因此，他无法同意此项议案。最后，大家建议撤回这两项提案。此时，爱德华·曼德尔·豪斯提出异议说，推崇这项提案的托马斯·伍德罗·威尔逊由于不可抗力缺席，他希望代表们再认真考虑一下。一位代表站起来说道：“既然如此，我们最好推迟投票，等托马斯·伍德罗·威尔逊回来再做定夺。”大家对此表示同意。而当此事在随后会议上讨论时，日本人提出了“种族平等”。

与此同时，巴黎和会外启动了紧急议会状态，以促使日本人将“种族平等”的提案全部撤回。日本人被告知无论最高委员会接受还是拒绝这项提案，都将破坏国际联盟未来事业，而且日本也得不到发展。但西园寺公望和牧野伸显态度坚决、寸步不让。随后，澳大利亚总理威廉·莫里斯·休斯同牧野伸显与珍田舍巳展开对话，以达成妥协。据了解，威廉·莫里斯·休斯是那些反对种族平等宣言者的领袖。日本野心家们向威廉·莫里斯·休斯展示了他们的修正案，并请求威廉·莫里斯·休斯给出双方互利的修改意见，但遭到拒绝。据了解，澳大利亚总理威廉·莫里斯·休斯曾对日本代表的论点做出回应：“我乐于承认日本作为一个国家的平等地位，以及每位日本人作为独立个体的平等地位，但我并不觉得我们应该向他们敞开大门。我们并没有认为我们优于他们，只是不需要他们罢了。从经济上讲，他们对我们来说是一个困扰，因为他们接受的工资远远低于澳大利亚人民愿意工作的最低工资，而且他们和我们的相处也不算融洽，我们也不希望日本男人来娶澳大利亚女人。这就是我的理由。我们无意冒犯，我们不赞同该条款并非特别针对日本人，英国的印度子民也深受其影响。我们不可能对你们的修正案作任何修改，因为没有任何修改可以让我们双方都感到满意。”

据了解，日本代表表示，他们将坚持他们的提案，除非提案通过，否则他们不会签署《国际联盟盟约》。而威廉·莫里斯·休斯反驳说，如果提案通过，他将拒绝签署《国际联盟盟约》。最终，澳大利亚总理威廉·莫里斯·休斯询问牧野伸显是否满意如下条款：“种族平等的原则不适用于移民问题或民族同化问题。”牧野伸显与珍田舍巳表示不满后离开了。

亲历者这样描述当天的情况[①]：按时间顺序。首先，托马斯·伍德

① 1919年4月11日。——原注

罗·威尔逊提出将日内瓦选作未来国际联盟的总部，并获得了多数人的支持。于是，他宣布此提案获得通过。

其次，是关于各种族平等的棘手问题。[1]波兰代表站起来，提出反对意见，其理由为，不应在《国际联盟盟约》的序言中插入任何未在《国际联盟盟约》正文中提到的问题，如果插入的话，它只不过是一种孤立的理论，缺乏与整体的有机联系。接着，日本代表发表演讲。日本代表的陈述有理有据、令人印象深刻。牧野伸显为种族平等提出了非常有力的提议，珍田舍巳随后进行了有力的论述，赢得了在座听众的高度赞赏。在座代表几乎都承认了日方主张的正义性。日本考虑到自己是五大理事国之一，如果拟议的修正案被否决，容易被误认为是对日本威望的削弱。日本代表说，这种考虑与是否承认种族平等的问题完全无关。最后，他们拒绝撤回修改后的修正案，并要求进行表决。尽管修正案获得多数票，但托马斯·伍德罗·威尔逊宣布，多数票不足以证明应当通过该提议，只有全部通过才能通过该提议。听到这里，一位代表表示道："总统先生，我想请问您，您刚刚接受了关于日内瓦提案的多数票，为什么拒绝日本代表团修正案的多数票呢？""这两种情况不同，"他回答道，"而就这个问题达成全体一致是不可能的。"然后结束了正式讨论。

据称，一段时间后，曾支持托马斯·伍德罗·威尔逊关于宗教平等提案的罗马尼亚人着手处理这一问题，并被告知美国代表愿意看到原来的提案再次被提出。有人指出说，这样一项提案将受到罗马尼亚人的欢迎。尽管罗马尼亚代表阿尔西比亚德斯·迪亚曼迪从一开始就主张这样做，但现在他犹豫了，他害怕日本坚决反对。然而，他们随后得到保证——日本人将不再阻挠。于是，他们把这件事告诉了罗伯特·塞西尔勋爵，但罗伯特·塞西尔勋爵有了上次经历后，谨慎地回答说，这是一

① 日本最后修正案的措辞是："赞同国家平等和公正对待其国民的原则。"——原注

个微妙的问题。至于罗伯特·塞西尔勋爵自己，他宁愿把该提议留给别人。罗马尼亚代表就不能向如此在意这个修正案的爱德华·曼德尔·豪斯敞开心扉吗？罗马尼亚代表听从了这个建议，并拜访了爱德华·曼德尔·豪斯。然而，爱德华·曼德尔·豪斯也觉得这个议题很重大也很棘手，最好将其提交给美国代表团团长。发起这一修正案的托马斯·伍德罗·威尔逊，是最有资格采取直接行动的人。日本代表向托马斯·伍德罗·威尔逊总统表明，重新提出这个问题是可取的，但托马斯·伍德罗·威尔逊总统拒绝再次发起投票。这件事也就不了了之了。

后来，日本又公开宣称，如果就山东争端达成协议，日本决定放弃种族平等的修正案，并签署《国际联盟盟约》。就这样，日本代表团放弃了这份种族平等的条款。据说，种族平等的条款是在日本代表们离开日本之前就决定了的。并且据日方称，当时没有料到德国在山东的特权"移交"给日本的要求会遇到困难，然而，对于这项修正案的讨论截至1919年4月21日，就是在讨论胶州问题之前。实际上，日本在达成胶州问题决议的前两天①，已公布了他们支持国际联盟的意图。

托马斯·伍德罗·威尔逊钟爱的计划是宣布宗教平等作为阻止血腥战争的一种手段，然而，有些代表认为托马斯·伍德罗·威尔逊努力谋划在全球建立盎格鲁-撒克逊民族的霸主地位，这些反对声音将巴黎和会代表们的反应推向高潮。这种说法——战争可能是由这种宗教不平等挑起的，毫无依据，这在托马斯·伍德罗·威尔逊的许多同僚心中引起怀疑。他们中的大多数人认为，大国正在寻求一个借口，以便能够干预其他国家的内政，以便将这些国家牢牢地掌握在手中，并利用宗教平等达到自己目的，而这些目的绝非公正无私。不幸的是，1919年4月至会议闭幕，最高委员会颁布的某些措施强化了这个观点。乍看之下，其他

① 1919年4月28日。——原注

代表的疑虑似乎与20世纪的任何紧迫问题都相去甚远，完全像是虚构的。他们担心宗教偏见——或者有人称之为种族偏见——是托马斯•伍德罗•威尔逊政策的根源。对一些读者来说，这也许令人惊异，但事实上，相当多的代表认为盎格鲁－撒克逊人背后真正有影响力的是闪米特人。

分析托马斯·伍德罗·威尔逊总统提出的关于宗教不平等问题的提案和为让东欧的犹太人满意，强加于小国的保护少数民族的措施后，代表们得出总结，沿此方向提出和实施的一系列权宜之计都受到了犹太人的鼓舞。犹太人聚集在巴黎，以实现他们这一深思熟虑的计划，并且这一提案也得以顺利实施。由于这些观点是构成时局的一个永恒因素，无论这些代表们的观点正确与否，对此视而不见无疑是巨大的错误。有的国家受此政策的影响，它们的代表甚至认为这对东欧地区的和平是毁灭性的。代表们总结出一条规律："从此以后，尽管世界将由盎格鲁-撒克逊人民统治，然而，盎格鲁-撒克逊人民将受犹太人左右。"

人们很难找到适当的概念，诠释这一"发现"激发的情感——几乎可以称之为"激情"。在过去，人们无数的疑惑和不解都可以用这条规律解释。证明这条规律的例子，以及为了确保其成功而使用的诱骗和威胁伎俩，贯穿了巴黎和会的整个历史，并通过一种新的、可能是扭曲的媒介介绍了会议。这种病态的猜疑可能是那些在种族斗争中度过大半生的人的天性，但根据普遍的说法，在巴黎和会上，由于少数民族条款的一些提倡者缺乏限制，缺乏尺度意识，这种猜疑得到了充分的滋养。东欧代表的观点总结如下："我们国家的发展政策迅速向犹太人倾斜。所有从前歧视过他们的东欧政府正在承认自己的过失，并庄严地承诺历史将翻开新的一页。不，新的时代已经到来了。比如，我们修改了我们的法律，以期满足巴黎和会的规定和犹太人的迫切要求。我们做得足够多了，我们废除了可能损害我们主权或降低我们威望的法令。波兰和罗马尼亚颁布法律，确保犹太人与其本国国民之间的绝对平等。来自俄罗斯的移民犹太人享受公民的全部权利，并有权在波兰和罗马尼亚担任任何职位。总之，所有歧视都已消除，所有旧的陋习都被废除了。东欧政府热切期盼的是，各国犹太人可以被当地人同化，成为像他们一样的爱国公民。这是一个新的理想，它满足了犹太人的所有需求。这样，他们就可以证明自己是本国的合法公民，正如法国、意大利和比利时的犹太人做的那样。”

但随着胜利的到来，犹太人——或者更确切地说，巴黎和会上犹太人的发言人——对现在的平等并不满意。他们所要求的是不平等。这种不平等不仅损害了热情好客的其他人民，而且损害了其他人民的利益。他们不仅想拥有与罗马尼亚人、波兰人及其他民族相同的权利，而且想拥有更多的权利。犹太人的宗教自治是在外来机构——国际联盟——的保护下实现的。国际联盟只不过是大国保留他们统治世界的权力的另一个名字。他们的方法不仅要求每个小国赋予少数民族拥有大多数民族享有的相同权利，而且还要赋予少数民族一些特权。国际联盟强迫小国与大国签署一项正式条约，强制推行这一规定。波兰人、罗马尼亚人和其他小国被迫签署条约。该条约包含二十一条条款。该条约的前半部分涉及所有少数民族，而后半部分全部关于犹太人。与波兰签订的保护少数民族条约的第二条规定自1914年8月1日起，每一位常住波兰的人都即刻成为该国公民。条款简单，但人民满意吗？许多法国人和波兰人都和我们一样持怀疑态度。1914年8月1日，许多德国和奥地利的特工和间谍长住在波兰，其中许多都是犹太人。此外，和战前的其他人一样，那些从俄罗斯移民过来的犹太人，在战争之前失去了对波兰复国的期盼，他们肯定投靠了波兰的敌人。现在把宪法武器交到这样的犹太人手中，太冒险了。维尔纽斯的犹太人最近坚决反对将该城市纳入波兰。[①]他们会被视

① 维尔纽斯的犹太人联盟在其纲领上题写了维尔纽斯与俄罗斯联盟。绝大多数波兰人赞成维尔纽斯归波兰。——《时报》，1919年9月14日。选举于9月7日举行。——原注

为忠诚的波兰公民吗？我们绝对承认这一点，但要给予他们自治权，允许他们在现有的国家内部建立一个新国家，并且新国家的臣民能够随时召集外国势力，反对现有国家的政府，那我们就不同意了。尽管这是一种权宜之计，但刚刚解放的人民并不欢迎这一权宜之计。

罗马尼亚首相扬·约内尔·布勒蒂亚努为协约国事业做出了杰出贡献，赢得了代表的尊重。他曾在一次全体会议上就保护少数民族和宗教少数群体的问题，做了一次有影响力的演讲。[①]他提到了这一特殊条约制定者忽略的问题。他的真诚更是为他的演讲增添了不少分量。他从一假设条件谈起。他认为，如果当今国家的实力取决于该国政府中所有人口广泛参与的程度，那么必须废除不同种族、宗教之间的不公平待遇。到目前为止，他与很多大国发言人的观点不谋而合。罗马尼亚已经通过一项法令实现了这一点。罗马尼亚的犹太人只要通过一个简单的程序表达自己的愿望，就可获得公民资格。这一法案赋予了八十万犹太人罗马尼亚公民的全部权利。当时，布加勒斯特犹太人媒体对这一法案特别满意。然而，如果犹太人被视为特殊的一类，与当地公民分隔开来，他们拥有自治机构，操着反罗马尼亚的德意志-意第绪语方言，有权将罗马尼亚视为低级法庭，有权向外国机构——国际联盟——提起上诉，这也是所有特权中最不利的。同化这些操着德意志-意第绪语的犹太人为罗马尼亚同胞的计划是完全不可能实行的。然后，犹太人和本国公民将会整体相互疏远，界限分明。鉴于此，人民大众可能会做出不寻常的反应。如果条约一旦得到批准，将无法阻止这种情况的发生。与对人民的不利相比，外国保护对一个国家的影响更加糟糕，因为它往往会破坏政府和人民团结一致的关系，并最终导致国家解体。俄罗斯对土耳其受迫害基督徒的善意保护就是这种分裂过程的典型例子。在这种情况下，俄罗斯的

① 1919年5月31日，星期六。——原注

动机是令人钦佩的，对这些基督徒的保护也十分有必要，但结果是土耳其的解体和一些令人难以释怀的变故。

捷克斯洛伐克、南斯拉夫和波兰代表团发表了简短而精练的演讲，支持扬·约内尔·布勒蒂亚努的论点。托马斯·伍德罗·威尔逊以亲切的口吻发表了冗长的反驳，驳斥了扬·约内尔·布勒蒂亚努把协约国的提议与俄罗斯对土耳其基督徒的保护相提并论的说法，并说这纯粹出于善意。他说，现在各大国赋予有关国家独立的地位或者广大的领土，保障了这些国家的边界，有关国家应对自己地区的永久安宁负责。他还补充说，如果小国不能公平公正地对待少数民族，可能会带来严重麻烦，甚至引发战争。因此，为了整个欧洲的利益，也为了每一个成员国的利益，各大国有责任确保和谐的关系，无论如何也要消除阻碍这些关系建立的所有明显障碍。“我们保证你们的边界和领土。这意味着如果有必要，我们将派武器、船舶和人员过去。因此，我们有权利和义务消除一系列恶劣条件，我们不得不采取措施。”

按照这种思路，扬·约内尔·布勒蒂亚努做出回答：既然这条原则这么有益，应该具有普遍的适用性。因此，如果保护少数民族的确是不可或缺的，那么这种保护不应限于东欧国家，而应扩大到所有国家。人为地建立两类国家是无法接受的：一类具有充分主权，另一类却只有半主权。这样将破坏国际联盟的平等。

然而，各大国已经下定决心将这些特殊条约强加给这些不情愿的国家。于是，罗马尼亚首相退出了会议。罗马尼亚和南斯拉夫都没有在圣日尔曼昂莱同奥地利签署条约。

很少有政客们意识到问题的严重性，这些问题被可憎条约中的外交措辞所隐藏。他们也很少意识到法令的危险性。这些法令的实施本用来保护少数民族，现在却将少数民族暴露在危险中，而且也将对少数民族热情好客的国家及其他暂时没有这些危险问题的国家暴露在危险中。政客盲目地满足于这个计划的可行性，并没有意识到很多未确知的因素。几个世纪惨绝人寰的压迫，欧洲的犹太人有充分理由利用重新整治世界带来的机会，以享有平等待遇。必须承认，犹太人有了不起的组织能力。多年来，我一直支持犹太人在俄罗斯的事业，并在沙皇亚历山大二世和亚历山大三世统治时期，写过很多相关文章。[①]每一个公正的人，无论他属于什么民族，信奉什么宗教，都会同情一个被践踏的民族。例如，波兰分裂以来不幸的俄罗斯犹太人。他们认为如果赋予他们平等的权利——毫无保留的完全平等，他们就感到心满意足。这是波兰和罗马尼亚的许多犹太人的观点。他们中的一些人在巴黎呼吁并敦促我公开表达他们的期望和恐惧。他们希望巴黎和会给予犹太人平等的权利即可，无须给予他们特权，他们也担心企图建立特权地位的后果。为什么这种情况只存在于东欧，而不是其他地方？为什么不扩展到其他民族，毕竟其他国家也拥有很多少数民族？这些问题，只有世界立法经历意义深远、重大的变革后，才能给出一个满意的答复。

东欧的一位政客强烈呼吁撤销少数民族条款。他认为赋予居住在我们中间的犹太人全部权利的主要目的，是移除阻碍他们成为国家真正、忠诚公民的障碍，就像他们的亲属在法国、意大利、英国和其他地方一样。他说："犹太人要求享有罗马尼亚和波兰同胞享有的所有权利，这合情合理，但他们也应该像其他人民一样，接受并履行与其有关的职责，这同样才公平公正。正如它是法国、英国、意大利等国的理想一样，逐步同化社会各民族因素也是我们的理想。

"孤立和特殊主义是这种理想的对立面，就像人体中有一块铁或一根木头，这会导致溃疡和流脓。因此，我们所有的制度都应考虑鼓励同化。如果我们采取相反的政策，我们会不可避免地使享有特权的人群与

① 我在《每日电讯报》《双周评论》和其他英国及美国期刊上发表了几篇系列文章，并在我的著作《俄罗斯人的特征》中有长长的一章讲述这些事。——原注

没有特权的人群分离，使他们之间产生敌意，并产生无穷无尽的管理忧虑，提前击溃我们善意的目标——把国家的各种民族成分融合成一个和谐的整体。

“正如适用于犹太人一样，这一论点完全适用于我们中间的其他民族。因此，少数民族条款将内部敌人强加给每一个服从该条款的国家，这是一个必然结果。只有那些赞同‘分而治之’的人，才会对其大加赞扬。

“少数民族条款还明显削弱了国家主权。每当一个少数民族对我们提出控诉时，我们就有可能被带到外国法庭上。[①]从波兰令人痛心的大屠杀记录中，我们可以推断出，最近提出的这些控诉是多么的容易——不，是多么的恶毒。而实际上，协约国自己的秘密特使已经证明，这些大屠杀完全是虚构的。那么，我们要和谁来制定这些讨厌的规定呢？与国际联盟？不。我们必须把自己与大国捆绑在一起。这些大国本身也有少数民族，它们的少数民族也抱怨不断地受到胁迫，却无人理会他们的诉求。爱尔兰、埃及就是引人注目的例子。它们的代表都没有资格参加会议。如果这些大国力图执行的原则有任何价值，就应不加区别地适用于所有少数民族，而不应限于那些已经面临重重困难的小国。”

少数民族条款使国家处于国际联盟持续控制之中，随时面临国际联盟的干预，因此，少数民族条款遭到欧洲大陆舆论的坚决反对。[②]但引用两位温和的法国政论家的观点并无不妥。这两位政论家一直是协约国事业最热心的倡导者。他们的评论涉及波兰不得不签署的少数民族条约中的条款[③]。该条约是这样规定的：“不得强迫犹太人从事任何违反其安息日习俗的行为，也不得因他们拒绝在安息日出庭或从事任何合法事务而

① “波兰同意，任何国际联盟理事会成员都有权将任何违反这些义务的行为，或有违反这些义务的危险的行为，提交给理事会。理事会可根据情况，采取它认为合适、有效的措施，并指明方向。”——同波兰的《特别条约》第十二条。——原注

② 参阅《洛桑日报》，1919年4月24日。——原注

③ 《特别条约》第十一条，《比利时之星》，1919年8月17日。——原注

使他们丧失任何权利。但这一规定并不免除犹太人服兵役、保卫波兰或维持公共秩序的义务，而这些义务也同样强加于所有波兰公民。波兰宣布禁止在星期六进行选举，无论是一般选举还是地方选举，也不得在星期六进行选举或其他目的的登记。”①

奥古斯特·戈万写道：“在法国，没有条例规定基督徒在星期日可以不用出席巡回法庭。有人可能会问，协约国对星期日都没有特殊规定，为什么对安息日的尊重却如此专横地强加于每个人。而且，波兰还被迫不准在星期六举行选举。协约国没有制定天主教徒享有特权的法规，在波兰，犹太人为什么要享有别的宗教没有的特权呢？对穆斯林采取同样的措施了吗？我们知道著名的印度穆斯林，在埃德温·萨米埃尔·蒙塔古的带领下走出了阴影，他们要求增加保护伊斯兰教的条款了吗？犹太复国主义者会将他们的教条强加于巴勒斯坦吗？一个国家是否

埃德温·萨米埃尔·蒙塔古

① 犹太人的安息日是星期六。——译者注

应该每周拿出两三天，以便让犹太人遵守它们的宗教法律呢？在实践中，天主教已经适应了世俗的立法和现代生活的迫切需要。波兰的犹太教似乎也可以这样做。在罗马尼亚，犹太人的宗教活动没有遇到任何障碍。实际上，在摩尔达维亚北部——也就是犹太人占多数的地方，犹太人设法把自己的风俗习惯强加给其他人。众所周知，桥梁收费处的犹太守卫者禁止人们在星期六过桥。一方面，他们的宗教信仰禁止他们在那天收钱；另一方面，他们不允许任何人不付钱就过桥。‘四巨头’本可以把他们的注意力放在比强制遵守安息日更有用或更紧迫的事情上的。

“扬·约内尔·布勒蒂亚努拒绝接受‘四巨头’或‘五巨头’规定的有利于少数民族和宗教群体的条件，这是可以理解的。战前的罗马尼亚是一个自由的国家，一贯按照最现代的原则管理。罗马尼亚对一般外国人所制定的种种限制即将废除，而与罗马尼亚的限制相比，对美国和澳大利亚自治领制定的限制有过之而无不及，却依然继续执行着。既然美国和英国政府如此重视某些欧洲国家的少数民族和宗教群体的命运，为什么拒绝在《国际联盟盟约》中承认种族平等的原则呢？他们的行为让那些坚持‘个别利益’的国家意识到，他们是武断政策的受害者。这将来可能会带来麻烦。”①

不久前还担任内阁部长的另一位杰出的法国人德尼·科尚写道：“这次会议制定了有利于少数民族的法律，但这些法律并不公正。巴黎和会把这些法律强加给我们盟友，冒犯了这些国家。这些法律迫使他们尊重犹太人的习俗，为他们保留学校……在我的职业生涯中，为了给法国天主教徒争取这种权力，我花费了大量的时间，然而，巴黎和会却轻易地赋予了别人。天主教徒辛辛苦苦，上交税金。然而，那些天主教的学校不仅没有预算拨款，而且那些信仰天主教的教师都没有自由。我曾

① 《辩论报》，1919年7月7日。——原注

德尼·科尚

在报纸上看到一位博士生——他是一所大学的学生，因为他是天主教圣母兄弟会会员，被赶出了班级并被迫放弃了他的使命。哀莫大于心死。我见过一些年轻的牧师，经过长时间、艰苦的准备，才能够参加大学奖学金的竞争，但在最后时刻，他们被淘汰了——只是因为他们穿着教士的服装。然而后来，他们成了士兵。我曾见过学院和专业联合会一致同意推荐谢尔神父担任法国公学院教授，但遭到教育部长的拒绝。我相信，如果有外国人——即使他们是盟友，甚至是朋友——来干涉我们废除这些不公正的法律，我将和埃米尔·孔布[①]一道，极力反对他们。我会像斯格纳瑞尔[②]的妻子那样惊呼道：'要是我愿意挨打怎么办？'尽管我

① 埃米尔·孔布是将宗教团体驱逐出法国的法律制定者。——原注
② 法国剧作家莫里哀作品中的人物。——译者注

对家暴感到恐惧，但我更害怕外国的干预，我们的内政应该由我们自己来解决。让我们用所有的力量与不公正的法律做斗争，哪怕只能靠我自己的力量。”[①]

被迫接受少数民族条约的国家变成了随时可引爆的火药库，使欧洲持续动荡，并阻碍了民主观点的生长，而这些民主观点可以促进集体力量与个人力量的结合，这对和平与进步至关重要。近代史不乏偏见影响现实的例子，其中最引人注目的，莫过于这种不正规的立法在整个欧洲播下了战争和冲突的种子。

最后再审视一下巴黎和会的结果。摧毁普鲁士军国主义是巴黎和会最重要的成就，受到人民的欢迎。我们应该把这一成就归功于军队的英勇，而不是巴黎立法者的睿智。波兰复国，和在同盟国废墟上新建或扩大了其他自由国家，也是最受欢迎的成就，但少数民族条款却让这一成就逊色不少。尽管国际联盟像一个没有玉米研磨的磨粉机一般，在毫无意义地转动，但“国际化”已被庄严宣告成为新秩序的中心思想。人们为实现新秩序而做出的努力，即使是微不足道的努力，也标志着人类文明的进步。

因此，国际化的思想加入了现实的概念，它注定将继续站在当代政治的前沿，直到各国人民自己将其运用在可行的制度中。代表们没有意识到的是，创建国际联盟的计划并不意味着国际联盟的建立。

不足的方面，我已经说了很多，但还要加上几句。需要牢记的一个重要事实——既不需要被赞扬也不需要被谴责——世界议会本质上是盎格鲁-撒克逊人的议会，其语言、政治观念、自尊以及对一切外来事物的漠视本质上都源于英国。发言时，主要代表看向未来，而行动时，他们却看着过去。一家地地道道的英国新闻机构，提到国际联盟时，这样写

① 《费加罗报》，1919年8月21日。《巴黎回声报》，1919年8月22日。——原注

道："我们把《国际联盟盟约》生硬地插入《凡尔赛和约》，《国际联盟盟约》仍然是指向新世界的路标。但我们注意到《凡尔赛和约》本身是18世纪的一件好作品，它从世俗和实际的考虑中汲取灵感，对力量平衡原则的支持远远超过口头上的支持。"[①]

这句话公正评价了代表们所做的工作。但代表们这样做是有罪的。如果他们有意地、公然地以这些结果为目标，并且引导世界不去寻找其他目标，那么针对他们的大多数批评都将毫无意义。他们燃起了希望，却拒绝去实现；他们削弱了人们对公共条约的信任；他们加剧了整个世界的猜疑和仇恨；他们在欧洲大陆上的每一个国家倾倒了"强溶剂"；他们在俄罗斯激起了强烈的情绪，然后让这个不幸的国家陷入前所未有的无政府状态。总之，他们收集了帝国主义、民族主义和国际主义广泛散布的炸药，增加了它们的破坏性，并把他们递给以国际联盟为代表的世界各国人民身上。其中一些代表对国家的混乱深表遗憾，但他们否认这与巴黎和会存在因果关系。

扬·克里斯蒂安·史末资将军离开巴黎前往南非之前坦率地承认，《凡尔赛和约》不会给我们带来各国人民希望的真正和平。《凡尔赛和约》签署之后才开始缔造和平。1919年4月14日，《巴黎回声报》写道："国际联盟现在只是一个可充气的囊袋，没有人敢把它描述成一盏灯笼。"[②]1919年4月29日，《巴黎回声报》又写道，"至于我们，我们从不相信国际联盟。"[③]布尔什维克主义者弗拉基米尔·伊里奇·列宁称国际联盟为"掠夺世界的组织"[④]。

协约国本身也处于混乱状态。法国人对英国人持怀疑态度；大部分

① 《晨报》，1919年7月21日。——原注
② 《巴黎回声报》，1919年4月14日。——原注
③ 《巴黎回声报》，1919年4月29日。——原注
④ 《芝加哥论坛报》（巴黎版），1919年9月17日。——原注

美国人对英国人和法国人在巴黎和会上的表现深感不满；法国、英国和美国深深地伤害了意大利；罗马尼亚人厌恶许多国家，罗马尼亚曾为了它们押上了一切，而且牺牲了太多；在波兰和比利时，英国人已经失去了在巴黎和会之前享有的好名声；希腊人对美国代表感到愤怒；绝大多数俄罗斯人痛斥他们的前盟友，转而求助于德国人和日本人。

“重新安置中欧，”美国的一份报纸写道，“并不是为了中欧的安宁。各大国心怀鬼胎，其中法国最积极，美国和英国要消极些。法国的目的是永久遏制德国的政治主导地位……我们不能通过现在的‘邪恶游戏’来拯救欧洲。没有和平、没有秩序、没有安全……它所能做的就是加剧灾难、加剧分裂。”①

一位杰出的美国人——一直是英国的朋友②，在一篇评论文章中指出，国际联盟计划正在慢慢破坏英美同盟。“美国将永远被卷入欧洲政治的‘蜘蛛网’，美国对此越来越愤怒。”……如果美国参议院出于对所谓和平的考虑批准国际联盟，他补充道，“在我看来，这种不情不愿将对英美同盟造成巨大的伤害。”③

当托马斯·伍德罗·威尔逊着手建立公平公正的管理体制时，一些美国同胞给予了全心全意的支持，其中一些同胞把托马斯·伍德罗·威尔逊在巴黎的工作成果总结如下：④

“托马斯·伍德罗·威尔逊郑重反对特殊联盟，然而，最后美国竟与英国和法国结成特殊联盟。他一再谴责秘密条约，最后他认识到，尽管这些秘密条约与后期签订的公共协议具有同等约束力，但二者存在冲突，因此，对这些条约不能置之不理。‘公开缔结公开合约’实际上并

① 《新共和报》，1919年8月6日。——原注

② 詹姆斯·B.贝克。——原注

③ 《北美评论》，1919年6月。——原注

④ 参阅《新共和报》1919年8月6日第5页、第6页。——原注

未做到。尽可能消除经济壁垒指的是消除德国的经济壁垒，同时对从未与之交战过的民族实现经济封锁。在军备方面，保证给予和索取并行，实际只有从德国索取，并没有给予任何国家。向俄罗斯承诺的‘给予俄罗斯独立决定其政治发展的机会’，已经由托马斯·伍德罗·威尔逊和其他人构想出来，但谨慎的赫伯特·亨利·阿斯奎斯认为‘充满了困惑和忧虑’，并未给予俄罗斯这个机会。纠正1871年的错误，是对1914年边界的默默肯定。意大利将获得的‘明显可辨认的国家线’纯粹是空话，詹姆斯·布赖斯对此表示谴责。向奥匈帝国人民承诺的‘民族自治发展的最好时机’，实际上并没有给奥地利人……”

赫伯特·亨利·阿斯奎斯

无论从什么角度看待巴黎和会的工作——伦理角度、社会角度还是政治角度，结果都显示，巴黎和会是一次精心设计的会议，其目的是攫取更高利益，削弱当代人的道德意识，煽动国家和民族仇恨的火焰，拉大统治阶级和人民群众之间的鸿沟，打开无政府主义浪潮的闸门。真理、正义、公平和自由已经被扭曲，被迫为经济政治利益服务。冷漠高傲的美国人已经在抢夺欧洲利益。在欧洲，每个国家都在反抗邻国，而且每个人都在反抗统治阶级。各国政府都在积极备战，它们相信战争是凡尔赛和平不可避免的结果。帝国主义和军国主义正在未知的土地上扎根。总而言之，“普鲁士军国主义”非但没有被摧毁，反倒被战胜国公开采用。英勇军队做出的巨大牺牲被忽视，而且这使世界上一部分人有理由站起来反对另外一部分人。

译名对照表

Achilles	阿喀琉斯
Adriatic Sea	亚得里亚海
Agram	阿格拉姆
Albania	阿尔巴尼亚
Alcibiades Diamandi	阿尔西比亚德斯・迪亚曼迪
Alexander I	亚历山大一世
Alexander III	亚历山大三世
Alexander Kerensky	亚历山大・克伦斯基
Alexander Petrovich Izvolsky	亚历山大・彼得罗维奇・伊兹沃利斯基
Alexander Vasilyevich Kolchak	亚历山大・瓦西里耶维奇・高尔察克
Alsace	阿尔萨斯
Alsace-Lorraine	阿尔萨斯－洛林
Alscuth	阿尔斯库斯
Andrew Bonar Law	安德鲁・博纳・劳
Ante Trumbic	安特・特伦比奇
Anton Ivanovich Denikin	安东・伊万诺维奇・邓尼金
Antonino Paternò Castello	安东尼诺・帕泰尔诺・卡斯泰洛
Antonio de Viti de Varche	安东尼奥・德维蒂・德瓦尔基
Antonio Salandra	安东尼奥・萨兰德拉
Antwerp	安特卫普
Archangel	阿尔汉格尔
Ariadne	阿里亚德妮
Armageddon	世界末日大决战

Armand Jean du Plessis de Richelieu	阿尔芒·让·迪普莱西·德·黎塞留
Armenia	亚美尼亚
Armenians	亚美尼亚人
Arthur James Balfour	阿瑟·詹姆斯·鲍尔弗
Atlas	阿特拉斯
August von Mackensen	奥古斯特·冯·马肯森
Auguste Louis Charles	奥古斯特·路易·查理
Axel Oxenstjern	阿克塞尔·奥克森谢尔纳
Azerbaijan	阿塞拜疆
Aztecs	阿兹特克
Banat	巴纳特
Banat Republic	巴纳特共和国
Basel	巴塞尔
Bela Kuhn	贝拉·库恩
Berna	伯尔尼
Bessarabia	比萨拉比亚
Big Five	五巨头
Black Sea	黑海
Boghos Nubar Pasha	博戈·努巴尔帕夏
Bois de Boulogne	布洛涅森林公园
Bokhara	博卡拉
Bologna	博洛尼亚
Bomst	博姆斯特
Boris Savinkov	鲍里斯·萨温科夫
Botzen	博岑
Boyle Roche	博伊尔·罗奇
Brest	布列斯特
Brest-Litovsk	布列斯特－立陶夫斯克
Brussels	布鲁塞尔
Budapest	布达佩斯

Bukovina	布科维纳
Burgas	布尔加斯
Buryats	布里亚特人
Calcutta	加尔各答
Canal of Terneuzen	斯凯尔特河
Carl von Nostitz	卡尔・冯・诺斯蒂茨
Carlyle's Doctrine	卡莱尔学说
Caroline Islands	加罗林群岛
Caucasus	高加索
Central Empires	同盟国
Central Telegraph Control	中央电报控制局
Cetinje	采蒂涅
Chamber of Deputies	国民议会
Charles Crane	查尔斯・柯兰
Charles I	查理一世
Charles-Joseph Lamoral	查理・约瑟夫・拉莫拉尔
Chinda Sutemi	珍田舍巳
Cilicia	奇里乞亚
Circassians	切尔克斯人
Cognac	科尼亚克
Collège de France	法国公学院
Cologne	科隆
Colonel Marsh	马什上校
Colorado	科罗拉多州
Comanches	科曼奇人
Commission of League of Nations	国际联盟委员会
Comte de la Garde	德・拉・加尔德伯爵
Concilium Vaticanum Primum	梵蒂冈大公会议
Conrad von Hoetzendorff	康拉德・冯・霍岑多夫
Constantinople	君士坦丁堡

Control Section	控制部
Corsica	科西嘉岛
Council of Ten	十人会议
Crete	克里特岛
Croesus	克罗伊斯
Czechoslovakia	捷克斯洛伐克
Dalmatia	达尔马提亚
Dalmatian coast	达尔马提亚海岸
Dantzig	但泽
Dejoces	迪奥塞斯
Denys Cochin	德尼·科尚
Djibouti	吉布提
Dobrudja	多布罗加
Dombrova	多姆布罗瓦
Dresden	德累斯顿
Ecbatana	埃克巴坦那
Echo de Paris	《巴黎回声报》
Edvard Benes	爱德华·贝奈斯
Edward George Villiers Stanley	爱德华·乔治·维利尔斯·斯坦利
Edward Mandell House	爱德华·曼德尔·豪斯
Edwin Samuel Montagu	埃德温·萨米埃尔·蒙塔古
Elise von Bernstorff	埃莉泽·冯·伯恩斯托夫
Emil Eichhorn	埃米尔·艾希霍恩
Emile Combes	埃米尔·孔布
Emile Joseph Dillon	埃米尔·约瑟夫·狄龙
Emile Vandervelde	埃米尔·范德维尔德
Emir Faissal	埃米尔·费萨尔
Epistacio Pessoa	埃皮塔西奥·佩索阿
Erzerum	埃尔祖鲁姆
Esmé Howard	埃斯米·霍华德

Essad Pasha Toptani	埃萨德・帕夏・托普塔尼
Eupen	奥伊彭
Exchange Commission	交易委员会
Fashoda Incident	法绍达事件
Father Schell	谢尔神父
Federal Council	联邦委员会
Ferdinand I	斐迪南一世
Ferdinand Larnaude	斐迪南・拉尔诺德
Ferries	费列斯
first Balkan Wars	第一次巴尔干战争
Fiume	阜姆
Francis Joseph Kernan	弗朗西斯・约瑟夫・克南
François-Marie Arouet	弗朗索瓦－马里・阿鲁埃
Frankfurt	法兰克福
Franz Ferdinand	弗朗茨・斐迪南
Franz Hager	弗朗茨・黑格
Franz Josef I	弗朗茨・约瑟夫一世
Frederick the Great	腓特烈大帝
French Consul-General	法国总领事
Friedrich von Gentz	弗里德里希・冯・根茨
Friuli	弗留利
Gabriele d'Annunzio	加布里埃莱・邓南遮
Gaius Fabricius Luscinus	盖厄斯・法布里修斯・卢希努斯
Galicia	加利西亚
General Gorton	戈顿将军
Geneva	日内瓦市
Georg Christoph Lichtenberg	格奥尔格・克里斯托夫・利希滕贝格
George Davis Herron	乔治・戴维斯・赫伦
George V	乔治五世
George William Buchanan	乔治・威廉・布坎南

Georges Jacques Danton	乔治·雅克·丹东
Ghent	根特
Giovanni Boccaccio	乔瓦尼·薄伽丘
Giovanni Giolitti	乔瓦尼·焦利蒂
Goethe	歌德
Gomi	戈米
Gorizia	戈里齐亚
Grand Sheriff of Mecca	麦加大谢里夫
Grand Vizier	大维齐尔
Great Council	大议事会
Greeks	希腊人
Guglielmo Imperiali	古列尔莫·因佩里亚利
Gwilym Lloyd George	格威利姆·劳合·乔治
Hall Caine	霍尔·凯恩
Hall of Mirrors at Versailles	凡尔赛宫的镜厅
Hamelin Town	哈梅林小镇
Hanover	汉诺威
Hans Adam Dorten	汉斯·亚当·多藤
Havas Agency	哈瓦斯集团
Havre	勒阿弗尔
Hedjaz	汉志王国
Henri Allizé	亨利·阿利泽
Henry Cabot Lodge	亨利·卡伯特·洛奇
Herbert Clark Hoover	赫伯特·克拉克·胡佛
Herbert Henry Asquith	赫伯特·亨利·阿斯奎斯
Herr Edvard Hannevig	赫尔·爱德华·阿内维格
Hoersing	霍尔辛
Hôtel Crillon	克里雍酒店
Hôtel Edouard VII	爱德华七世酒店
Hôtel Majestic	梅杰斯提科酒店

Hôtel Vendôme	旺多姆酒店
Hubert Gough	休伯特·高夫
Hussein ibn Ali al-Hashimi	侯赛因·伊本·阿里
Ignacy Jan Paderewski	伊格纳齐·扬·帕岱莱夫斯基
Immanuel Kant	伊曼努尔·康德
India	印度
Ion I. C. Brătianu	扬·约内尔·布勒蒂亚努
Iroquois	易洛魁人
Isle of Man	马恩岛
Istria	伊斯特里亚
Italy	意大利
Jacques Bertillon	雅克·贝蒂荣
James Bryce	詹姆斯·布赖斯
James Guthrie Harbord	詹姆斯·格思里·哈博德
Jan Christiaan Smuts	扬·克里斯蒂安·史末资
Janus	雅努斯
Japan	日本
Jarnac	雅纳克
Jean Jaurès	让·饶勒斯
Jean-Baptiste Isabey	让－巴蒂斯特·伊萨贝
Jean-Jacques Rousseau	让－雅克·卢梭
John Calvin	约翰·加尔文
John Churchill	约翰·丘吉尔
John Knox	约翰·诺克斯
John Milton Hay	约翰·米尔顿·海伊
John Frank Petit	约翰·弗兰克·佩蒂特
Joseph Ferdinand	约瑟夫·斐迪南
Joseph Noulens	约瑟夫·努朗斯
Józef Haller	约瑟夫·哈勒尔
Józef Klemens Piłsudski	约瑟夫·克莱门斯·毕苏茨基

Judapest	犹达佩斯
Jules Cambon	朱尔斯・马丁・康邦
Jules Michelet	儒勒・米什莱
Jules Van den Heuvel	朱尔斯・范登赫费尔
Jules Laurent Jean Louis Renkin	朱尔斯・劳伦特・让・路易・伦金
Kamerun	喀麦隆
Kareli	卡累利阿
Karl Helfferich	卡尔・黑尔费里希
Karl Kramarcz	卡尔・克拉马克兹
Karl Marx	卡尔・马克思
Kars	卡尔斯
Kato Takaaki	加藤高明
Kerassund	凯拉松
Kérimé Turkhan Pasha	克里姆・图尔汉帕夏
Kingdom of Montenegro	黑山王国
Kingdom of Naples	那不勒斯王国
Kipri Keui	基普里基伊
Kirghizes	吉尔吉斯人
Klagenfurt	克拉根福
Klemens Wenzel von Metternich	克莱门斯・文策尔・冯・梅特涅
Korea	朝鲜
Kotlas-Svanka	科特拉斯－斯万卡
Kurdistan	库尔德斯坦
Kurds	库尔德人
Lansing-Ishii Agreement	《蓝辛石井协定》
Lausanne	洛桑市
League of Nations	国际联盟
Leonida Bissolati	莱奥尼达・比索拉蒂
Lesghiens	列兹金人
Lev Davidovich Bronstein	列夫・达维多维奇・布隆施泰因

Lev Nikolayevich Tolstoy	列夫·尼古拉耶维奇·托尔斯泰
L'Homme Libre	《自由人》
Libau	里堡
Lida	利达
Limburg	林堡
Lincoln Steffins	林肯·斯蒂芬斯
Lombardy	伦巴第
Lord Castlereagh	卡斯尔雷勋爵
Lord Derby	德比勋爵
Lord Robert Cecil	罗伯特·塞西尔勋爵
Lorraine	洛林
Louis Botha	路易·博塔
Louis Loucheur	路易·卢舍尔
Louis XIV	路易十四
Louis XVI	路易十六
Louis-Lucien Klotz	路易·吕西安·克洛茨
Louvain University	鲁汶大学
Lucius Licinius Lucullus	卢修斯·李锡尼·卢库勒斯
Lulu von Thürheim	卢卢·冯·蒂海姆
Madame Machin	马尚夫人
Makino Nobuaki	牧野伸显
Malays	马来西亚人
Malborough	马尔伯勒
Malmedy	马尔梅迪
Marcel Cachin	马赛尔·加香
Marchese di San Giuliano	圣朱利亚诺侯爵
Marie Caroline	玛丽亚·卡罗琳娜
Marie Theresa	玛丽亚·特蕾莎
Marquise Du Châtelet	夏特莱侯爵夫人
Mars	玛尔斯

Marseilles	马赛
Marshall Islands	马绍尔群岛
Martin Luther	马丁·路德
Matthias Erzberger	马蒂亚斯·埃茨贝格尔
Maurice Barres	莫里斯·巴雷斯
Maxim Gorky	马克西姆·高尔基
Maximilian von Montgelas	马克西米利安·冯·蒙特哲拉
Meran	梅拉诺
Mesopotamia	美索不达米亚
Messiah	弥赛亚
Metkovitch	梅特科维奇
Meuse	默兹河
Mikado Taishō	大正天皇
Mikhail Alexandrovich Bakunin	米哈伊尔·亚历山德罗维奇·巴枯宁
Milenko Radomar Vesnić	米伦科·拉多马·韦斯尼奇
Military Council of Versailles	凡尔赛军事委员会
Mingrelians	明格尔人
Minister of Commerce	商务部长
Minister of Finance	财政部长
Ministry of Finance	财政部
Minsk	明斯克
Monalek	莫纳里克
Monte Carlo	蒙特卡洛
Morgan Financial Group	摩根财团
Morocco	摩洛哥
Motono Ichirō	本野一郎
Mount Lovtchen	洛夫琴山
Murmansk	摩尔曼斯克
Murumas	穆鲁马斯
Napoléon Bonaparte	拿破仑·波拿巴

Nestor	涅斯托耳
Neuville-sur-Margival	马吉瓦勒河畔讷维尔
New Guinea	新几内亚
Nicholas II	尼古拉二世
Nicolae Misu	尼古拉·米舒
Nikola I	尼古拉一世
Nikolai Leskoff	尼古拉·莱斯科夫
Nikolai Nikolayevich Yudenich	尼古拉·尼古拉耶维奇·尤登尼奇
Nord	北部省
North Sea	北海
Novoye Vremya	《新时代》
Ob-Kotlas-Saroka	鄂毕－科特拉斯－萨罗卡
Odessa	敖德萨
Oklahoma	俄克拉荷马州
Okuma Shigenobu	大隈重信
Oliver Goldsmith	奥利弗·哥尔德斯密斯
Olympus	奥林匹斯山
Omsk	鄂木斯克
Ouchy	乌希
Pact of London	《伦敦条约》
Palace Venezia	威尼斯宫
Palatinate	巴拉丁
Paolo Sarpi	保罗·萨尔皮
Paris Telegraph Bureau	巴黎电报局
Pas de Calais	加来海峡省
Paul Eugène Dutasta	保罗·欧仁·迪塔斯塔
Paul Eugène Louis Deschanel	保罗·欧仁·路易·德沙内尔
Paul Mantoux	保罗·芒图
Paul Painleve	保罗·潘勒韦
Paul Prosper Henrys	保罗·普罗斯珀·昂里

Pavel Nikolayevich Milyukov	帕维尔・尼古拉耶维奇・米柳科夫
Pedro Gómez Labrador	佩德罗・戈麦斯・拉夫拉多尔
Peidl	派德尔
Perm	彼尔姆
Persia	波斯
Pertinax	佩蒂纳克斯
Philip Henry Kerr	菲利普・亨利・克尔
Philippe II Duke of Orléans	奥尔良公爵腓力二世
Piave	皮亚韦河
Place de l'Étoile	星形广场
Pola	波拉
Poland	波兰
Pool of Siloam	西罗亚池
Pope Pius IX	教皇庇护九世
Portsmouth	朴次茅斯
Prague	布拉格
Pravda	《真理报》
Presidential Flag	美国总统旗
Prince de Ligne	利涅亲王
Prinkipo	普林基波岛
Pripet	普里皮亚季河
Prut	普鲁特河
Public Health Department	公共卫生部门
Public Works	公共工程部门
Quai d'Orsay	奥赛码头
Ragusa	拉古萨
Raoul Villain	拉乌尔・维兰
Raymond Poincaré	雷蒙・普恩加莱
Reval	雷瓦尔
Revictualing	供给部门

Rheims	兰斯
Rhine	莱茵河
Riga	里加
River Ipol	伊波尔河
Robert Cecil	罗伯特・塞西尔
Robert Lansing	罗伯特・蓝辛
Robert Stewart	罗伯特・斯图尔特
Roman Stanisław Dmowski	罗曼・斯坦尼斯瓦夫・德莫夫斯基
Rue Mogador	莫加多街
Saar	萨尔州
Saar Valley	萨尔河谷
Sabbath	安息日
Saint-Germain-en-Laye	圣日耳曼昂莱
Saionji Kinmochi	西园寺公望
Salandra-Sonnino Cabinet	萨兰德拉－桑尼诺内阁
Saloniki	萨洛尼卡
Samarkand	撒马尔罕
Samoan Islands	萨摩亚群岛
Samsoun	萨姆松
Samuel John Gurney Hoare	塞缪尔・约翰・格尼・霍尔
Saratov	萨拉托夫
Scheldt	特尔纽曾运河
Scheldt	斯凯尔特
Schleswig	石勒苏益格
Sebastopol	塞瓦斯托波尔
Seigei Yulyevich Witte	谢尔盖・尤利耶维奇・维特
Sem Benelli	塞姆・贝内利
Sganarelle	斯格纳瑞尔
Sidney Sonnino	西德尼・桑尼诺
Sidonio Pais	西多尼奥・派斯

Silesia	西里西亚省
Silvio Benigno Crespi	西尔维奥・贝尼尼奥・克雷斯皮
Slavonia	斯拉沃尼亚
Spalato	斯帕拉托
Sphinx	斯芬克斯
Spitzbergen	斯匹茨卑尔根岛
St. Paul	圣保罗
St.-Germain-en-Laye	圣日耳曼－昂莱
Stanislau	斯坦尼斯劳
Statistical Society of Berne	伯尔尼统计学会
Stavro	斯塔夫罗
Styra	斯蒂拉
Superior Council	高级委员会
Sydney Smith	悉尼・史密斯
Take Ionescu	塔凯・约内斯库
Tarnopol	塔尔诺波尔
Tartary	鞑靼利亚
Tehran	德黑兰
Temple of Jerusalem	耶路撒冷圣殿
Teschen	泰申
Theodor Wolff	西奥多・沃尔夫
Thomas Woodrow Wilson	托马斯・伍德罗・威尔逊
Tiflis	梯弗里斯
Tisza	蒂萨河
Togoland	多哥兰
Tomitch	托米奇
Traité de Neuilly	《纳伊条约》
Transports	交通部门
Transylvania	特兰西瓦尼亚
Treaty of Brest-Litovsk	《布列斯特－立陶夫斯克条约》

Trebizond	特拉布宗
Trentino	特伦蒂诺
Trieste	的里雅斯特
Triple Alliance	三国联盟
Tripoli	的黎波里
Trumbitch	特朗比奇
Tunisia	突尼斯
Tyrol	蒂罗尔州
Ulrich von Brockdorff-Rantzau	乌尔里希·冯·布罗克多夫－兰曹
Ulysses	尤利西斯
Valhalla Temple	瓦尔哈拉神殿
Varna	瓦尔纳
Verfeuil	维尔福伊
Victor Hugo	维克多·雨果
Victoriano Huerta	维多利亚诺·韦尔塔
Vilnius	维尔纽斯
Vittorio Emanuele Orlando	维托里奥·埃曼努尔·奥兰多
Vladimir Ilyich Lenin	弗拉基米尔·伊里奇·列宁
Voltaire	伏尔泰
Voyevod Mishitch	沃耶沃德·米西奇
Vyatka	维亚特卡
War Ministry	战争部
Weimar	魏玛
Welti	韦尔蒂
Wilhelm Muehlon	威廉·米尔伦
William Christian Bullitt	威廉·克里斯蒂安·蒲立德
William Howard Taft	威廉·霍华德·塔夫脱
William II	威廉二世
William Orpen	威廉·奥彭
William Pitt	威廉·皮特

Yugoslavia	南斯拉夫
Zurich	苏黎世